5 595

W0035009

KLEINE MILITÄRGESCHICHTE
KRIEGE

Der zweite Weltkrieg

DOKUMENTE

Der zweite Weltkrieg

DOKUMENTE

Ausgewählt und eingeleitet von
Gerhard Förster und Olaf Groehler

MILITÄRVERLAG
DER DEUTSCHEN DEMOKRATISCHEN
REPUBLIK

Förster, Gerhard:
Der zweite Weltkrieg – Dokumente/von Gerhard Förster; Olaf Groehler. –
3., überarb. u. erw. Aufl. – Berlin: Militärverlag der DDR, 1989. – 524 S. –
(Kleine Militärgeschichte. Kriege)

ISBN 3-327-00734-9

3., überarb. u. erw. Auflage
© Militärverlag der Deutschen Demokratischen Republik (VEB) Berlin 1989
Lizenz-Nr. 5
Printed in the German Democratic Republic
Gesamtherstellung: Offizin Andersen Nexö, Graphischer Großbetrieb,
Leipzig III/18/38
Lektor: Ruth Liebnitz
Schutzumschlag und Einband: Wolfgang Ritter
Typografie: Ingeburg Zoschke
LSV: 0545
Bestellnummer: 747 165 1
01200

Einleitung

Der zweite Weltkrieg ist ein Thema, das ungeachtet der zeitlichen Distanz von fünfzig Jahren, die uns 1989 von seiner Entfesselung trennen, nach wie vor ungebrochenes Interesse in der geschichtsengagierten Öffentlichkeit findet. Wer in der Deutschen Demokratischen Republik Forschungen über die Geschichte des zweiten Weltkrieges betreibt, ist sich dessen bewußt, daß er damit kein historisch erledigtes Thema aufnimmt, sondern auf diese Weise Position zu politischen und geistigen Grundfragen unserer Zeit bezieht. Historischer Umgang mit dem vom faschistischen deutschen Imperialismus entfesselten zweiten Weltkrieg bedeutet auch immer geistige Abrechnung mit Faschismus und Krieg, erfordert nicht nur schonungslose Bloßlegung seiner historischen Wurzeln und seiner sozialökonomischen Funktion, sondern auch Enthüllung seiner Ziele, Methoden und Mittel. In den letzten Jahren ist von der marxistischen Geschichtsschreibung in der DDR eine mehrbändige Geschichte zum zweiten Weltkrieg abgeschlossen worden.[1] Gleiches gilt für die sowjetische Geschichtsschreibung.[2] Dem interessierten Leser steht damit ein Literaturfundus zur Verfügung, der ihm einen bis ins Detail reichenden Einblick in die politischen, militärischen und ökonomischen Zusammenhänge der Vorgeschichte und des Verlaufs des zweiten Weltkrieges ermöglicht. Ergänzt wird er zudem durch zahlreiche Dokumentenveröffentlichungen[3], die

---

[1] Deutschland im zweiten Weltkrieg von einem Autorenkollektiv unter Leitung von Wolfgang Schumann, Bd. 1–6, Berlin 1974–1985

[2] Geschichte des zweiten Weltkrieges 1939–1945 in zwölf Bänden, Berlin 1975 bis 1985

[3] Der Nürnberger Prozeß. Aus den Protokollen, Dokumenten und Materialien

des Prozesses gegen die Hauptkriegsverbrecher vor dem Internationalen Militärgerichtshof, ausgew. und eingel. von P. A. Steiniger, Bd. 1, 2, Berlin 1960
(4. Aufl.); Fall 3. Das Urteil im Juristenprozeß, gefällt am 4. Dez. 1947 vom Militärgerichtshof III der Vereinigten Staaten von Amerika, hrsg. von P. A. Steiniger und K. Leszczynski, mit ergänzenden Materialien zusammengest. und eingel. von P. A. Steiniger, Berlin 1969; Fall 5. Anklageplädoyer, ausgewählte Dokumente, Urteil des Flick-Prozesses, mit einer Studie über die »Arisierungen«
des Flick-Konzerns, hrsg. vom Autor der Studie K.-H. Thieleke, eingel. von
K. Drobisch, Berlin 1965; Fall 7. Das Urteil im Geiselmordprozeß, gefällt am
19. Februar 1948 vom Militärgerichtshof V der Vereinigten Staaten von Amerika, hrsg. von M. Zöller und K. Leszczynski, mit einer Einleitung und einer
Chronik über den Volksbefreiungskampf in Jugoslawien, Griechenland und Albanien von M. Zöller, Berlin 1965; Fall 9. Das Urteil im SS-Einsatzgruppenpro-
zeß, gefällt am 10. April 1948 in Nürnberg vom Militärgerichtshof II der Vereinigten Staaten von Amerika, hrsg. von K. Leszczynski, mit einer Einleitung von
S. Quilitzsch, Berlin 1963; Fall 12. Das Urteil gegen das Oberkommando der
Wehrmacht, gefällt am 28. Oktober 1948 in Nürnberg vom Militärgerichtshof V
der Vereinigten Staaten von Amerika, Berlin 1960; Geschichte der deutschen Arbeiterbewegung in acht Bänden, hrsg. am Institut für Marxismus-Leninismus
beim ZK der SED, Bd. 5: Von Januar 1933 bis Mai 1945, Berlin 1966; Anatomie
des Krieges. Neue Dokumente über die Rolle des deutschen Monopolkapitals bei
der Vorbereitung und Durchführung des zweiten Weltkrieges, hrsg. und eingel.
von D. Eichholtz und W. Schumann, Berlin 1969; Fall Barbarossa. Dokumente
zur Vorbereitung der faschistischen Wehrmacht auf die Aggression gegen die Sowjetunion (1940/41), ausgew. und eingel. von E. Moritz, Berlin 1970; Anatomie
der Aggression. Neue Dokumente zu den Kriegszielen des faschistischen deutschen Imperialismus im zweiten Weltkrieg. Hrsg. und eingel. von Gerhart
Hass/ Wolfgang Schumann, Berlin 1972; Griff nach Südosteuropa. Neue Dokumente über die Politik des deutschen Imperialismus und Militarismus gegenüber
Südosteuropa im zweiten Weltkrieg. Hrsg. und eingel. v. Wolfgang Schumann,
Berlin 1973; Weltherrschaft im Visier. Dokumente zu den Europa- und Welt-
herrschaftsplänen des deutschen Imperialismus von der Jahrhundertwende bis
Mai 1945. Hrsg. und eingel. v. Wolfgang Schumann/Ludwig Nestler unter Mit-
arbeit v. Willibald Gutsche/Wolfgang Ruge, Berlin 1975; 1945. Das Jahr der
endgültigen Niederlage der faschistischen Wehrmacht. Dokumente. Ausgew.
und eingel. v. Gerhard Förster/Richard Lakowski, Berlin 1975; Die Befreiung
Berlins, Berlin 1945. Eine Dokumentation. Hrsg. und eingel. v. Klaus Scheel,
Berlin 1975; Dokumente zur deutschen Geschichte 1939–1942, hrsg. v. Wolf-
gang Ruge u. Wolfgang Schumann, bearb. v. Gerhart Hass, Klaus Drobisch u.
Anke Wappler, Berlin 1977; Dokumente zur deutschen Geschichte 1942–1945,
hrsg. v. Wolfgang Ruge u. Wolfgang Schumann, bearb. von Olaf Groehler,
Wolfgang Bleyer, Hans Dress, Klaus Drobisch, Vera Köller u. Klaus Scheel,
Berlin 1977; Der antifaschistische Widerstandskampf der KPD im Spiegel des
Flugblattes 1933–1945. Mit einer Einführung von Margot Pikarski u. Günter
Uebel, Berlin 1978; Das Bündnis der Rivalen. Der Pakt Berlin – Tokio. Neue
Dokumente zur Ost- und Südostasienpolitik des faschistischen deutschen Impe-

einzelne Seiten der faschistischen Diktatur und des zweiten Weltkrieges beleuchten. Die vorliegende Dokumentation steht überdies in einem engen Zusammenhang mit der in derselben Reihe erschienenen Darstellung »Der zweite Weltkrieg. Militärhistorischer Abriß«.

Fünfzig Jahre nach der Entfesselung des zweiten Weltkrieges, im Bewußtsein der längsten Friedensperiode auf dem europäischen Kontinent, stellt sich für die heute lebende Generation – stärker noch als für jene, die im Banne seiner unmittelbaren Gegenwärtigkeit lebte – die Frage nach dem Stellenwert dieser größten militärischen Auseinandersetzung in der Menschheitsgeschichte.

Aus heutiger Sicht sind die Jahre des ausgehenden ersten Weltkrieges für eine vom Grauen eines Krieges gezeichnete Menschheit eine Zeit der Entscheidung. Sie stand vor der Alternative radikaler Umgestaltung ökonomischer und politischer gesellschaftlicher Grundlagen oder Eintritt in eine Phase der gesellschaftlichen Entwicklung, die dazu führen sollte, daß die Produzierenden dazu benutzt wurden, Waffen zur Selbstvernichtung zu schmieden. Angesichts des obwaltenden und vorherrschenden politischen Systems des Imperialismus waren die Waffensysteme dann auch jederzeit anwendungsbereit.

Die Große Sozialistische Oktoberrevolution stellte in der Menschheitsgeschichte die entschiedenste Absage gegen den Aggressionskrieg dar. Der Faschismus wurde und war die offenste Herausforderung für alle Kräfte jeglichen Friedens.

Hinsichtlich der Frage Krieg – Frieden markierten die Jahre von 1917/1918 eine Art Wegscheide für die Völker der Welt, namentlich für die Völker Europas, denn jeder Staat und jedes Volk hatte entsprechend dieser gesellschaftspolitischen Polarisation seine Option für Krieg bzw. Frieden zu treffen. Daß das Pendel seit 1933 und endgültig 1939 zugunsten des kriegsentfes-

rialismus im zweiten Weltkrieg, hrsg. u. eingel. v. Karl Drechsler, Berlin 1978; Verfolgung, Vertreibung, Vernichtung. Dokumente des faschistischen Antisemitismus 1933 bis 1942, hrsg. v. Kurt Pätzold, Leipzig 1983; Expansionsrichtung Nordeuropa. Dokumente zur Nordeuropapolitik des faschistischen deutschen Imperialismus 1939 bis 1945, hrsg. u. eingel. v. Manfred Menger, Fritz Petrick u. Wolfgang Wilhelmus, Berlin 1987 selnden Faschismus ausschlug, hatte viele Ursachen, hing aber auch mit der politischen Option der meisten Machthaber in Europa und in der Welt zusammen, die ihren Klassenegoismus über den kollektiven Frieden stellten, hatte gleichfalls mit deren klassenbornierter Blindheit zu schaffen, wodurch nur unzureichend wahrgenommen wurde, daß bereits 1939 Weltkrieg ein selbstzerstörerisches Element jeglicher Politik geworden war. Schon zu diesem Zeitpunkt hätte er entschlossen weltweit im Bündnis aller geächtet werden müssen.

Die Idee vom kollektiven Friedensbündnis in Europa und der Kampf um den ungeteilten Frieden der Welt, zu deren Befürworter sich die Sowjetunion und eine breitgefächerte Friedensbewegung gemacht hatten, konnten nicht ausgebaut werden. Dies vor allem deshalb, weil die die Regierungsgewalt innehabenden Kräfte in London, Paris und Washington ihrem eigenen Haß gegen den staatlich organisierten Sozialismus durch Vorschußleistungen an den antisowjetischen und militanten deutschen Faschismus Ausdruck verliehen, ihn in seiner Rolle als antisowjetischen Stoßtrupp nicht bremsten, sondern im Gegenteil ermunterten.

Die neue gesellschaftliche Dimension eines Krieges – bereits am Ausgang des ersten Weltkrieges in Andeutungen vorhanden – die im zweiten Weltkrieg in so fürchterlicher Weise Gestalt annehmen sollte, offenbarte sich zunächst in einer ungeheuren Ausweitung der Produktion von Destruktivkräften. Sie waren erstmals während des ersten Weltkrieges zu einem bestimmenden Faktor im Wirtschafts- und Sozialleben mit katastrophalen Folgeerscheinungen für die gesamtgesellschaftliche Entwicklung geworden. Eines der wichtigsten Ergebnisse des ersten Weltkrieges bestand darin, daß sich aus einer anfangs relativ unscheinbaren Arsenalrüstung in den Händen einzelner Großhändler des Todes, die sich noch an einer Hand abzählen ließen, ein gewaltiger Wirtschaftszweig entwickelt hatte, der zu einem integrierenden Bestandteil kapitalistischer Wirtschaftsweise und -form wurde und einen stetig wachsenden Anteil an der gesamtgesellschaftlichen Tätigkeit beanspruchte und ausmachte. Die Rüstungsindustrie avancierte von einem Wurmfortsatz bewaffneter Macht nach 1918 zu einer vierten Teilstreitkraft, die sich ungeheuer ambitioniert neben die traditionellen See- und Landstreitkräfte sowie die im raschen Aufstieg befindlichen Luftstreitkräfte stellte. Das bedeutete langfristig nicht nur einen gewaltigen quantitativen Anstieg, sondern absehbar auch einen qualitativen Umschlag, der ausschließlich eine Frage der Zeit war. Potenziert wurde das Wachstum der Destruktionsindustrie durch die sich anbahnende industrielle Umwälzung, wie sie vor allem im Ergebnis des Übergangs zur Fließbandfertigung sichtbar wurde. Damit ergaben sich völlig neue, bisher nicht geahnte Perspektiven für die massenhafte Herstellung technisch komplizierter und zunehmend im Töten perfektionierter Waffensysteme und Gerätschaften, deren Vernichtungswirkung nicht mehr arithmetisch, sondern in der Potenz wuchs.

Beschleunigt wurde diese mörderische Entwicklung durch einen Innovationsschub, der zu einer scharfen Trennung zwischen herkömmlich und revolutionierend auf die Kriegführung einwirkenden Waffensysteme führte. Die Zeitspanne zwischen grundlegend naturwissenschaftlichem Erkenntnisgewinn und seiner Nutzbarmachung für den Militärapparat verringerte sich im Vergleich zu vorangegangenen Jahrhunderten rapide. Hier wurde eine Art Kettenreaktion ausgelöst, die jedoch nicht unkontrolliert, den blinden Mächten der Technik und Wissenschaft ausgeliefert, sondern systematisch und zielstrebig verlief. Das betraf vor allem den gesamten Komplex der Mechanisierung und Motorisierung, der seinen Niederschlag in erster Linie bei den Panzertruppen und Luftstreitkräften fand.

Galt einst im preußischen Generalstab das Motto, Sieg unter geringsten Opfern zu erringen – und gemeint waren dabei nicht nur die eigenen! –, so erlebte dieses Prinzip unter militaristischem, chauvinistischem und vor allem faschistischem Einfluß eine erschreckende Pervertierung. Was einsichtige Militärs nach den Erfahrungen des ersten Weltkrieges mit Schaudern erfüllte, war im faschistischen Deutschland bei seinen Machthabern Ausgangspunkt grausamer Vernichtungsvorstellungen. Nach dem Motto »Not kennt kein Gebot« wurde eine Anwendung aller Mittel und Methoden der Kriegführung bis hin zur äußersten mörderischen Konsequenz befürwortet. Die Betonung bei diesem Motto lag auf Gebot, denn auch ohne jegliche Not wurde das Vernichtungsprinzip, der Vernichtungsgedanke zur obersten Maxime einer Kriegführung, die sich geradezu mit lustvoller Besessenheit, Begeisterung bis hin zur Bestialität der Aufgabe verschrieb, die neue technische Dimension des Krieges zu einer Technik der Entvölkerung zu perfektionieren. Krieg galt es nunmehr nicht nur an der Front zu führen, Krieg galt in gleicher Weise dem Hinterland, galt sozialen Organismen, Weltanschauungen und Ideen.

Unter dem Begriff Krieg wurde die Vernichtung feindlicher Staaten subsumiert, die Dezimierung feindlicher – oder besser als feindlich angesprochener – Völker, bis hin zur Ausrottung ganzer Völker, die wegen ihrer rassischen Zugehörigkeit oder um ihrer Weltanschauung willen als gefährlich angesehen und deshalb als »lebensunwert« behandelt wurden. Der Vernichtungsgedanke trat damit weit über seinen militärischen Bereich hinaus. Er nahm einen ausgesprochen barbarischen und menschheitsfeindlichen Charakter an, der der Wesensart eben dieses deutschen Imperialismus in seiner faschistischen Prägung entsprach, der auf Antikommunismus eingeschworen, Feind jeglichen gesellschaftlichen Fortschritts war. Für die Militärdoktrin und Strategie des »Dritten Reiches« bedeutete die so rücksichtslos betriebene Durchsetzung dieses Prinzips einen qualitativen Sprung. Wer die faschistische Kriegführung im zweiten Weltkrieg als eine Entartung ansieht, die wesentlich den Abläufen des Krieges anzulasten sei, übersieht, daß hier ein Prinzip verwirklicht wurde, das bereits vor 1939 zum Gemeingut der faschistischen Kriegspartei geworden war. Wer nach den Ergebnissen solcher Art von Kriegsvorstellungen fragt, schaue auf die Totenzahlen des zweiten Weltkrieges, in dem mehr Zivilisten umkamen als Soldaten an der Front, in dem durch systematischen Völkermord, durch Hunger, Zwangsarbeit, durch Gas, Kugel und Strick mehr Menschen ihr Leben lassen mußten als durch Artilleriebeschuß und Bombenabwurf. Von 1914 bis 1918 fielen 500 000 Menschen im Hinterland dem Moloch Krieg zum Opfer, von 1939 bis 1945 waren es mindestens 25 Millionen Menschen, wahrscheinlich sogar 30 Millionen, die im Hinterland ihr Leben verloren, das heißt sechzigmal mehr als im ersten Weltkrieg.

Was sich im faschistischen Deutschland in der Theorie des totalen Krieges manifestierte, stellte zugleich den wohl tiefgreifendsten Einschnitt in das Verhältnis von Politik und Krieg dar, das Deutschland ungeachtet früherer militaristischer Regime je erlebt hatte. In dieser Theorie wurden Politik und Krieg nicht nur identifiziert, sondern ihr gegenseitiges Verhältnis auf den Kopf gestellt und der Krieg – der schonungslose Angriffs- und Eroberungskrieg – als dominante Größe fixiert, die auch der Zeit des Nichtkrieges, die stets als Vorbereitungszeit eines neuen aufgefaßt wurde, ihr Gepräge verleiht. Die Politik wurde in diesem totalen Konzept damit letztlich zur Hure der Kriegführung degradiert.

Somit rührten wesentliche Motivationen für Aggressions- und Kriegsbereitschaft aus einer auf Profit orientierten Rüstungswirtschaft, die sich ihrer gewaltigen Vernichtungspotenzen sicher dünkte. Sie ging einher mit geistiger und politischer Militarisierung, deren Vertreter seit 1917 den militärischen Gegner in einem weltanschaulichen Feind erblickten, den es wegen seiner kommunistischen, sozialistischen oder demokratischen Überzeugung auszurotten galt. In ebendieser Ausrottungs- und Vernichtungsstrategie erblickten sie ein wesentliches Ingrediens künftiger Herrschaftssicherung und Herrschaftsausübung. Auf diese Weise trat ein weiteres, vorher nicht in Erscheinung getretenes Moment hinzu, das die Kriegsrisikobereitschaft innerhalb der faschistischen Kriegspartei in bedeutendem Maße anfeuerte. Die neuen Dimensionen künftig hochtechnisierter Kriegführung und die hohe Dynamik und das rasche Tempo, in denen sie sich entwickelten, hatten am Ausgang der dreißiger Jahre zu einer verschärften Ungleichmäßigkeit im waffentechnischen Niveau zwischen den einzelnen Streitkräften geführt, was zu raschen Veränderungen auch innerhalb des militärischen Gleichgewichts beigetragen hatte. Galt über Jahrhunderte die Faustregel, die Kopfzahl eines beliebigen Staates als Hauptkennziffer für die Zugrundelegung des Kräfteverhältnisses anzunehmen, so veränderten technisches Niveau und Limit die Bedeutung dieser Größe in einschneidendem Maße.

Nicht allein Kopfzahl, sondern Anzahl und Modernität von Panzern und Flugzeugen etwa, von Bewaffnung und Ausrüstung bestimmten nunmehr in immer stärkerem Maße militärische Kräfteverhältnisse. Obgleich dadurch nicht Grundregeln von Kräfteverhältnissen aufgehoben wurden, neigte die faschistische Kriegspartei in gefährlicher Überschätzung eigener Möglichkeiten dazu, Schein für Sein zu nehmen und eine tatsächliche, Siegesgarantien schaffende Überlegenheit im Kriege anzunehmen. Die begonnene Revolutionierung der technischen Mittel der Kriegführung, ob bezogen auf ihre Vernichtungspotenz, oder auf das Tempo, mit dem sie zum Einsatz gebracht werden konnten, veränderte 1939 auch grundlegend die Methoden der Kriegführung, mit der die faschistische Wehrmacht seit September 1939 ihre Opfer schockte, lähmte und überraschte. War es bis zum ersten Weltkrieg kennzeichnend, daß sich die Handlungen des Krieges relativ langsam entfalteten, so erlaubten Mittel und Methoden des seit 1939 entfesselten Krieges gleichzeitige, überraschende und in hohem Tempo ablaufende Operationen. Überfallartige Entfesselung des Krieges, beruhend auf restloser Ausnutzung aller zeitweiligen militärtechnischen Vorteile des Erstschlages, sollten bereits in den ersten Wochen und Monaten Garantien zur reibungslosen Realisierung des Vernichtungsgedankens schaffen. Die vom deutschen Generalstab in den dreißiger Jahren aus der Taufe gehobene Blitzkriegsstrategie, politisch anwendbar unter den Bedingungen einer faschistischen Diktatur, erwies sich als das Praxiskonzept der Doktrin vom totalen Krieg, als das jüngere Geschwisterkind eines älteren Bruders.

Die Behauptung erscheint nicht übertrieben: Ohne die neue Dimension militärtechnischer und militärstrategischer Entwicklung seit 1918 – gepaart mit der politischen Bedenken- und Rücksichtslosigkeit der faschistischen Kriegspartei in Militär, Staat und Wirtschaft – wäre die Kriegszielprogrammatik des faschistischen deutschen Imperialismus über weite Strecken akademisch und ohne jene verheerenden Folgen geblieben, wie sie die Völker Europas und der Welt seit 1939 am eigenen Leibe erleiden mußten. Erst der Faschismus in Deutschland setzte für Militarismus und Rüstungskapital politisch den Raum frei, in dem sich Doktrinen vom totalen Krieg und vom Blitzkrieg ausformen, durchsetzen und allumfassend praktiziert werden konnten. Erst jener unheilvolle militärisch-industrielle Komplex, der sich in jenen Jahren im faschistischen Deutschland heranbildete, gab dem deutschen Faschismus die militärischen Machtmittel zur Hand, um den Griff nach Weltmacht wagen zu können. Die faschistischen Weltherrschaftspläne im zweiten Weltkrieg stellten im vierten Jahrzehnt unseres Jahrhunderts für die Mehrheit der Menschheit in damaliger Zeit eine unvergleichbare tödliche Bedrohung dar.

Die erste Auflage der militärhistorischen Dokumentation zur Geschichte des zweiten Weltkrieges erschien 1972. Die vorliegende Ausgabe stützt sich in erheblichem Maße auf das seinerzeit gemeinsam mit Gerhard Förster erarbeitete Manuskript, dem ein früher Tod es nicht mehr ermöglichte, die in Aussicht genommene Überarbeitung vorzunehmen. Bei der Überarbeitung und Erweiterung der Dokumentation ließ sich der Herausgeber von folgenden Hauptüberlegungen leiten:

1. Es erwies sich als notwendig, den militärischen Verlauf der Geschichte des zweiten Weltkrieges stärker noch als seinerzeit in das internationale militärische Geschehen jener Jahre einzuordnen und einzubetten, weil nur ein universalgeschichtlicher Blickwinkel eine zutreffende Wertung der Ereignisse, Zusammenhänge und Folgen des zweiten Weltkrieges möglich macht. Das betraf vor allem zwei große Themenkomplexe. Einerseits wurde die Politik und Kriegführung des aggressiven Bündnisblocks Deutschland-Italien-Japan stärker dokumentiert und damit dem Umstand Rechnung getragen, daß im zweiten Weltkrieg nicht nur der größte Teil Europas von der Furie eines verheerenden Krieges vernichtend heimgesucht wurde, sondern auch erhebliche Regionen Asiens und Afrikas durch ihn in Mitleidenschaft gezogen wurden. 80 Prozent der Weltbevölkerung waren mehr oder minder in diese größte militärische Auseinandersetzung der gesamten Weltgeschichte verwickelt.

Zugleich kam es darauf an, die militärischen Anstrengungen der Hauptmächte der Antihitlerkoalition auch mittels ihrer eigenen Dokumente stärker ins Bewußtsein zu rücken. Das gilt in erster Linie für die sowjetischen Streitkräfte, die seit dem 22. Juni 1941 die Hauptlast des Krieges trugen, den Aggressoren die schwersten personellen und materiellen Verluste zufügten und den Hauptanteil an der Erringung des Sieges über die faschistische Weltgefahr leisteten, der am 8. Mai 1945 in Europa und am 2. September 1945 im Fernen Osten endete. Die Sowjetunion hielt durch ihren Widerstand nicht nur dem Ansturm der stärksten Militärmacht des Imperialismus stand, sondern ihr Widerstehen ermöglichte es auch allen anderen in der Antihitlerkoalition zusammengeschlossenen Völkern und Staaten standzuhalten. »Der Sozialismus hat nicht einfach nur standgehalten und nicht einfach nur gesiegt. Aus dem schrecklichsten und vernichtendsten aller Kriege ist er moralisch und politisch gestärkt hervorgegangen und festigte seine Autorität und seinen Einfluß in der ganzen Welt.«[4] Nur auf diese Weise erscheint es auch möglich, zu einer zutreffenden Beurteilung des Anteils der Mächte und Völker der Antihitlerkoalition beim Sieg über den faschistischen Block zu gelangen und Haupt- und Nebenfronten, Hauptkriegsschauplatz und andere Kriegsschauplätze differenzierter als bislang zu charakterisieren.

2. Angesichts des komplexen Charakters der militärischen Kampfhandlungen des zweiten Weltkrieges war es unabdingbar, den einseitigen Eindruck zu vermeiden, der Krieg wäre ausschließlich von den Landstreitkräften getragen worden. Es kam darauf an, eine Vorstellung von der Gleichzeitigkeit einer dreidimensionalen Kriegführung zu vermitteln, die sich gegenseitig bedingte und gleichzeitig in enger gegenseitiger Abhängigkeit entwickelte. Das gilt insbesondere für die neuen Kampfmittel, die während des zweiten Weltkrieges zum Masseneinsatz gelangten. Millionen Menschen auf dem europäischen und asiatischen Kontinent machten ihre ersten eigenen unmittelbaren Kriegserfahrungen vor allem durch die Luftangriffe großer Bomberflotten. Die faschistische Luftwaffe furchte schon zu Beginn des zweiten Weltkrieges eine unübersehbare Blutspur mit dem Terrorbombardement Warschaus. Sie säte damit den Wind, der einige Jahre später in von alliierten Bomberflotten gezeugten Feuerstürmen Deutschlands Großstädte dahinraffte. In den Bomberflotten und ihrem gegen Ende des Krieges ungeheuer anwachsenden Vernichtungspotential realisierte sich am sicht-

4 Michail Gorbatschow, Der Oktober und die Umgestaltung: Die Revolution wird fortgesetzt. In: Neues Deutschland v. 3. November 1987

barsten das Aufkommen einer neuen Generation von Massenvernichtungswaffen, das sich mit hochtoxischen chemischen Kampfstoffen, Raketen, ferngelenkten Flugkörpern und schließlich der Atombombe paarte. Die Waffentechnologie erreichte am Ausgang des zweiten Weltkrieges jenes Niveau, von dem aus erstmals in der Geschichte der Menschheit die Selbstvernichtung des Menschen als biologisches Wesen möglich wurde, und die deshalb die Frage der dauerhaften Sicherung des Friedens zu einer Existenzfrage der gesamten Menschheit machte. Am Ende des zweiten Weltkrieges waren die dafür notwendigen objektiven wie subjektiven Voraussetzungen günstiger denn je: Die Mehrheit der Weltbevölkerung lebte in der Überzeugung, daß der zweite Weltkrieg der letzte aller Großkriege sein müsse. Militärstrategisch hatte die Sowjetunion zum ersten Mal in ihrer Geschichte eine annähernde Parität erreicht, die, im Bunde mit den sozialen Veränderungen in Europa, Garantie für eine Welt ohne Krieg sein konnte.

3. In der Hauptsache versteht sich die Dokumentation jedoch vor allem als ein Beitrag zum Problem der militärischen Macht im faschistischen Deutschland. Die arbeitsteilige Funktion der führenden militärischen Kreise erschöpfte sich nicht in ihrer strategisch-operativen oder organisatorisch-taktischen Bestimmung, wenngleich die Kriegsziele des faschistischen deutschen Imperialismus ohne die Wahrnahme eben dieser Aufgaben vielfach akademisch und folgenlos geblieben wären. Die militärischen Führer von faschistischem Heer, von Luftwaffe und Kriegsmarine waren integraler Bestandteil der herrschenden Klasse, waren politisch wie ideologisch Fleisch vom Fleisch des deutschen Imperialismus. In ihrer überwiegenden Mehrheit erwiesen sie sich als die unerbittlichen, gnadenlosen und willfährigen Vollstrecker einer politischen Strategie, die sich die Eroberung der Weltherrschaft zum Ziel gesetzt hatte. Sie scheuten auf diesem Weg vor keiner Grausamkeit und Brutalität zurück, die sie diesem irrealen Ziel auch nur einen Schritt näher zu bringen versprach. Eingeschworen auf die Erringung einer Großmachtstellung des deutschen Imperialismus kannten sie weder moralische Skrupel noch politische Bedenken bei der Durchsetzung ihrer Absichten. Obgleich weitgehend in Kontinuität mit den

unseligen Traditionen des deutschen Militarismus und Obrig-
keitsstaates, brachen sie zugleich mit herkömmlichen Normen
und erreichten eine neue Identität, die sich durch eine durch keinerlei Rücksichten eingeschränkte, bis zur Bestialität gehende
Brutalität auszeichnete, die den Völkermord und die Rassenver-
nichtung als genuine Kriegsziele ansah. Sie standen in der Unterdrückung des eigenen Volkes, in der entmenschlichten Regle-
mentierung der ihnen unterworfenen Wehrmachtangehörigen
und in der Behandlung, Ausbeutung und in der mörderischen
Praxis der ihnen ausgelieferten Völker in nichts den Urhebern
und Initiatoren der faschistischen Terrorpolitik nach, ließen sich
in Paris und Warschau, in der Slowakei und in der UdSSR von
kaum einem übertreffen. Den Versuch zu unternehmen, diese
militärischen Führungskreise von der politischen Clique des
deutschen Faschismus und Imperialismus abzuheben, erweist
sich als nutzlose Sisyphusarbeit. Im Laufe des zweiten Weltkrieges verschmolz die Militärkaste mit den übrigen Machthabern des Regimes zu einem unauflöslichen Machtamalgam, das
den Krieg auch über den Selbstmord des Diktators hinaus fort-
setzte.

Dieser Entwicklungsweg der Majorität des höheren deutschen
Offizierskorps und der Generalität löste einen Differenzierungs-
prozeß aus, der in der Militärgeschichte, die auf preußisch-deut-
sche Traditionen des vergangenen Jahrhunderts zurückblickt,
einen Einschnitt markierte. Gegenüber dem vorherrschenden
politischen Abenteurertum, der politischen Verantwortungs-
losigkeit und der amoralischen Unbedenklichkeit formierte sich
innerhalb der Wehrmacht eine zunächst frondierende, dann
opponierende und schließlich in den Widerstand gehende
Gruppe deutscher Militärs. Ausdruck fanden diese Bestrebungen in der Gründung des Nationalkomitees »Freies Deutschland«, des Bundes Deutscher Offiziere sowie in der Bewegung
des 20. Juli 1944, an die bündnispolitisch von den entschieden-
sten Kämpfern gegen den Faschismus angeknüpft werden
konnte, um sowohl durch den Sturz Hitlers den Krieg rasch zu
beenden, als auch Brücken gegenseitigen Verständnisses und
möglicher Konsense bei der Überwindung des Faschismus zu
schlagen.

Die hier vorliegende militärhistorische Dokumentenveröffentlichung konzentriert auf zentrale militärische Dokumente. Bei ihrer Wiedergabe ist aus Platzgründen auf die Aufnahme aller Dokumentenköpfe, Verteiler, Aktenzeichen, Bearbeitungsvermerke, Anreden und Grußformeln verzichtet worden. Die meisten der ausgewählten Dokumente werden ungekürzt abgedruckt. Bei notwendigen Kürzungen war der Herausgeber darum bemüht, unwesentliche Stellen wegzulassen und die Passagen in den Dokumenten abzudrucken, die unmittelbar auf das Thema der Dokumentenauswahl abzielen oder Wesentliches dazu beitragen. Alle Kürzungen sind durch drei Punkte kenntlich gemacht. Die ursprüngliche Schreibweise von Personen- und Ortsnamen sowie von Abkürzungen wurde beibehalten. Ein Personen-, Orts- und Abkürzungsverzeichnis wird dem Leser die Benutzung erleichtern. Offensichtliche Schreib-, grammatikalische und Interpunktionsfehler wurden stillschweigend berichtigt. Hervorhebungen im Original, Unterstreichungen oder Sperrungen sind kursiv gesetzt.

DOKUMENT 1

Aus der Weisung des Oberbefehlshabers der Wehrmacht für die einheitliche Kriegsvorbereitung der Wehrmacht

Berlin, 24. Juni 1937

Von Generalfeldmarschall Werner v. Blomberg unterzeichnete und an die Oberbefehlshaber der Wehrmachtteile gerichtete Weisung, die Streitkräfte so zu stärken, daß sie bei günstigen Gelegenheiten überfallartig Aggressionshandlungen durchführen können. Insbesondere soll die faschistische Wehrmacht auf einen Zweifrontenkrieg gegen die Tschechoslowakei und Frankreich sowie auf die Aggression gegen Österreich vorbereitet werden, außerdem auf den Einsatz weiterer Kräfte in Spanien.

[...] 1. Die *allgemeine politische Lage* berechtigt zu der Vermutung, daß Deutschland mit keinem Angriff von irgendeiner Seite zu rechnen hat. Hierfür sprechen in erster Linie neben dem fehlenden Kriegswillen bei allen Völkern, insbesondere bei den Westmächten, auch die mangelnde Kriegsbereitschaft einer Reihe von Staaten, vornehmlich Rußlands.

Ebensowenig besteht von seiten Deutschlands die Absicht, einen europäischen Krieg zu entfesseln.

Trotzdem erfordert die politisch labile und überraschende Zwischenfälle nicht ausschließende Weltlage eine stete Kriegsbereitschaft der deutschen Wehrmacht

a) um Angriffen jederzeit entgegentreten

b) und um etwa sich ergebende politisch günstige Gelegenheiten militärisch ausnutzen zu können.

Dem müssen die Vorbereitungen der Wehrmacht für einen etwaigen Krieg im Mob.-Abschnitt 1937/38 Rechnung tragen. Sie sind deshalb auf verschiedene Möglichkeiten einzustellen [...]

2.) Die *Vorbereitungen allgemeiner Art* erstrecken sich auf:

a) Die ständige Mob.-Bereitschaft der deutschen Wehrmacht,

auch bevor die Aufrüstung abgeschlossen und die völlige Kriegs-bereitschaft hergestellt ist.

b) Die weitere Durcharbeitung der »Mobilmachung ohne öffentliche Verkündung«, um die Wehrmacht in die Lage zu versetzen, einen Krieg überfallartig nach Stärke und Zeitpunkt überraschend beginnen zu können.

c) Die Bearbeitung des Abtransports der Masse der aktiven Heereskräfte aus Ostpreußen nach dem Reich.

d) Die vorbereiteten Maßnahmen, falls deutsches Hoheits-gebiet plötzlich überraschend und in feindlicher Absicht durch eine fremde Macht verletzt wird.

Dann wird ohne besonderen Befehl mit Waffengewalt Widerstand ge-leistet [. . .]

3.) Zu den *wahrscheinlichen Kriegsfällen*, die *aufmarschmäßig* bearbeitet werden, gehören:

I.) Zweifrontenkrieg mit Schwerpunkt West (Aufmarsch »*Rot*«).

II.) Zweifrontenkrieg mit Schwerpunkt Südost (Aufmarsch »*Grün*«).

Einzelheiten siehe Teil 2 der Weisung.

4.) *Sondervorbereitungen sind* für folgende Fälle zu treffen:

I.) Bewaffnete Intervention gegen Österreich (Sonderfall Otto).

II.) Kriegerische Verwicklungen mit Rotspanien (Sonderfall Richard).

III.) England, Polen, Litauen beteiligen sich an einem Kriege gegen uns (Sonderfall »Erweiterung Rot/Grün«):

Einzelheiten siehe Teil 3 der Weisung.

Bei der Bearbeitung bzw. bei den Überlegungen dieser Sondervorbereitungen ist folgendes zu berücksichtigen:

Wenn wir auch bei der augenblicklichen Lage aller Voraussicht nach mit einem oder mehreren Verbündeten bei einzelnen Sonderfällen rechnen können, so ist doch grundsätzlich bei den Bearbeitungen und Überlegungen davon auszugehen, daß wir zunächst allein stehen.

5.) Die *vorliegende Weisung* bezieht sich nur auf die einheitliche *Vorbereitung* zu einem Kriege und auf die allgemeinen strategischen Gesichtspunkte, die für eine Kriegs*eröffnung* zu gelten haben.

Auf Grund dieser Weisung haben die Wehrmachtteile ihre Aufmarsch-pp-Weisungen zu ergänzen oder neu aufzustellen und sich hierbei untereinander in Verbindung zu setzen, um etwaige Widersprüche vor Herausgabe der Weisungen zu beseitigen, nötigenfalls unter Herbeiführung meiner Entscheidung.

Die *Weisung für die Führung des Krieges* selbst und die *Bezeichnung des Kriegsziels*, das von der politischen und damit auch militärischen und wirtschaftlichen Gesamtlage zu Beginn eines Krieges abhängt, wird über mich durch den Führer und obersten Befehlshaber gegeben. [...]

DOKUMENT 2

Aus einer Denkschrift des Oberbefehlshabers des Heeres an den Oberbefehlshaber der Wehrmacht

August 1937

In der Generalfeldmarschall Werner von Blomberg vorgelegten Denkschrift über eine zweckmäßige Spitzenorganisation der Wehrmacht argumentiert Generaloberst Werner von Fritsch, daß gegenüber der Luftwaffe und der Kriegsmarine dem Heer die dominierende Rolle zukomme. Die auf den Osten gerichteten Kriegsziele könnten nur durch das Heer realisiert werden, da kein östlicher Staat in der Luft oder auf dem Wasser tödlich zu treffen sei.

[...] Für *Deutschland* kann ehrlich nicht bezweifelt werden, daß ein *Sieg* letzten Endes auf dem *Heere* beruht, so unerläßlich ein erfolgreicher Kampf der Luftwaffe wie der Flotte für den Enderfolg auch bleibt.

Die *deutsche Flotte* wird immer die für das Durchstehen eines Krieges unerläßliche Aufgabe zu erfüllen haben, die Übersee-

Zufuhr weitmöglichst offenzuhalten, in einzelnen Fällen auch überseeische Verstärkungen fernzuhalten, ferner die Seeverbindung Reich-Ostpreußen zu decken. Eine der uns umgebenden Kontinental-Großmächte niederzuringen wird sie nie in der Lage sein. Weder Frankreich noch Rußland noch Polen sind zur See tödlich zu treffen oder auszuhungern.

Nur England könnte, zumal in Verbindung mit starken Luftstreitkräften, durch eine überlegene Flotte auf die Knie gezwungen werden. Angesichts des mit England getroffenen Flottenabkommens und der bestehenden europäischen militärpolitischen Verhältnisse zeichnen sich solche Aussichten für die deutsche Flotte jedoch vorläufig nicht ab.

So wenig bezweifelt werden kann, daß wir keinen Krieg gegen eine Großmacht ohne *stärkste Luftwaffe* führen können, so bleibt doch die Tatsache bestehen, daß die Luftwaffe einen entscheidenden Sieg – es sei denn gegen einen weit unterlegenen Staat – nicht erfechten kann. Die Luftwaffe ist außerdem unerläßlich, um unsere *Kriegsmittelproduktion* am Leben zu erhalten. Sie wird in einem künftigen Kriege, der für uns wohl immer ein Zwei- oder Mehrfrontenkrieg sein wird, alles einsetzen müssen, um bei unserer durch Lage, Struktur und Enge unseres Landes besonderen Luftgefährdung diese Aufgabe zu erfüllen. Sie wird aber keinen unserer mutmaßlichen Gegner durch Luftkrieg niederzwingen können, weil diese entweder zu stark (England, Rußland, Frankreich) oder zu wenig luftgefährdet (Rußland, Polen, Frankreich) sind. Selbst die Tschechoslowakei niederzuringen wird nur möglich sein, wenn man das Land erobert, was die Luftwaffe ebensowenig wie die Flotte kann.

Das Heer allein – wenn auch nie ohne die Hilfe der anderen Wehrmachtteile – ist in der Lage, den deutschen Raum gegen feindliche Eroberung zu verteidigen und damit den anderen Wehrmachtteilen ihre Basis zu erhalten.

Das Heer allein kann einen Gegner endgültig niederzwingen, indem es sein Land erobert und damit die feindliche Staatsmacht ausschaltet. Als Kontinentalmacht werden wir letzten Endes unsere Siege auf der *Erde* gewinnen müssen. Und solange die Ziele eines deutschen Sieges nur in Ost-Eroberungen liegen können, wird auch nur das Heer, durch Eroberung im Osten, durch Halten im Westen, die letzte Entscheidung bringen, weil kein Oststaat, sei es in der Luft, sei es auf dem Wasser tödlich zu treffen ist. [...]

DOKUMENT 3

Niederschrift einer Besprechung
des Reichsministers für Luftfahrt
und Oberbefehlshabers der Luftwaffe
mit Luftfahrtindustriellen

8. Juli 1938

Hermann Göring spricht davon, daß es im kommenden Krieg um die Eroberung der Weltmacht gehe. Für die Luftrüstung sei notwendig, den bereits errungenen Vorsprung, insbesondere in technischer Hinsicht, mit allen Mitteln auszubauen.

[...] 1933 hatten wir Null, heute 1938, Ende des Jahres, besitzt Deutschland eine fertige Stärke der ersten Linie, die ungefähr an die von England plus [...] heranreicht. Wir sind also auch in der Quantität überlegen, und in der Qualität sind wir ebenbürtig bis überlegen. Das ist eine gewaltige Leistung. Es ist ein Wunder, daß das hat geschaffen werden können.

Und hier fällt ein großes Verdienst auch Ihnen, meine Herren, zu, daß es Ihnen gelungen ist, aus dem Nichts heraus Fabriken zu erstellen und aus diesen Fabriken schließlich Flugzeuge und Motoren entstehen zu lassen, die heute ebenbürtig und zum Teil überlegen sind.

Alles in allem gesehen, betrachte ich heute die deutsche Luftwaffe als im Vorsprung befindlich sowohl gegenüber der englischen wie gegenüber der französischen. Diesen Vorsprung gilt es nicht nur zu halten, sondern er muß weiter ausgebaut werden. Denn wenn es zur Entscheidung kommt, werden wir wieder zunächst einmal eine Masse uns gegenüber haben, wenn ich das ganze Weltreservoir sehe, das die Feindstaaten besitzen. Wir müssen also hier durch höchste Qualität und auch eine ungeheure Quantität versuchen, wenigstens in der Luft den Vorsprung weiterhin auszubauen. [...]

Ich weiß, daß es große Schwierigkeiten gibt, und eine solche Schwierigkeit lag ja bisher und liegt auch weiter in der sogenannten Materialknappheit. Meine Herren, Materialknappheit! Gewiß, für den einzelnen Bedarfsträger hat jeder zu wenig Eisen. Aber wenn Sie bedenken, daß wir heute fast 2000 Tonnen im Monat Rohgewicht Eisen herstellen, dann ist das etwas Gewaltiges. Wir stellen heute mehr Eisen her als Frankreich und England zusammen. Nur der Bedarf ist ein solch gigantischer. Dasselbe ist mit Aluminium. [...]

Wir befinden uns jetzt im vollen Ablauf zur Mob.-Kapazität und werden bis auf weiteres auf Jahre hinaus von dieser Mob.-Kapazität nicht abgehen können, werden sie unter Umständen sogar zur vollen Mob.-Kapazität zu steigern haben. [...]

Glauben Sie, meine Herren, wenn einmal Deutschland einen neuen Kampf verloren hat, dann können Sie nicht ankommen und sagen: Ja, ich habe diesen Krieg nicht gewollt, ich bin immer dagegen gewesen, ich bin auch gegen dieses System gewesen, ich wollte da nie mitmachen. Darüber wird man hohnlächelnd hinweggehen. [...]

Wir müssen uns ganz klar darauf einstellen. Ich glaube, so wie die ganze Lage ist, ist es zu 10, zu 15% so, daß sich irgendwie die Sache verhältnismäßig noch in kleineren Aktionen lösen kann. Aber zu 80, 85, 90% bin ich überzeugt, daß es doch einmal einen größeren Kladderadatsch geben wird und daß wir dann einmal den großen Kampf machen müssen, den ich nicht scheue. Es kommt nur darauf an, daß nicht wieder schlapp gemacht wird. Es kommt darauf an, daß man sich immer klarmacht: Wir können nur siegen durch ein ungeheueres Mehr an Einsatz. Wir müssen alles das, was die anderen an Rohstoffen mehr haben, durch den Menschen ersetzen. [...]

Denn wenn ich Ihnen bis jetzt in wenigen Worten das Schicksal gesagt habe, das uns treffen würde, wenn wir den Kampf verlieren, so darf ich auch einmal darauf hinweisen, was sein würde, wenn wir den Kampf gewinnen würden. Dann ist Deutschland die erste Macht der Welt, dann gehört Deutsch-

land der Markt der Welt, dann kommt die Stunde, wo Deutschland reich ist. Aber man muß was riskieren, man muß was einsetzen. [...]

DOKUMENT 4

Vortragsnotiz des Chefs
des Generalstabes des Heeres

16. Juli 1938

*Aufzeichnung von Generaloberst Ludwig Beck über die möglichen innen- und
außenpolitischen Konsequenzen eines Überfalls auf die Tschechoslowakei. Beck
fürchtet, ein Weltkrieg zu diesem Zeitpunkt bedeutet das Ende Deutschlands und
fordert die Generalität der Wehrmacht auf, diesem Kurs auf einen Weltkrieg Ein-
halt zu gebieten.*

Der Führer hält anscheinend eine gewaltsame Lösung der sude-
tendeutschen Frage durch Einmarsch in die Tschechei für unab-
wendbar; er wird in dieser Auffassung bestärkt durch eine Umgebung verantwortungsloser, radikaler Elemente. Über die Einstellung von Göring ist man geteilter Auffassung. Die einen
glauben, daß er den Ernst der Lage erkennt und versucht, auf
den Führer beruhigend einzuwirken, die anderen meinen, daß er
wie in dem Falle Blomberg und Fritsch ein doppeltes Spiel treibt
und umfällt, wenn er vor dem Führer steht.

Alle aufrechten und ernsten deutschen Männer in staatsverantwortlichen Stellungen müssen sich berufen und verpflichtet
fühlen, alle erdenklichen Mittel und Wege bis zur letzten Konsequenz anzuwenden, um einen Krieg gegen die Tschechei abzu-
wenden, der in seinen Auswirkungen zu einem Weltkrieg führen muß, der das finis Germaniae bedeuten würde.

Die höchsten Führer der Wehrmacht sind hierzu in erster Linie berufen und befähigt, denn die Wehrmacht ist das macht-
ausübende Machtmittel der Staatsführung in der Durchführung
eines Krieges.

Es stehen hier letzte Entscheidungen für den Bestand der Nation auf dem Spiel; die Geschichte wird diese Führer mit einer Blutschuld belasten, wenn sie nicht nach ihrem fachlichen und staatspolitischen Wissen und Gewissen handeln.

Ihr soldatischer Gehorsam hat dort eine Grenze, wo ihr Wissen, ihr Gewissen und ihre Verantwortung die Ausführung eines Befehls verbietet.

Finden ihre Ratschläge und ihre Warnungen in solcher Lage kein Gehör, dann haben sie das Recht und die Pflicht vor dem Volk und der Geschichte, von ihren Ämtern abzutreten.

Wenn sie alle in einem geschlossenen Willen so handeln, ist die Durchführung einer kriegerischen Handlung unmöglich. Sie haben damit ihr Vaterland vor dem Schlimmsten, vor dem Untergang bewahrt.

Es ist ein Mangel an Größe und an Erkenntnis der Aufgabe, wenn ein Soldat in höchster Stellung in solchen Zeiten seine Pflichten und Aufgaben nur in dem begrenzten Rahmen seiner militärischen Aufträge sieht, ohne sich der höchsten Verantwortung vor dem gesamten Volke bewußt zu werden.

Außergewöhnliche Zeiten verlangen außergewöhnliche Handlungen!

Andere aufrechte Männer in staatsverantwortlichen Stellungen außerhalb der Wehrmacht werden sich auf ihrem Wege anschließen.

Wenn man die Augen und Ohren offen hält, wenn man sich durch falsche Zahlen nicht selbst betrügt, wenn man nicht in dem Rausch einer Ideologie lebt, dann kann man nur zu der Erkenntnis kommen, daß wir zur Zeit wehrpolitisch (Führung, Ausbildung und Ausrüstung), wirtschaftspolitisch und stimmungspolitisch für einen Krieg nicht gerüstet sind.

Der Gedanke eines »Blitzkrieges« (nach 2 Tagen in Prag?) ist ein unsinniger Traum: man sollte aus der modernen Kriegsgeschichte gelernt haben, daß überfallartige Überraschungen kaum jemals zu einem dauernden Erfolg geführt haben. [...]

DOKUMENT 5

Bericht des Chefadjutanten der Wehrmacht
über eine Besprechung Hitlers
mit der höchsten Wehrmachtgeneralität

Berlin, 23. Mai 1939

Von Oberstleutnant Rudolf Schmundt unterschriebene Aufzeichnung, nach der Hitler ausführte, weitere Annexionen zur Lösung der unaufschiebbaren wirtschaftlichen Probleme würden zum Krieg führen. Es gelte, Polen bei erster passender Gelegenheit zu überfallen und damit zu beginnen, den Lebensraum im Osten zu erweitern. Eine Voraussetzung der Aggression sei die außenpolitische Isolierung Polens.

[...]

Der Führer bezeichnet als Zweck der Besprechung:

1.) Darstellung der Lage.

2.) Stellung der sich aus der Lage für die Wehrmacht ergebenden Aufgaben.

3.) Klarstellung der sich aus den Aufgaben ergebenden Konsequenzen.

4.) Sicherstellung der Geheimhaltung aller Entschlüsse und Arbeiten, die das Ergebnis der Konsequenzen auslöst.

Die Geheimhaltung ist die Voraussetzung für den Erfolg.

Nachstehend werden die Ausführungen des Führers sinngemäß wiedergegeben:

Unsere heutige Lage ist unter 2 Gesichtspunkten zu betrachten:

1.) Tatsächliche Entwicklung von 1933–1939.

2.) Die dauernd gleichbleibende Situation, in der Deutschland ist.

In der Zeit 1933–39 Fortschritte auf allen Gebieten. Unsere militärische Lage verbesserte sich gewaltig.

Unsere Lage zur Umwelt ist die gleiche geblieben.

Deutschland war ausgeschieden aus dem Kreis der Machtstaaten. Das Gleichgewicht der Kräfte wurde ohne die Beteiligung Deutschlands festgelegt.

Geltendmachen der Lebensansprüche Deutschlands und Wiedereintritt in den Kreis der Machtstaaten stört dieses Gleichgewicht. Alle Ansprüche werden als »Einbruch« gewertet.

Die Engländer fürchten eine wirtschaftliche Gefährdung mehr als eine gewöhnliche Drohung durch Macht.

Die 80 Millionen Masse hat die ideellen Probleme gelöst. Die wirtschaftlichen Probleme müssen auch gelöst werden. Um die Schaffung der wirtschaftlichen Voraussetzungen hierzu kommt kein Deutscher herum. Zur Lösung der Probleme gehört Mut. Es darf nicht der Grundsatz gelten, sich durch Anpassung an die Umstände einer Lösung der Probleme zu entziehen. Es heißt vielmehr die Umstände den Forderungen anzupassen. Ohne Einbruch in fremde Staaten oder Angreifen fremden Eigentums ist dies nicht möglich.

Der Lebensraum, der staatl. Größe angemessen, ist die Grundlage für jede Macht. Eine Zeitlang kann man Verzicht leisten, dann aber kommt die Lösung der Probleme so oder so. Es bleibt die Wahl zwischen Aufstieg oder Abstieg. In 15 oder 20 Jahren wird für uns die Lösung zwangsweise notwendig. Länger kann sich kein deutscher Staat um die Frage herumdrücken.

Z. Zt. befinden wir uns im Zustand nationaler Begeisterung in gleicher Gesinnung mit 2 anderen Staaten: Italien und Japan.

Die zurückliegende Zeit ist wohl ausgenützt worden. Alle Schritte waren folgerichtig auf das Ziel ausgerichtet.

Nach 6 Jahren ist die heutige Lage folgende:

Nationalpolitische Einigung der Deutschen ist erfolgt, außer kleinen Ausnahmen. Weitere Erfolge können ohne Blutvergießen nicht mehr errungen werden.

Die Grenzziehung ist von militärischer Wichtigkeit.

Der Pole ist kein zusätzlicher Feind. Polen wird immer auf der Seite unserer Gegner stehen. Trotz Freundschaftsabkommen hat in Polen immer die Absicht bestanden, jede Gelegenheit gegen uns auszunutzen.

Danzig ist nicht das Objekt, um das es geht. Es handelt sich für uns um die Erweiterung des Lebensraumes im Osten und Sicherstellung der Ernährung sowie die Lösung des Baltikum-Problems. Lebensmittelversorgung ist nur dort möglich, wo geringe

Besiedlung herrscht. Neben der Fruchtbarkeit wird die deutsche, gründliche Bewirtschaftung die Überschüsse gewaltig steigern.

In Europa ist keine andere Möglichkeit zu sehen.

Kolonien: Warnung vor Schenkung kolonialen Besitzes. Es ist keine Lösung des Ernährungsproblems. Blockade!

Zwingt uns das Schicksal zur Auseinandersetzung mit dem Westen, ist es gut, einen größeren Ostraum zu besitzen. Im Kriege werden wir noch weniger wie im Frieden mit Rekordernten rechnen können.

Die Bevölkerung nicht deutscher Gebiete tut keinen Waffendienst und steht zur Arbeitsleistung zur Verfügung.

Das Problem »Polen« ist von der Auseinandersetzung mit dem Westen nicht zu trennen.

Polens innere Festigkeit gegen den Bolschewismus ist zweifelhaft. Daher auch Polen eine zweifelhafte Barriere gegen Rußland.

Kriegsglück im Westen mit schneller Entscheidung ist fraglich, ebenso die Haltung Polens.

Einem Druck durch Rußland hält das poln. Regime nicht stand. Polen sieht in einem Siege Deutschlands über den Westen eine Gefahr und wird uns den Sieg zu nehmen versuchen.

Es entfällt also die Frage Polen zu schonen und bleibt der Entschluß

bei erster passender Gelegenheit Polen anzugreifen.

An eine Wiederholung der Tschechei ist nicht zu glauben. Es wird zum Kampf kommen. Aufgabe ist es, Polen zu isolieren. Das Gelingen der Isolierung ist entscheidend.

Daher muß sich der Führer endgültigen Befehl zum Losschlagen vorbehalten. Es darf nicht zu einer gleichzeitigen Auseinandersetzung mit dem Westen (Frankreich u. England) kommen.

Ist es nicht sicher, daß im Zuge einer deutsch-polnischen Auseinandersetzung ein Krieg mit dem Westen ausgeschlossen bleibt, dann gilt der Kampf in erster Linie England und Frankreich.

Grundsatz. Auseinandersetzung mit Polen – beginnend mit Angriff gegen Polen – ist nur dann von Erfolg, wenn der Westen aus dem Spiel bleibt.

Ist das nicht möglich, dann ist es besser, den Westen anzufallen und dabei Polen zugleich zu erledigen.

Es ist Sache geschickter Politik, Polen zu isolieren.

Schwerwiegende Frage ist Japan. Wenn [es] auch zunächst aus verschiedenen Gründen kühl einem Zusammengehen mit uns gegenüberstand, so ist es doch im eigenen Interesse Japans, vorzeitig gegen Rußland vorzugehen.

Zu Rußland sind wirtschaftliche Beziehungen nur möglich, wenn politische Beziehungen sich gebessert haben. In Presse-Erörterungen tritt vorsichtige Haltung in Erscheinung. Es ist nicht ausgeschlossen, daß Rußland sich an der Zertrümmerung Polens desinteressiert zeigt. Wenn Rußland weiter gegen uns treibt, kann das Verhältnis mit Japan enger werden.

Ein Bündnis Frankreich – England – Rußland gegen Deutschland–Italien–Japan würde mich veranlassen, mit einigen, vernichtenden Schlägen England und Frankreich anzugreifen.

Der Führer zweifelt an der Möglichkeit einer friedlichen Auseinandersetzung mit England. Es ist notwendig, sich auf die Auseinandersetzung vorzubereiten. England sieht in unserer Entwicklung die Fundierung einer Hegemonie, die England entkräften würde. England ist daher unser Feind, und die Auseinandersetzung mit England geht auf Leben und Tod.

Wie wird diese Auseinandersetzung aussehen?

England kann Deutschland nicht in wenigen kraftvollen Streichen erledigen und uns niederzwingen. Für England ist es entscheidend, den Krieg möglichst nahe an das Ruhrgebiet heranzutragen. Man wird französisches Blut nicht sparen (Westwall!!). Der Besitz des Ruhrgebietes entscheidet die Dauer unseres Widerstandes.

Die holländischen und belgischen Luftstützpunkte müssen militärisch besetzt werden. Auf Neutralitäts-Erklärungen kann nichts gegeben werden. Wollen Frankreich und England es beim Krieg Deutschland/Polen zu einer Auseinandersetzung kommen lassen, dann werden sie Holland und Belgien in ihrer Neutralität unterstützen und Befestigungen bauen lassen, um sie schließlich zum Mitgehen zu zwingen.

Belgien und Holland werden, wenn auch protestierend, dem Druck nachgeben.

Wir müssen daher, wenn bei polnischem Krieg England eingreifen will, blitzartig Holland angreifen. Erstrebenswert ist es, eine neue Verteidigungslinie auf holländischem Gebiet bis zur Zuider See zu gewinnen. Der Krieg mit England und Frankreich wird ein Krieg auf Leben und Tod.

Die Ansicht, sich billig loskaufen zu können, ist gefährlich; diese Möglichkeit gibt es nicht. Die Brücken sind dann abzubrechen und es handelt sich nicht mehr um Recht oder Unrecht, sondern um Sein oder Nichtsein von 80 Millionen Menschen.

Frage: Kurzer oder langer Krieg?

Jede Wehrmacht bzw. Staatsführung hat den kurzen Krieg anzustreben. Die Staatsführung hat sich dagegen jedoch auf den Krieg von 10- bis 15jähriger Dauer einzurichten.

Es war immer in der Geschichte so, daß man an kurze Kriege glaubte. 1914 war man noch der Ansicht, lange Kriege nicht finanzieren zu können. Auch heute spukt diese Auffassung in vielen Köpfen. Dagegen wird jeder Staat so lange wie möglich aushalten, wenn nicht sofort eine wesentliche Schwächung (z. B. Ruhrgebiet) eintritt. England hat ähnliche Schwächen.

England weiß, daß der unglückliche Kriegsausgang das Ende seiner Weltmacht bedeutet.

England ist der Motor, der gegen Deutschland treibt. Seine Stärke liegt in folgendem:

1.) Der Brite selbst ist stolz, tapfer, zäh, widerstandsfähig und organisatorisch begabt. Weiß jedes neue Ereignis auszuwerten. Er hat das Abenteuertum und den Mut der nordischen Rasse. Mit der Verbreiterung sinkt die Qualität. Der deutsche Querschnitt ist besser.

2.) Es ist eine Weltmacht an sich. Seit 300 Jahren konstant. Vergrößert durch Verbündete. Die Macht ist nicht nur als real, sondern auch als psychologisch erdumspannende zu betrachten.

Dazu kommt der unvermeßbare Reichtum mit der damit verbundenen Kreditwürdigkeit.

3.) Die geopolitische Sicherung und Beschirmung durch eine starke Seemacht und eine tapfere Luftwaffe.

Englands Schwäche:

Wenn wir im Kriege 2 Panzerschiffe u. 2 Kreuzer mehr gehabt hätten und die Skagerak-Schlacht am Morgen begonnen hätten, dann wäre die britische Flotte geschlagen worden und England wäre in die Knie gezwungen worden. Es hätte das Ende des Weltkrieges bedeutet. Früher genügte es nicht, die Flotte zu schlagen, man mußte landen, um England zu besiegen. England konnte sich selbst ernähren. Das ist heute nicht mehr möglich.

Im Augenblick, da England von seiner Zufuhr abgeschnitten ist, ist es zur Kapitulation gezwungen. Die Lebensmittel- und Betriebsstoff-Zufuhr ist vom Schutz durch die Flotte abhängig.

Der Angriff der Luftwaffe gegen England im Mutterland zwingt England nicht an einem Tag zur Kapitulation. Wird jedoch die Flotte vernichtet, so ist unmittelbare Kapitulation die Folge.

Es besteht kein Zweifel, daß der überraschende Überfall zu einer schnellen Lösung führen kann. Es ist jedoch verbrecherisch, wenn die Staatsführung sich auf die Überraschung verlassen sollte.

Die Überraschung kann erfahrungsgemäß scheitern an:

1.) Verrat an Personen außerhalb der zuständigen militärischen Kreise;

2.) gewöhnlichem Zufall, der die ganze Aktion zusammenbrechen läßt;

3.) menschlicher Unzulänglichkeit;

4.) Witterungsverhältnissen.

Der Termin zum Losschlagen muß lange vorher bestimmt werden.

Darüber hinaus kann man aber nicht lange in Spannung leben. Es muß damit gerechnet werden, daß die Witterungsverhältnisse überraschendes Eingreifen von Flotte und Luftwaffe unmöglich machen.

Dies muß der Bearbeitung als ungünstigste Grundlage zugrunde gelegt werden.

1.) Anzustreben bleibt, dem Gegner zu Beginn einen oder den vernichtenden Schlag beizubringen. Hierbei spielen Recht oder Unrecht oder Verträge keine Rolle.

Dies ist nur möglich, wenn man nicht durch Polen in einen Krieg mit England »hineinschlittert«.

2.) Vorzubereiten ist der lange Krieg neben dem überraschenden Überfall unter Zerschlagen der englischen Möglichkeiten auf dem Festlande.

Das Heer hat die Positionen in Besitz zu nehmen, die für Flotte und Luftwaffe wichtig sind. Gelingt es, Holland und Belgien zu besetzen u. zu sichern sowie Frankreich zu schlagen, dann ist die Basis für einen erfolgreichen Krieg gegen England geschaffen.

Die Luftwaffe kann dann von Westfrankreich aus die engere Blockade Englands, die Flotte mit den U-Booten die weitere übernehmen.

Folgen:

England kann auf dem Kontinent nicht kämpfen, die täglichen Angriffe der Luftwaffe und Kriegsmarine zerschneiden sämtliche Lebensadern.

Die Zeit entscheidet gegen England.

Deutschland verblutet nicht zu Lande.

Diese Kriegführung ist in ihrer Notwendigkeit bewiesen durch den Weltkrieg und die kriegerischen Handlungen seither.

Aus dem Weltkrieg ergeben sich die folgenden verpflichtenden Rückschlüsse für die Kriegführung:

1.) Bei einer stärkeren Kriegsmarine zu Beginn des Weltkrieges oder eines Abdrehens des Heeres auf die Kanalhäfen hätte der Krieg einen anderen Ausgang genommen.

2.) Ein Land ist durch die Luftwaffe nicht niederzuzwingen. Es können nicht alle Objekte gleichzeitig angegriffen werden, u. wenige Minuten Zeitunterschiede rufen die Abwehr auf den Plan.

3.) Wichtig ist der rücksichtslose Einsatz aller Mittel.

4.) Hat erst einmal das Heer im Zusammenwirken mit der Luftwaffe und Kriegsmarine die wichtigsten Positionen genommen, dann fließt die industrielle Produktion nicht mehr in das Danaiden-Faß der Schlachten des Heeres, sondern kommt der Luftwaffe und der Kriegsmarine zugute.

Daher muß das Heer in der Lage sein, diese Positionen einzunehmen.

Der planmäßige Angriff ist vorzubereiten.

Das zu studieren, ist wichtigste Aufgabe. Ziel ist immer, England auf die Knie zu zwingen.

Jede Waffe trägt die schlachtentscheidende Wirkung nur so lange in sich, als sie der Feind nicht besitzt.

Das gilt für Gas, U-Boote und die Luftwaffe. Für die letztere traf das zu, solange z. B. bei der englischen Flotte keine Abwehr vorhanden war, das wird 1940 und 1941 nicht mehr zutreffen. Gegen Polen z. B. wird die Tankwaffe wirksam sein, da der polnischen Armee die Abwehr fehlt.

Wo die Wirkung entscheidend nicht mehr zu bewerten ist, tritt an ihre Stelle die Überraschung und der geniale Einsatz.

Das ist das Angriffsprogramm.

Das Programm zwingt

1.) Zur richtigen Beurteilung der Waffen und ihrer Wirkung; z. B. a) Kriegsschiff oder Flugzeugträger, wer ist gefährlicher im Einzelfall und im ganzen gesehen. Der Flugzeugträger ist der bessere Schutz eines Geleitzugs.

b) Ist der Luftangriff auf eine Fabrik wichtiger als auf ein Schlachtschiff? Wo liegen die fabrikatorischen Engpässe?

2.) Zur schnellen Bereitschaft des Heeres. Die Nachbarstaaten müssen aus der Kaserne heraus überrannt werden.

3.) Zum Studium der schwachen Stellen des Gegners.

Diese Studien dürfen nicht den Generalstäben überlassen werden.

Die Geheimhaltung ist dann nicht mehr gewährleistet.

Der Führer hat sich daher entschlossen, einen kleinen Studienstab beim OKW zu befehlen, der Vertreter der 3 Wehrmachtteile enthält und von Fall zu Fall die 3 Oberbefehlshaber bzw. Generalstabschefs einbezieht.

Der Stab hat den Führer am laufenden zu halten und zu unterrichten.

Der Studienstab übernimmt die geistige Vorbereitung der Operationen im höchsten Grade und die sich zwangsläufig daraus ergebenden Vorbereitungen in technischer und organisatorischer Beziehung.

Der Zweck bestimmter Anordnung geht außerhalb des Stabes keinen etwas an.

So stark sich auch die Rüstungen der Gegner vergrößern mögen, sie müssen doch zu irgendeiner Zeit am Ende ihrer Möglichkeiten anlangen, und die unsrigen werden größere sein.

Französische Rekruten-Jahrgänge 120000 Mann!

Wir werden nicht in einen Krieg hineingezwungen werden, aber um ihn herum kommen wir nicht.

Die Geheimhaltung ist die entscheidende Voraussetzung für den Erfolg. Auch Italien oder Japan gegenüber muß die Zielsetzung geheimbleiben. Für Italien bleibt der Durchbruch durch die Maginot-Linie bestehen, der zu studieren ist. Der Führer hält den Durchbruch für möglich. Das Zusammenfassen (Bündeln) der Wehrmachtteile zum Studium des Gesamtproblems ist wichtig.

Der Zweck

1.) Studium des Gesamtproblems.

2.)   "   des Vorgehens.

3.)   "   der erforderlichen Mittel.

4.)   "   der notwendigen Ausbildung.

Dem Stab müssen Männer mit großer Phantasie und bestem Fachwissen angehören sowie Offiziere mit nüchternem skeptischem Verstand. Grundsatz für die Arbeit:

1.) Niemand ist zu beteiligen, der es nicht wissen muß.

2.) Niemand darf mehr erfahren, als er wissen muß.

3.) Wann muß der Betreffende es spätestens wissen? Niemand darf früher etwas wissen, als er es wissen muß.

Auf Anfrage des Feldmarschalls Göring bestimmt der Führer, daß

a) die Wehrmachtteile bestimmen, was gebaut wird;

b) an dem Schiffsbauprogramm nichts geändert wird;

c) die Rüstungsprogramme sind auf 1943 bzw. 44 abzustellen.

[…]

DOKUMENT 6

Aus einem Vortrag des Chefs
des Wehrwirtschaftsamtes

Berlin, 24. Mai 1939

In seinem Vortrag vor Mitarbeitern des Auswärtigen Amtes gibt General der Infanterie Georg Thomas einen allgemeinen Überblick über den bis Anfang 1939 erzielten Rüstungsstand der faschistischen Wehrmacht. Für eine erfolgreiche Blitzkriegführung sei die sogenannte Breitenrüstung – die Stärke der Wehrmacht und die Vorbereitungen zu deren Vergrößerung – durchaus ausreichend. Dagegen gebe die Tiefenrüstung Anlaß zur Besorgnis. Denn die deutsche Wirtschaft sei auf einen langen Krieg mit einem zähen Ringen der Kräfte, wo es darauf ankomme, eine umfangreiche Rüstungsproduktion für lange Zeit zu gewährleisten, noch nicht genügend vorbereitet.

[. . .] Ich beginne mit dem Stand der deutschen Aufrüstung. Sie haben von seiten der Wehrmachtteile schon einen Überblick über die heutige Organisation der Wehrmacht erhalten, so daß ich mich kurz fassen kann und nur auf die Entwicklung der Aufrüstung eingehe.

Sie wissen, daß das Versailler Diktat die Zahl der deutschen Divisionen auf 7 begrenzt hatte, daß eine Luftwaffe verboten war und daß der Vertrag der Kriegsmarine den Bau von Schiffen über 10 000 t und den Bau von U-Booten völlig untersagte. Die Anfertigung von Waffen, Munition und Kriegsgerät war auf wenige genehmigte Betriebe beschränkt. Alle anderen Anlagen waren planmäßig zerstört worden. Bis zum Ende des Jahres 1933 trat in dieser Lage trotz vieler geheimer und getarnter Versuche keine wesentliche Änderung ein, so daß wir feststellen können, daß die jetzige Aufrüstung das Werk von 4 Jahren darstellt. Dem 100 000-Mann-Heer von 7 Infanterie-Divisionen und 3 Kavallerie-Divisionen steht heute gegenüber ein Friedensheer mit 18 Generalkommandos, 39 Infanterie-Divisionen, darunter 4 voll motorisiert, 3 Gebirgsdivisionen, 5 Panzer-Divisionen, 4 leichten Divisionen und 22 Maschinengewehr-Bataillonen. Dazu steht an der Grenze eine große Anzahl ständiger Grenzschutzformationen. Dadurch, daß jede Großbeschaffung neuer Waffen im 100 000-Mann-Heer nicht in Frage kam, die Fortentwicklung neuer Typen aber im geheimen fleißig betrieben wurde, konnte unser heutiges Heer auf allen Gebieten mit den modernsten Waffen ausgerüstet werden und steht jetzt in seiner gesamten Infanterie-Bewaffnung und in der Masse seiner Geschütztypen sicherlich an der Spitze der Welt. Völlig neu und in den letzten 5 Jahren entstanden sind die 5 Panzerdivisionen, die moderne Schlachtenreiterei und die leichten Divisionen, die leichte Reiterei. Genauso liegen die Verhältnisse auf materiellem Gebiet. Neu geschaffen wurde die gesamte Ausrüstung der Panzerdivisionen und der leichten Divisionen. Diese Leistung kann nur der ermessen, der weiß, was es heißt, nach 15jährigem Verbot dieser Truppen einen kriegsbrauchbaren Panzerkampfwagen herzustellen, der den modernen Anforderungen an Geschwindigkeit, Geländegängigkeit und Panzerschutz gerecht wird.

Daneben wurde eine ungeheure Anzahl von Spezialkraftfahrzeugen, teils schwierigster Konstruktion, entwickelt und beschafft, die Artillerie teilweise auf Kraftzug umgestellt und mit modernstem Schall- und Lichtmeßgerät versehen. Die starke Vermehrung der technischen Truppen stellte besondere Anforderungen an die Rüstung.

Zu dieser vielseitigen Aufrüstung kommt noch der Bau der Grenzbefestigungen, die zunächst im Osten vorgenommen und, sobald es die Lage gestattete, im Westen begonnen wurden. Die Konzentration des Ausbaus im Westen haben Sie alle im letzten Jahr erlebt. Ich möchte hier erwähnen, daß der Bau moderner Festungen höchste Anforderungen an die Rüstungsfirmen stellt, die Panzertürme bauen.

Das Vorkriegs-Friedensheer hatte sich von 1898 bis 1914 – also in 16 Jahren – von 43 Divisionen auf 50 Divisionen erhöht. Unsere Aufrüstung von 7 Infanteriedivisionen, 3 Kavalleriedivisionen auf 51 Divisionen ist – wie ich bereits sagte – das Werk von 4 Jahren.

Die Kriegsmarine hatte 1933 außer einigen veralteten Vorkriegs-Linienschiffen 1 Panzerschiff zu 10 000 t, 6 leichte Kreuzer, 12 Torpedoboote. Seit 1933 wurden in Dienst gestellt: 2 Schlachtschiffe zu je 26 000 t, 2 Panzerschiffe zu je 10 000 t,

17 Zerstörer und 47 U-Boote; insgesamt 125000 t Schiffsraum. Vom Stapel liefen außerdem: 2 Schlachtschiffe zu 35000 t, 4 schwere Kreuzer zu je 10000 t, 1 Flugzeugträger, 5 Zerstörer und 7 U-Boote von insgesamt 106000 t. Der Stapellauf weiterer Schiffe steht bevor.

Die Luftwaffe ist neu erstanden und steht heute da mit einer Stärke von 260000 Köpfen. Bereits heute verfügt die Luftwaffe über 21 Geschwader mit 240 Staffeln. Ihre Vergrößerung ist im Gange. Die Flakwaffe ist mit ihren 4 Typen sicherlich die modernste der Welt und umfaßt bereits jetzt fast 300 Flakbatterien. Flakgeschütze noch größerer Kaliber sind in der Einführung begriffen.

In gleichem Ausmaße hat sich der Aufbau der deutschen Rüstungsindustrie vollzogen. Aus den wenigen zugelassenen Fabriken des Versailler Vertrages ist die mächtigste Rüstungsindustrie entstanden, die zur Zeit in der Welt besteht. Sie ist zu Leistungen herangewachsen, die teilweise die deutschen Kriegsleistungen erreichen, teilweise sogar übertreffen. Die Rohstahlproduktion Deutschlands ist heute nächst Amerika die größte der Welt, die Aluminiumerzeugung übertrifft die Amerikas und der anderen Staaten der Welt ganz erheblich. Die Fertigungsleistungen unserer Gewehr-, MG- und Geschützfabriken sind zur Zeit größer als die jedes anderen Staates. Unsere Pulver- und Sprengstoffproduktion soll im nächsten Jahr wieder die Höhe des Hindenburg-Programms erreichen. [...]

Die Nachrichten, die bisher vorliegen, lassen nicht darauf schließen, daß in den westlichen Großstaaten die Aufrüstung schon mit der Energie betrieben wird wie hier bei uns. Wenn die politische Lage aber dazu führt, daß es zu einem längeren Wettrüsten kommt, so müssen wir uns natürlich klar sein, daß die Westmächte bei den Rüstungsausmaßen ihrer Wirtschaft in der Lage sein können, in etwa 1–1½ Jahren den deutschen Rüstungsvorsprung einzuholen. Die vereinigte große Wirtschaftskraft Englands, Amerikas, Frankreichs ist auf die Dauer eben größer als die der Achsenmächte, und die westlichen Großstaaten werden bei einem Wettrüsten nicht die Schwierigkeiten finden, die Deutschland und Italien durch den Rohstoff- und Menschenmangel immer haben werden. Kommt es zu einem solchen

Wettrüsten und anschließend zu einem Krieg, so hängt der Kriegsausgang m. E. davon ab, ob es den Achsenstaaten glückt, durch einen schnellen entscheidenden Schlag die Kriegsentscheidung zu erzwingen. Glückt dies nicht, und kommt es zu einem Abringen wie im Weltkriege, so entscheidet die Tiefe der wehrwirtschaftlichen Kraft, d. h. die Durchhaltemöglichkeit.

Es ist nicht meine Aufgabe, Ihnen Ausführungen zu machen über die Möglichkeiten und das Gelingen oder Nichtgelingen eines solchen Blitzkrieges. Ich persönlich glaube nicht daran, daß eine Auseinandersetzung zwischen den Achsenstaaten und den Westmächten eine Frage des Blitzkrieges – also eine Frage von Tagen und Wochen sein wird. Für mich als Chef des Wehrwirtschaftsstabes kommt es darauf an, daß sich die Rüstung auf jeden Fall einstellt und damit auch auf einen langen Krieg. Unsere Vorbereitungen müssen daher auf eine möglichst große Stärkung unserer Rüstungstiefe hinausgehen. [...]

Die Frage der Durchhaltemöglichkeit hat in eingeweihten Kreisen schon einmal stark im Vordergrund der Debatte gestanden. Es war in Jahren vor dem Weltkrieg, als weitblickende Soldaten und Wirtschaftler auf die Gefahren der mangelnden deutschen Rüstungstiefe hinwiesen. Die militärpolitische Führung wird immer einen kurzen Krieg fordern. Ob er geführt werden kann, wird nicht nur von uns, sondern auch vom Gegner abhängen. Jedenfalls wird auch im künftigen Krieg die Wirtschaft einen entscheidenden Faktor darstellen.

Früher galt allein die Clausewitzsche Auffassung, daß der den Krieg gewinnt, der das feindliche Heer vernichtet. Heute hat die angelsächsische Auffassung die gleiche Berechtigung, die den Standpunkt vertritt: Vernichte ich die Wirtschaft, so vernichte ich auch die Wehrmacht und damit auch das betreffende Volk. [...]

Aus einer Denkschrift
des Inspekteurs der Nebeltruppe an den
Generalstab des Heeres

Berlin, 28. Juni 1939

Oberst Hermann Ochsner empfiehlt dem Generalstab die Vorbereitung auf den of-fensiven chemischen Krieg. Dafür sprechen seiner Ansicht nach die Überlegenheit der deutschen Industrie sowie die Möglichkeiten der Fliegerkräfte, chemische Kampfstoffe im tiefen Hinterland einzusetzen. Eine Begründung für den massen-haften Einsatz chemischer Kampfstoffe wird eine entschlossene politische Führung schon zu finden wissen.

[...] Die chemischen Kampfstoffe waren schon im letzten Krieg ein sehr wirksames Kampfmittel, das gegen Kriegsende in zu-nehmendem Maß in Erscheinung trat. Sie haben im abessini-schen Krieg eine große Rolle gespielt und werden in einem kom-menden europäischen Krieg von noch größerem Einfluß sein. Für uns sind heute dabei folgende Tatsachen wichtig:

a) Dank unserer in der Welt einzigartigen chemischen Industrie sind wir in der Lage, einen *Vorsprung vor allen anderen Nationen* zu erreichen und zu erhalten – wenn wir dazu die nötige Ent-schlußkraft aufbringen. Der Generalbevollmächtigte des Mi-nisterpräsidenten Generalfeldmarschall Göring für Sonder-fragen der chemischen Erzeugung hat erst unter dem 20.6.1939 mitgeteilt (Gen St H 1. Abt. wurde mit diesem Schreiben gleichfalls beteilt), daß er die in seiner großen Denkschrift vom Juni 1938 über die Rohstoffmöglichkeiten der chem. Kampfstoffe niedergelegten Möglichkeiten *auch entgegen den Bedenken des Wa A* heute noch für voll durchführ-bar hält und daß ›*es lediglich eine Frage des Entschlusses verant-wortlicher Stellen ist, die hier aufgezeigten Möglichkeiten auszunut-zen.*‹ .... ›*Wenn die politische oder militärische Führung heute in der chemischen Waffe ein Mittel für eine rasche Kriegsentscheidung sehen würde, so wäre* bei klarer Schwerpunktverlegung in den Mob. Vorbereitungen auf den chemischen Krieg *auch heute noch die in der Denkschrift aufgezeigte Gelegenheit gegeben, ein Kampfstoffgroßprogramm durchzuführen.‹*

b) Wichtig ist ferner, daß der Einsatz von Kampfstoffen *Eisen* spart, das beim Einsatz von Sprengstoffen für Geschosse und Fliegerbomben notwendig ist; denn Lost kann aus dem Fahrzeug (oder aus dem Flugzeug) abgesprüht oder in verhältnismäßig leichter Verpackung (Sprühbüchsen) eingesetzt werden.

c) Außerdem lassen sich auch auf dem Gebiet der Kampfstoffe durch neue Erfindungen noch *Überraschungen* in der Kriegführung erreichen.

d) *Der Einsatz* von Kampfstoffen in ganz großem Ausmaß *gegen das feindliche Hinterland* durch die Luftstreitkräfte, insbesondere gegen Industrie-Mittelpunkte und Großstädte, könnte eine sehr große seelische Wirkung ausüben. Gerade die alberne und unsachliche Propaganda des früheren Völkerbundes hat hier die Weltmeinung so beeinflußt, daß Paniken unvermeidlich sind (vgl. z. B. die Wirkungen des amerikanischen Rundfunk-Hörspiels vom Angriff der Mars-Bewohner gegen die Erde).

6.) So zwingt die sachliche und seelische Wirkung der Kampfstoffe dazu, sie einzusetzen, und zwar ganz planmäßig, nicht nur als Gegenmittel oder als Antwort auf feindlichen Kampfstoffeinsatz. Politische Gründe, diesen notwendigen Kampfstoffeinsatz in der Meinung des eigenen Volkes und der Welt zu rechtfertigen, wird eine entschlossene Führung zu finden wissen.

7.) Kampfstoffe müssen in großen Massen und von ihrem ersten Auftreten an in ununterbrochen sich steigernder Menge eingesetzt werden, um die feindlichen Sanitätseinrichtungen mit einer wahren Flut Gaskranker und Kampfstoffverletzter lawinenartig zu überschwemmen und zu verstopfen. Diese Angriffe müssen verbunden sein mit *Fliegerangriffen gegen die feindliche Gasschutzindustrie*, besonders gegen die feindlichen Gasmaskenfabriken, um den Nachschub an diesen Schutzmitteln zu unterbinden. Nur dann werden sie beim feindlichen Heer die große seelische Beanspruchung erreichen, die schließlich zum Zusammenbruch des Heeres beitragen kann. Erst wenn dem feindlichen Soldaten zum Bewußtsein kommt, daß die notwendigen Gasschutzmittel nicht mehr nachgeschoben werden können, daß Ärzte und Pflegepersonal ihren immer größer werdenden Aufgaben erliegen, werden die Kampfstoffe ihre volle seelische Wirkung auslösen. Aus diesen Gründen ist jeder verzettelte Einsatz von Kampfstoffen zu unterbinden, der nur dazu dienen würde, durch örtliche kleine Verluste die feindliche Gasdisziplin zu einer großen Vollkommenheit zu bringen.

8.) Nimmt man an, daß Deutschland vielleicht einmal, ähnlich wie im Weltkrieg, um sein Dasein kämpfen muß, z. B. gegen England, so schälen sich deutlich zwei besonders wirksame Einsatzmöglichkeiten heraus:

a) Erklärung einer großen Sperrzone an der West- oder Ostfront, ähnlich z. B. einem Sperrgebiet für U-Boote. Dieses Gebiet könnte sogar durch Rundfunk oder durch diplomatische Noten der Welt bekanntgemacht werden. In diesem Sperrgebiet werden planmäßige Kampfstoffe jeder Art, vor allem Gelände-Kampfstoff, in ganz großem Maßstab eingesetzt (damit könnten andere Kampfmittel und Kräfte gespart werden).

b) Wichtige feindliche Industrie-Mittelpunkte, vor allem aber politisch wichtige Großstädte, wie z. B. London, werden planmäßig täglich immer wieder von Fliegern angegriffen, und zwar auch mit Kampfstoffen jeder Art (Schwelkerzen mit Weißkreuz- oder Blaukreuz-Kampfstoffen, Behältern mit Gelbkreuz, Druckflaschen mit Grünkreuz, z. B. Phosgen). Es ist außer jedem Zweifel, daß eine Stadt wie London so in eine unerträgliche Aufregung versetzt werden könnte und dadurch einen gewaltigen Druck auf die feindliche Regierung ausüben würde.

9.) Ist sich die Führung über die grundsätzliche Absicht des Kampfstoffeinsatzes in einem Kriege klar, dann wäre folgendes zu veranlassen:

a) Die Einheitlichkeit des Handelns auf diesem politisch und militärisch so wichtigem Gebiet ist mit allen Bundesgenossen schon im Frieden herzustellen. [...]

b) Die Einheitlichkeit des Handelns mit der Luftwaffe, die Kampfstoffe in ganz großem Maß, besonders gegen das Hinterland, einsetzen kann, muß sichergestellt werden. [...]

DOKUMENT 8

Ansprache Adolf Hitlers
vor den Oberbefehlshabern der Wehrmacht

22. August 1939

Vor den Oberbefehlshabern von Heer, Kriegsmarine und Luftwaffe erklärt Hitler, er werde propagandistischen Anlaß zur Entfesselung des Krieges geben, stellt Kampf auf Leben und Tod in Aussicht, fordert völlige Vernichtung Polens und empfiehlt mitleidloses, brutales Vorgehen.

Es kann auch anders kommen bezügl. England und Frankreich. Es läßt sich nicht mit Bestimmtheit prophezeien. Ich rechne mit Handels-Sperre, nicht mit Blockade, ferner mit Abbrechen der Beziehungen. Eisernste Entschlossenheit bei uns. Vor nichts zurückweichen. Jeder muß die Ansicht vertreten, daß wir von vornherein auch zum Kampf gegen die Westmächte entschlossen waren. Kampf auf Leben und Tod. Deutschland hat jeden Krieg gewonnen, wenn es einig war. Eiserne, unerschütterliche Haltung vor allem der Vorgesetzten, feste Zuversicht, Siegesglauben, Überwindung vergangener Zeiten durch Gewöhnen an schwerste Belastung. Eine lange Friedenszeit würde uns nicht gut tun. Es ist also notwendig, mit allem zu rechnen. Mannhafte Haltung. Nicht Maschinen ringen miteinander, sondern Menschen. Bei uns qualitativ der bessere Mensch. Seelische Faktoren ausschlaggebend. Auf der Gegenseite schwächere Menschen. 1918 fiel die Nation, weil die seelischen Vorbedingungen ungenügend waren. Friedrich der Große hatte seinen Enderfolg nur durch seine Seelenstärke. Vernichtung Polens im Vordergrund. Ziel ist Beseitigung der lebendigen Kräfte, nicht die Erreichung einer bestimmten Linie. Auch wenn im Westen Krieg ausbricht, bleibt Vernichtung Polens im Vordergrund. Mit Rücksicht auf Jahreszeit schnelle Entscheidung.

Ich werde propagandistischen Anlaß zur Auslösung des Krieges geben, gleichgültig, ob glaubhaft. Der Sieger wird später nicht danach gefragt, ob er die Wahrheit gesagt hat oder nicht.

Bei Beginn und Führung des Krieges kommt es nicht auf das Recht an, sondern auf den Sieg.

Herz verschließen gegen Mitleid. Brutales Vorgehen. 80 Mill. Menschen müssen ihr Recht bekommen. Der Stärkere hat das Recht. Größte Härte.

Schnelligkeit der Entscheidung notwendig. Festen Glauben an den deutschen Soldaten. Krisen sind nur auf Versagen der Nerven der Führer zurückzuführen.

Erste Forderung: Vordringen bis zur Weichsel und bis zum Narew. Unsere technische Überlegenheit wird die Nerven der Polen zerbrechen. Jede sich neu bildende lebendige polnische Kraft ist sofort wieder zu vernichten. Fortgesetzte Zermürbung.

Neue deutsche Grenzführung nach gesunden Gesichtspunkten, evtl. Protektorat als Vorgelände. Mil. Operationen nehmen auf diese Überlegungen keine Rücksicht. Restlose Zertrümmerung Polens ist das militärische Ziel. Schnelligkeit ist die Hauptsache. Verfolgung bis zur völligen Vernichtung.

Überzeugung, daß die deutsche Wehrmacht den Anforderungen gewachsen ist. Auslösung wird noch befohlen, wahrscheinlich Samstag morgen.

.

DOKUMENT 9

Weisung des Oberkommandos der Wehrmacht Nr. 1

Berlin, 31. August 1939

Weisung Hitlers an das Oberkommando des Heeres, das Oberkommando der Kriegsmarine, den Reichsminister der Luftfahrt und Oberbefehlshaber der Luftwaffe, den Chef des Wehrmachtführungsamtes/Abteilung Landesverteidigung zum Überfall auf Polen am 1. September 1939. Kampfhandlungen gegenüber Frankreich und Großbritannien sollen vermieden werden. Auch bei einer französisch-britischen Offensive bleibe die schnelle Niederwerfung Polens die Hauptaufgabe.

1.) Nachdem alle *politischen Möglichkeiten erschöpft sind*, um auf friedlichem Wege eine für Deutschland unerträgliche Lage an seiner Ostgrenze zu beseitigen, habe ich mich zur *gewaltsamen Lösung* entschlossen.

2.) Der *Angriff gegen Polen* ist nach den für Fall Weiß getroffenen Vorbereitungen zu führen mit den Abänderungen, die sich beim Heer durch den inzwischen fast vollendeten Aufmarsch ergeben.

Aufgabenverteilung und Operationsziel bleiben unverändert.

Angriffstag 1. 9. 39.

Angriffszeit 4.45

Diese Zeit gilt auch für die Unternehmungen Gdingen – Danziger Bucht und Brücke Dirschau.

3.) Im *Westen* kommt es darauf an, die Verantwortung für die Eröffnung von Feindseligkeiten eindeutig England und Frankreich zu überlassen. Geringfügigen Grenzverletzungen ist zunächst rein örtlich entgegenzutreten.

Die von uns Holland, Belgien, Luxemburg und der Schweiz zugesicherte Neutralität ist peinlich zu achten.

Die deutsche Westgrenze ist *zu Lande* an keiner Stelle ohne meine ausdrückliche Genehmigung zu überschreiten.

Zur See gilt das gleiche für alle kriegerischen oder als solche zu deutenden Handlungen.

Die defensiven Maßnahmen der *Luftwaffe* sind *zunächst* auf die unbedingte Abwehr feindl. Luftangriffe an der Reichsgrenze zu beschränken, wobei so lange als möglich die Grenze der neutralen Staaten bei der Abwehr einzelner Flugzeuge und kleinerer Einheiten zu achten ist. Erst wenn beim Einsatz stärkerer franz. und engl. Angriffsverbände über die neutralen Staaten gegen deutsches Gebiet die Luftverteidigung im Westen nicht mehr gesichert ist, ist die Abwehr auch über diesem neutralen Gebiet freizugeben.

Schnellste Orientierung des OKW über jede Verletzung der Neutralität dritter Staaten durch die Westgegner ist besonders wichtig.

4.) *Eröffnen England und Frankreich die Feindseligkeiten* gegen Deutschland, so ist es Aufgabe der im Westen operierenden Teile der Wehrmacht, unter möglichster Schonung der Kräfte die Voraussetzungen für den siegreichen Abschluß der Operationen gegen Polen zu erhalten. Im Rahmen dieser Aufgabe sind die feindl. Streitkräfte und deren wehrwirtschaftl. Kraftquellen nach Kräften zu schädigen. Den Befehl zum Beginn von *Angriffs*handlungen behalte ich mir in jedem Fall vor.

Das *Heer* hält den Westwall und trifft Vorbereitungen, dessen Umfassung im Norden – unter Verletzung belg. oder holländ. Gebietes durch die Westmächte – zu verhindern. Rücken franz. Kräfte in Luxemburg ein, so bleibt die Sprengung der Grenzbrücken freigegeben.

Die *Kriegsmarine* führt Handelskrieg mit dem Schwerpunkt gegen England. Zur Verstärkung der Wirkung kann mit der Erklärung von Gefahrenzonen gerechnet werden. OKM meldet, in welchen Seegebieten und in welchem Umfang Gefahrenzonen für zweckmäßig gehalten werden. Der Wortlaut für eine öffentl. Erklärung ist im Benehmen mit dem Ausw. Amte vorzubereiten und mir über OKW zur Genehmigung vorzulegen.

Die Ostsee ist gegen feindl. Einbruch zu sichern. Die Entscheidung, ob zu diesem Zwecke die Ostsee-Eingänge mit Minen gesperrt werden dürften, trifft Ob. d. M.

Die *Luftwaffe* hat in erster Linie den Einsatz der franz. und engl. Luftwaffe gegen das deutsche Heer und den deutschen Lebensraum zu verhindern.

Bei der Kampfführung gegen England ist der Einsatz der Luftwaffe zur Störung der engl. Seezufuhr, der Rüstungsindustrie, der Truppentransporte nach Frankreich vorzubereiten. Günstige Gelegenheit zu einem wirkungsvollen Angriff gegen massierte engl. Flotteneinheiten, insbes. gegen Schlachtschiffe und Flugzeugträger, ist auszunutzen. Angriffe gegen London bleiben meiner Entscheidung vorbehalten.

Die Angriffe gegen das engl. Mutterland sind unter dem Gesichtspunkt vorzubereiten, daß unzureichender Erfolg mit Teilkräften unter allen Umständen zu vermeiden ist.

Weisung des Oberbefehlshabers der Luftwaffe Nr. 1 für die Luftflotten 2 und 3

Berlin, 31. August 1939

Weisung von Generalfeldmarschall Hermann Göring für das Verhalten der in Westdeutschland stationierten Luftflotten gegenüber Frankreich und Großbritannien nach dem Beginn des Überfalls auf Polen. Die Luftflotten sollen sich defensiv verhalten, gleichzeitig jedoch entsprechende Vorkehrungen für die Eröffnung eines operativen Luftkrieges gegen die Westmächte treffen.

1) Die Feindseligkeiten gegen Polen werden am 1. 9. 39. 04.45 Uhr durch die Luftflotten 1 und 4 eröffnet.

2) Im Westen kommt es darauf an, die Verantwortung für die Eröffnung der Feindseligkeiten *eindeutig* England und Frankreich zu überlassen. Die von uns Holland, Belgien, Luxemburg, Schweiz zugesicherte Neutralität ist peinlich zu achten. Die defensiven Maßnahmen der Luftwaffe sind zunächst auf die unbedingte Abwehr feindlicher Luftangriffe zu beschränken, wobei solange als möglich die Lufthoheit der neutralen Staaten bei der Abwehr einzelner Flugzeuge und kleinerer Einheiten zu achten ist. Erst wenn bei Einsatz stärkerer französischer und englischer Angriffsverbände über die neutralen Staaten gegen deutsches Gebiet die Luftverteidigung im Westen nicht mehr gesichert ist, ist die Abwehr auch über diesen neutralen Gebieten freizugeben. Wenn es die Lage erlaubt, ist hierzu vorher das Einverständnis des Ob. d. L. einzuholen.

   Schnellste Unterrichtung des Ob. d. L. über jede Verletzung der Neutralität dritter Staaten durch den Westgegner ist besonders wichtig.

3) Eröffnen Frankreich und England die Feindseligkeiten gegen Deutschland, so ist Aufgabe der im Westen operierenden Teile der Wehrmacht unter möglichster Schonung der Kräfte die Voraussetzungen für den siegreichen Abschluß der Operationen gegen Polen zu erhalten. Im Rahmen dieser

Aufgabe sind die feindlichen Streitkräfte und deren wehrwirtschaftliche Kraftquellen nach Kräften zu schädigen. Den Befehl zum Beginn von Angriffshandlungen hat sich in jedem Fall der Oberste Befehlshaber der Wehrmacht vorbehalten.

4) *Aufgaben der Luftflotten 2 und 3:*
Wichtigste Aufgabe der Luftflotte 2 ist zunächst der Schutz des Ruhrgebietes, dessen Arbeitsfähigkeit mit allen Mitteln erhalten bleiben muß. Daneben hat die Luftflotte 2 alle Vorbereitungen zu treffen, um nach Freigabe von Angriffshandlungen durch den Obersten Befehlshaber die Kampfführung gegen England eröffnen zu können. Hierbei steht im Vordergrund das Ausnutzen jeder günstigen Gelegenheit zu einem wirkungsvollen Angriff gegen englische Flotteneinheiten, insbesondere Schlachtschiffe und Flugzeugträger. Daneben ist der Angriff auf die durch den Ob. d. L. festgelegten Ziele vorzubereiten. Hinzu kommt die Vorbereitung der Bekämpfung etwaiger Truppentransporte von England nach Frankreich. Luftflotte 2 hält engste Fühlung mit dem Marinebefehlshaber West.

Die Aufnahme der Masse der Kampfkräfte durch Luftflotte 2 nach Erledigung des Ostfalles ist vorzubereiten, hierbei ist der Einsatz eines 3. Div. Stabes (Stab Geissler) vorzusehen. *Luftflotte 3* hat nach Eröffnung der Feindseligkeiten durch die Gegner in erster Linie den Einsatz franz. und engl. Luftstreitkräfte gegen das deutsche Heer und den deutschen Lebensraum innerhalb ihres Bereichs zu bekämpfen.

Im übrigen gelten für die Luftflotte 2 und 3 die gem. Planstudie ausgegebenen Befehle.

5) Das K. G. ist durch Luftflotte 2 ab 1. 9. 05.00 Uhr auf seinen Flugplätzen so bereitzustellen, daß es auf Befehl des Ob.d.L. zur Verfügung der Luftflotte 1 nach Osten überführt werden kann.

DOKUMENT 11

Fernschreiben der Geheimen Staatspolizei

Berlin, 1. September 1939

Dringendes Fernschreiben der Geheimen Staatspolizei an alle Staatspolizeileit-stellen und -stellen, kommunistische und sozialdemokratische Widerstandsak-tionen nach Entfesselung des Krieges mit schärfsten Methoden zu bekämpfen.

Bei der gegenwärtigen Lage, in der das deutsche Volk wie ein Mann zusammenzustehen hat, ist es unbedingt Aufgabe der Geheimen Staatspolizei, *staatsfeindliche und staatsgefährdende* Umtriebe, *namentlich auf kommunistisch-marxistischer Grundlage* sowie im Rahmen der sogenannten Volksfrontpolitik mit allen zu Gebote stehenden Mitteln zu bekämpfen und niederzu-halten.

Größte Aufmerksamkeit ist kommunistischen Schmierereien, Hetzaposteln, etwaigen Zusammenschlußbestrebungen usw. zu schenken. Hierbei Betroffene sind festzunehmen und in Schutz-haft zu überführen. Kurze Meldung über den Sachverhalt ist an Gestapa II auf schnellstem Wege zu geben, worauf Bescheid er-geht, was mit den Festgenommenen geschehen soll. [...]

DOKUMENT 12

Fernschreiben des Fliegerführers z. b. V. an den Generalstab der Luftwaffe

23. September 1939

Generalmajor Wolfram von Richthofen sucht um die Genehmigung nach, alle ihm verfügbaren Fliegerkräfte zum Brandbomben- und Terrorluftangriff gegen die polnische Hauptstadt Warschau zusammenfassen zu können.

1. Angriff auf Warschau mit Heeresgruppe und führender 8. Armee durchgesprochen. Verbindung mit 8. Armee sichergestellt.
2. Armee beabsichtigt im frontalen Angriff in 2 Perioden im Süden und Nordwesten bis an das Stadtinnere heranzugehen, dort abzuschließen und Übergabe durch Beschuß und Hunger zu erzwingen.
3. Heeresgruppe erbittet starke Fliegerhilfe durch nur einen Führer Luft.
4. Falls Fliegerführer z. b. V. damit beauftragt, wird mit allen Kräften völlige Tilgung Warschau angestrebt, umsomehr, da in Zukunft nur noch Grenzzollamt.
5. Beantrage dringend letzte Möglichkeit von Brand- und Terrorangriffen als groß angelegten Versuch zu nutzen. Hierzu ein He 111 Geschwader mit Gefechtslandeplatz Grojek erforderlich. Beabsichtige He 111 Geschwader nur Brandbomben, Stuka und K. G. 77 Sprengbomben werfen zu lassen. Letzteres Tag und Nacht.
6. Führung bei Angriff selbst und im Raume Warschau–Modlin überhaupt nur durch einen Führer Luft möglich.
7. Lfl. 4 unterrichtet und einverstanden. Erbitten Aushändigungsbestätigung und Uhrzeit durch Funk.

DOKUMENT 13

Weisung des Oberkommandos der Wehrmacht Nr. 6

Berlin, 9. Oktober 1939

Weisung Hitlers an das Oberkommando des Heeres, das Oberkommando der Kriegsmarine, den Reichsminister der Luftfahrt und Oberbefehlshaber der Luftwaffe, den Chef Wehrmachtführungsamt und den Chef Abteilung Landesverteidigung über die Vorbereitung einer Angriffsoperation im Westen, die unter Bruch der Neutralität Belgiens, der Niederlande und Luxemburgs zur Zerschlagung starker Teile des französischen Heeres und zur Eroberung einer Basis zur verschärften Luft- und Seekriegführung gegen Großbritannien führen soll.

1.) Sollte in der nächsten Zeit zu erkennen sein, daß England und unter dessen Führung auch Frankreich nicht gewillt sind, den Krieg zu beenden, so bin ich entschlossen, ohne lange Zeit verstreichen zu lassen, aktiv und offensiv zu handeln.

2.) Ein längeres Abwarten führt nicht nur zu einer Beseitigung der belgischen, vielleicht auch der holländischen Neutralität zugunsten der Westmächte, sondern stärkt auch die militärische Kraft unserer Feinde in zunehmendem Maße, läßt das Vertrauen der Neutralen auf einen Endsieg Deutschlands schwinden und trägt nicht dazu bei, Italien als militärischen Bundesgenossen an unsere Seite zu bringen.

3.) Für die Weiterführung der militärischen Operationen befehle ich daher folgendes:

a) Am Nordflügel der Westfront ist durch den luxemburgisch-belgischen und holländischen Raum eine Angriffsoperation vorzubereiten. Dieser Angriff muß so stark und so frühzeitig als möglich geführt werden.

b) Zweck dieser Angriffsoperation ist es, möglichst starke Teile des französischen Operationsheeres und die an seiner Seite fechtenden Verbündeten zu schlagen und gleichzeitig möglichst viel holländischen, belgischen und nord-französischen Raum als Basis für eine aussichtsreiche Luft- und Seekriegführung gegen England und als weites Vorfeld des lebenswichtigen Ruhrgebietes zu gewinnen.

c) Der Zeitpunkt des Angriffes ist abhängig von der Verwendungsbereitschaft der Panzer und Mot.-Verbände, die unter Anspannung aller Kräfte zu beschleunigen ist, und von der dann gegebenen und in Aussicht stehenden Wetterlage.

4.) Die Luftwaffe verhindert das Eingreifen der französisch-englischen Luftwaffe gegen das eigene Heer und unterstützt, soweit erforderlich, dessen Vorgehen unmittelbar. Hierbei wird es auch darauf ankommen, das Festsetzen der englisch-französischen Luftwaffe sowie englische Truppenlandungen in Belgien und Holland zu verhindern.

5.) Die Seekriegführung hat alles daran zu setzen, um für die Dauer dieses Angriffs die Operationen des Heeres und der Luftwaffe mittelbar oder unmittelbar unterstützen zu können.

6.) Neben diesen Vorbereitungen für den planmäßigen Beginn des Angriffs im Westen müssen Heer und Luftwaffe jederzeit und in zunehmender Stärke bereit sein, um sofort einem französisch-englischen Einmarsch nach Belgien möglichst weit vorwärts auf belgischem Gebiet entgegentreten und Holland in einem möglichst weiten Umfang in Richtung auf die Westküste besetzen zu können.

7.) Die Tarnung der Vorbereitungen muß darauf abgestimmt sein, daß es sich nur um Vorsichtsmaßnahmen gegenüber der drohenden Versammlung französischer und englischer Kräfte an der französisch-luxemburgischen und belgischen Grenze handelt.

8.) Die Herren Oberbefehlshaber bitte ich, mir auf Grund dieser Weisung ihre Absichten im einzelnen möglichst bald vorzutragen und mich über das OKW fortlaufend über den Stand der Vorbereitungen unterrichtet zu halten.

DOKUMENT 14

Aus einer Ansprache (wahrscheinlich) vom Chef des Stabes der Heeresgruppe A

Koblenz, 11. November 1939

Konspekt der Ansprache von (wahrscheinlich) Generalleutnant Erich v. Manstein an die Kommandeure und Stabsoffiziere der Heeresgruppe A mit der Darlegung der wichtigsten operativen und taktischen Gesichtspunkte beim Überfall auf Westeuropa und Auswertung der militärischen Erfahrungen beim Überfall auf Polen. Angesichts der Mängel, die während des Überfalls auf Polen hervorgetreten sind, wird die Forderung erhoben, die Disziplin des Heeres mit schärfsten Mitteln aufrechtzuerhalten, um den Erfolg der Aggression sicherzustellen.

[...] Ich habe die Herren Oberbefehlshaber, Kom. Gen. und Div. Kdre. der Heeresgruppe, ehe Sie an die dem Heer gestellte Angriffsaufgabe herangehen, noch einmal zusammengerufen, um mit Ihnen die wichtigsten operativen, taktischen und die Truppe betreffenden Gesichtspunkte zu besprechen.

1. Sie wissen alle, daß unser Heer vor wenigen Jahren noch 7 Div. zählte und daß der schnelle Aufbau zur heutigen Größe zwangsläufig noch Lücken u. Mängel gelassen hat, die zu Bedenken führen mußten, ob das Heer der ihm gestellten Aufgabe voll gewachsen sein würde.

Die Zeit dieser Erwägungen und Bedenken ist nun abgeschlossen. Dem Heer ist seine Aufgabe gestellt, und es wird sie erfüllen!

Was uns noch fehlt, werden wir zu ersetzen haben durch um so größere *Kühnheit der Führung*, von den obersten bis zu den untersten Stellen, durch den Beweis, daß unsere Führung schneller handeln, kräftiger zufassen kann als die unserer Feinde, ohne dabei die Notwendigkeit ausreichender Aufklärung und planmäßigen Einsatzes der Waffenwirkung außer acht zu lassen, und durch die *Überlegenheit des deutschen Soldaten* über seine Gegner.

Es ist die Aufgabe der Führer aller Grade, in der uns noch verbliebenen Vorbereitungszeit ihren Unterführern und Truppen die feste Zuversicht einzuimpfen, daß die uns gestellte Aufgabe gelöst werden *kann*, weil wir in uns das sichere Gefühl des höheren Kampfwertes des deutschen Soldaten tragen und uns bewußt sind, in der Entschlossenheit unserer Führer dem Feinde überlegen zu sein, immer gewillt, das Gesetz des Handelns an uns zu reißen. Daß die Aufgabe gelöst werden *wird*, weil sie gelöst werden *muß*!

Die weitere Aufgabe der Führer aller Grade ist, unter Einsatz ihrer ganzen Tatkraft die Zeit auszunutzen, um die noch bestehenden Lücken in Ausbildung, Ausrüstung und Ersatz soweit möglich zu schließen, trotzdem aber dafür zu sorgen, daß Sie mit einer frischen, nicht einer abgehetzten Truppe an den Feind kommen [...]

3. *Truppenführung*

Ich beschränke mich auf einige Hinweise, die der poln. Krieg ergeben hat:

a) Den *entscheidenden Einfluß des Führers* für den Angriffsschwung der Truppe hat der poln. Feldzug erneut gezeigt. Das gilt um so mehr, je jünger der Truppenkörper als Einheit ist, oder je ältere Soldaten er hat. In den entscheidenden Augenblikken gehört jeder Führer nach vorn, ebenso wie bei Ansatz des Angriffs. Das hat nicht dazu zu führen, daß der höhere Führer in Einzelheiten befiehlt, die ihn nichts angehen. Auf seinen *persönlichen* Einfluß auf die Truppe in kritischen Lagen kommt es an.

Mit der schwerste Vorwurf ist einem Führer zu machen, der durch schematisches Befehlen von weit hinten günstige Gelegenheiten verpaßt oder den Angriffsschwung der Truppe lähmt.

b) Im poln. Feldzug hat sich die *Empfindlichkeit* der Truppe *in ihren Flanken*, die Sucht nach Bildung zusammenhängender, wenn auch noch so dünner Linien gezeigt. Eine noch so geringe, oft nicht einmal wirklich vorhandene Flankenbedrohung brachte leicht das Vorgehen zum Stehen. Diese Empfindlichkeit wird bei unsern schematisch erzogenen Gegnern noch größer sein. Wir müssen sie überwinden, sie beim Gegner ausnutzen!

c) *feindl. Artl. Feuer*. Die Truppe hat starke fdl. Artl. und Fliegerwirkung bisher nicht kennengelernt. Es bedarf des vollen Einsatzes der Führer, um ihr über die ersten Eindrücke davon hinwegzuhelfen! Sonst wird jeder Angriff vorzeitig zum Stehen kommen. Ist der erste Eindruck einmal überwunden, die Erkenntnis, daß bei beiden die moral. Wirkung größer ist als die blutige, gewonnen, so ist die Gefahr überwunden. Dem Gegner wird es nicht anders gehen. Wessen Führer ihre Truppe schneller über diese Lähmung hinwegbringen, dessen Truppe hat das Gefühl der Überlegenheit und wird es behalten!

Anderseits zwingt uns die Stärke und Wendigkeit der franz. Artl., das Vorhandensein einer fdl. Luftwaffe auf, mit allen Mitteln Tarnung, Zerlegen der Einheiten, straffste Verkehrsdisziplin und rechtzeitigen Stellungswechsel bei fdl. Einschießen durchzusetzen, so wie wir es im Frieden gelernt haben. Ich ersuche die Herren Div. Kdre., mit aller Schärfe gegenüber der bei vielen Führern immer wieder in Erscheinung tretenden Gleichgültigkeit, insbesondere bei den Trossen, entgegenzutreten. Es ist kein Zweifel darüber zu lassen, daß ein Führer, der durch Nachlässigkeit seine Truppe unnötigen Verlusten aussetzt, zur Verantwortung gezogen wird, ebenso wie der, der einer durch Luftangriff etwa entstehenden Panik nicht mit allen Mitteln entgegentritt.

d) *Angriff*. Die Erfahrung des Weltkriegs, daß ohne ausreichende Artl. Wirkung und Wirkung der schw. Waffen die Inf. nicht angreift und nicht angreifen kann, hat auch der poln. Feldzug, trotz geringer fdl. Artl. Wirkung, bestätigt.

Sie muß unter Einsatz entspr. Munition sichergestellt werden. Das notwendige Sparen an Munition wird dadurch erreicht, daß einerseits höchste und schnellste Wirkung angestrebt wird, andererseits die unmittelbare Ausnutzung dieser Wirkung durch die Angriffsinfanterie sichergestellt wird.

Die höchste Wirkung ergibt stärkste Zusammenfassung des Feuers, das durch nahe herangehaltene Beobachtung (*vorgeschobene Beobachter*, die wirklich Kerle sind!) geleitet wird. Die sofortige Ausnutzung muß durch enge Verbindung gewährleistet sein.

Für den Aufbau des Angriffs, die Sicherstellung der Feuerwirkung, die Erkundung muß man die nötige Zeit geben. Der Angriff selbst geht schnell vorwärts und ist innerhalb des Wirkungsbereiches der eigenen schw. Waffen und Artl. in einem Zuge durchzuführen. Er gelingt oder bleibt liegen. Ein freiwilliges Anhalten gibt es nicht!

Mit allen Mitteln ist der Unsitte entgegenzuwirken, daß in nicht erkundete Geländeteile, von denen man gar nicht weiß, ob sie vom Feind besetzt sind, zunächst einmal eine Menge Munition geworfen wird. *Das* ist Munitionsverschwendung, nicht die stärkste Zusammenfassung auf erkannte Ziele, insbesondere auch bei der Bekämpfung erkannter fdl. Artl.

e) Unterstützung durch *Flieger* im Erdkampf setzt deutliches Kenntlichmachen der vorderen Linie voraus [...]

4. *Aufrechterhaltung der Disziplin.*

Wir müssen uns klar darüber sein, daß wir z. Zt. ein Heer haben, das nur zum Teil aus gefestigten Truppen, den aktiven Div., besteht, während neuaufgestellte Div. noch dieser Festigung bedürfen, die Masse der rückw. Dienste aber erst zur Truppe gemacht werden muß, die meisten Teile des Heeresgefolges noch unter diesem Niveau stehen. Der Feldzug in Polen hat schon nach kurzer Zeit Bilder gezeigt, die an das Ende von 1918 erinnerten.

Dabei ist selbstverständlich, daß nicht das gute Beispiel der

Fronttruppe, sondern das schlechte der anderen Teile anstekkend wirkt und im übrigen auch den Eindruck entscheidet, den unser Heer nach außen macht.

Diese Dinge abzustellen, muß zugleich auf zwei Wegen angestrebt und mit allen Mitteln durchgesetzt werden.

a) die neuen Verfügungen über das *Kriegsstrafrecht* geben die Mittel, durch strengste und schnellste Bestrafung die Disziplin aufrechtzuerhalten.

b) das festgesetzte Strafmaß kann bei strafbaren Handlungen gegen die Mannszucht und den Mut bis zu Zuchthaus oder Todesstrafe überschritten werden, wenn es die Aufrechterhaltung der Mannszucht oder die Sicherheit der Truppe erfordern.

Ich bitte keinen Zweifel darüber zu lassen, daß ein Vorgesetzter, der aus Gleichgültigkeit oder Schlappheit es unterläßt, gegen Ausschreitungen oder Feigheit seiner Untergebenen einzuschreiten, sich genauso gegen Mannszucht und das Gebot des soldatischen Muts vergeht wie der Mann, der plündert oder ausreißt. [. . .]

Ich bitte, daß die Herren Div. Kdre. sich von ihren Kriegsrichtern eingehend Vortrag über diese Bestimmungen halten lassen, daß auch die Rgts. Kdre. in sie eingewiesen werden und daß, wo nötig, voller Gebrauch von den Befugnissen gemacht wird.

b) Wir müssen uns darüber klar sein, daß mit Strafen allein eine disziplinierte Truppe weder geschaffen noch erhalten werden kann.

Ferner darüber, daß wir jetzt nicht nur das Schwert zu führen haben, sondern daß es im Kriege erst fertig gehärtet werden muß.

Die *Erziehung*, die auch im Kriege nicht nachlassen darf, das *Beispiel* der Vorgesetzten sind entscheidend [. . .]

Mit aller Schärfe ist gegen Offiziere einzuschreiten, die aus Gleichgültigkeit, Nachlässigkeit oder mangelndem Selbstvertrauen und Verantwortungsgefühl Ausschreitungen tatenlos zusehen, Disziplinlosigkeiten dulden oder sie selbst begehen. Das »ein Auge zudrücken« ist der Anfang der Untergrabung der Autorität!

Ich bitte, daß die Kdre. diese Erziehungsaufgabe mit ihren

Offizieren besprechen, daß auch die Unteroffiziere und Mannschaften immer wieder daran erinnert werden, daß sie die Ehre
einer Truppe, einer ruhmreichen Armee zu wahren haben. Ich
bin überzeugt, wenn das Offizierskorps auf die Notwendigkeit,
von Anfang an jedes Nachlassen der Disziplin zu verhindern,
hingewiesen wird, wenn ihm klargemacht wird, daß seine Erziehungsaufgabe im Kriege nicht aufhört, daß das Dulden von Ausschreitungen ein Mangel an Mut ist, daß unsere Offiziere dann
alles daransetzen werden, die Ehre nicht nur der eigenen
Truppe, sondern die des Gesamtheeres zu wahren.

Es gehört dazu allerdings, daß auch die höheren Vorgesetzten
keinen Verstoß mit ansehen, nur weil sie, im Auto sitzend, nicht
die Zeit zu haben glauben, sich um solche Dinge zu kümmern [. . .]

Zum Schluß:

Wenn Führer und Truppe jetzt an die Ihnen gestellte Aufgabe
herangehen, so bitte ich die Führer im Hinblick auf Mängel und
Schwierigkeiten nicht zu vergessen:

Die Heere der franz. Revolution haben, kaum ausgebildet,
schlecht bewaffnet, unter mäßigen Truppenoffizieren, aber geführt von dem Willen eines Napoleon die festgefügten Heere
Österreichs und Preußens niedergeworfen.

Friedrich d. Gr. hat bei Leuthen gegen alle Regeln der Kriegs-
kunst einen weit überlegenen Gegner angegriffen und vernichtend geschlagen.

Beide, Führer wie Armeen, beseelte der Glaube an den Sieg
und der Wille zu siegen! [. . .]

DOKUMENT 15

Rundschreiben des Reichssicherheitshauptamtes

Berlin, 22. Dezember 1939

*Rundschreiben der Gestapo an die Amtschefs des Reichssicherheitshauptamtes, die
Inspekteure und Befehlshaber der Sicherheitspolizei und des SD, die Höheren SS-
und Polizeiführer sowie die SD-Leitabschnitte über Aktivitäten und die Bekämp-*

fung des kommunistischen und des sozialdemokratischen Widerstandes in Deutsch-
land; das Hauptgewicht wird dabei auf die Kontrolle der Belegschaften in Betrie-
ben gelegt.

Die Bemühungen der Feindmächte, auf den gesamten Volks-
körper zersetzend zu wirken, wobei auch eine etwaige Hilfs-
stellung durch Kommunisten und Marxisten durchaus nicht abgelehnt wird, geben Veranlassung, bestimmte Erscheinungen
bezüglich Stimmung der breiten Masse kritischer als bisher zu
betrachten.

Unter diesem Gesichtspunkt gewinnen Versuche, von kommunistisch-marxistischer Seite zersetzend und den Wehrwillen
lähmend zu wirken, besondere Bedeutung. Es ist Tatsache, daß
Staatsfeinde aller Schattierungen seit Kriegsausbruch mehr als
bisher die Zeit als gekommen erachten, ihre Zersetzungsarbeit
durch Mundpropaganda, Verteilen von illegalen Flugschriften,
Flugblättern, Klebezetteln, durch Anbringen von Schmähauf-
schriften, durch Verbreiten von Lügen usw. mit Aussicht auf
Erfolg aufzunehmen. Als Stoff für diese staatsfeindliche Betätigung dient in der Hauptsache der Inhalt ausländischer bzw.
staatsfeindlicher Rundfunksendungen und Presseberichte sowie
von abgeworfenen Feindflugblättern. Begünstigt wird dieses
verbrecherische Vorhaben durch eine gewisse Nervosität und
teilweise auch Unzufriedenheit von Teilen der Bevölkerung, die
den Ernst der Zeit noch nicht erkannt haben und ihr persön-
liches Wohlergehen über das Schicksal der Allgemeinheit stellen. Auftretende Mängel in der Organisation und zeitweise Ver-
knappung von Lebensmitteln, Textilwaren, Kohlen usw. werden geschickt für die staatsfeindliche Propaganda ausgenutzt.

In einer Anzahl von Fällen ist der Versuch gemacht worden,
aktive Wehrmachtsangehörige oder eingezogene Reservisten,
Arbeitsdienstpflichtige usw. von der Erfüllung ihrer Pflicht
dem Vaterlande gegenüber abzuhalten.

Die größte Ansatzmöglichkeit für die kommunistisch-marxi-
stischen Bestrebungen jedoch bildet infolge ihrer Breite und
Verankerung in allen Betrieben die DAF mit ihren Nebenorganisationen. Schon vor Jahren hat die Komintern die Parole ausgegeben, sich in die nationalsozialistischen Massenorganisatio-

nen, wie Deutsche Arbeitsfront, NSV, Luftschutz usw. einzuschleichen und diese von innen zu unterwühlen.

Daher ist etwaigen staatsfeindlichen Bestrebungen innerhalb der DAF und ihrer Nebenorganisationen, also praktisch in allen Betrieben, größte Aufmerksamkeit zu schenken, wobei es auch darauf ankommt festzustellen, ob und welche früheren kommunistischen, marxistischen, demokratischen und gewerkschaftlichen Funktionäre in einflußreichen Stellen der DAF und ihren Nebenorganisationen tätig sind oder sonstige Amtswalterposten bekleiden.

In Zukunft ist daher bei allen Festnahmen zu melden, ob die Beschuldigten Mitglieder der DAF oder ihrer Nebenorganisationen sind, sowie ob und welche Funktionen sie ausgeübt haben. Ferner ist über ihre frühere politische Einstellung, auch gewerkschaftliche Tätigkeit, sowie über ihre wirtschaftlichen Verhältnisse zu berichten (Arbeitslohn). In diesem Zusammenhang weise ich auf den Erlaß des Chefs der Sicherheitspolizei vom 3. 9. 39 – PP II Nr. 223/39 – Ziffer 4 –, betreffend Grundsätze der inneren Staatssicherung während des Krieges, besonders hin.

Darüber hinaus hat sich die Beobachtung der kommunistischen und marxistischen Zersetzungstätigkeit auch auf die Wehrmacht, Arbeitsdienstlager, Wehrverbände, Lager der Arbeitsdienstverpflichteten und die Polizei zu erstrecken, zu welchem Zweck ich enge Fühlungnahme mit den vorgenannten Einheiten zu halten bitte.

Über die gemachten Beobachtungen ist mir von Fall zu Fall eingehend zu berichten.

Über eingeleitete bzw. zum Abschluß gekommene Gerichtsverfahren muß mir unaufgefordert unter Angabe der rechtskräftigen Gerichtsentscheidung, der zuständigen Staatsanwaltschaft und des Aktenzeichens berichtet werden. [...]

DOKUMENT 16

Brief Mussolinis an Hitler

3. Januar 1940

Mussolini rät Hitler, den ersten Hauptschlag nicht gegen Frankreich und Großbritannien zu führen, sondern gegen die seiner Ansicht nach weit schwächere Sowjetunion. Er empfiehlt, daß erst nach der Vernichtung der Sowjetunion und der Eroberung von Lebensraum die Westmächte überfallen werden sollten.

[...] Nach unserem beiderseitigen Briefwechsel Anfang September sind vier Monate vergangen, während deren Sie ganz von Ihrer Aufgabe in Anspruch genommen waren, so daß es von mir unrecht gewesen wäre, Sie zu stören. [...]

Ich bin tief überzeugt, daß es England und Frankreich niemals gelingen wird, Ihr von Italien unterstütztes Deutschland zur Kapitulation zu bringen; aber es ist nicht sicher, ob es gelingen wird, die Franzosen und Engländer auf die Knie zu zwingen oder zu trennen. Dies anzunehmen würde eine Täuschung bedeuten. Die Vereinigten Staaten würden eine vollständige Niederlage der Demokratien nicht zulassen. Die Reiche brechen mangels innerer Statik zusammen, während ein Anstoß von außen sie konsolidieren kann. Es ist ein Ausgang des Krieges vorauszusehen, der nach Ihren Worten nur zwei oder mehr Besiegte sehen wird. Verlohnt es sich jetzt, wo Sie die Sicherheit Ihrer Ostgrenzen verwirklicht und Großdeutschland mit 90 Millionen Einwohnern geschaffen haben, alles, einschließlich des Regimes, aufs Spiel zu setzen und die Blüte des deutschen Volkes zu opfern, um den Fall einer Frucht vorwegzunehmen, die schicksalsnotwendig fallen muß und die wir, die Vertreter der neuen Kräfte Europas, sowieso ernten werden? Die großen Demokratien tragen die Gründe ihres Verfalls in sich.

Die Verträge mit Rußland. Niemand weiß besser als ich, der ich nunmehr 40 Jahre politische Erfahrung besitze, daß die Politik ihre taktischen Forderungen stellt. Dies trifft auch auf eine revolutionäre Politik zu. Ich habe die Sowjets im Jahre 1924 anerkannt; 1934 habe ich mit ihnen einen Handels- und Freundschaftsvertrag geschlossen. Daher verstehe ich, daß Sie, nachdem sich die Voraussichten von Ribbentrops über das Nichteingreifen Englands und Frankreichs nicht erfüllt haben, die zweite Front vermieden haben. Rußland ist, ohne einen Schlag zu tun, in Polen und im Ostseegebiet der große Nutznießer des Krieges gewesen.

Aber ich, der ich Revolutionär von Geburt bin und meine Anschauung nicht geändert habe, sage Ihnen, daß Sie nicht ständig die Grundsätze Ihrer Revolution zugunsten der taktischen Erfordernisse eines bestimmten politischen Augenblicks opfern können. Ich fühle, daß Sie nicht das antisemitische und antibolschewistische Banner aufgeben dürfen, das Sie 20 Jahre hindurch hochgehalten haben und für das so viele Ihrer Kameraden gefallen sind; Sie können nicht Ihr Evangelium verleugnen, an das das deutsche Volk blindlings geglaubt hat. Ich habe die unbedingte Pflicht, hinzuzufügen, daß ein weiterer Schritt vorwärts in Ihren Beziehungen mit Moskau katastrophische Rückwirkungen in Italien auslösen würde, wo die allgemeine antibolschewistische Gesinnung, besonders unter den faschistischen Massen, absolut, ehern und unerschütterlich ist.

Lassen Sie mich annehmen, daß dieses nicht der Fall sein wird. Die Lösung der Frage Ihres Lebensraumes liegt in Rußland und nicht anderswo, in Rußland mit seiner ungeheuren Fläche von 21 Millionen Quadratkilometern und 9 Einwohnern auf den Quadratkilometer. Es gehört nicht zu Europa. Trotz seiner Ausdehnung und seiner Bevölkerung hat es keine Kraft, sondern eine Schwäche. Die Masse seiner Bevölkerung ist slawisch und asiatisch. In früheren Zeiten waren die Balten das bindende Element, heute sind es die Juden; aber dies erklärt alles. Es ist die Aufgabe Deutschlands, Europa gegen Asien zu verteidigen. Das ist nicht nur Spenglers These. Noch vor vier Monaten war Rußland der Weltfeind Nummer Eins, es kann nicht der Freund Nummer Eins geworden sein und ist es auch nicht. Dies hat die Faschisten in Italien und vielleicht auch viele Nationalsozialisten in Deutschland tief erregt.

An dem Tag, an dem wir den Bolschewismus vernichtet haben, werden wir unseren beiden Revolutionen die Treue gehalten haben. Dann kommen die großen Demokratien an die Reihe, die den Krebs nicht überleben können, der an ihnen frißt, und der auf dem Gebiet der Bevölkerungsbewegung, der Politik und der Moral zutage tritt. [...]

DOKUMENT 17

Deutscher Gesandter in Helsinki an den Staatssekretär des Auswärtigen Amtes

Kilo, 11. Januar 1940

Wipert v. Blücher empfiehlt Ernst v. Weizsäcker, auf Grund der im finnisch-sowjetischen Krieg angeblich eindeutig sichtbar gewordenen Schwäche der Roten Armee eine Politik der Stärke gegenüber der Sowjetunion zu betreiben und den Umstand auszunutzen, daß eine Verbindung zwischen den Westmächten und der UdSSR gegenwärtig unmöglich sei.

Sehr verehrter Baron Weizsäcker!

Ich danke Ihnen herzlich für Ihr liebenswürdiges Schreiben vom 2. d. M. Dieser Dank bezieht sich auch auf die Freundlichkeiten, die Sie für meine Frau gehabt haben, und Ihr Angebot, für Vermittlung der Korrespondenz zu sorgen. Die letztere ist jetzt in Fluß gekommen, so daß ich Sie nicht zu behelligen brauche. –

Nun gestatten Sie, daß ich einige Bemerkungen hinzufüge mit der brutalen Offenheit, die nur im Privatbrief entschuldbar ist.

Mein alter Freund Hedin schrieb mir dieser Tage: »Der Widerstand der Finnen kann unter Umständen die ganze Weltlage ändern.« Das ist nach meinen hiesigen Eindrücken richtig.

Was Sowjetrußland bedeutet, war bisher ein großes Fragezeichen. Jetzt hat Finnland seit sechs Wochen das Versuchskaninchen abgegeben, an dem der Wert der Roten Armee und die Werbekraft des Bolschewismus durch Experiment festgestellt wurde.

Das Ergebnis ist eindeutig.

Die Rote Armee hat trotz ungeheurer Überlegenheit an Menschen und Material eine Niederlage nach der anderen erlitten. Tausende von Gefangenen, Hunderte von Geschützen, Tanks, Flugzeugen verloren und keinen entscheidenden Bodengewinn gemacht. [...]

Angesichts dieser Erfahrungen müssen die Vorstellungen über das bolschewistische Rußland einer gründlichen Revision unterzogen werden. Wir sind alle von falschen Voraussetzungen ausgegangen, wenn wir annahmen, daß Rußland ein erstklassiger militärischer Faktor sei, daß der Bolschewismus mit seinem Komintern starken Einfluß auf die Arbeitermassen in anderen Ländern besitze. In Wirklichkeit hat die Rote Armee solche Mängel, daß sie nicht einmal mit einem Kleinstaat fertig wird, und der Komintern gewinnt nicht einmal Boden unter einer Bevölkerung, die über 40% sozialistisch ist.

Was allerdings Rußland wirtschaftlich bedeutet, kann man an dem Experiment Finnland nicht ablesen – das muß Herr Ritter ergründen –, aber die in Finnland gewonnenen Erkenntnisse zeigen jedenfalls, daß Rußland schon seit einiger Zeit für die Großmacht Deutschland keine Bedrohung darstellt, daß Deutschland den Rücken im Osten frei hatte und dafür keine Opfer zu bringen brauchte.

Unter diesen Umständen dürfte man jetzt mit den Herren im Kreml eine ganz andere Sprache reden können wie im August und September.

Dazu kommt, daß ein Anschluß Rußlands an die Westmächte heute außer Frage steht, nachdem Rußland sich durch das finnische Abenteuer in diesen Ländern schwer kompromittiert und seine militärische und politische Schwäche gezeigt hat.

Ich möchte also annehmen, daß unsere Stellung Moskau gegenüber heute so stark ist, daß wir die unheilvolle Exkursion in den Norden unschwer bremsen können. [...]

Mit Heil Hitler, Handkuß bei der Baronin und besten Empfehlungen für Sie selbst bin ich

stets Ihr ergebenster
BLÜCHER

Der Oberbefehlshaber des französischen Heeres an den französischen Ministerpräsidenten

22. Februar 1940

Aufzeichnung von General Maurice-Gustav Gamelin für Edouard Daladier über verschiedene Varianten eines Angriffs der englisch-französischen Streitkräfte gegen die sowjetische Erdölproduktion bei Baku, Grosny, Maikop und Batumi. Gamelin empfiehlt Daladier, vor allem Baku durch Luftstreitkräfte bombardieren zu lassen, wodurch die UdSSR seiner Ansicht nach in die Gefahr eines völligen Zusammenbruchs käme.

[...] Ein Vorgehen von seiten der Alliierten gegen das russische Erdölgebiet im Kaukasus kann zum Zweck haben:
– Entweder Deutschland das Erdöl zu entziehen, das es jetzt von diesem Gebiet erhält;
– Oder Rußland einen Rohstoff zu nehmen, der für seine Wirtschaft unentbehrlich ist, und auf diese Weise die Macht Sowjetrußlands zu erschüttern. Zu gleicher Zeit würde man Deutschland treffen, indem die Versorgung an russischem Treibstoff abgeschnitten würde.

Um dieses Ziel zu erreichen, können drei Aktionen ins Auge gefaßt werden:
– Angriffe auf Erdöltransporte nach dem Reich durch das Schwarze Meer, Angriffe auf die Hauptzentren der kaukasischen Erdölindustrie.
– Hervorrufung eines Aufstandes unter der mohammedanischen Bevölkerung im Kaukasus. [...]

II. *Militärische Aktionen gegen die kaukasische Erdölindustrie*

Eine militärische Aktion gegen das kaukasische Erdölvorkommen muß zum Ziel haben, *die empfindlichen Stellen* der dortigen Erdölindustrie zu treffen.

Hierzu gehören die Produktionszentren, die Lagermöglichkeiten und Verladeanlagen. Im wesentlichen handelt es sich um drei:

Baku
Grosny—Maikop
Batum.

Grosny liegt am Nordabhang der Kaukasussteppe und ist zu weit entfernt, um selbst in der Luft ein Ziel für eine militärische Aktion zu bieten. Es bleiben also Baku und Batum.

Die Baku-Aktion.

1. *Beschreibung der Operation.*

Baku liegt 500 km von der türkischen Grenze entfernt; dazwischen handelt es sich über weite Strecken um die armenische Hochebene, die ein armes Hochgebirgsland ohne jede Verkehrsverbindungen darstellt, so daß ein Landangriff mit der Türkei als Ausgangspunkt nicht in Frage kommt.

Es kann nur eine von der Nordwest-Ecke des Irans ausgehende Landaktion in Betracht gezogen werden. Dies würde einerseits die Zustimmung des Irans voraussetzen, andererseits den Antransport umfangreicher alliierter Truppenverbände, da die Streitkräfte, über die der Iran in diesem Gebiet verfügt, völlig ungenügend sind, um die vorgesehene Operation durchzuführen.

Angesichts der Schwierigkeiten aller Art, die eine Operation zu Lande mit sich bringt, muß man also einen *Angriff auf Baku aus der Luft* in Aussicht nehmen.

Da Baku zugleich Produktionszentrum, Lagerstelle und Verladehafen ist, könnte ein Luftangriff auf diese Stadt die *Zerstörung* oder *Inbrandsetzung* folgender Anlagen zum Zweck haben:

Der *Raffinerien*; sie sind leicht zu treffen, sind verletzlich und ihr Wiederaufbau sehr kostspielig und dauert sehr lange;

der *Oelbehälter*; sie sind ebenfalls leicht zu treffen und verletzlich;

der *Hafenanlagen*;

der Eisenbahnlinie Baku–Rostow.

2. *Bedeutung der Operation*

Baku ist *bei weitem das wichtigste Erdölzentrum des Kaukasus*.

75% der russischen Erdölerzeugung kommen aus den Bohrlöchern von Baku.

Die Raffinerieanlagen von Baku sind die größten im Kaukasus;

über Baku werden mit der Bahn und mit Schiffen (Kaspisches Meer) mehr als 50% der russischen Erdölproduktion des Kaukasus ausgeführt.

Ein Luftangriff auf Baku, vorausgesetzt, daß er mit einer ausreichenden Anzahl von Flugzeugen unternommen wird und so wiederholt werden kann, daß die erzielten Zerstörungen bestehen bleiben, *wäre also besonders lohnend*.

Ein solcher Luftangriff würde nicht nur Deutschland treffen, sondern er würde auch die UdSSR um einen beträchtlichen Teil des kaukasischen Erdöls bringen, und da Moskau für seine motorisierten Truppen und seine landwirtschaftlichen Betriebe fast seine ganze Erdölproduktion braucht, würden die Sowjets dadurch in eine schwierige Situation kommen.

3. *Art der Ausführung:*

Die Stützpunkte für einen Luftangriff auf Baku müßten liegen:

entweder in der Türkei: Gebiet von Diarbekir–Erzerum;
oder im Iran
oder in *Syrien* und im Irak (Djézirch und Mossul-Gebiet).

In beiden Fällen wäre eine vorherige Verständigung mit der Türkei oder dem Iran unerläßlich, sei es wegen der Anlegung von Stützpunkten, sei es wegen des Überfliegens türkischen oder iranischen Gebiets.

Wegen der zu überwindenden Entfernungen (von Täbris nach Baku sind es 400 km, von Erzerum oder Mossul nach Baku 700 km) wäre es nötig, zu einer Bombardierung von Baku 6 bis 8 Gruppen moderner Bombenflugzeuge mit großer Tragfähigkeit und großem Aktionsradius einzusetzen.

Wegen unserer Knappheit an Maschinen dieser Kategorie bei der jetzigen Situation müßte der größte Teil der benötigten Flugzeuge von den Engländern gestellt werden.

Schlußfolgerungen

1. Die Abschneidung des aus dem Kaukasus nach Deutschland geschickten Erdöls im Schwarzen Meer ist nur von *begrenz-*

tem Interesse wegen der verhältnismäßig geringen Bedeutung, die die zur Zeit auf diesem Wege eingehenden russischen Lieferungen für die Erdölversorgung des Dritten Reiches haben.

2. Eine Aktion gegen die russische Erdölindustrie im Kaukasus ist dagegen *von sehr großem Interesse* für die Alliierten. Sie ermöglicht es, einen sehr schweren, wenn nicht einen entscheidenden Schlag gegen die militärische und wirtschaftliche Organisation Sowjetrußlands zu führen. In einigen Monaten könnte die UdSSR sogar in eine derartige Verlegenheit kommen, daß sie in die Gefahr eines völligen Zusammenbruchs käme.

Wenn dieses Ergebnis erzielt würde, so würde sich gegen Deutschland, dem die gesamte Versorgung aus Rußland gesperrt würde, die Blockade im Osten schließen, und es müßte sich damit begnügen, von den Zufuhren aus den nordischen Ländern und dem Balkan zu leben, den letzten wirtschaftlichen Zufluchtsorten, wo es sich noch verteidigen könnte.

3. Eine Aktion gegen die Erdölgebiete im Kaukasus kann entweder die Form einer politischen Arbeit annehmen, die auf einen Aufstand der mohammedanischen Bevölkerung im Kaukasus abzielt, oder die Form militärischer Operationen gegen die bedeutenden Zentren der russischen Erdölindustrie. [...]

DOKUMENT 19

Weisung des Oberkommandos der Wehrmacht für den »Fall Weserübung«

Berlin, 1. März 1940

Weisung Hitlers an den Oberbefehlshaber des Heeres, den Oberbefehlshaber der Kriegsmarine, den Oberbefehlshaber der Luftwaffe, den Chef Wehrmachtführungsamt, den Chef Abteilung Landesverteidigung sowie die Gruppe XXI. zur Vorbereitung des Überfalls auf Norwegen und Dänemark, der angesichts des Kräfteverhältnisses den Charakter einer friedlichen Besetzung tragen soll.

1.) Die Entwicklung der Lage in Skandinavien erfordert es, alle Vorbereitungen dafür zu treffen, um mit Teilkräften der Wehrmacht Dänemark und Norwegen zu besetzen (»Fall Weserübung«). Hierdurch soll englischen Übergriffen nach Skandinavien und der Ostsee vorgebeugt, unsere Erzbasis in Schweden gesichert und für Kriegsmarine und Luftwaffe die Ausgangsstellung gegen England erweitert werden.

Kriegsmarine und Luftwaffe fällt im Rahmen der gegebenen Möglichkeit die Sicherung des Unternehmens gegen das Eingreifen englischer See- und Luftstreitkräfte zu.

Die für »Fall Weserübung« einzusetzenden Kräfte werden im Hinblick auf unsere militärpolitische Stärke gegenüber den nordischen Staaten so schwach als möglich gehalten. Ihre zahlenmäßige Schwäche muß durch kühnes Handeln und überraschende Durchführung ausgeglichen werden.

Grundsätzlich ist anzustreben, der Unternehmung den Charakter einer friedlichen Besetzung zu geben, die den bewaffneten Schutz der Neutralität der nordischen Staaten zum Ziel hat. Entsprechende Forderungen werden mit Beginn der Besetzung den Regierenden übermittelt werden. Flotten- und Luftdemonstrationen werden erforderlichenfalls den nötigen Nachdruck geben. Trotzdem auftretender Widerstand ist unter Einsatz aller militärischen Mittel zu brechen.

2.) Mit der Vorbereitung und Führung des Unternehmens gegen Dänemark und Norwegen beauftrage ich den Kommandierenden General des XXI. A. K., General d. I. v. Falkenhorst (Befehlshaber der »Gruppe XXI«).

Dieser untersteht mir in Führungsfragen unmittelbar. Der Stab ist aus den drei Wehrmachtteilen zu ergänzen.

Die für »Fall Weserübung« zur Verfügung zu stellenden Kräfte werden gesondert befohlen. Über sie darf für andere Kriegsschauplätze nicht verfügt werden.

Die Kräfte der Luftwaffe werden zur Durchführung der »Weserübung« der Gruppe XXI taktisch unterstellt. Sie treten nach Beendigung ihrer Aufgabe unter den Befehl des Ob. d. L. zurück. Der Einsatz der von Kriegsmarine und Luftwaffe unmittelbar geführten Kräfte hat in engem Einvernehmen mit dem Befehlshaber der Gruppe XXI zu erfolgen. Die Versorgung der zur Gruppe XXI abgestellten Kräfte ist durch die Wehrmacht-teile nach den Anforderungen des Befehlshabers sicherzustellen.

3.) Grenzübertritt gegen Dänemark und Landung in Norwegen haben *gleichzeitig* zu erfolgen. Die Unternehmungen sind mit größtem Nachdruck so schnell als möglich vorzubereiten. Falls der Feind die Initiative gegen Norwegen ergreift, müssen eigene Gegenmaßnahmen sofort ausgelöst werden können.

Von größter Bedeutung ist, daß unsere Maßnahmen die nordischen Staaten wie die Westgegner überraschend treffen. Dem haben alle Vorbereitungen, insbesondere die Art der Bereitstellung des Laderaums und der Truppen, ihre Einweisung und ihre Verladung, Rechnung zu tragen. Können Vorbereitungen für die Verschiffung nicht mehr geheimgehalten werden, sind Führern und Truppe andere Ziele vorzutäuschen. Der Truppe dürfen die wahren Ziele erst nach dem Auslaufen bekannt werden.

4.) *Besetzung Dänemarks* (»Weserübung Süd«). *Aufgabe der Gruppe* XXI: Überraschende Besetzung von Jütland und Fünen, anschließend Besetzung von Seeland.

Hierzu ist unter Sicherung der wichtigsten Punkte möglichst schnell bis Skagen und bis zur Ostküste von Fünen durchzustoßen. In Seeland sind als Ausgangsstellungen für die spätere Besetzung frühzeitig Stützpunkte in Besitz zu nehmen.

Die *Kriegsmarine* stellt Kräfte zur Sicherung der Verbindung Nyborg-Korsör und zur raschen Besitznahme der Kleinen Belt-Brücke, nötigenfalls auch zu Truppenlandungen, zur Verfügung. Sie bereitet ferner die Küstenverteidigung vor.

Von der *Luftwaffe* sind Fliegerverbände in erster Linie zu Demonstrationszwecken und für Flugblattabwurf vorzusehen. Die Ausnutzung der dänischen Bodenorganisation sowie die Luftverteidigung sind sicherzustellen.

5.) *Besetzung Norwegens* (»Weserübung Nord«). *Aufgabe Gruppe* XXI: Überraschende Besetzung der wichtigsten Küstenplätze von See her und durch Luftlandeunternehmen.

Die *Kriegsmarine* übernimmt Vorbereitung und Durchführung des Seetransportes der Landungstruppen und der im weiteren Verlauf nach Oslo nachzuführenden Kräfte. Sie sichert den Nachschub auf dem Seewege dorthin. Der beschleunigte Ausbau des Küstenschutzes in Norwegen ist vorzubereiten.

Die *Luftwaffe* hat nach erfolgter Besetzung die Luftverteidigung sowie die Ausnutzung der norwegischen Basis für die Luftkriegführung gegen England sicherzustellen.

6.) Gruppe XXI meldet OKW laufend den Stand der Vorbereitungen und legt eine zeitlich geordnete Übersicht über den Ablauf der Vorbereitungen vor. Dabei ist die Mindestzeitspanne, die zwischen Befehlsausgabe zum »Fall Weserübung« und der Durchführung liegen muß, anzugeben.

Beabsichtigter Gefechtsstand ist zu melden.

Decknamen: Wesertag = Tag des Unternehmens
            Weserzeit = Uhrzeit des Unternehmens.

DOKUMENT 20

Denkschrift des Chefs
des Wehrmachtführungsamtes

30. Juni 1940

General der Artillerie Alfred Jodl schlägt zur Weiterführung des Krieges gegen Großbritannien direkte und indirekte Aktionen vor. Direkte Angriffe wären die Belagerung Englands, Terrorangriffe gegen die Zivilbevölkerung und eine Landung. Voraussetzung aller Aktionen sei die Zerschlagung der britischen Luftflotte. Eine indirekte Kriegführung – unter Beteiligung Spaniens und Italiens – solle vor allem gegen Gibraltar und den Suezkanal gerichtet werden. Für Jodl ist der gewünschte Sieg über Großbritannien nur eine Frage der Zeit.

Wenn politische Mittel nicht zum Ziele führen, muß der Widerstandswille Englands mit Gewalt gebrochen werden:

    a) durch den Kampf gegen das englische Mutterland,

    b) durch die Ausweitung des Krieges an der Peripherie.

Zu a: gibt es 3 Möglichkeiten:

1.) die »*Belagerung*«:

Sie umfaßt den Kampf zur See und aus der Luft gegen jede Ein- und Ausfuhr,

den Kampf gegen die englische Luftwaffe und alle wehrwirtschaftlichen Kraftquellen des Landes,

2.) den *Terror-Angriff* gegen die englischen Bevölkerungszentren,

3.) die *Landung* mit dem Ziel, England zu besetzen.

Der deutsche Endsieg auch über England ist nur mehr eine Frage der Zeit. Feindliche Angriffsoperationen größeren Stiles sind nicht mehr möglich.

Deutschland kann also ein Kampfverfahren wählen, das die eigenen Kräfte schont und Risiken vermeidet.

Am Anfang muß der Kampf gegen die englische Luftwaffe stehen, um dadurch die Zerstörungen unserer wehrwirtschaftlichen Basis herabzumindern und schließlich ganz zu unterbinden. Dazu muß die englische Luftwaffe innerhalb des Wirkungsbereiches unserer Zerstörer niedergekämpft oder wenigstens zum Ausweichen in die mittelenglische Basis gezwungen werden. Sie dort niederzukämpfen, wird kaum gelingen.

Immerhin ist damit die Voraussetzung geschaffen, um den ganzen südenglischen Raum mit seinen Rüstungsindustrien zu zerstören und die Wirkungsmöglichkeiten der englischen Bomber gegen Westdeutschland erheblich herabzusetzen.

Gelingt es, die um London und Birmingham zusammengeballten Produktionsstätten der Flugzeugindustrien auszuschalten, so kann die englische Luftwaffe *nicht* mehr erneuert werden. Damit ist England am Ende seiner militärischen Aktionsfähigkeit gegen Deutschland, da die Blockadewirkung durch die englische Flotte keinerlei kriegsentscheidende Bedeutung mehr für uns hat.

Dieses erste und wichtigste Ziel der Kampfführung gegen England wird gleichzeitig ergänzt durch den Kampf gegen die englischen Vorratslager sowie die Ein- und Ausfuhr auf See und in den Häfen.

Verbunden mit Propaganda und zeitweiligen Terror-Angriffen – als Vergeltung erklärt – wird diese zunehmende Schwächung der englischen Ernährungsbasis den *Widerstandswillen des Volkes lähmen und endlich brechen und damit seine Regierung zur Kapitulation zwingen*.

Eine Landung in England kann erst ins Auge gefaßt werden, wenn die Luftherrschaft durch die deutsche Luftwaffe erkämpft ist.

Eine Landung sollte daher nicht unternommen werden, um England militärisch niederzuwerfen, was praktisch durch Luftwaffe und Kriegsmarine erreicht werden kann, sondern nur zu dem Zweck, einem wehrwirtschaftlich gelähmten und zur Luft kaum mehr aktionsfähigen England den Todesstoß zu geben, falls er noch erforderlich sein sollte.

Vor Ende August, Anfang September wird diese Lage nicht eingetreten sein.

Mit der Gegenwirkung von etwa 20 englischen Divisionen muß gerechnet werden, so daß wenigstens 30 deutsche Divisionen übergesetzt werden müssen.

Trotzdem muß die Landung in allen Einzelheiten als ultima ratio vorbereitet werden.

Ein Operationsplan dafür und die daraus sich ergebenden Vorbereitungen werden gesondert vorgelegt.

Zu b:

Der Kampf gegen das englische Empire kann nur durch oder über Länder geführt werden, die am Zerfall des englischen Weltreiches interessiert sind und auf eine ergiebige Erbschaft hoffen. Das ist in erster Linie Italien, Spanien, Rußland und Japan. Die Aktivierung dieser Staaten ist Sache der Politik. Die militärische Unterstützung Italiens und Spaniens im beschränkten Maße ist möglich (z. B. für die Verminung des Suez-Kanals oder für die Wegnahme Gibraltars).

Außerdem kann mit Hilfe der »Abwehr« den arabischen Ländern Hilfe geleistet werden.

Am wirksamsten ist eine italienische Angriffsoperation gegen den Suez-Kanal, der in der Verbindung mit der Wegnahme Gibraltars das Mittelmeer abschließt.

Falls Italien die Absicht haben sollte, sich am Kampf gegen das englische Mutterland zu beteiligen, so kann es das durch den Einsatz von Unterseebooten von der französischen Küste aus oder durch den Einsatz von Kampfverbänden im Rahmen der deutschen Luftwaffe. Formationen des italienischen Heeres sind, rein militärisch gesehen, weder erforderlich noch nutzbringend. Es könnte sich dabei nur um eine politische Geste handeln.

Eine zeitliche Prognose über die Dauer eines solchen Kampfes gegen England ist schwer zu stellen.

Da England nicht mehr um den Sieg, sondern nur mehr um die Erhaltung seines Besitzes und seiner Stellung in der Welt kämpft und kämpfen kann, wird es aller Voraussicht nach zum Frieden geneigt sein, wenn es erfährt, daß es dieses Ziel relativ billig jetzt noch erreichen kann.

Seiner völligen Zertrümmerung wird es sich bis zum bitteren Ende widersetzen.

DOKUMENT 21

Tagebucheintragung des
Chefs des Generalstabes des Heeres

22. Juli 1940

Die Absichten der obersten militärischen Führung über die Fortsetzung des Krieges werden dargelegt. Die Lage Großbritanniens sei zwar aussichtslos, eine Landung aber für die faschistische Führung zu risikoreich. Nach Abschluß der Kampfhandlungen im kontinentalen Westeuropa erachte die faschistische Führung die Zeit für gekommen, um ihr Hauptkriegsziel, den Überfall auf die Sowjetunion, in Angriff zu nehmen. Die geplante Zerstückelung der Sowjetunion in ein Ukrainisches Reich, Weißrußland und Baltikum wird erörtert. Der Angriffsbeginn liege möglicherweise noch im Herbst 1940.

[...] 10.00 Uhr Besprechung [mit] ObdH.

1. Berichterstattung über Vorbereitungen England an ObdH.

2. ObdH berichtet über Berlin: *Besprechung beim Führer* am 21.7.

a) Üblicher Rahmen.

b) Führer: Unklar, was in England wird. Die Vorbereitungen zur Waffenentscheidung müssen so schnell wie möglich getroffen werden. Der Führer will sich die militärpolitische Initiative nicht aus der Hand nehmen lassen. Sobald Klarheit, wird politische und diplomatische Initiative wieder aufgenommen werden.

c) Gründe für Fortsetzung des Krieges durch England:

1. Hoffnung auf Umschwung in Amerika: (Roosevelt unsicher, Industrie will nicht investieren. England läuft Gefahr, die Stellung als erste Seemacht an Amerika abzugeben.)

2. Hoffnung auf Rußland.

Die Lage Englands ist hoffnungslos. Der Krieg ist von uns gewonnen, Umkehr der Erfolgsaussichten unmöglich.

d) Frage an Marine: In welcher Zeit kann Schiffsraum bereitgestellt werden? Wie kann artilleristischer Flankenschutz gewährleistet werden? } Bindende Erklärung Raeders Mitte dieser Woche

Was kann von See her für Sicherung getan werden?

e) Übersetzen erscheint dem Führer ein großes Risiko. Übersetzen daher erst, wenn kein anderer Weg offen ist, um mit England zum Schluß zu kommen.

f) England sieht vielleicht folgende Möglichkeiten: Unruhe stiften via Rußland auf dem Balkan, um uns Betriebsstoff wegzunehmen und unsere Luftflotte lahmzulegen. Gleicher Zweck durch Einstellung Rußlands gegen uns. Luftangriff auf unsere Hydrieranlagen.

g) *Rumänien*: König Carol II. hat friedliche Auseinandersetzung angebahnt. Brief an den Führer.

h) Wenn England weiter Krieg führen will, dann wird versucht werden, alles politisch gegen England einzuspannen. Spanien, Italien, Rußland.

i) *Bis Mitte September* muß England erledigt sein, wenn wir zum Angriff schreiten. Kampf mit Luftwaffe und U-Booten.

Luftwaffe schlägt vor: Zum Großangriff gegen feindliche Luftwaffe übergehen; feindliche Jäger zerschlagen, herauslocken und in der Luft stellen. Heer betont gleiche Notwendigkeit und will diesen Angriff mit verschärftem U-Boot-Krieg gekoppelt wissen.

k) Beurteilung der Wirkung des Friedensfühlers: Presse zunächst scharf ablehnend, dann milder.

Lloyd George: Brief an König [Georg VI.] und Parlament. Herzog von Windsor: Brief an König.

Thomsen: Nachrichten aus England. Lage wird als hoffnungslos angesehen.

Englischer Botschafter [Lothian] in Washington: England hat Krieg verloren. Es soll zahlen. Aber nichts gegen seine Ehre tun.

Möglichkeiten eines Kabinetts Lloyd George, Chamberlain, Halifax.

3. Einreise Lavals in besetztes Gebiet hat ObdH abgelehnt. Nur befristeter Besuchsaufenthalt.

4. Barckhausen: Möglichst bald Wachen aus unbesetzten Gebieten herausnehmen. Kommission soll Waffen herausholen.

Reihenfolge: Geschütze–MG, Panzerwagen–Gewehre–Munition.

Loire–Schiffe herausnehmen! Gen. Qu.

5. Kleist auf vier Wochen beurlaubt. Statt XXII. AK daher XIV. AK einsetzen.

Op.

6. Mitte dieser Woche auf Vortrag Raeder Entschluß des Führers, ob Landungsunternehmen *in diesem Herbst* durchgeführt werden soll. Wenn nicht jetzt, dann erst Mai nächsten Jahres.

Klarheit also wahrscheinlich Ende dieser Woche.

Endgültige Entscheidung, ob U-Boot-Krieg und Luftkrieg in schärfster Form aufgenommen werden soll, wahrscheinlich erst Anfang August.

Unternehmen England dann etwa 25. 8.

7. Stalin kokettiert mit England, um England im Kampf zu erhalten und uns zu binden, um Zeit zu haben, das zu nehmen, was er nehmen will und was nicht mehr genommen werden kann, wenn Frieden ausbricht.

Er wird Interesse haben, daß Deutschland nicht zu stark wird. Aber es liegen keine Anzeichen für russische Aktivität uns gegenüber vor.

8. Russisches Problem in Angriff nehmen. Gedankliche Vorbereitungen treffen. Dem Führer ist gemeldet:

a) Aufmarsch dauert 4–6 Wochen.

b) Russisches Heer schlagen oder wenigstens so weit russischen Boden in die Hand nehmen, als nötig ist, um feindliche Luftangriffe gegen Berlin und schlesisches Industriegebiet zu verhindern.

Erwünscht, so weit vorzudringen, daß man mit unserer Luftwaffe wichtigste Gebiete Rußlands zerschlagen kann.

c) *Politisches Ziel: Ukrainisches Reich.

Baltischer Staatenbund. Weiß-Rußland–Finnland.

Baltikum »Pfahl im Fleisch«.

*Fremde Heere Ost.

d) Nötig 80–100 Divn., Rußland hat 50–75 gute Divn.

Wenn wir in diesem Herbst Rußland angreifen, wird England luftmäßig entlastet. Amerika kann an England und Rußland liefern.

e) *Operation: Welche Operationsziele können wir stellen? Welche Kräfte? Zeit und Raum der Bereitstellung?

Operationsbahnen: Baltikum, Finnland–Ukraine.

Berlin und schlesische Gebiete schützen.

Rumänische Ölzentren schützen.

*Op. Abt. [...]

DOKUMENT 22

Denkschrift des Oberkommandos der Kriegsmarine an das Auswärtige Amt

Berlin, 27. Juli 1940

Forderung von Vizeadmiral Kurt Fricke an das Auswärtige Amt, das Oberkommando der Wehrmacht/Wehrmachtführungsamt, das Kolonialpolitische Amt, das Oberkommando der Wehrmacht/Amt Ausland nach Eroberung von Stützpunkten an der West- und Ostküste Afrikas, auf den Azoren und auf den Kanarischen Inseln, um ein zukünftiges zusammenhängendes deutsches Kolonialreich in Zentralafrika behaupten zu können.

Da der Seekriegsleitung bekannt geworden ist, daß bei verschiedenen Dienststellen Planungen für ein zukünftiges Kolonialreich vorbereitet werden, sieht sie sich zu folgenden Ausführungen veranlaßt.

1. Für die Verteidigung eines Kolonialreiches sind Flottenstützpunkte notwendig. Es ist erforderlich, bei der Entscheidung über die Ausdehnung und Gestaltung des künftigen Kolonialreiches die Frage der Stützpunktgewinnung von vornherein in Rechnung zu stellen. Da der Ausbau neuer Stützpunkte einen erheblichen Aufwand an Zeit und Geld erfordert, ist es geboten, weitgehend auf vorhandene Stützpunkte zurückzugreifen. In folgenden Stützpunktforderungen der Seekriegsleitung ist die Voraussetzung zugrunde gelegt, daß außer den ehemals deutschen Kolonien Togo, Kamerun und Deutsch-Ost-Afrika nur bisher franz. und belg. Kolonialgebiete zur Schaffung eines zusammenhängenden deutschen Kolonialreiches in Zentralafrika in Frage kommen. Einzelne englische Stützpunkte, die für deutsche Zwecke besonders geeignet erscheinen und im Bereich des voraussichtlich neuen deutschen Kolonialreiches liegen, sind mitaufgeführt für den Fall, daß die künftige politische Entwicklung ihren Erwerb gestatten wird.

2. a) Stützpunkte an der Westküste Afrikas

Dakar (Senegal), franz.

Konakry (Guinea), franz.

Freetown (Sierra Leone), engl.

Duala (Kamerun), franz. Mandat

Pointe Noire (Äquatorialafrika), franz.

Buma (Kongo), belgisch

b) Stützpunkte an der Ostküste Afrikas

Sansibar, engl.

Daressalam, engl. Mandat

Mombassa-Kilindini (Kenya), engl.

Diego Suarez (Madagaskar), franz. (Anlage 1)

c) Außer den genannten Häfen ist der Besitz der vorgelagerten Inseln an der Westküste:

Fernando Po, spanisch

Sao Thome, portugiesisch

St. Helena, englisch

Ascension, englisch
an der Ostküste:
Pemba, englisch
Comoren, französisch
Seychellen, englisch
Mauritius, englisch
und der übrigen kleinen Inseln im gleichen Seegebiet von hohem Wert für die eigene Seekriegführung und die Verteidigung des Kolonialgebietes. In der Hand eines zukünftigen Gegners bilden sie eine unmittelbare Bedrohung.

d) Da freier Zugang zum Atlantik für deutsche Seestreitkräfte notwendig ist, wird angenommen, daß ein Festsetzen der Engländer auf Island und den Faröern verhindert wird und daß auf dem Wege der politischen Neuordnung im europäischen Raum auf diesen Inseln – ebenso wie an der norwegischen Küste – deutscher Einfluß maßgebend und gewisse militärische Ausnutzung möglich wird. Für die Überbrückung des langen Seeweges von der Heimat bis zu den Kolonien ist der Besitz zumindest eines Zwischenstützpunktes, und zwar auf den Azoren, erwünscht. Hierfür kommt jedoch nur Sao Miguel mit Ponto Delgada oder Fayal mit Horta in Frage, da die übrigen Inseln keine Hafenanlagen besitzen.

Selbst in Horta sind keine Beölungsanlagen vorhanden, und die Versorgungsmöglichkeiten sind gering (Anlage 2).

In zweiter Linie ist ein Stützpunkt auf den Kanarischen Inseln erwünscht. Wegen der Hafen- und Versorgungsmöglichkeiten bieten auch hier nur Santa Cruz de Tenerife auf Tenerife oder Puerto de la Luz (Las Palmas) auf Gran Canaria nutzbringende Möglichkeiten (Anlage 3).

3. Die Seekriegsleitung geht, wenn sie unter Absatz 2 b) und c) spanische und portugiesische Besitzungen aufführt, davon aus, daß ihr Erwerb auf Grund freundschaftlicher Vereinbarungen auf dem Wege eines Gebietsaustausches möglich sein wird. Spanien könnte französisches Gebiet in Marokko erhalten und dürfte Zugeständnisse für deutsche Hilfe beim Bürgerkrieg 1936–38 und im Kampf um Gibraltar machen, während Portugal z.B. durch Vergrößerung Angolas entschädigt werden könnte.

4. In diesem Zusammenhang darf auch auf die Wichtigkeit Bornholms für eine künftige Kriegführung in der Ostsee hinge-wiesen werden. Die Seekriegsleitung muß daher auch den Er-werb der Insel Bornholm fordern.

DOKUMENT 23

Lagebetrachtung des Chefs der Operationsabteilung der Seekriegsleitung

Berlin, 28. Juli 1940

In einer für die Seekriegsleitung verfaßten »Betrachtung über Rußland« rät Vize-admiral Kurt Fricke zum Überfall auf die Sowjetunion, um die Ostsee zu einem mare nostrum zu machen. Eine Beteiligung starker Marinekräfte am Überfall wird für überflüssig erachtet.

[...] Die Ostsee muß für Deutschland ein »Mare nostrum« wer-den, eine starke russische Marine in der Ostsee in Verbindung mit einer zu jeder Art militärischer Operation befähigten Armee und Luftwaffe würde für Deutschland eine ständige Bedrohung bedeuten, die jede Entwicklung im Innern und nach Übersee be-lastet. [...]

Die militärischen Kräfte der russischen Wehrmacht sind ge-genüber unseren kriegserfahrenen Truppen als weit unterlegen anzusehen. Die Besetzung eines Raumes bis zur Linie Ladogasee – Smolensk – Krim wird militärisch durchführbar sein, um aus diesem Besitz heraus die Friedensbedingungen festzulegen. Der durch die Baltenländer vorwärtsstrebende linke Flügel wird in kurzer Zeit am Ladogasee Fühlung mit den Finnen gewinnen. Mit dem Besitz der Küste und Leningrads bricht von allein die Widerstandskraft der russischen Marine in sich zusammen. Ob die Wegnahme Moskaus noch erforderlich ist, wird sich nach der Lage und Jahreszeit entscheiden.

Selbst wenn wir über eine wesentlich stärkere Flotte verfügen würden, so würde ihr Einsatz bei dieser Lage falsch sein. Unsere

Überlegenheit auf dem Lande, einschließlich (in der) Luft, und die Eigenartigkeit der engen Gewässer in der Ostsee schränken die Notwendigkeit und Zweckmäßigkeit des Einsatzes größerer Schiffe aus.

Besteht politisch die Absicht, die Dinge im Osten zu bereinigen mit dem Ziel der Gewinnung der 3 Baltenstaaten, Befreiung Finnlands, Befreiung Rumäniens und der Slowakei, Angliederung eines Teils der Ukraine, so müssen skrupellos, systematisch und nach Möglichkeit völlig überraschend, gewisse Ersterfolge – nicht Voraussetzungen – erzwungen werden. Für die Marine käme der Versuch der unbemerkten Versenkung der russischen Schlachtschiffe durch U-Boote in Frage. Der Verdacht muß auf früher gelegte Minen fallen, Ablenkung auf englische U-Boote oder Luftminen wäre unangebracht. Sind die militärischen Vorbereitungen der Armee durch den Aufmarsch im Osten schon zu weit vorgeschritten, so daß ein Herankommen an die russischen Schlachtschiffe aussichtslos erscheint, dann bleibt die Möglichkeit der frühzeitigen Anwendung von Zeit-Grundminen vor den von russischen Streitkräften besetzten Häfen. Entsprechende Vorbereitungen müßten sofort anlaufen. Die gleiche Art der Verwendung käme auch neben dem Vorgehen gegen die russischen Schlachtschiffe in Frage.

Gegen russische Maßnahmen mit U-Booten bei nicht gelingender strategischer Überraschung wird es wesentliche und ausreichende Gegenmaßnahmen nicht geben. [...]

DOKUMENT 24

Ausarbeitung des Chefs des Wehrwirtschafts- und Rüstungsamtes

(1943–1944)

Entwicklung der Rüstungsprogramme der faschistischen Wehrmacht vom Juni bis zum Dezember 1940. Umstellung der Rüstung im Juni 1940 zur Kriegführung gegen Großbritannien, ab August 1940 beginnende rüstungswirtschaftliche Vor-

[...] Bereits vor Abschluß des Westfeldzuges entschloß sich die Oberste Führung, das bei Beginn des Krieges festgelegte Rüstungsprogramm der Wehrmacht umzustellen.

Der Chef Wi Rü Amt wurde am 7. 6. von Generaloberst Keitel wie folgt orientiert:

»Führer glaubt an baldigen Zusammenbruch Frankreichs. Schnellste Umsteuerung der Rüstung auf Kampf gegen England. Anscheinend ist nach Zusammenbruch Frankreichs mit Angebot an England zu rechnen. Heer soll nur 120 Divisionen behalten. Große Vermehrung der Panzerwaffe. Größte Vermehrung der Luft- und U-Boot-Rüstung, dazu Wegnahme von 30000t Stahl vom Heer und 13000t aus dem Pulver- und Sprengstoffplan.

Unterstützung der Heimat in großem Umfange, und zwar durch

1.) Verlängerung des Stillhalteabkommens

2.) Entgegenkommen auf dem Uk-Gebiet der Wirtschaft gegenüber.«

Der Entschluß des Führers fand Ausdruck in den am 9. 7. 40 erlassenen Weisungen über die Umsteuerung der Rüstung (s. Anl. XX, 30). Diese Umsteuerung hatte folgende Zielsetzung:

a) Volle Durchführung des erhöhten Luftrüstungsprogrammes,

b) Fortführung der befohlenen Kriegsmarineausrüstung,

c) Fortführung der Rüstung des Kriegsheeres auf Grund der Kriegserfahrungen unter besonderer Berücksichtigung der Panzerwagenfertigung.

Das neue Rüstungsprogramm stand unter dem Zeichen des Krieges gegen England und bevorzugte die Luft- und Marinerüstung. Das Kriegsheer sollte auf 161 Divisionen, darunter 10 Mot.- und 20 Panzer-Divisionen herabgesetzt werden, während bei der Kriegsmarine sowohl das U-Boot-Programm wie die Fertigstellung der großen Kriegsschiffe fortgesetzt und bei der Luftwaffe das erhöhte Luftwaffenbeschaffungsprogramm Nr. 18 durchgeführt werden sollte. Die Verfügung spricht sich klar darüber aus, daß diese Zielsetzung nur erfüllt werden kann, wenn beim Heer starke Einschränkungen in der Munitions- und Waffenfertigung vorgenommen und einschneidende Maßnahmen getroffen werden, um die fehlenden Arbeiter zur Verfügung zu stellen. Auch die Pulver- und Sprengstofffertigung sollte auf das unbedingt notwendige Maß zurückgeführt werden. Dem Heer wurden auf Grund dieser Maßnahmen 130 000 t Moto Stahl entzogen, die den beiden (anderen) WT zur Durchführung ihrer Aufgaben zugewiesen wurden.

Dem Vierjahresplan, Reichswirtschaftsministerium, Reichsarbeitsministerium und Reichsverkehrsministerium wurden diese Maßnahmen für die Umsteuerung mitgeteilt mit der Aufforderung, ihrerseits alle Maßnahmen zu treffen, um die schnelle Umsteuerung der Rüstung zu gewährleisten.

Am 18. 7. wurde durch den Vorsitzenden des Reichsverteidigungsrates eine eingehende Weisung herausgegeben, die die Dringlichkeit der Fertigungsprogramme auf Grund der neuen Umsteuerung regelt (s. Anl. XX, 31). Diese Regelung hatte keinen langen Bestand. Bereits am 2. 8. wurde dem Chef Wi Rü Amt mitgeteilt, daß der Führer die Gesamtsituation anders ansehe als beim Abschluß des Westfeldzuges und daß man sich für das Jahr 1941 für jede möglich werdende politische Situation vorbereiten müsse.

Die bereits eingeleitete Verminderung der Heeresrüstung wurde wieder aufgehoben und dem Heer mitgeteilt, daß es sich für 1941 auf eine Erhöhung des Heeres auf mindestens 180 Divisionen einzurichten habe und daß das Heer in seiner Fertigung auf dem erhöhten Fertigungsstand bleiben müsse.

Ende Juli erfolgte eine Führerweisung, daß die Landung in England (»Seelöwe«) beschleunigt vorzubereiten sei (s. Anl. XX, 32). Am 15. 8. besprach Chef Wi Rü Amt die Frage der auf Grund der neuen Führerweisung notwendigen Umsteuerung mit den betreffenden Amtschefs der drei WT (s. Aktennotiz, Anl. XX, 33).

Am 20. 8. erfolgte eine Führerweisung (s. Anl. XX, 34), welche anordnete:

1.) Die Vorbereitungen für die Landung in England (Unternehmen »Seelöwe«) stehen an erster Stelle aller Maßnahmen;

2.) bestimmte Vorhaben der Kriegsmarine, des Heeres und der Luftwaffe werden als Sonderstufe vor die am 18. 7. 1940 festgelegten Dringlichkeitsklassen gestellt.

Damit war die Rüstung erneut vor eine neue Lage gestellt, die aus der Erkenntnis ergeben hatte, daß

1.) mit dem Zusammenbruch Englands im Jahre 1940 unter Umständen nicht mehr zu rechnen ist,

2.) im Jahre 1941 ein Eingreifen Amerikas in Frage kommen kann und

3.) das Verhältnis zu Rußland im Jahre 1941 eine Änderung erfahren kann.

Auf Grund der Entwicklung der militärpolitischen Lage erfolgte am 20. 9. 1940 eine erneute Regelung der Dringlichkeit der Fertigungsprogramme, durch die beim Heer in Sonderheit die Kampfwagenfertigung, die Panzerabwehr und bestimmte chemische Fertigungen, bei der Kriegsmarine der U-Boot-Plan, bei der Luftwaffe alle Typen zur Bekämpfung Englands in den Vordergrund gestellt wurden.

Das am 20. 8. durch Führerweisung befohlene und am 20. 9. durch Regelung der Dringlichkeit festgelegte Fertigungsprogramm wurde am 27. 9. erneut erhöht und insofern abgeändert, als die Fertigungen, die unter dem Stichwort »Achse« liefen (Kampf in Afrika), vor alle anderen Fertigungen, auch die der Sonderstufe, gestellt wurden.

Da sowohl das Heer und Minister Todt mit Hochdruck das Panzer- und Achse-Programm betrieben, die Marine ihre »Seelöwe«-Maßnahmen stärker gefördert sehen wollte und die Luftrüstung auch immer stärker gefördert wurde, wies der Chef Wi Rü Amt in einer Amtschefsitzung bei Generalfeldmarschall Keitel auf die Schwierigkeit hin, bei der schlechten Arbeitseinsatzlage alles auf einmal vorwärtstreiben zu können. Er forderte nochmals eine Klärung der Führung, was nun wirklich am wichtigsten sei. Darauf erfolgte die in der Anlage XX, 35 beigefügte Stellungnahme des WFSt vom 3. 12. 40.

Diese Stellungnahme war für die weiteren Maßnahmen von Bedeutung, als

1.) nicht mehr von der Landung in England, sondern nur von der Belagerung Englands gesprochen wird,

2.) erstmalig die Luftverteidigung der Heimat in den Vordergrund gerückt wird und

3.) der bevorstehende Großfeldzug (Rußland) erstmalig erwähnt und seine Verschiebung auf spätere Zeit als möglich bezeichnet wird.

Kurz vorher – am 6. 11. 1940 – hatte Reichsmarschall Göring erstmalig sich dahin geäußert, daß man sich auf lange Kriegsdauer einstellen müsse und demgemäß die Rohstoffplanungen weitsichtig vorzunehmen seien (s. Aktennotiz über Vortrag in Beauvais am 6. 11. 40, Anlage XX, 36).

Anfang Dezember erging dann die Weisung, daß vorläufig mit der Landung in England nicht mehr zu rechnen sei und daß die »Seelöwe«-Vorbereitungen nur noch abzuschließen seien. [. . .]

DOKUMENT 25

Befehlsentwurf des Oberkommandos der Wehrmacht

2. August 1940

Zur Tarnung der Angriffsvorbereitungen gegen die Sowjetunion gibt das OKW an, daß die besetzten polnischen Ostgebiete nunmehr dem faschistischen Deutschland angegliedert werden und angeblich eine stärkere militärische Besetzung erforderten. Anordnung, Neuaufstellungen und Ausbildung der Truppen seien vorzugsweise im Osten durchzuführen, große Wehrmachtvorräte aller Art im Osten anzulegen und das Verkehrs- und Nachrichtennetz auszubauen.

Der Führer hat sich entschlossen, von der Bildung eines selbständigen Restpolen abzusehen und die besetzten Ostgebiete dem Großdeutschen Reich einzugliedern.

Daraus ergibt sich auch für die Wehrmacht die Forderung, den neu gewonnenen Ostraum auf allen Gebieten zu festigen und auszubauen.

Während der Kriegsdauer kommt hinzu, daß die zunehmende Luftbedrohung im Westen die militärische Ausnutzung der gesicherten Ostgebiete in verstärktem Maße erfordert.

Folgende Richtlinien sind hierfür maßgebend:

Neuaufstellungen, die mit Rücksicht auf die allgemeine Kriegslage noch erforderlich sein werden, sowie die Ausbildung der Truppen sollen vorzugsweise in den Ostgebieten erfolgen. Die hierzu erforderlichen Übungsmöglichkeiten (Truppenübungsplätze des Heeres, Bodenorganisationen der Luftwaffe, Versorgungseinrichtungen) sind beschleunigt zu schaffen.

Wehrmachtsvorräte aller Art, besonders Treibstoff, Munition, Gerät und Verpflegung, sind in großem Umfang im Ostraum zu lagern, gegebenenfalls aus den luftbedrohten Westgebieten dorthin zu überführen.

Für den Ausbau des *Eisenbahn- und Straßennetzes* sind im Rahmen der vorstehenden Truppenbedürfnisse die Forderungen der Wehrmacht baldigst den zuständigen Reichsstellen zuzuleiten.

Die *Nachrichtenverbindungen* sind entsprechend den Bedürfnissen der Wehrmacht weiter auszubauen.

Das *Kartenwesen Ost* ist beschleunigt dem Truppenbedarf anzupassen.

Rüstungswirtschaftliche Einrichtungen, die dem unmittelbaren Truppenbedarf dienen (z. B. Kraftfahrzeugwerkstätten), müssen ausreichend vorhanden sein.

Die für die *Landesbefestigung* nach früheren Richtlinien vorgesehenen Maßnahmen sind bis auf weiteres zurückzustellen.

Das Oberkommando der Wehrmacht wird diese Richtlinien gleichzeitig auch den beteiligten Obersten Reichsbehörden und dem Generalgouverneur der besetzten polnischen Gebiete zustellen.

DOKUMENT 26
Tagebucheintragung des
Chefs des Generalstabes des Heeres

15. Oktober 1940

Bericht des Verbindungsoffiziers des Auswärtigen Amtes zum Oberkommando des Heeres über die Besprechung zwischen Hitler und Mussolini am 4. Oktober 1940. Eine Landung in England sei wegen angeblich schlechter Wetterlage nicht möglich. Um England an der Peripherie treffen zu können, sei Spanien einzubeziehen. Darlegung der imperialistischen Kriegsziele Deutschlands, Italiens und Spaniens, die einander ausschlossen und eine Einigung mit der Vichyregierung unmöglich machten. Erörterungen der militärischen Angriffsmöglichkeiten gegen Gibraltar und den Suezkanal. Italienische Angriffspläne in Nordafrika.

[...] *v. Etzdorf:* Brenner-Besprechung.

Führer über militärische Lage: Krieg gewonnen. Rest ist eine Frage der Zeit. Bestreben, Krieg möglichst rasch zu beenden. Schilderung der Vorbereitungen gegen England ab Sommer.

»Fehler«: Zu enge Ansammlung der Flotte [Verluste an Transportern].

Entscheidend schlechte Wetterlage: Es wären nur 5 zusammenhängende gute Tage nötig gewesen, die aber nicht kamen; Übersetzen 8–10 Tage. Neue Waffen: Wasserminen bis 30 m Tiefe, dazu Spezialflugzeuge.

Gründe für Durchhalten Englands liegen in der doppelten Hoffnung:

a) *Amerika.* Wird nun Material liefern. Großer Bluff (Arbeiterfrage, Aluminium, Motore). USA gewarnt durch Dreierpakt. Sorge vor Zweifrontenkrieg.

b) *Rußland.* Rußlands Rechnung mißlungen. Wir stehen jetzt mit 40, später mit 100 Div. an russischer Grenze. Rußland würde auf Granit beißen; aber nicht wahrscheinlich, daß Rußland sich in Gegensatz zu uns setzt; »in Rußland regieren Männer mit Vernunft«.

Beide Hoffnungen Englands sind also Fehlschlüsse; aber man

muß nach Wegen suchen, wie man außer durch Landung dem Engländer beikommt.

Gibraltar ist eine französische Frage. Die Hereinbeziehung Spaniens wirft die Frage des französischen Kolonialbesitzes auf und bringt Notwendigkeit, mit Franzosen in Nordafrika zusammenzuarbeiten. Eine Zusammenarbeit, die zu Friedensvereinbarungen führt, könnte nur mit Erfüllung der italienischen Forderungen erfolgen.

Duce: Forderung 8000 qkm; 1000 qkm im Gebiet um Nizza, 7000 qkm Korsika, Tunis, Dschibuti.

Führer: Deutsche Forderungen: Elsaß-Lothringen mit Abrundungen; Koloniale Stützpunkte an der afrikanischen Westküste. Alte Kolonien mit gewissen Abrundungen; Französisch-Mittelafrika, Drontheim [Norwegen] bleibt deutscher Kriegshafen.

Evtl. auch einverstanden mit einer Kanarischen Insel anstelle von Agadir oder anderem Stützpunkt an nordwestafrikanischer Küste.

Franco schlägt Pachtung der Häfen vor. Führer will eigenen Hafen haben, um ihn militärisch ausbauen zu können.

Zusammenarbeit mit Spaniern hat für uns Interesse wegen Gibraltar; andere Wünsche gegenüber Spanien bestehen unsererseits nicht. Spaniens innere Lage ist schlecht. Es hat an uns sehr hohe Getreideforderungen gestellt. Wir werden unser Möglichstes tun, obwohl wir selbst schon zur Beimischung von Kartoffelmehl schreiten müssen. Führer hat Spanien gegenüber die Frage der Schuldentilgung aus dem Bürgerkrieg [1936–1939] angeschnitten. Suñer antwortete, »eine solche Verbindung von Materialismus mit Idealismus sei für den Spanier unverständlich«. Führer sei sich vorgekommen wie »ein kleiner Jude«.

Forderungen Spaniens: Gibraltar, Marokko, Oran. Wenn Frankreich das hört, wird Frankreich seine Kolonien nicht mehr verteidigen, sondern England in die Hand spielen. Dann müßten die Achsenmächte Marokko erobern. Spanien wünschte ein Protokoll, das ihm Erfüllung seiner Wünsche versprach. Der Führer hat Unterzeichnung abgelehnt.

Es ist nun die Frage: Wie kann man Spanien und Frankreich auf einen Nenner bringen. Es kommt darauf an, eine europäische Koalition gegen England zustande zu bringen. Deutschlands koloniale Forderungen werden kein Hindernis sein. Deutschland will aus seinen Kolonien zu seiner Versorgung nur Holz, Öle, Fette. Die Holländer haben 200 Jahre gebraucht, bis ihre Kolonien wirklich Reichtum einbrachten. Auf so lange Sicht kann man nicht rechnen.

Frankreich wird nie unser Freund sein. Wir können tun, was wir wollen. Im ersten möglichen Augenblick wird der Revanchegedanke wieder durchbrechen. Auch gegenüber Italien. Die Franzosen sind Gallier, keine Romanen. Die Behauptung von den lateinischen Schwestern ist ein Irrtum. Engländer und Franzosen werden sich wieder zusammenfinden.

Im Augenblick ist die beste Lösung eine europäische Koalition. Man muß daher jetzt schon mit französischer Regierung in Fühlung kommen.

Militärische Möglichkeiten:

a) Gibraltar muß erobert werden. Hierzu sollen die deutschen Spezialwaffen eingesetzt werden, die schon gegen die stärksten französischen Festungen Erfolge gebracht haben.

b) Der Führer ist bereit, gegen Ägypten Panzertruppen, Stukas und Fernzerstörer zur Verfügung zu stellen. Auch Spezialminen mit Flugzeugen können zur Verfügung gestellt werden.

Duce: Neuer Kriegswinter wird in Kauf genommen. Italien unbesorgt. Rußland ist keine Gefahr. Amerika wird sich auf Kriegslieferungen beschränken; für eine entscheidende Rolle Amerikas ist es zu spät. Im übrigen stimmt Duce den Ausführungen des Führers zu. Er fragt nach der künftigen Volksstärke Frankreichs.

Führer: Vielleicht 38 Mill.; es können auch 40 Mill. sein. Deutschland will Elsaß-Lothringen. Es will ferner das Erzbecken von Briey und einen Grenzkorridor südlich von Belfort. Forderungen in Nordfrankreich sind abhängig von der Entwicklung der Beziehungen zu Holland und Belgien. Die Verbindung zu den Niederlanden ist nur lose. Sie sollen selbständig bleiben, schon wegen ihres kolonialen Besitzes. Belgien aber müßte seine unklare Haltung aufgeben und sich für Deutschland deutlich entscheiden. Dann kann es vielleicht selbständig bleiben; immer aber müßte Deutschland Stützpunkte an der Küste behalten.

Duce: Erforderlich, mit Frankreich zu einem Friedensschluß zu kommen, damit kann man am sichersten verhindern, daß ein neuer de Gaulle kommt. Größte Vorsicht ist geboten gegenüber Spanien. Es ist unzuverlässig und verlangt zu viel. Beste Methode gegenüber Spanien ist »abwarten«.

Militärische Lage Italiens: die 2. Phase des Angriffs gegen Ägypten ist befohlen, Beginn Monatsmitte. Italienische Generale halten das für unvorsichtig. Duce hat aber direkten Befehl gegeben.

In Nordafrika befinden sich 15 ital. Div., davon 12 aus dem Mutterland. Für die 2. Phase, für die Italien 200 Pz.-Wagen, davon 100 schwere, einsetzen kann, kommt deutsche Hilfe nicht mehr in Frage.

Für 3. Phase, Mitte November, werden 100 möglichst starke Panzer erbeten und Stukas. Italien. Fliegerbenzin reicht für 13 Monate, auch Betriebsstoff für Marine.

Von seiner Kriegsmarine hat Italien bisher 10 U-Boote, 5 Zerstörer und 1 Kreuzer verloren.

Führer: gibt Verluste der deutschen Kriegsmarine an auf 28 U-Boote, 10 Zerstörer, 2 leichte und 1 schweren Kreuzer, »Graf Spee«. Jetzt werden monatlich 10 U-Boote hergestellt, später 17, schließlich 25.

8 neue Zerstörer sind in Dienst gestellt, ferner 3 schwere Kreuzer.

Duce: Von Luftwaffe hat Italien 200 Flugzeuge am Feind verloren, 400 bei Übungen. Derzeitiger monatlicher Neubau 500 Stück. Es wird ein neuer Jägertyp herausgebracht, der alles bisher Dagewesene in den Schatten stellt.

Führer: Auch deutsche Verluste werden durch Neulieferungen ausgeglichen. Auch Deutschland bringt einen neuen überlegenen Typ heraus. Luftkrieg wird weiter fortgesetzt werden. Schwergewicht aus nordfranzösischen Häfen, weil hier Nebelgefahren geringer. [...]

Weisung des
Reichsministers für Bewaffnung und Munition

Berlin, 16. Oktober 1940

*In seiner Eigenschaft als Generalbevollmächtigter für die Regelung der Bauwirt-
schaft orientiert Fritz Todt die Bauwirtschaft auf die Durchführung eines Luft-
schutzbunkerbauprogramms gigantischen Ausmaßes, das nicht nur im gegenwärtigen Krieg, sondern der Abwehr zu allen Zeiten dienen soll.*

Mehrere 1000 Jahre lang haben Stämme, Sippen, Städte, Länder und Völker ihren Frieden dadurch zu erhalten versucht, daß
sie sich gegen den Angriff ihrer Nachbarn durch Festungsbau zu
schützen suchten. Jede Gemeinschaft hat für diesen Schutz zu
allen Zeiten einen beträchtlichen Beitrag geleistet. Neben der
Waffe waren diese Schutzmaßnahmen gegen Angriffe die uner-
läßlichen Voraussetzungen für die Freiheit in der Führung der
Politik.

In der Luftwaffe ist eine neue Waffe entstanden, gegen die die
bisherigen Anlagen wirkungslos sind. Der Kampf gegen England zeigt zum ersten Male, daß durchaus die Möglichkeit besteht, daß sich zwei Mächte ausschließlich durch die Luftwaffe
bekämpfen. Den Vorsprung in der aktiven Rüstung der Luftwaffe besitzt Deutschland. Es ist der Wille des Führers, daß
Deutschland auch den Vorsprung in der Verteidigung gegen
Luftangriffe besitzt. Neben der aktiven Luftabwehr durch Flak
und Flieger sind Luftschutzbaumaßnahmen ein wesentlicher
Bestandteil der Luftverteidigung. Der Führer hat angeordnet,
daß diese Luftschutzbaumaßnahmen, der Entwicklung der
Luftwaffe entsprechend, so vorangetrieben werden, daß
Deutschland nicht nur den Vorsprung in der aktiven Luftwaffe,
sondern auch jeden nur denkbaren Vorsprung in der Luftverteidigung besitzt. Wie der Westwall in den Zeiten politischer
Hochspannung und zu Beginn des Krieges wesentliche Voraussetzung für die Führung der Politik war, so soll die Sicherung
der deutschen Bevölkerung gegen Luftangriffe jeglicher Art geg-

nerischen Luftabsichten schon von vornherein und für alle Zeiten jede Aussicht auf den Erfolg der Zermürbung der Bevölkerung nehmen. Die Verteidigungsmaßnahmen einer Gemeinschaft, die bisher im Bau von Wällen, Gräben, Burgen und Festungen ihren Ausdruck fand, werden daher in der bevorstehenden Zeit ergänzt werden durch den Bau von Luftschutzmaßnahmen, die bei der Entwicklung und Bedeutung der Luftwaffe und der Notwendigkeit des Schutzes einer Nation gegen diese Waffe im Laufe der nächsten Zeit den gleichen Umfang einnehmen werden, wie die Befestigungsbauten in früheren Zeiten. Diese Luftschutzmaßnahmen dienen nicht nur dem augenblicklichen Krieg, sondern sie dienen der Abwehr zu allen Zeiten. Erwünscht ist allerdings, daß möglichst viele dieser Anlagen noch im jetzigen Krieg der Bevölkerung zur Verfügung stehen.

Der Oberbefehlshaber der Luftwaffe, Reichsmarschall Göring, hat mit seinen Dienststellen den Ausbau von Luftschutzmaßnahmen in grossem Umfang schon von Anbeginn veranlasst. Der Führer hat jetzt Anordnung gegeben, dass diese Massnahmen erweitert und in ihren Maßen so gestaltet werden, daß sie der Entwicklung der Luftwaffe auch in den künftigen Jahren noch entsprechen.

Der Reichsmarschall hat den deutschen Bauschaffenden und der deutschen Bauwirtschaft nun die Aufgabe der Durchführung dieser Massnahmen gestellt. Es kommt nun vor allem darauf an, daß die deutschen Bauschaffenden diese Aufgabe richtig erfassen, daß sich die deutsche Technik mit allen ihr zu Gebote stehenden Erfahrungen mit den Aufgaben beschäftigt und in einem reichen gegenseitigen Erfahrungsaustausch auf diesem Gebiet der Luftverteidigung genau so zu einer Vollkommenheit des technischen Einsatzes gelangt, wie auf dem aktiven Gebiet der Luftwaffe selbst.

Auch dem Baukünstler werden hier neue Aufgaben gestellt. Festungen und Burgen vergangener Zeit haben in vielen Fällen nicht nur dem rein materiellen Verteidigungszweck gedient, sondern sie gaben für den Baukünstler Anlaß, für die wehrhafte Verwendung eine entsprechende Form zu finden, die in vielen Fällen weit über den materiellen Zweck hinaus Kulturdenkmal einer Zeit geblieben ist.

Wir sind uns im klaren, daß die Übernahme einer derart zusätzlichen Bauarbeit zur Zeit der Bauwirtschaft die allergrösste Schwierigkeit bereitet. Der Weg, auf welche Weise Luftschutzbaumaßnahmen neben den bisherigen kriegswichtigen Bauvorhaben durchzuführen sind, wird durch besondere Anordnung gewiesen. In vielen Fällen handelt es sich jedoch nicht um zusätzliche Neubauten, sondern um die Vorwegnahme von Kelleranlagen für künftige Wohnungs- und sonstige Bauvorhaben. Die Bauwirtschaft findet gerade durch diese Luftschutzmaßnahmen eine teilweise Hinleitung zu dem grossen Aufgabengebiet des Wohnungsbaues, der die Bauwirtschaft nach dem Kriege in besonders hohem Maße beschäftigen wird.

Die Bauschaffenden haben die großen vom Führer gestellten Aufgaben zwar unter Schwierigkeiten mit mancher Verzögerung, aber doch mit Energie bis zum Erfolg durchgeführt. Wir werden auch diese Arbeit mit ganzer Energie anpacken, und es wird jeder in seinem Arbeitsbereich alles daransetzen, durch Überprüfung der Betriebsführung, durch sinnvollen Ansatz der Arbeitskräfte und Baustoffe die Voraussetzungen zum Erfolg zu schaffen. [...]

DOKUMENT 28

Weisung des Oberkommandos der Wehrmacht Nr. 21 (Fall Barbarossa)

18. Dezember 1940

Weisung Hitlers an den Oberbefehlshaber des Heeres (Operationsabteilung), Oberbefehlshaber der Kriegsmarine (Seekriegsleitung), Oberbefehlshaber der Luftwaffe (Luftwaffenführungsstab), das Oberkommando der Wehrmacht (Wehrmachtführungsstab/Abteilung Landesverteidigung) zum Überfall auf die Sowjetunion im Frühjahr 1941. Die Vorbereitungen zum Einsatz aller verfügbaren Verbände des Heeres, starker Luftstreitkräfte und von Teilen der Seestreitkräfte seien bis 15. 5. 41 abzuschließen. Endziel der im Blitzkriegstempo durchzuführenden Operation wäre das Erreichen der Linie Wolga–Archangelsk. Die Einbeziehung von

Rumänien und Finnland in den Krieg gegen die Sowjetunion sei eingeplant. Der Schwerpunkt der Operationen liege nördlich des Pripjatgebietes und habe zur Eroberung von Leningrad und Moskau zu führen. Der Schwerpunkt der Operationen im Süden hätte in Richtung Kiew zu liegen. Aufgabe der Luftwaffe seien die Zerschlagung der sowjetischen Luftstreitkräfte, die Unterstützung der Heeresoperationen sowie – später – Angriffe vor allem gegen die sowjetische Rüstungsindustrie im Ural. Haupteinsatzgebiet der Kriegsmarine sei die Sicherung der eigenen Ostseeküste. Die Zahl der zu Vorarbeiten heranzuziehenden Offiziere sei so klein wie möglich zu halten.

Die deutsche Wehrmacht muß darauf vorbereitet sein, auch vor Beendigung des Krieges gegen England *Sowjetrußland in einem schnellen Feldzug niederzuwerfen* (Fall Barbarossa).

Das *Heer* wird hierzu alle verfügbaren Verbände einzusetzen haben mit der Einschränkung, daß die besetzten Gebiete gegen Überraschungen gesichert sein müssen.

Für die *Luftwaffe* wird es darauf ankommen, für den Ostfeldzug so starke Kräfte zur Unterstützung des Heeres frei zu machen, daß mit einem raschen Ablauf der Erdoperationen gerechnet werden kann und die Schädigung des ostdeutschen Raumes durch feindliche Luftangriffe so gering wie möglich bleibt. Diese Schwerpunktbildung im Osten findet ihre Grenze in der Forderung, daß der gesamte von uns beherrschte Kampf- und Rüstungsraum gegen feindliche Luftangriffe hinreichend geschützt bleiben muß und die Angriffshandlungen gegen England, insbesondere seine Zufuhr, nicht zum Erliegen kommen dürfen.

Der Schwerpunkt des Einsatzes der *Kriegsmarine* bleibt auch während eines Ostfeldzuges eindeutig gegen *England* gerichtet.

Den *Aufmarsch* gegen Sowjetrußland werde ich gegebenenfalls acht Wochen vor dem beabsichtigten Operationsbeginn befehlen.

Vorbereitungen, die eine längere Anlaufzeit benötigen, sind – soweit noch nicht geschehen – schon jetzt in Angriff zu nehmen und bis zum 15. 5. 41 abzuschließen.

Entscheidender Wert ist jedoch darauf zu legen, daß die Absicht eines Angriffes nicht erkennbar wird.

Die Vorbereitungen der Oberkommandos sind auf folgender Grundlage zu treffen:

I. *Allgemeine Absicht:*

Die im westlichen Rußland stehende Masse des russischen *Heeres* soll in kühnen Operationen unter weitem Vortreiben von Panzerkeilen vernichtet, der Abzug kampfkräftiger Teile in die Weite des russischen Raumes verhindert werden.

In rascher Verfolgung ist dann eine Linie zu erreichen, aus der die russische Luftwaffe reichsdeutsches Gebiet nicht mehr angreifen kann. Das Endziel der Operation ist die Abschirmung gegen das asiatische Rußland aus der allgemeinen Linie Wolga–Archangelsk. So kann erforderlichenfalls das letzte Rußland verbleibende Industriegebiet am Ural durch die Luftwaffe ausgeschaltet werden.

Im Zuge dieser Operationen wird die russische *Ostseeflotte* schnell ihre Stützpunkte verlieren und damit nicht mehr kampffähig sein.

Wirksames Eingreifen der russischen *Luftwaffe* ist schon bei Beginn der Operation durch kraftvolle Schläge zu verhindern.

II. *Voraussichtliche Verbündete und deren Aufgaben:*

1.) Auf den Flügeln unserer Operation ist mit der aktiven Teilnahme *Rumäniens* und *Finnlands* am Krieg gegen Sowjetrußland zu rechnen.

In welcher Form die Streitkräfte beider Länder bei ihrem Eingreifen deutschem Befehl unterstellt werden, wird das Oberkommando der Wehrmacht zeitgerecht vereinbaren und festlegen.

2.) *Rumäniens* Aufgabe wird es sein, zusammen mit der dort aufmarschierenden Kräftegruppe den gegenüberstehenden Gegner zu fesseln und im übrigen Hilfsdienste im rückwärtigen Gebiet zu leisten.

3.) *Finnland* wird den Aufmarsch der aus Norwegen kommenden abgesetzten deutschen *Nordgruppe* (Teile der Gruppe XXI) zu decken und mit ihr gemeinsam zu operieren haben. Daneben wird Finnland die Ausschaltung von Hangö zufallen.

4.) Mit der Möglichkeit, daß *schwedische* Bahnen und Straßen für den Aufmarsch der deutschen Nordgruppe spätestens von

Operationsbeginn an zur Verfügung stehen, kann gerechnet werden.

III. *Die Führung der Operationen:*

A.) *Heer* (in Genehmigung der mir vorgetragenen Absichten):

In dem durch die Pripjatsümpfe in eine südliche und eine nördliche Hälfte getrennten Operationsraum ist der Schwerpunkt *nördlich* dieses Gebietes zu bilden. Hier sind 2 Heeresgruppen vorzusehen.

Der südlichen dieser beiden Heeresgruppen – Mitte der Gesamtfront – fällt die Aufgabe zu, mit besonders starken Panzer- und mot. Verbänden aus dem Raum um und nördlich Warschau vorbrechend die feindlichen Kräfte in Weißrußland zu zersprengen. Dadurch muß die Voraussetzung geschaffen werden für das Eindrehen von starken Teilen der schnellen Truppen nach Norden, um im Zusammenwirken mit der aus Ostpreußen in allgemeiner Richtung Leningrad operierenden nördlichen Heeresgruppe die im Baltikum kämpfenden feindlichen Kräfte zu vernichten. Erst nach Sicherstellung dieser vordringlichsten Aufgabe, welcher die Besetzung von Leningrad und Kronstadt folgen muß, sind die Angriffsoperationen zur Besitznahme des wichtigen Verkehrs- und Rüstungszentrums Moskau fortzuführen.

Nur ein überraschend schnell eintretender Zusammenbruch der russischen Widerstandskraft könnte es rechtfertigen, beide Ziele gleichzeitig anzustreben.

Die wichtigste Aufgabe der Gruppe XXI bleibt auch während der Ostoperationen der Schutz Norwegens. Die darüber hinaus verfügbaren Kräfte sind im Norden (Geb. Korps) zunächst zur Sicherung des Petsamo-Gebietes und seiner Erzgrube sowie der Eismeerstraße einzusetzen, um dann gemeinsam mit finnischen Kräften gegen die Murmansk-Bahn vorzustoßen und die Versorgung des Murmansk-Gebietes auf dem Landwege zu unterbinden.

Ob eine derartige Operation mit *stärkeren* deutschen Kräften (2–3 Div.) aus dem Raum von Rovaniemi und südlich geführt werden kann, hängt von der Bereitwilligkeit Schwedens ab, seine Eisenbahnen für einen solchen Aufmarsch zur Verfügung zu stellen.

Der Masse des finnischen Heeres wird die Aufgabe zufallen, in Übereinstimmung mit den Fortschritten des deutschen Nordflügels möglichst starke russische Kräfte durch Angriff westlich oder beiderseits des Ladoga-Sees zu fesseln und sich in den Besitz von Hangö zu setzen.

Bei der südlich der Pripjatsümpfe angesetzten Heeresgruppe ist der Schwerpunkt im Raum von Lublin in allgemeiner Richtung Kiew zu bilden, um mit starken Pz.Kräften schnell in die tiefe Flanke und den Rücken der russischen Kräfte vorzugehen und diese dann im Zuge des Dnjepr aufzurollen.

Der deutsch-rumänischen Kräftegruppe fällt am rechten Flügel die Aufgabe zu

a) den rumänischen Raum und damit den Südflügel der Gesamtoperationen zu schützen,

b) im Zuge des Angriffs am Nordflügel der Heeresgruppe Süd die gegenüberstehenden feindlichen Kräfte zu fesseln und bei fortschreitender Entwicklung der Lage im Verein mit der Luftwaffe ihren geordneten Rückzug über den Dnjestr im Nachstoß zu verhindern.

Sind die Schlachten südlich bzw. nördlich der Pripjatsümpfe geschlagen, ist im Rahmen der Verfolgung anzustreben: im *Süden* die frühzeitige Besitznahme des wehrwirtschaftlich wichtigen Donez-Beckens,

im *Norden* das schnelle Erreichen von Moskau.

Die Einnahme dieser Stadt bedeutet politisch und wirtschaftlich einen entscheidenden Erfolg, darüber hinaus den Ausfall des wichtigsten Eisenbahnknotenpunktes.

B.) *Luftwaffe:*

Ihre Aufgabe wird es sein, die Einwirkung der russischen Luftwaffe soweit wie möglich zu lähmen und auszuschalten sowie die Operationen des Heeres in ihren Schwerpunkten, namentlich bei der mittleren Heeresgruppe und auf dem Schwerpunktflügel der südlichen Heeresgruppe, zu unterstützen. Die russischen Bahnen werden je nach ihrer Bedeutung für die Operationen zu unterbrechen bzw. in ihren wichtigsten nahegelegenen Objekten (Flußübergänge!) durch kühnen Einsatz von Fallschirm- und Luftlandetruppen in Besitz zu nehmen sein.

Um alle Kräfte gegen die feindliche Luftwaffe und zur unmittelbaren Unterstützung des Heeres zusammenfassen zu können, ist die Rüstungsindustrie während der Hauptoperationen nicht anzugreifen. Erst nach dem Abschluß der Bewegungsoperationen kommen derartige Angriffe, in erster Linie gegen das Uralgebiet, in Frage.

C.) *Kriegsmarine:*

Der Kriegsmarine fällt gegen Sowjetrußland die Aufgabe zu, unter Sicherung der eigenen Küste ein Ausbrechen feindlicher Seestreitkräfte aus der Ostsee zu verhindern. Da nach dem Erreichen von Leningrad der russischen Ostseeflotte der letzte Stützpunkt genommen und diese dann in hoffnungsloser Lage sein wird, sind vorher größere Seeoperationen zu vermeiden.

Nach dem Ausschalten der russischen Flotte wird es darauf ankommen, den vollen Seeverkehr in der Ostsee, dabei auch den Nachschub für den nördlichen Heeresflügel über See, sicherzustellen (Minenräumung!).

IV. Alle von den Herren Oberbefehlshabern auf Grund dieser Weisung zu treffenden Anordnungen müssen eindeutig dahin abgestimmt sein, daß es sich um *Vorsichtsmaßnahmen* handelt für den Fall, daß Rußland seine bisherige Haltung gegen uns ändern sollte. Die Zahl der frühzeitig zu den Vorarbeiten heranzuziehenden Offiziere ist so klein wie möglich zu halten, weitere Mitarbeiter sind so spät wie möglich und nur in dem für die Tätigkeit jedes einzelnen erforderlichen Umfang einzuweisen. Sonst besteht die Gefahr, daß durch ein Bekanntwerden unserer Vorbereitungen, deren Durchführung zeitlich noch gar nicht festliegt, schwerste politische und militärische Nachteile entstehen.

V. Vorträgen der Herren Oberbefehlshaber über ihre weiteren Absichten auf Grund dieser Weisung sehe ich entgegen.

Die beabsichtigten Vorbereitungen aller Wehrmachtteile sind mir, auch in ihrem zeitlichen Ablauf, über das Oberkommando der Wehrmacht zu melden.

DOKUMENT 29

Studie des Chefs des Wehrmachtführungsstabes

21. Dezember 1940

Zwei Tage nach Herausgabe der Weisung »Barbarossa« informiert General der Artillerie Alfred Jodl die drei Teilstreitkräfte über den beabsichtigten zeitlichen Ablauf der deutschen militärischen Vorbereitungen auf dem Balkan, besonders über die Truppenkonzentrationen in Rumänien. Der Sowjetunion gegenüber soll an der Version festgehalten werden, der Aufmarsch richte sich gegen ein Festsetzen Großbritanniens auf dem Balkan.

Die anfänglich aus einer verstärkten Panzerdivision, einigen Verbänden der Luftwaffe und Lehrkräften für die Kriegsakademie und ähnliche Kurse bestehende Wehrmachtmission in Rumänien wird zur Zeit um eine weitere Panzerdivision verstärkt (Transport durch Ungarn nach Rumänien vom 13.–25. Dezember). Darüber hinaus hat der Führer im Hinblick auf die Lage auf dem Balkan nunmehr die Versammlung *einer von der Wehrmachtmission unabhängigen starken Kräftegruppe* in Südrumänien befohlen, als deren Führer Generalfeldmarschall List bestimmt worden ist. Ihre Aufgabe wird es *gegebenenfalls* sein, über das befreundete Bulgarien hinweg und ohne jugoslawisches oder türkisches Gebiet zu berühren, zur ägäischen Küste – je nach Lage auch weiter nach Griechenland hinein – durchzustoßen und hierdurch den Engländer in diesem Raum auszuschalten. Die Möglichkeit solchen deutschen Handelns ist bereits Ende November dem General Antonescu bei dessen Berliner Besuch vom Chef des Oberkommandos der Wehrmacht angedeutet worden. General Antonescu war einverstanden und bat lediglich um weitgehende Schonung seines Volkes betr. materieller Lasten, die ihm zugesagt wurde.

Der *bulgarischen* Armee ist bei der Aktion die Übernahme des Flankenschutzes gegen die Türkei zugedacht, deren militärisches Eingreifen jedoch für unwahrscheinlich gehalten wird. Ob *Jugoslawien* sich einem deutschen Angriff durch Zugriff auf Saloniki anschließen wird, läßt sich nicht übersehen.

Im einzelnen ergibt sich für den zeitlichen Ablauf der militärischen Maßnahmen folgendes:

Rumänien:

21. Dezember

Der Chef der deutschen Wehrmachtmission (General Hansen) ist angewiesen worden, Rumänien umgehend die bis Mitte Januar eintreffenden Verbände in Verbindung mit dem deutschen Gesandten anzumelden. – Dabei gibt General Hansen an, daß die Verstärkung auf Grund der Lage auf dem Balkan, insbesondere zum Schutz des Ölgebietes erfolgt. Die in der zweiten Januarhälfte folgenden Transporte sollen in der gleichen Weise am 2. Januar, weitere Absichten schrittweise angemeldet werden.

Besprechungen nach Abmachungen mit dem rumänischen Generalstab sind dem General Hansen freigegeben worden mit der Einschränkung, daß Offensivpläne (nach Bulgarien hinein) nicht behandelt werden dürfen.

Ende Dezember – Anfang Januar

Deutsche Pionierformationen erscheinen an dem rumänischen Ufer der *Donau*. Vorbereitung für den Flußübergang (Brückenschläge usw.) werden – unter möglichster Tarnung eingeleitet – sich im Lauf des Januar immer deutlicher abzeichnen.

In Südrumänien treffen laufend im Bahntransport deutsche Truppen (besonders Panzer- und motorisierte Verbände) ein. In Ungarn und Rumänien muß vom 1. Januar 1941, 0.00 Uhr an auf bestimmten Strecken wegen des Anwachsens der Truppen- und Versorgungstransporte der *Militärfahrplan* eingeführt werden. Eine Drosselung des landeseigenen Wirtschafts- und Personenverkehrs wird dann erforderlich.

Der Chef des Wehrmacht-Transportwesens ist beauftragt, in beiden Ländern die erforderlichen Maßnahmen zu besprechen. Unterstützung durch entsprechende Schritte des Auswärtigen Amtes, hierzu in Bukarest enge Zusammenarbeit mit dem Chef der deutschen Wehrmachtmission, scheint geboten.

Ende Januar

Außer der mehr über das Land verteilten Wehrmachtmission (2 Panzerdivisionen und Verbände der Luftwaffe) werden bis dahin 7–8 deutsche Divisionen in *Südrumänien* stehen. Ob schließlich weitere starke Kräfte zugeführt werden, ist noch nicht entschieden.

Bulgarien:

Zur Zeit befindet sich der aus 15 Offizieren des Heeres bestehende »Erkundungsstab Sofia«, außerdem je eine kleine Erkundungsgruppe der Kriegsmarine und der Luftwaffe in Bulgarien. Die wichtigste Aufgabe dieser in Zivil entsandten Stäbe ist die Erkundung der Straßen- und Einsatzverhältnisse. Der Leiter des »Erkundungsstabes Sofia« (Oberst i. G. Zeitzler) ist beauftragt, bei dem bulgarischen Generalstab Verstärkung einiger Straßenbrücken (durch bulgarischen Arbeitsdienst) zu erbitten. Deutsche finanzielle Hilfe wird in Aussicht gestellt. Die Einrichtung von Verpflegungs- und Versorgungsanlagen in Bulgarien ist je nach Entwicklung der Lage für später vorgesehen.

Die Erkundungstätigkeit wird sich voraussichtlich im Laufe des Januar verstärken. Je näher der heute noch nicht zu bestimmende und auch von den Wetterverhältnissen abhängige Zeitpunkt der Brückenschläge über die Donau heranrückt, desto deutlicher wird sich die deutsche Einmarschabsicht abzeichnen.

Zusammenfassend ergibt sich das Bild, daß der deutsche Aufmarsch in Rumänien Unruhe auf dem Balkan, voraussichtlich auch in Sowjetrußland, auslösen wird. Es ist nicht ausgeschlossen, daß schon die *Versammlung* deutscher Truppen an der Donau eine nachgiebige Haltung Griechenlands bewirkt, und daher erwünscht, den Eindruck einer starken Kräftezusammenziehung mit den gegebenen Mitteln zu fördern.

Sowjetrußland kann auf entsprechende, mit Sicherheit zu erwartende Anfragen die Antwort erhalten, daß Deutschland ein Festsetzen der Engländer auf dem Balkan nicht dulden könne und außerdem durch den Beitritt Rumäniens zum Dreimächtepakt zu dessen Schutz verpflichtet sei. Die aus diesen Gründen durchgeführte Kräftekonzentration sei jedoch keineswegs gegen Rußland gerichtet; dies zeige schon die Versammlung ausschließlich in Südrumänien.

Wichtig für Sowjetrußland wird sein, daß Deutschland keinerlei Absichten gegen Jugoslawien oder die Türkei hat.

Die Italiener werden durch den Militärattaché Rom vorläufig nur dahingehend unterrichtet, daß die deutsche Wehrmachtmission in Rumänien um mehrere Divisionen verstärkt wird.

DOKUMENT 30

Denkschrift des Chefs
des Generalstabes der 4. Armee

29. Dezember 1940

Oberst Günther Blumentritt suggeriert in einer für den Oberbefehlshaber der 4. Armee, Generalfeldmarschall Günter Kluge, bestimmten Denkschrift »Persönliche Auffassung über den inneren Wert und die Kampfart des russischen Gegners« eine Beurteilung der sowjetischen Streitkräfte, die den Erfolg des Blitzkrieges nahelegt. Er hält die sowjetische Armee für schwächer als im ersten Weltkrieg, weil es ihr an einer »Idee« fehlt und es mit dem Motor eine Waffe gebe, die den russischen Raum bezwinge.

Die Masse des russischen Heeres steht nach den spärlichen, vorliegenden Nachrichten (z. T. Funkauswertung) hinter der Westgrenze zwischen Schwarzem Meer und Ostsee.

Mit *operativen Reserven* im Inneren des europäischen Rußlands ist zu rechnen.

Vermutlich wird der Feind die *Absicht* haben, sich hinter seinen, im Ausbau befindlichen, Grenzbefestigungen zu *verteidigen.* Ein *planmäßig vorbereitetes Zurückkämpfen* in etwa die Linie: Ladoga-See – Wolchow-Abschnitt – Oz.-Ilmen – Lowat-Abschnitt – Witebsk – Dnepr bis Saporozje – Asowsches Meer erscheint aus folgenden Gründen nicht ausgeschlossen:

1.) *Neigung* des Russen zum kämpfenden Ausweichen im Vertrauen auf die Unendlichkeit des Raumes, der den Angreifer schwächt, ihn selbst aber stärkt.

2.) *Wahrscheinlichkeit* von Aufständen in den 3 Baltenstaaten und Antreten Finnlands. Dadurch Unsicherheit der Nordflanke.

3.) *Verkürzung* der Front hinter starken Abschnitten, die dem Angreifer das schwierige Gelände (z. B. Pripjet-Sümpfe) zuschiebt und größere Sicherheit gegen Panzerangriffe bietet.

4.) *Kürzere* Verbindung des Verteidigers zu seinen Macht-, Verkehrs- und Rüstungszentren im europäischen Teil und umgekehrt, ständig wachsende Schwierigkeiten für den Nachschub des Angreifers.

Beurteilung des Kampfgebietes: In allen Kriegen zeigte sich die *Schwerfälligkeit* und das *langsame Denken* der höheren Führung; *heute* wird diese Eigentümlichkeit durch das Fehlen geschulter Führer noch schärfer in Erscheinung treten als früher im kaiserlichen Heer mit immerhin doch guter Ausbildung. Hinzu kommt heute ferner die *Furcht* und *Angst*, bei Fehlschlägen zu büßen. Dies wird den Rest von »Verantwortungsfreudigkeit«, die dem Wesen des östlichen Menschen nicht entspricht, noch vollends töten. Auch die *Truppe* selbst ist taktisch bedächtig, schwerfällig, mißtrauisch. Aber ihre große *Stärke* liegt

a) in der großen dumpfen Masse, also in der Zahl,

b) in der geringen Blutscheu und sturen Unempfindlichkeit gegen Verluste,

c) in ihrer bekannten Zähigkeit und Standfestigkeit der Verteidigung,

d) in ihrer für zentraleuropäische Menschen unvorstellbaren Härte und Genügsamkeit in allem, was Ertragen und Wetterunbilden, Verpflegung und Unterbringung betrifft.

Die *Stärke* des russischen Soldaten liegt also in seiner unempfindlichen, halbasiatischen Sturheit, wie wir sie als Infanterie-Truppenoffiziere vor allem 1914/15 zur Genüge kennengelernt haben. Damals war es bei der »Hindenburg-Armee« *selbstverständlich*, daß *eine* deutsche Inf.Div. es mindestens mit 2–3 russ. aufnehmen mußte. Bei den von den Russen als Naturburschen so beliebten *Nacht*angriffen gingen oft 10–20 Schützenlinien hintereinander gegen unsere hauchdünnen Stellungen vor. Die Gewehr- und Masch.Gew.-Läufe schossen sich dabei heiß, ohne daß die sturen Massen sich abhalten ließen.

Nur die unbedingte Disziplin, die Überlegtheit und Wendigkeit unserer Infanterie gaben die *Überlegenheit* und das Selbstbewußtsein des deutschen gegenüber dem russischen.

Operativ aber ließ die Führung 1914/15 an Kühnheit und Schnelligkeit sowie Wendigkeit nichts zu wünschen übrig.

Bevor der schwere Koloß so richtig merkte, daß z. B. seine Flanke gefährdet sei, *saß* schon überraschend der mit voller Wucht geführte Schlag.

Im Weltkrieg selbst hatte diese dumpfe Masse noch 2 Arten von »Idee«, nämlich den »Zar« und »Gott«.

Heute ist weder der eine noch der andere vorhanden. An ihre Stelle trat die Idee des »Bolschewismus«.

Ich halte das für eine *Schwächung*, denn ich glaube niemals, daß die *Masse* des russischen Volkes damit etwas anzufangen weiß. Ich glaube daher nicht, daß dieses Volk durch diese Idee mitgerissen wird. Es wird sehr bald gleichgültig und fatalistisch werden.

B. Folgerung

Unsere beiden Hauptfeinde sind dieselben wie die 1914/17 oder 1812 und in jedem anderen »Russenkrieg«:

1.) der endlose Raum, der ebensolches Ausweichen zuläßt,

2.) die schwer zu erschütternde, halbasiatisch fühlende Masse.

Zu 1.) 1812 wich der Russe planmäßig aus, der weite Raum und der Winter waren die großen Alliierten des Zaren.

1914/15 war es in den zahlreichen Aussprachen und Denkschriften, ob »Ost«- oder »West«-Entscheidung stets der Zweifel und die Sorge, ob es bei den großen Räumen gelingen würde, den Koloß wirklich entscheidend zu *packen* und ihm sein endloses Ausweichen unmöglich zu machen.

Diese Sorge war *voll* berechtigt, denn es gab kein schnelleres Mittel als den marschierenden Infanteristen und das Schritt und Trab gehende Pferd. Diese *Gegebenheiten* waren 1812 dieselben wie 1914/18.

Dazu kam der *Zeitdruck* nicht nur im tiefen Osten zwischen Mai und spätestens Oktober, da dann der russ. Winter vor der Tür stand. Es kam auch der *Zeitdruck*, da der Hauptfeind im Westen stand und die Divisionen dort wieder gebraucht wurden. Heute entfällt der *Westdruck*.

Heute haben wir aber auch das einzige und *neue* Mittel, dem Russen das Zurückweichen ins Uferlose zu verleiden, durch den

Einsatz *aller* Panzer- und mot. Kräfte. Der *Motor* allein kann den Raum bezwingen.

Daher ist die »Rußlandwaffe« der Motor! »Kavallerie« ist für den Ostraum im *kleinen* Bewegungsradius geländemäßig zweckmäßig. Aber um *operativ* zu wirken, müßten wir nicht 1, sondern 10 Kav.-Div. haben. Da aber das deutsche Kav.-Pferd nicht schneller und ausdauernder als das russische ist, würden wir auch mit starken Kav.-Kräften *operativ* nicht mehr erreichen. Auch 1914/16 konnten unsere Kav.-*Korps* ein russ. Ausweichen nicht verhindern, sondern blieben selbst gegen Nachhuten »hängen«! (Ich war 1915 als Btls.-Adj. mit meinem Bataillon dem Kav.-Korps Heydebreck in Galizien und Wolhynien unterstellt und habe bei der Offensive diese Unzulänglichkeiten erlebt.)

Ein *weiteres* Mittel zur Bezwingung des *Raumes* ist die Luftwaffe und der Einsatz von *Luftlandetruppen* im Rücken des Feindes an wichtigen Flußabschnitten, über die er *muß*, wenn er ausweichen will. Ihr Einsatz muß mit dem Vorstoß der entscheidenden Panzergruppen in Übereinstimmung gebracht werden.

Das *dritte* Mittel ist der möglichst *tiefe* Durchbruch der Panzerkräfte mit *weit* gesteckten Zielen. Jedes zu frühe Einschwenken gegen durchstoßende Feindkräfte ist gerade im endlosen Raum nachteilig, da der Russe sonst wiederum Gelegenheit findet, um mit starken Teilen zu entweichen. Auch hierbei muß im Maßstab 1:1 000 000 gedacht werden.

Zu 2.) Die *Masse* ist beim ersten Vorbrechen nur mit den bewährten *taktischen* Grundsätzen der *Schwerpunktbildung* aller wirkungsvollen Waffen zu erschüttern. Auf der langgestreckten Angriffsfront muß an *den* Stellen, wo die bereitgestellten Panzergruppen später nach erfolgtem Durchbruch durch die *Inf.*Div. in den tiefen Raum vorstoßen sollen, mit allen Mitteln Schwerpunkt gebildet werden. Dazu Einsatz nicht nur der Masse an Artillerie, sondern auch noch von geheimen, neuzeitlichen Angriffsmitteln, die gerade durch ihren überraschenden Einsatz besonders auf die halbgebildete Masse wirken werden.

Die verschiedenen Durchbruchsräume dürfen in sich nicht zu schmal sein, damit später die Panzermassen genügend freien

Bewegungsraum zur Entfaltung ihrer Kraft haben und mit den Seiten im Flankenfeuer der feindl. Artillerie nicht hängen bleiben. [...]

DOKUMENT 31

»Richtlinien für die Feindtäuschung« des Oberkommandos der Wehrmacht

15. Februar 1941

Befehl von Generalfeldmarschall Wilhelm Keitel zur Verschleierung der Angriffsvorbereitungen auf die Sowjetunion: Bis Mitte April soll der Eindruck einer bevorstehenden Invasion nach Großbritannien verstärkt und die Bedeutung der faschistischen Maßnahmen in Nordafrika und auf dem Balkan übertrieben werden. Ab Mitte April ist der Aufmarsch gegen die Sowjetunion als größtes Täuschungsmanöver hinzustellen, das von einer Invasion nach Großbritannien ablenkt. Die Durchführung der Täuschungsmaßnahmen liegt bei der Abwehr, dem Oberkommando der Wehrmacht und dem Oberkommando des Heeres.

Richtlinien für die Feindtäuschung

A.) 1.) *Ziel* der Täuschung ist es, die Vorbereitungen für das *Unternehmen »Barbarossa« zu verschleiern.* Dieser wesentliche Zweck ist für alle der Irreführung dienenden Maßnahmen richtunggebend.

Hierzu kommt es darauf an, im ersten Zeitabschnitt, d. h. bis etwa Mitte April, die z. Zt. vorherrschende Ungewißheit über unsere Absichten zu erhalten. In dem anschließenden zweiten Zeitabschnitt müssen die dann nicht mehr zu tarnenden Vorbereitungen für Barbarossa selbst als Irreführung und *Ablenkung von der Invasion nach England* hingestellt werden.

2.) Als *Richtlinien* für die der Irreführung dienenden Nachrichten und Maßnahmen gelten:

a) *im 1. Zeitabschnitt:*

Verstärkung des weithin bereits bestehenden Eindrucks der

bevorstehenden *Invasion* nach England. Hierzu Angaben über neue Angriffs- und Transportmittel.

Übertreibung der Bedeutung der *Nebenunternehmen* (Marita, Sonnenblume, X. Fliegerkorps) und der dafür angesetzten Kräfte.

Begründung der Aufmarschbewegungen Barbarossa als Austauschmaßnahmen zwischen Westen, Heimat und Osten, als Heranführung rückwärtiger Staffeln für das Unternehmen Marita und letzten Endes als defensive Rückendeckung gegen Rußland.

b) *Im 2. Zeitabschnitt:*

ist die *Aufmarschbewegung Barbarossa als das größte Täuschungsunternehmen der Kriegsgeschichte* hinzustellen, das dazu diene, von den letzten Vorbereitungen der Invasion nach England abzulenken.

Ermöglicht werde diese Maßnahme dadurch, daß der erste Überfall auf England dank dem stärksten Einsatz der neuen Kampfmittel und entsprechend dem Übergewicht der engl. Flotte nur mit verhältnismäßig schwachen Kräften durchgeführt werden solle. Infolgedessen könne die Masse der deutschen Truppen zunächst zu dem Täuschungsunternehmen eingesetzt werden. Der Aufmarsch gegen England werde dagegen erst gleichzeitig mit dem Überfall eingeleitet werden.

B.) *Durchführung der Täuschung:*

1.) Nachrichtendienst (Steuerung durch Chef Ausl./Abw.):

Grundsatz: Sparsamer Gebrauch der Gesamttendenz auf nur von Chef Ausl./Abw. zu bestimmenden Wegen.

Dieser steuert auch die zweckdienliche Unterrichtung der eigenen Attachées in neutralen Ländern und der neutralen Attachées in Berlin mit Täuschungsnachrichten. Als Form ist im allgemeinen ein Mosaikbild zu geben, das durch die Gesamttendenz bestimmt wird.

Um die tatsächlichen Maßnahmen der Oberkommandos, vor allem Truppenverschiebungen, mit dem Nachrichtendienst in Einklang zu bringen und Anregungen auszuwerten, wird OKW/WFSt/Abt. L in von der Lage abhängigen Zeitabschnitten im Einvernehmen mit den Oberkommandos und dem Amt Ausl./Abw. die allgemeinen Richtlinien ergänzen.

Bei der in Kürze einzuberufenen ersten Besprechung hierüber wird u. a. festzulegen sein:

a) wie lange die beabsichtigten Transportbewegungen als normale Ablösungen West-Heimat-Ost hingestellt werden sollen,

b) welche Transporte Richtung West bei der Gegenspionage für Täuschung »Invasion« (z. B. getarntes Heranführen neuen Geräts) ausgenutzt werden können,

c) ob und wie Nachrichten zu verbreiten sind, daß sich die Kriegsmarine und Luftwaffe in der letzten Zeit planmäßig und über den Zwang der Wetterverhältnisse hinaus zurückgehalten habe, um sich für den mit der Invasion zusammenhängenden Großangriff zu schonen,

d) wie die auf Stichwort »Albion« (siehe unten) auszulösenden Maßnahmen vorzubereiten sind.

II.) *Maßnahmen der Oberkommandos:*

1.) Trotz der weitgehenden Auflockerung der Vorbereitungen für »Seelöwe« ist alles zu tun, um bei der eigenen Wehrmacht den Eindruck zu erhalten, daß die Landung in England, wenn auch in einer ganz neuen Form, vorbereitet wird, obgleich zu einem späteren Zeitpunkt die bisher hierfür bereitgestellten Truppen abgezogen werden. Selbst bei den für den Osten vorgesehenen Truppen ist die Irreführung, daß es sich hier lediglich um Täuschung bezw. defensive Rückendeckung für den bevorstehenden Schlag gegen England handele, so lange wie möglich anzuwenden.

2.) OKH. wird um Prüfung gebeten, ob Maßnahmen, die mit Barbarossa zusammenhängen, z. B. Einführung des Höchstleistungsfahrplanes, Urlaubssperre und ähnliches, aus Täuschungsgründen zeitlich mit Beginn Marita gekoppelt werden können.

3.) Besondere Bedeutung für die Täuschung haben Nachrichten über das Luftlandekorps, die auf dessen Verwendung gegen England deuten (Zuteilung von englischen Dolmetschern, Neudruck von englischem Kartenmaterial u. ähnl.) Ob. d. L. wird gebeten, Entsprechendes in Zusammenarbeit mit Chef Ausl./Abw. zu regeln.

4.) Je stärkere Kräfte sich im Osten ansammeln, desto mehr muß versucht werden, der Ungewißheit über unsere Pläne neue Nahrung zu geben. Hierzu ist durch OKH. in Zusammenarbeit mit Amt Ausl./Abw. die schlagartige »Absperrung« bestimmter Gebiete am Kanal und in Norwegen vorzubereiten. (Stichwort für die Auslösung »Albion«.) Hierzu kommt es weniger darauf an, diese Absperrung unter großem Kräfteeinsatz bis ins einzelne durchzuführen, sondern vielmehr darauf, durch entsprechende Maßnahmen Aufsehen zu erregen. Hierdurch sowie durch andere Maßnahmen, z. B. Aufstellung von Geräten, die dem feindlichen Nachrichtendienst gegenüber als bisher unbekannte »Raketenbatterien« erscheinen, soll der Eindruck entstehen, daß Überraschungen gegen die englische Insel bevorstehen.

Je stärker sich die Vorbereitungen für *Barbarossa* abzeichnen, desto schwerer wird es sein, eine erfolgreiche Täuschung aufrechtzuerhalten. Trotzdem muß hierfür im Sinne vorliegender Richtlinien über die Geheimhaltung hinaus alles nur irgend Mögliche getan werden. Anregungen und Vorschläge aller beteiligten Stellen sind erwünscht.

DOKUMENT 32

Aus der Besprechung
im faschistischen Hauptquartier

Berlin, 27. März 1941

Im faschistischen Hauptquartier wird in Anwesenheit von Hitler, Reichsmarschall Hermann Göring, Generalfeldmarschall Wilhelm Keitel, General der Flieger Karl Heinrich Bodenschatz, Konteradmiral Karl Jesco v. Puttkamer, General der Artillerie Alfred Jodl, Generalfeldmarschall Walther v. Brauchitsch, Generaloberst Franz Halder, Oberst Adolf Heusinger, Reichsaußenminister Joachim v. Ribbentrop und anderen der Sturz der profaschistischen Regierung Cvetković in Jugoslawien zum Anlaß genommen, um gleichzeitig mit dem geplanten Überfall auf Griechenland und vor dem Überfall auf die Sowjetunion den Angriff auf Jugoslawien zu befehlen. Die faschistische Führung beschließt die Beteiligung von Italien, Ungarn und Bulgarien an der Aggression, die blitzartig geführt werden soll, und die Verschiebung des Überfalls auf die Sowjetunion in diesem Zusammen-

hang um vier Wochen sowie die Durchführung der Operation auf dem Balkan mit vier Hauptstößen. Aufgabe der Luftwaffe sei es, die jugoslawischen Fliegerkräfte zu zerschlagen und Belgrad einzuäschern. Der Angriffsbeginn wird ab 1. April für möglich gehalten.

[...]

Führer schildert Lage Jugoslawiens nach Staatsstreich. Feststellung, daß Jugoslawien im Hinblick auf kommende Marita-Aktion und erst recht spätere Barbarossa-Unternehmung ein unsicherer Faktor war. Serben und Slowenen sind nie deutschfreundlich gewesen. Regierungen sitzen wegen Nationalitätenfrage und zu Staatsstreichen neigender Offiziers-Kamarilla nie fest im Sattel. Land besaß in der Gegenwart nur einen starken Mann, Stojadinowitsch, den Prinzregent Paul zu seinem eigenen Nachteil stürzen ließ.

Zeitpunkt für die Erkenntnis der wirklichen Lage im Lande und dessen Einstellung zu uns ist sowohl aus politischen wie aus militärischen Gründen gesehen für uns günstig. Wäre der Umsturz der Regierung während der Barbarossa-Aktion eingetreten, hätten die Folgen für uns wesentlich schwerwiegender sein müssen.

Führer ist entschlossen, ohne mögliche Loyalitätserklärungen der neuen Regierung abzuwarten, alle Vorbereitungen zu treffen, um Jugoslawien militärisch und als Staatsgebilde zu zerschlagen. Außenpolitisch werden keine Anfragen oder Ultimaten gestellt werden. Zusicherungen der jug. Regierung, denen für die Zukunft doch nicht zu trauen ist, werden zur Kenntnis genommen. Angriff wird beginnen, sobald die hierfür geeigneten Mittel und Truppen bereitstehen.

Es kommt darauf an, daß so schnell wie möglich gehandelt wird. Es wird versucht werden, die angrenzenden Staaten in geeigneter Weise zu beteiligen. Eine militärische Unterstützung gegen Jugoslawien selbst ist zu fordern von Italien, Ungarn und in gewisser Beziehung auch von Bulgarien. Rumänien kommt in der Hauptsache die Aufgabe der Deckung gegen Rußland zu. Der ungarische und bulgarische Gesandte sind bereits verständigt. An den Duce wird noch im Laufe des Tages eine Botschaft gerichtet werden.

Politisch ist es besonders wichtig, daß der Schlag gegen Jugoslawien mit unerbittlicher Härte geführt wird und die militärische Zerschlagung in einem Blitzunternehmen durchgeführt wird. Hierdurch dürfte die Türkei in genügendem Maße abgeschreckt werden und der spätere Feldzug gegen Griechenland in günstigem Sinne beeinflußt werden. Es ist damit zu rechnen, daß bei unserem Angriff sich die Kroaten auf unsere Seite stellen werden. Eine entspr. politische Behandlung (spätere Autonomie) wird ihnen sichergestellt werden. Der Krieg gegen Jugoslawien dürfte in Italien, Ungarn und Bulgarien sehr populär sein, da für diese Staaten territoriale Erwerbungen in Aussicht zu stellen sind, für Italien die Adriaküste, Ungarn Banat, Bulgarien Mazedonien.

Dieser Plan setzt voraus, daß wir alle Vorbereitungen zeitlich beschleunigt treffen und so starke Kräfte ansetzen, daß der jug. Zusammenbruch in kürzester Frist erfolgt.

In diesem Zusammenhang muß der Beginn der Barbarossa-Unternehmung bis zu 4 Wochen verschoben werden.

Die militärischen Operationen sind wie folgt zu führen:

1.) Möglichst frühzeitiger Beginn der Operation Marita mit dem begrenzten Ziel Eroberung von griechisch Thrazien und des Beckens von Saloniki bis zum Gewinnen des Höhengeländes von Edessa; hierzu Ausholen über jug. Gebiet.

2.) Stoß aus Gegend südl. Sofia in Richtung auf Skoplje zur Entlastung der Flanke der ital. Front in Albanien.

3.) Stoß mit stärkeren Kräften aus dem Raum um Sofia in Richtung auf Nis, weiter auf Belgrad, im Zusammenwirken mit

4.) Einbruch stärkerer deutscher Kräftegruppe aus dem Raum um Graz und Klagenfurt in südöstl. Richtung mit dem Ziel der Zerschlagung der jug. Armee.

Zu 2.) und 3.) sind die Kräfte der gegen die Türkei bereitgestellten Deckungsgruppe, überzählige Verbände der Südfront und die Armeereserven heranzuziehen. Die Deckung nach Osten hin müssen einerseits bulgarische Kräfte, verstärkt durch eine aus Rumänien heranzuziehende Pz.Div., andererseits rum. Kräfte, bei denen nur eine Pz.Div. zu belassen ist, übernehmen.

Zu 4.) Kräfte können aus Barbarossa-Aufmarschstaffel

genommen werden (hierbei steht Beschleunigung im Vorder-grund). Kräfte müssen genügend stark bemessen sein.

Italienern kommt als Hauptaufgabe zu, Offensivhandlungen gegen Griechenland zunächst einzustellen, sich gegen jug. Grenze genügend abzudecken und mit der Po-Armee aus Istrien heraus zum Schutz der rechten deutschen Flanke zu ope-rieren.

5.) Der Luftwaffe kommt als Hauptaufgabe zu, so frühzeitig wie möglich beginnend, die jug. Fliegerbodenorganisation zu zerschlagen und die Hauptstadt Belgrad in rollenden Angriffen zu zerstören, daneben den Vormarsch des Heeres zu unterstüt-zen.

Hierzu ist Ausnutzung der ungarischen Bodenorganisation möglich.

Ob. d. H.

Operationsentwurf des Führers deckt sich mit bereits ange-stellten eigenen Überlegungen. Zeitpunkt für Antreten Marita kann je nach Wetterlage für 1. 4. beibehalten werden. Antreten der übrigen Stoßgruppen je nach Aufmarsch zwischen 3. und 10. 4. möglich. Frage, ob südl. Angriffsgruppen, wenn schnelles Vorankommen, freies Handeln für Weiterführung der Opera-tion Marita haben, bejaht der Führer grundsätzlich, fordert aber, daß Operationen nicht aus der Hand laufen, sondern straff geführt werden.

Ob. d. H. wird Absichten bis 3.00 Uhr nachts schriftlich vorlegen.

Ob. d. L.

meldet, daß Luftangriffe mit VIII. Fl. Korps aus Bulgarien her-aus sofort beginnen können, daß Luftwaffe aber für stärkeren Fliegeraufmarsch 2–3 Tage Zeit benötigt.

Beabsichtigt ist Zuführung von stärkeren Kampf- und Sturz-kampfverbänden in den Raum Wien, Graz und Ungarn. Ggf. eine Heranziehung von Kräften des X. Fl. Korps auf süditalieni-sche Absprunghäfen. Für Verstärkung des Flakschutzes von Wien und von Kärnten und der Steiermark wird Sorge getragen.

Führer

befiehlt sofortige Inangriffnahme sämtlicher Vorbereitungen. Erwartet Absichten der Wehrmachtsteile im Laufe des Abends des 27. 3. General von Rintelen wird zur Abholung der Botschaft und *mündlicher* Weisungen des Führers für 27. 3. nachts befohlen. [...]

DOKUMENT 33

Tagebucheintragung des Chefs des Generalstabes des Heeres

30. März 1941

Ansprache Hitlers vor der faschistischen Generalität über die Kriegslage und die Vorbereitungen zum Überfall auf die Sowjetunion. Darin kommt zum Ausdruck, daß die Zerschlagung der Sowjetunion als Voraussetzung für eine Eroberung der Weltherrschaft durch den deutschen Imperialismus angesehen wird. Die militärische Niederwerfung der Sowjetunion soll durch Masseneinsatz von Panzern und Flugzeugen erfolgen, der Einsatz finnischer und rumänischer Truppen wird kalkuliert. Der Krieg gegen die Sowjetunion wäre ein Kampf zweier Weltanschauungen. Es werden Vernichtung des Kommunismus, physische Ausrottung der Parteifunktionäre und der Intelligenz gefordert sowie Pläne zur Zerstückelung der Sowjetunion dargelegt.

[...] 11.00 Uhr Generals-Versammlung beim *Führer*: Fast $2^1/_2$-stündige Ansprache: Lage nach dem 30. 6. 1940. Fehler Englands, die Möglichkeit eines Friedens auszuschlagen. Schilderung der weiteren Ereignisse. Scharfe Kritik an italienischer Kriegführung und Politik. Vorteile für Englands Lage aus den Mißerfolgen Italiens.

England setzt seine Hoffnung auf Amerika und Rußland. Höchstleistung erst in 4 Jahren; Transportproblem.

Rußlands Rolle und Möglichkeiten. Begründung der Notwendigkeit, die russische Lage zu bereinigen. Nur so werden wir in der Lage sein, in zwei Jahren materiell und personell unsere Aufgaben in der Luft und auf den Weltmeeren zu meistern, wenn wir die Landfragen endgültig und gründlich lösen.

111

Unsere Aufgaben gegenüber Rußland: Wehrmacht zerschlagen, Staat auflösen. Äußerungen zur russischen *Tankwaffe* (respektabel): 4,7 cm, eine gute schwere Type, Masse alt.* Zahlenmäßig ist der Russe an Panzern am stärksten auf der Welt. Er hat aber nur eine kleine Zahl von neuen Riesentypen mit langer 10 cm K (Riesenkolosse 42–45 t).

* [durch] OQu IV [nachprüfen lassen]

Luftwaffe sehr groß an Zahl, aber sehr viel alte Typen; nur geringe Zahl neuzeitliche Typen.

Problem des russischen Raumes: Unendliche Weite des Raumes macht Konzentration auf entscheidende Punkte notwendig. Masseneinsatz von Luftwaffe und Panzern an entscheidender Stelle. Luftwaffe kann diesen Riesenraum nicht gleichzeitig beackern, sie kann bei Kriegsbeginn nur Teile der Riesenfront beherrschen. Ihr Einsatz muß daher in engster Beziehung zur Landoperation erfolgen. Der Russe wird versagen gegenüber dem Masseneinsatz von Tanks und Luftwaffe.

Keine Illusionen über Verbündete! *Finnen* werden tapfer kämpfen, sind aber zahlenmäßig schwach und nicht erholt [nach dem Winterkrieg 1939/40]. Mit *Rumänien* ist gar nichts anzufangen. Vielleicht werden sie hinter einem ganz starken Hindernis (Fluß) zur Sicherung da ausreichen, wo nicht angegriffen wird. Antonescu hat sein Heer vergrößert, statt es zu verkleinern und zu verbessern. Das Schicksal großer deutscher Verbände darf nicht abhängig gemacht werden von der Standfestigkeit des rumänischen Verbandes.

* *Frage der Pripjat-Sümpfe:* Sicherung, Abwehr, Minen.

* Minen!

Frage des russischen *Ausweichens*: Nicht wahrscheinlich, da Bindung an Ostsee und Ukraine. Wenn der Russe sich absetzen sollte, müßte er es sehr frühzeitig tun, sonst kommt er nicht mehr in Ordnung weg.

Nach Lösung der Aufgaben im Osten werden 50 bis 60 Divisionen (Panzer) genügen.

* Ein Teil der Landmacht wird entlassen werden können für Rüstungsarbeiten für Luftwaffe und Marine, ein Teil wird für andere Aufgaben benötigt sein, z. B. Spanien.

* Koloniale Aufgaben!

Kampf zweier Weltanschauungen gegeneinander. Vernichtendes Urteil über Bolschewismus, ist gleich asoziales Verbrechertum, Kommunismus ungeheure Gefahr für die Zukunft. Wir müssen von dem Standpunkt des soldatischen Kameradentums abrükken. Der Kommunist ist vorher kein Kamerad und nachher kein Kamerad. Es handelt sich um einen Vernichtungskampf. Wenn wir es nicht so auffassen, dann werden wir zwar den Feind schlagen, aber in 30 Jahren wird uns wieder der kommunistische Feind gegenüberstehen. Wir führen nicht Krieg, um den Feind zu konservieren.

Künftiges Staatenbild: Nordrußland gehört zu Finnland. Protektorate Ostseeländer, Ukraine, Weißrußland.

Kampf gegen Rußland: Vernichtung der bolschewistischen Kommissare und der kommunistischen Intelligenz.

Die neuen Staaten müssen sozialistische Staaten sein, aber ohne eigene Intelligenz. Es muß verhindert werden, daß eine neue Intelligenz sich bildet. Hier genügt eine primitive sozialistische Intelligenz.

Der Kampf muß geführt werden gegen das Gift der Zersetzung. Das ist keine Frage der Kriegsgerichte. Die Führer der Truppe müssen wissen, worum es geht. Sie müssen in dem Kampf führen. Die Truppe muß sich mit den Mitteln verteidigen, mit denen sie angegriffen wird. Kommissare und GPU-Leute sind Verbrecher und müssen als solche behandelt werden.

Deshalb braucht die Truppe nicht aus der Hand der Führer zu kommen. Der Führer muß seine Anordnungen im Einklang mit dem Empfinden der Truppe treffen.

* Der Kampf wird sich sehr unterscheiden vom Kampf im Westen. Im Osten ist Härte mild für die Zukunft.

Die Führer müssen von sich das Opfer verlangen, ihre Bedenken zu überwinden.

* ObdH Befehl. [...]

DOKUMENT 34

Aktennotiz über eine Besprechung
der Staatssekretäre

2. Mai 1941

In Anwesenheit von Reichsmarschall Hermann Göring, Generalmajor Georg Thomas, Wilhelm Schubert, Paul Körner, Herbert Backe, General der Infanterie Hermann v. Hanneken, Friedrich Syrup, Friedrich Alpers, Alfred Rosenberg, General der Artillerie Alfred Jodl, Friedrich Landfried, Wilhelm Keppler, Generalleutnant Adolf v. Schell, Fritz Reinhardt, Wilhelm Kleinmann, Gustav Schlotterer, Werner Mansfeld und Hans-Joachim Riecke werden die Grundlinien der faschistischen Wirtschaftspolitik in Landwirtschaft und Industrie für die okkupierten Gebiete der Sowjetunion festgelegt. Danach sollen die Gebiete rücksichtslos ausgeplündert und große Teile der sowjetischen Bevölkerung ausgerottet werden.

1.) Der Krieg ist nur weiter zu führen, wenn die gesamte Wehrmacht im 3. Kriegsjahr aus Rußland ernährt wird.

2.) Hierbei werden zweifellos ...zig Millionen Menschen verhungern, wenn von uns das für uns Notwendige aus dem Lande herausgeholt wird.

3.) Am wichtigsten ist die Bergung und Abtransport von Ölsaaten, Ölkuchen, dann erst Getreide. Das vorhandene Fett und Fleisch wird voraussichtlich die Truppe verbrauchen.

4.) Die Beschäftigung der Industrie darf nur auf Mangelgebieten wieder aufgenommen werden, z. B.
die Werke für Verkehrsmittel,
die Werke für allgemeine Versorgungsanlagen (Eisen),
die Werke für Textilien,
von Rüstungsbetrieben nur solche, bei denen in Deutschland Engpässe bestehen,
Aufmachung von Reparaturwerkstätten für die Truppe natürlich in erhöhtem Ausmaß.

5.) Für die Sicherung der weiten Gebiete zwischen den Rollbahnen müssen besondere Truppen bereitgestellt werden, vielleicht wird man den RAD oder Ergänzungsformationen des Heeres herein legen.

Notwendig ist, die besonders wichtigen und daher zu schützenden Gebiete herauszusuchen.

DOKUMENT 35

Befehl des Kommandeurs der Panzergruppe 4

2. Mai 1941

Generaloberst Erich Hoepner weist die ihm unterstellten Divisionen an, den Überfall auf die Sowjetunion bis zur erbarmungslosen, völligen Vernichtung zu führen.

Der Krieg gegen Sowjetrußland ist ein wesentlicher Abschnitt im Daseinskampf des deutschen Volkes. Es ist der alte Kampf der Germanen gegen das Slawentum, die Verteidigung europäischer Kultur gegen moskowitisch-asiatische Überschwemmung, die Abwehr des jüdischen Bolschewismus.

Dieser Kampf muß die Zertrümmerung des heutigen Rußland zum Ziel haben und deshalb mit unerhörter Härte geführt werden. Jede Kampfhandlung muß in Anlage und Durchführung von dem eisernen Willen zur erbarmungslosen, völligen Vernichtung des Feindes geleitet sein. Insbesondere gibt es keine Schonung für die Träger des heutigen russisch-bolschewistischen Systems. [...]

Richtlinien des Oberkommandos der Wehrmacht über die Ermordung politischer Funktionäre der Sowjetunion

6. Juni 1941

Von Generalmajor Walter Warlimont im Auftrage des Chefs des Oberkommandos der Wehrmacht unterzeichneter Befehl zur Ermordung von Angehörigen der Roten Armee, die als politische Kommissare, als Funktionäre der Kommunistischen Partei, in der Roten Armee das sowjetische Vaterland verteidigen. Im Widerspruch zum internationalen Kriegsrecht sollen diese Armeeangehörigen bei Gefangennahme sofort von anderen Gefangenen getrennt, nicht als Soldaten behandelt und ermordet werden. Politische Funktionäre der Kommunistischen Partei im bereits besetzten Gebiet sollen später an die Sonderkommandos der SS und des SD übergeben werden.

Im Kampf gegen den Bolschewismus ist mit einem Verhalten des Feindes nach den Grundsätzen der Menschlichkeit oder des Völkerrechts *nicht* zu rechnen. Insbesondere ist von den *politischen Kommissaren aller Art* als den eigentlichen Trägern des Widerstandes eine haßerfüllte, grausame und unmenschliche Behandlung unserer Gefangenen zu erwarten.

Die Truppe muß sich bewußt sein:

1. In diesem Kampf ist Schonung und völkerrechtliche Rücksichtnahme diesen Elementen gegenüber falsch. Sie sind eine Gefahr für die eigene Sicherheit und die schnelle Befriedung der eroberten Gebiete.

2. Die Urheber barbarisch asiatischer Kampfmethoden sind die politischen Kommissare. Gegen diese muß daher *sofort* und ohne weiteres mit aller Schärfe vorgegangen werden.

Sie sind daher, wenn im Kampf oder Widerstand ergriffen, grundsätzlich sofort mit der Waffe zu erledigen.

Im übrigen gelten folgende Bestimmungen:

I. *Operationsgebiet*

1. Politische Kommissare, die sich *gegen unsere Truppe wenden*, sind entsprechend dem »Erlaß über Ausübung der Gerichtsbarkeit im Gebiet Barbarossa« zu behandeln. Dies gilt für Kommissare jeder Art und Stellung, auch wenn sie nur des Widerstandes, der Sabotage oder der Anstiftung hierzu verdächtig sind.

Auf die »Richtlinien für das Verhalten der Truppe in Rußland« wird verwiesen.

2. Politische Kommissare *als Organe der feindlichen Truppe* sind kenntlich an besonderen Abzeichen – roter Stern mit goldenem eingewebtem Hammer und Sichel auf den Ärmeln – (Einzelheiten siehe »Die Kriegswehrmacht der UdSSR«. OKH/Gen St.d.H.OQ. IV Abt. Fremde Heere Ost [II] Nr. 100/41 g. vom 16. 1. 1941 unter Anlage 9 d). Sie sind aus den Kriegsgefangenen *sofort*, d. h. noch auf dem Gefechtsfelde, abzusondern. Dies ist notwendig, um ihnen jede Einflußnahme auf die gefangenen Soldaten zu nehmen. Diese Kommissare werden nicht als Soldaten anerkannt, der für Kriegsgefangene völkerrechtlich geltende Schutz findet auf sie keine Anwendung. Sie sind nach durchgeführter Absonderung zu erledigen.

3. *Politische Kommissare, die sich keiner feindlichen Handlung schuldig machen oder einer solchen verdächtig sind*, werden zunächst unbehelligt bleiben. Erst bei der weiteren Durchdringung des Landes wird es möglich sein, zu entscheiden, ob verbliebene Funktionäre an Ort und Stelle belassen werden können oder an die Sonderkommandos abzugeben sind. Es ist anzustreben, daß diese selbst die Überprüfung vornehmen.

Bei der Beurteilung der Frage, ob »schuldig oder nicht schuldig«, hat grundsätzlich der persönliche Eindruck von der Gesinnung und Haltung des Kommissars höher zu gelten als der vielleicht nicht zu beweisende Tatbestand.

4. In den Fällen 1. und 2. ist eine kurze Meldung (Meldezettel) über den Vorfall zu richten:

a) von den einer Division unterstellten Truppen an die Divisionen (I c)

b) von den Truppen, die einem Korps-, Armeeober- oder Heeresgruppenkommando oder einer Panzergruppe unmittelbar unterstellt sind, an das Korps- usw. Kommando (I c).

5. Alle oben genannten Maßnahmen dürfen die Durchführung der Operationen nicht aufhalten. Planmäßige Such- und Säuberungsaktionen durch die Kampftruppe haben daher zu unterbleiben.

II. *Im rückwärtigen Heeresgebiet*

Kommissare, die im rückwärtigen Heeresgebiet wegen zweifelhaften Verhaltens ergriffen werden, sind an die Einsatzgruppe bzw. Einsatzkommandos der Sicherheitspolizei (SD) abzugeben.

III. *Beschränkung der Kriegs- und Standgerichte*

Die Kriegsgerichte und die Standgerichte der Regiments- usw. Kommandeure dürfen nicht mit der Durchführung der Maßnahmen nach I und II betraut werden. [...]

DOKUMENT 37

Entwurf der Weisung des Oberkommandos der Wehrmacht Nr. 32

11. Juni 1941

Von General der Artillerie Alfred Jodl unterzeichneter Entwurf einer Weisung an das Oberkommando des Heeres (Operationsabteilung), das Oberkommando der Marine (Seekriegsleitung), den Oberbefehlshaber der Luftwaffe (Luftwaffenführungsstab) und die Abteilung Landesverteidigung über die militärischen Absichten des deutschen Imperialismus nach der geplanten Zerschlagung der Sowjetunion. Ausgangspunkt der Spekulationen ist ein vom deutschen Faschismus beherrschter europäischer Kontinent. Auf dieser Basis könne der Schwerpunkt der Rüstung auf Marine und Luftwaffe verlegt werden. Zur Okkupation der Sowjetunion würden 60 Divisionen und eine Luftflotte genügen. Die verbleibenden Kräfte sollen zum konzentrischen Angriff aus Libyen nach Ägypten, aus Bulgarien durch die Türkei und aus dem Kaukasus durch den Iran eingesetzt werden, um in Richtung Irak vorzustoßen. Außerdem ist geplant, Gibraltar zu erobern und die »Belagerung Englands« wieder aufzunehmen.

A.) *Nach der Zerschlagung der sowjetrussischen Wehrmacht* werden Deutschland und Italien das europäische Festland – vorläufig ohne die iberische Halbinsel – militärisch beherrschen. Irgendeine ernsthafte Gefährdung des europäischen Raumes zu Lande besteht dann nicht mehr. Zu seiner Sicherung und für die noch in Betracht kommenden Angriffsoperationen genügen wesentlich geringere Kräfte des Heeres, als sie bisher aufrechterhalten werden mußten.

Der Schwerpunkt der Rüstung kann auf die Kriegsmarine und auf die Luftwaffe gelegt werden.

Die Vertiefung der deutsch-französischen Zusammenarbeit soll und wird weitere englische Kräfte fesseln, die Rückenbedrohung des nordafrikanischen Kriegsschauplatzes beseitigen, die Bewegungsmöglichkeiten der britischen Flotte im westlichen Mittelmeer weiter einschränken und die tiefe Südwestflanke des europäischen Kampfraumes, einschl. der atlantischen Küste Nord- und Westafrikas, gegen angelsächsischen Zugriff schützen.

Spanien wird in absehbarer Zeit vor die Frage gestellt werden, ob es bereit ist, an der Vertreibung der Engländer aus Gibraltar mitzuwirken oder nicht.

Die Möglichkeit, auf die Türkei und den Iran einen starken Druck auszuüben, verbessert die Aussichten, auch diese Länder mittelbar oder unmittelbar für den Kampf gegen England nutzbar zu machen.

B.) Aus dieser Lage heraus, wie sie sich nach der siegreichen Beendigung des Ostfeldzuges ergeben wird, können der Wehrmacht für den Spätherbst 1941 und den Winter 1941/42 folgende strategische Aufgaben erwachsen:

1.) Der *neu gewonnene Ostraum* muß organisiert, gesichert und unter voller Mitwirkung der Wehrmacht wirtschaftlich ausgenutzt werden.

Wie stark diese Sicherungskräfte im russischen Raum zu bemessen sind, läßt sich mit Sicherheit erst später übersehen. Aller Voraussicht nach werden aber etwa 60 Divisionen und *eine* Luftflotte, neben den verbündeten und befreundeten Kräften, für die weiteren Aufgaben im Osten genügen.

2.) Fortsetzung des *Kampfes gegen die britische Position im Mittel-*

meer und in Vorderasien durch konzentrischen Angriff, der aus Libyen durch Ägypten, aus Bulgarien durch die Türkei und unter Umständen auch aus Transkaukasien heraus durch den Iran vorgesehen ist.

a) *In Nordafrika* kommt es darauf an, daß Tobruk erledigt und hierdurch die Grundlage zur Fortführung des deutsch-italienischen Angriffes gegen den Suez-Kanal geschaffen wird. Er ist etwa für November vorzubereiten mit der Maßgabe, daß das Deutsche Afrika-Korps personell und materiell bis dahin auf den höchstmöglichen Stand gebracht und mit ausreichenden Reserven aller Art zu eigener Verfügung ausgestattet wird (bei Umbildung der 5. le. Div. in eine volle Panzer-Division), daß weitere große deutsche Verbände nicht nach Nordafrika überführt werden.

Die Vorbereitungen für den Angriff erfordern, daß das Transporttempo unter Zuhilfenahme französisch-nordafrikanischer Häfen und womöglich des neuen Seeweges aus dem südgriechischen Raum mit allen Mitteln gesteigert wird.

Aufgabe der Kriegsmarine ist es, in Zusammenarbeit mit der italienischen Kriegsmarine für die Bereitstellung des nötigen Schiffsraumes unter Charterung französischer und neutraler Schiffe zu sorgen.

Die spätere Überführung deutscher Schnellboote in das Mittelmeer ist zu prüfen.

Zur Verbesserung der Ausladeleistung in den nordafrikanischen Häfen ist der italienischen Kriegsmarine jede Unterstützung zu gewähren.

Ob. d. L. führt dem Afrika-Korps entsprechend dem Freiwerden im Osten ausreichende Fliegerverbände und Flak-Artillerie für die Weiterführung der Operation zu und verstärkt den italienischen Geleitzugschutz der Seetransporte in der Luft durch Einsatz deutscher Fliegerverbände.

Zur einheitlichen Leitung der Transportvorbereitungen ist der »Heimatstab Übersee« gebildet worden, der nach den Richtlinien des Oberkommandos der Wehrmacht in Verbindung mit dem Deutschen General beim Hauptquartier der italienischen Wehrmacht und mit dem Wehrmachtbefehlshaber Südost arbeitet.

b) Angesichts der zu erwartenden englischen Verstärkungen im Vorderen und Mittleren Orient und namentlich zum Schutz des Suez-Kanals wird eine deutsche Operation aus *Bulgarien durch die Türkei* ins Auge zu fassen sein mit dem Ziel, die englische Stellung am Suez-Kanal auch von Osten her anzugreifen.

Zu diesem Zweck ist vorzusehen, so frühzeitig als möglich so starke Kräfte in Bulgarien zu versammeln, wie nötig sind, die Türkei politisch gefügig zu machen oder ihren Widerstand mit Waffengewalt zu brechen.

c) Wenn der Zusammenbruch der Sowjetunion die Voraussetzung dafür geschaffen hat, ist ferner der Ansatz eines motorisierten Expeditionskorps *aus Transkaukasien heraus gegen den Irak* in Verbindung mit den Operationen zu b) vorzubereiten.

d) Ausnutzung der arabischen Freiheitsbewegung. Die Lage der Engländer im Mittleren Osten wird bei größeren deutschen Operationen um so schwieriger sein, je mehr Kräfte durch Unruheherde oder Aufstandsbewegungen *zeitgerecht* gebunden werden. Alle diesem Zweck dienenden militärischen, politischen und propagandistischen Maßnahmen müssen in der Vorbereitungszeit engstens aufeinander abgestimmt sein. Als zentrale Außenstelle, die in allen Planungen und Maßnahmen im arabischen Raum einzuschalten ist, bestimme ich den *Sonderstab F*, der seinen Sitz im Bereich des Wehrmachtbefehlshabers Südost zu nehmen hat. Ihm sind die besten Sachkenner und Agenten beizugeben.

Die Aufgaben des Sonderstabes F regelt der Chef OKW – soweit politische Fragen berührt werden, im Benehmen mit dem Reichsaußenminister.

3.) *Schließung des Westeinganges in das Mittelmeer durch Ausschaltung von Gibraltar.*

Die Vorbereitungen für das schon einmal geplante Unternehmen »Felix« müssen schon während des Auslaufens der Operationen im Osten in vollem Umfange wieder aufgenommen werden. Dabei kann damit gerechnet werden, daß auch das unbesetzte französische Gebiet, wenn nicht für den Durchtransport deutscher Truppen, so doch sicherlich für Versorgungstransporte zur Verfügung steht. Auch die Mitwirkung französischer See- und Luftstreitkräfte liegt im Bereich der Möglichkeit.

121

Zum Übersetzen nach Spanisch-Marokko, nach der Wegnahme von Gibraltar, sind Heeresverbände nur insoweit vorzusehen, als es die Sicherung der Meerenge erfordert.

Die Verteidigung der atlantischen Küste von Nord- und Westafrika, die Ausschaltung der englischen Besitzungen in Westafrika und die Rückgewinnung des von de Gaulle beherrschten Gebietes fällt den Franzosen zu, denen im Zuge der angebahnten Entwicklung die erforderlichen Verstärkungen bewilligt werden. Die Ausnutzung westafrikanischer Stützpunkte durch Kriegsmarine und Luftwaffe, u. U. auch die Besitznahme atlantischer Inseln, wird nach Beherrschung der Meerenge erleichtert sein.

4.) Neben diesen möglichen Operationen gegen die britische Machtstellung im Mittelmeer muß die »Belagerung Englands« nach Abschluß des Ostfeldzuges durch Kriegsmarine und Luftwaffe wieder in vollem Maße aufgenommen werden.

Alle diesem Zweck dienenden Rüstungsvorhaben haben damit innerhalb der Gesamtrüstung den Vorrang. Gleichzeitig gilt es, die deutsche Luftverteidigung aufs höchste zu steigern. Vorbereitungen für eine Landung in England werden dem doppelten Ziel zu dienen haben, englische Kräfte im Mutterland zu binden und einen sich abzeichnenden Zusammenbruch Englands durch eine Landung auszulösen und zu vollenden.

C.) Zu welchem Zeitpunkt die geplanten Operationen im Mittelmeerraum und im Vorderen Orient begonnen werden können, läßt sich noch nicht übersehen. Die stärkste operative Wirkung würde ein möglichst gleichzeitiger Beginn der Angriffe gegen Gibraltar, Ägypten und Palästina ergeben.

Ob das möglich sein wird, hängt, neben einer Reihe von Faktoren, die heute noch nicht abzusehen sind, in erster Linie davon ab, ob die Luftwaffe in der Lage sein wird, die erforderlichen Kräfte zur Unterstützung dieser drei Operationen gleichzeitig einzusetzen.

D.) Die Herren Oberbefehlshaber ersuche ich, nach diesen vorläufigen Absichten ihre gedanklichen und organisatorischen Vorbereitungen zu treffen und mich von deren Ergebnissen so rechtzeitig zu unterrichten, daß meine endgültigen Weisungen noch während des Ostfeldzuges erlassen werden können.

DOKUMENT 38

Fernschreiben des Oberkommandos des Heeres an den Abschnittsstab Ostpreußen

Berlin, 14. Juni 1941

Von Generalstabschef Franz Halder unterzeichnetes Fernschreiben an die in Ostpreußen konzentrierten Verbände, den Übertritt deutscher Soldaten auf sowjetische Seite zu unterbinden.

In den letzten Tagen sind einzelne Fälle von Fahnenflucht über die russische Grenze vorgekommen. Die AOK werden ersucht, durch verschärfte Überwachung des Grenzgebietes, auch außerhalb der Grenzübergänge, der Wiederholung derartiger Vorkommnisse vorzubeugen. Verteiler bis zu den AOK im Osten.

DOKUMENT 39

Rundschreiben des Chefs der Sicherheitspolizei und des SD

Berlin, 18. Juni 1941

Alle Staatspolizeileitstellen, die Befehlshaber der Sicherheitspolizei in Kraków und Prag sowie die Kommandeure der Sicherheitspolizei und des SD in Kraków, Warschau, Radom und Lublin werden angehalten, die Bekämpfung des kommunistischen Widerstandes zu verschärfen, besonders in den Betrieben. Eine großangelegte Verhaftungsaktion wird in Aussicht genommen.

Die aussenpolitischen Ereignisse erfordern eine verschärfte Beobachtung und Bekämpfung der kommunistischen Bewegung. Es ist damit zu rechnen, dass kommunistische Kreise versuchen werden, die gegebene Situation zu Zersetzungspropaganda in der üblichen Art wie Mundpropaganda, Streuzettel, Beschmierungen usw., in erhöhtem Maße auszunutzen. Darüber hinaus wird die Sowjet-Union zweifellos versuchen, durch die ihr zur Verfügung stehenden Hilfsquellen wie Rundfunk, Abwurf von Flugblättern usw., antideutsche Propaganda zu treiben und die staatsfeindliche Tätigkeit im Inlande zu fördern.

Der Großteil der Kommunisten und Marxisten ist heute in den Betrieben konzentriert. Eine staatsfeindliche Tätigkeit dort kann sich

1) in einer rein stimmungsmäßigen Beeinflussung, (ausgehend von aktuellen wirtschaftlichen oder ernährungstechnischen Tagesfragen, hinzielend auf steigernde Ablehnung des Krieges),

2) in Form von Sabotagetätigkeit jeglicher Art (z. B. Parole: Langsamer arbeiten, Ausführung sonstiger Sabotageakte),

bemerkbar machen.

Der Beobachtung und rücksichtslosen Bekämpfung derartiger Zersetzungstätigkeit kommt unter den gegebenen Verhältnissen eine ausschlaggebende Bedeutung zu.

Die Schwierigkeit, eine derartige Tätigkeit als staatsfeindlich zu erkennen, erfordert einen verstärkten Ausbau des Nachrichtendienstes.

Ich ersuche daher die nachrichtendienstlichen Verbindungen, insbesondere zu den Betrieben, noch mehr als bisher auszubauen und zu intensivieren.

Mit Rücksicht auf die augenblicklich geringere Nachüberwachungsmöglichkeit kann die Entlassung der z. Zt. wegen kommunistischer Betätigung in Strafhaft befindlichen Personen nach Strafende nicht erfolgen. Ihre Rücküberführung in Schutzhaft nach Strafverbüssung ist sicherzustellen. Darüber hinaus stelle ich anheim, alle besonders gefährlich erscheinenden KP-Funktionäre, soweit dies geboten erscheint, in Schutzhaft zu nehmen.

Von der Auslösung der A-Kartei wird auf Grund der gemachten Erfahrungen zunächst Abstand genommen.

Zunächst ist die Zahl der Festnahmen auf das unbedingt gebotene Maß zu beschränken (z. B. müssen selbstverständlich etwa zur Zeit laufende Ermittlungen durch Zugriff abgeschlossen werden, wenn nicht ganz besondere Gründe entgegenstehen).

Diese Festnahmeaktion ist zwar vorzubereiten, jedoch erst
dann durchzuführen, wenn von hier mittels Blitz-FS das Kenn-
wort »Internationale« durchgegeben wird. [...]

DOKUMENT 40

Aktennotiz des stellvertretenden Volkskommissars für innere Angelegenheiten der UdSSR

21. Juni 1941

*Generalleutnant I. I. Maslennikow wird die Aussage des deutschen Überläufers
Alfred Liskow mitgeteilt. Der Überfall auf die UdSSR soll in der Nacht vom 21.
zum 22. Juni erfolgen.*

Am 21. Juni d. J. wurde im Abschnitt einer Grenzabteilung
(Ukrainische SSR) der über die Grenze auf sowjetisches Terri-
torium eingedrungene Gefreite des Infanterieregimentes 222
Alfred Liskow verhaftet.

Beim Verhör in der Grenzabteilung sagte Liskow aus, daß am
21. Juni d. J. der als Zugführer eingesetzte Leutnant Schulz den
Soldaten erklärt hätte, sie würden in der Nacht vom 21. zum
22. Juni nach einer Artillerievorbereitung den Bug forcieren, auf
Flößen, mit Booten und mit Pontons. [...]

DOKUMENT 41

Tagebucheintragung des Chefs des Generalstabes des Heeres

3. Juli 1941

*Generaloberst Franz Halder schätzt die Lage an der deutsch-sowjetischen Front so
ein, als sei der Krieg gegen die Sowjetunion bereits gewonnen. Nunmehr käme es
vor allem darauf an, sich schnell der sowjetischen Industriezentren zu bemächti-*

gen. Sobald diese erobert wären, solle die Kriegführung gegen Großbritannien wieder in den Vordergrund treten, wobei Operationen aus der Türkei gegen Syrien und aus dem Kaukasus gegen den Iran erwogen werden.

[...] Im ganzen kann man also schon jetzt sagen, daß der Auftrag, die Masse des russischen Heeres vorwärts Düna und Dnjepr zu zerschlagen, erfüllt ist. Ich halte die Aussage eines gefangenen russischen kommandierenden Generals für richtig, daß wir ostwärts von Düna und Dnjepr nur noch mit Teilkräften zu rechnen haben, die allein stärkemäßig nicht in der Lage sind, die deutschen Operationen noch entscheidend zu hindern. Es ist also wohl nicht zuviel gesagt, wenn ich behaupte, daß der Feldzug gegen Rußland innerhalb [von] 14 Tagen gewonnen wurde. Natürlich ist er damit noch nicht beendet. Die Weite des Raumes und die Hartnäckigkeit des mit allen Mitteln geführten Widerstandes wird uns noch viele Wochen beanspruchen.

Weitere Pläne:

a) Für die Fortführung der russischen Operation wird es zunächst darauf ankommen, zwischen Smolensk und Moskau eine neue Basis zu gewinnen, von der aus im Zusammenhang mit der zu gewinnenden Basis Leningrad, Nordrußland und das Moskauer Industriegebiet in die Hand genommen werden kann. Anschließend in Zusammenarbeit mit der Heeresgruppe Süd das Industriegebiet des Donezbeckens. Wenn wir erst einmal Dnjepr und Düna überwunden haben, wird es sich weniger mehr um das Zerschlagen feindlicher Wehrmachtsteile handeln als darum, dem Feind seine Produktionsstätte aus der Hand zu nehmen und ihn so zu hindern, aus der gewaltigen Leistung seiner Industrie und aus den unerschöpflichen Menschenreserven wieder eine neue Wehrmacht aufzustellen.

b) Sobald die Kriegführung im Osten aus dem Bereich der Zertrümmerung der feindlichen Wehrmacht in den Bereich der wirtschaftlichen Lahmlegung des Feindes übergeht, werden die weiteren Aufgaben der Kriegführung gegen England wieder in den Vordergrund treten und eingeleitet werden müssen. Diese sind:
Vorbereitung der Offensive gegen die Landbrücke zwischen

126

Nil und Euphrat sowohl von der Seite der Cyrenaika her als auch über Anatolien und vielleicht auch aus dem Kaukasus gegen Iran. Ersteres, das immer abhängig bleibt von der Zufuhr über See und daher unberechenbaren Wechselfällen ausgesetzt ist, wird Neben-Kriegsschauplatz und wird in der Hauptsache italienischen Kräften zu überlassen sein.

Nur die zwei auf volle Stärke aufzufüllenden deutschen Panzerdivisionen (5. leichte und 15.) mit verschiedenen Zutaten werden von uns zu stellen sein. Die Operation durch Anatolien gegen Syrien, gegebenenfalls mit einer Nebenoperation aus dem Kaukasus, wird zunächst durch Aufmarsch der erforderlichen Kräfte in Bulgarien einzuleiten sein, welcher gleichzeitig als politischer Druck auf die Türkei ausgenützt werden muß, um den Durchmarsch zu erzwingen. [...]

DOKUMENT 42

Aufzeichnung aus dem Auswärtigen Amt

7. Juli 1941

Die Studie »Lagebeurteilung sibirisch-mandschurisches Grenzgebiet« behandelt die Auseinandersetzungen zwischen verschiedenen Richtungen der japanischen Führung in der Frage eines Überfalls auf die Sowjetunion sowie die militärischen Möglichkeiten der Kwantungarmee. Bei einem Angriff der Kwantungarmee wird mit einem Feldzug von fünf bis sechs Wochen gerechnet.

Politisch werden gegenwärtig in Japan zwei Richtungen im Konflikt stehen: die eine, die den China-Konflikt für vordringlich hält und jede weitere Festlegung größerer Landstreitkräfte auf anderen Kriegsschauplätzen ablehnt, die andere dagegen, die in der gegenwärtig im Westen erfolgenden Schwächung der Sowjetunion die günstige Gelegenheit erblickt, jene ständige potentielle Gefährdung Mandschukuos und Japans, die von der Macht ausgeht, die den Amurbogen und das Küstenland nebst Wladiwostok beherrscht, ein für allemal durch Okkupation zu beseitigen. Diese letzte Richtung dürfte gleichzeitig damit argumentieren, daß ein deutsches Fortschreiten im Westen die Gefahr einer amerikanisch-russischen Zusammenarbeit in Kamtschatka, Wladiwostok und Sibirien immer näher bringt. Auch diese Gefahr kann aber wirksam nur durch die Besetzung des ganzen küstennahen Gebiets begegnet werden.

Es wäre falsch, die politischen Kräfte zu unterschätzen, die in Japan hinter dieser zweiten, uns erwünschten Richtung stehen. Sie sind aktiv und werden bei weiteren deutschen Erfolgen sich im Inneren gegenüber den Anhängern der ersten Richtung noch stärker geltend machen. Die Gefahr liegt vielmehr im Zeitverlust, den diese politische Entwicklung mit sich bringt. Denn um militärisch entscheidend beim Zusammenbruch der Sowjetunion auch in ihrer asiatischen Position mitzuwirken, müßte das Eingreifen der Japaner noch in diesem Jahre erfolgen. Wird dieses Jahr nicht ausgenützt, so fällt der Entschluß zum Losschlagen, japanisch-innerpolitisch gesehen, im nächsten Jahr wesentlich schwerer. Bis dahin kann amerikanisches Material in Wladiwostok eingetroffen sein; die Sowjets haben ihre Verteidigungsposition dort voraussichtlich im Lauf des Winters 1941/42 verstärkt; und die langsame, aber stetige Aufrüstung Chiang Kaisheks über die Birmastraße hat dann noch weitere Fortschritte gemacht. Es ist also auch vom japanischen Standpunkt aus wichtig, daß der Entschluß zum Eingreifen bald gefaßt und durchgeführt wird. Hierfür steht nicht mehr viel Zeit zur Verfügung. Der Angriff auf Wladiwostok kann nicht isoliert durchgeführt werden, sondern muß wegen der exponierten Grenzen Mandschukuos sich mindestens auf das ganze Küstengebiet bis zum Amur richten. Daneben muß die offene Grenze von Mandschuli südwärts durch entsprechende Sicherung gegen sowjetrussische Flankenstöße aus der Äußeren Mongolei gedeckt werden. Es ist also ein größerer Aufmarsch auf jeden Fall erforderlich.

Zu diesem Aufmarsch stehen etwa 4 leistungsfähige Ausschiffungshäfen für das Festland zur Verfügung. Das Eisenbahnnetz ist intakt. Da jedoch die gegenwärtige Stärke der Kwantung-Armee kaum über normale Friedensstärke hinausgehen dürfte, muß mit Truppenverschiebungen in größerem

Umfang gerechnet werden. Für den Aufmarsch sind daher mindestens 4–5 Wochen anzusetzen; bei Tarnungsmaßnahmen verlängert sich diese Frist entsprechend.

Die Dauer der Operation selbst ist ohne genaue Kenntnis der russischen Kräfte schwer abzuschätzen. Man kann grundsätzlich davon ausgehen, daß die Japaner den Russen in technischen Waffen und Artillerie mindestens gleich sind, in der Luft und in allen taktischen Dingen überlegen. Ein Verzögerungsmoment dürfte darin zu erblicken sein, daß mit der Anlage moderner Bunkerbefestigungen durch die Russen gerechnet werden muß. Der Bunkerkrieg ist der japanischen Armee neu. Sowohl im China-Konflikt als auch in den Grenzgefechten von Changkufeng (1938) und Nomonhan (1939) wurde nur um Feldbefestigungen gekämpft.

Wenn jedoch nicht die Russen wider Erwarten ihre Front im Fernen Osten in den nächsten Wochen material- und truppenmäßig noch erheblich verstärken, so könnten bei entsprechendem japanischem Einsatz die Operationen in etwa 5–6 Wochen zu einem erfolgreichen Abschluß gebracht werden. [...]

DOKUMENT 43

Vortragsnotiz der Operationsabteilung
im Generalstab des Heeres
über die Stärke der Besatzungstruppen
in der Sowjetunion und einen Umbau des Heeres
nach der Zerschlagung der UdSSR

15. Juli 1941

Die Operationsabteilung unterbreitet einen Vorschlag über Anzahl und Verteilung der zur Beherrschung des okkupierten sowjetischen Gebietes veranschlagten Heereskräfte. Die Mehrzahl der gegen die Sowjetunion eingesetzten Divisionen soll nach der geplanten Zerschlagung der Sowjetunion vor Einbruch des Winters zurückgeführt und für weitere Aggressionen vorbereitet werden.

1.) Die Besetzung und Sicherung des eroberten russischen Raumes muß mit möglichst geringen Kräften durchgeführt werden.

Hierfür sind an großen Verbänden insgesamt vorgesehen:

12 Pz. Divisionen
6 mot. Divisionen
34 Inf. Divisionen
3 Geb. Divisionen
1 Kav. Division

Insgesamt: 56 Divisionen.

In diesen Zahlen ist die Operationsgruppe für das Unternehmen Kaukasus–Iran inbegriffen.

2.) a) Die Verteilung der Kräfte muß sich der politischen Gliederung anpassen. Grundlage hierfür bildet der Vorschlag des Reichsleiters Rosenberg mit der Aufteilung in die vier Staatsgebilde

Baltikum   Ukraine und
Rußland   Kaukasus.

b) Es sind vorgesehen für

	AOK	Gen. Kdo.	Divisionen
Baltikum	1	2	8
Rußland (Ost und West)	2	7	19
Ukraine (Ost und West)	2	7	19
Kaukasus	1	4	10
			einschl. Op. Grup.

Gliederung im einzelnen siehe Ziffer 4.

c) Es werden zusammengefaßt unter
Heeresgruppe Nord   *(Sitz Moskau)*
das A.O.K. im Baltikum,
das A.O.K. in Westrußland und
das A.O.K. in Ostrußland

das A.O.K. im Kaukasus,

das A.O.K. in der Westukraine und

das A.O.K. in der Ostukraine.

Der Oberbefehlshaber der H. Gruppe Nord wird zugleich O.B. Ost und Vertreter der Belange des Heeres gegenüber der zentralen Reichsstelle für die Ostgebiete (Stab Rosenberg).

3.) Die *schnellen Verbände* (12 Pz., 6 mot. Divisionen, 1 Kav. Div.) sind für folgende Aufgaben vorzusehen:

a) 1 Pz. Korps (2 Pz., 1 mot. Div.) als Operationsgruppe in Transkaukasien.

b) 2 Pz. Korps (3 Pz., 2 mot. Div., 1 Kav. Div.) zur Beherrschung des Don-Donez-Industriegebietes und zur Sicherung des südlichen Wolgaabschnittes.

1 Pz. Korps (2 Pz., 1 mot. Div.) zur Beherrschung des zentralrussischen Industriegebietes und zur Sicherung des nördlichen Wolgaabschnittes.

c) 1 Pz. Korps (2 Pz., 1 mot. Div.) vorgeschoben in den südlichen Ural,

1 Pz. Korps (2 Pz., 1 mot. Div.) vorgeschoben in den nördlichen Ural.

4.) Verteilung der Divisionen im einzelnen:

Land	Inf. Div.	Geb. Div.	Kav. Div.	Pz. Div.	mot. Div.	Bemerkungen
Baltikum	8					
Rußland West	7			3	1	dazu 1 ital. Korps
Rußland Ost	2			4	2	dazu 1 finn. Verband
Kaukasus*	4	3		2	1	dazu 1 span. Korps
Ukraine West	7					dazu 1 slow., 1 rum. Verband
Ukraine Ost	6		1	3	2	dazu 1 ung. Verband
Insgesamt	34	3	1	12	6	

* *Anmerkung:* In den Zahlen für Kaukasus ist die Operationsgruppe »Kaukasus-Iran« mit 2 Pz., 1 mot., 2 Geb. Div. eingeschlossen.

5.) Die Truppe im eroberten russischen Raum ist nicht in kleinen Gruppen über das Land und viele Garnisonen zu verteilen, sondern divisionsweise in Lagern zusammenzuhalten.

Die Lage dieser Lager ist im wesentlichen abhängig von der Möglichkeit leichter Verteidigung an starken Abschnitten und von der Lage der zu schützenden Bodenorganisation der Luftwaffe.

6.) Vorschlag für die Verteilung und Gliederung der Besatzungstruppe siehe anliegende Karte 1. [...]

II. *Folgerungen für die Durchführung der Besatzung und die Weiterführung der Operationen*

a) *Zeitliche und kräftemäßige Bindungen.*

Die Notwendigkeit, die in die Heimat zurückzuführenden Verbände noch vor Einbruch des Winters zurückzubringen, ebenso wie die begrenzte Reichweite der Versorgung machen es erforderlich, die Kräfte für die Weiterführung der Operationen, soweit es die Lage erlaubt, zu beschränken. Sobald die noch ostw. der Dnepr-Düna-Linie stehenden russischen Kräfte im wesentlichen zerschlagen sind, werden daher die Operationen möglichst nur mit den mot. Verbänden sowie denjenigen Inf.-Verbänden fortzusetzen sein, welche endgültig im russischen Raum verbleiben sollen. Die Masse der Inf.-Verbände muß, soweit sie die Linie Krim–Moskau–Leningrad erreicht haben und – was anzunehmen ist – nicht mit der Bahn gefahren werden können, Anfang August den Rückmarsch antreten; die weiter westlich verbliebenen entsprechend später. Die durch die Operationen über den Besatzungsbedarf hinaus gebundenen Kräfte, die erst später zurückgeführt werden, kommen beim Rückmarsch im Westteil Rußlands in den Winter hinein.

b) *Durchführung der Besetzung.*

Aus der Gegenüberstellung der derzeitigen Operationskräfte und der beabsichtigten Besatzungskräfte (Anl. 1) ergibt sich:

1. *Schnelle Verbände (Anl. 3):*

Wie aus Karte ersichtlich, bietet sich an, die schnellen Verbände für West- und Ostrußland aus den Pz.Gr. 3 und 4 zu bestreiten, von denen dann lediglich 3 mot. I.D. je nach Lage zurückzuführen wären. Die Kräfte für Ukraine und Kaukasus werden von Pz.Gr. 1 gestellt. Zur freien Verfügung und späteren Rückführung bleibt die Pz.Gr. 2, über deren Operationsrichtung zur Zeit sowieso nicht endgültig entschieden werden kann. Hierdurch ergibt sich zugleich die Möglichkeit, durch Zusammenlegung von 4 Pz.Div. der Pz.Gr. 2, welche starke Ausfälle gehabt haben, 2 neue volle Pz.Div. zu bilden, während die Reste in der Heimat zur kurzfristigen Aufstellung von 2 Pz.Div. mit der dort befindlichen Materialreserve verwendet werden können. Die derzeitige Gefechtskraft der Pz.Gr. 2 wird hierdurch nicht beeinträchtigt, lediglich die Zahl der Pz.Verbände von 5 auf 3 vermindert.

Insgesamt sind zurückzuführen:

5 Pz.Div.	von z. Zt.	17 Pz.Div.
6 mot. I.D.		12 mot. I.D.

d. h. 1/3 der Panzer-, 1/2 der mot. Verbände.

Die Rückführung der nicht verbleibenden mot. Verbände muß etwa ab Anfang September erfolgen, soweit nicht für einzelne Teile Bahntransport möglich ist.

2. *Infanterieverbände:*

Die als Besatzung vorgesehenen Infanterieverbände sind aus Anl. 2 ersichtlich. Sie stehen bis zum Erreichen der Besatzungsräume zur Bildung von kleinen Operationsgruppen aus schnellen und Infanterieverbänden zur Verfügung.

Es sind im Endziel zurückzuführen:

bei H. Gr. Süd:	von z. Zt.	
4 Gen. Kdos.		12 Gen. Kdos.
22 I.D.		42 I.D.
bei H.Gr. Mitte:	von z. Zt.	
8 Gen.Kdos.		12 Gen. Kdos.
31 I.D.		41 I.D.
bei H.Gr. Nord:	von z. Zt.	
5 Gen.Kdos.		7 Gen.Kdos.
21 I.D.		41 I.D.

c) *Kräfte für Weiterführung der Operationen.*

Sobald die russischen Kräfte ostwärts der Dnjepr-Düna-Linie zerschlagen sind, ergibt sich der aus Anlage 4 ersichtliche Mindestkräfteansatz, der je nach Entwicklung der Lage durch weitere (später wieder zurückzuführende) Inf.-Verbände zu verstärken wäre. Er enthält die als Besatzung vorgesehenen Inf.Divisionen sowie sämtliche Panzer- und mot.Kräfte. [...]

Umbau des Heeres nach Abschluß des Ostfeldzuges
   a) Bedarf an großen Verbänden (s. anl. Karte)

	Inf.Div.	Pz.Div.	mot.Div.	Geb.Div.K.D.
Osten	34 + 9 Sich.	12	6	3 1
Norwegen	8	1		2
Dänemark	1			
Holland	2			
Balkan	6			
Mittl. Orient	5	4	2	3
Afrika		2		
Frankreich	36	3	3	1
(einschl. Spanien)				
OKH-Reserven	8	14	7	1
Summe	101 + 9 Sich.	36	18	10 1 = 175

b) *Folgerungen für die Heeresverminderung*

Vorhanden 209 Verbände (einschl. 3 SS-Div., SS-AH, I.R.-Gr.D., Pol.Div. und 9 Sich. Div., *ohne* Lehr-Brig. 900)

Bedarf   175 Verbände

Aufzulösen   34 Verbände entspricht 17 Div. 13. und 14. Welle
12 Div. 15. Welle*
5 Div. 3. Welle**

*   3 Div. 15. Welle (2 Norwegen, 1 Kreta) bleiben bestehen
** 7 Div. 3. Welle bleiben bestehen (1 Norwegen, 2–3 Osten, 3–4 Westen). [...]

Tagebucheintragung des Chefs des Generalstabes des Heeres

11. August 1941

Da sich für die faschistische Führung deutlich abzeichnet, daß der Aggressionsplan gegen die Sowjetunion scheitert, gesteht Generaloberst Franz Halder ein, der Generalstab habe die Möglichkeiten der Sowjetunion in jeder Beziehung unterschätzt.

Das, was wir jetzt machen, sind die letzten verzweifelten Versuche, die Erstarrung im Stellungskrieg zu vermeiden. Die oberste Führung ist in ihren Mitteln sehr beschränkt. Die H. Grn. sind durch natürliche Grenzen (Sumpfniederungen) voneinander getrennt. Unsere letzten Kräfte sind ausgegeben. Jede Neugruppierung ist eine Verschiebung auf der Grundlinie innerhalb der Heeresgruppen. Das dauert Zeit und verbraucht Kraft von Menschen und Maschinen. Daher Ungeduld der höheren Führung (ObdH) und zunehmende Neigung in alle Einzelheiten hineinzureden. [...] In der gesamten Lage hebt sich immer deutlicher ab, daß der Koloß Rußland, der sich bewußt auf den Krieg vorbereitet hat, mit der ganzen Hemmungslosigkeit, die totalitären Staaten eigen ist, von uns unterschätzt worden ist. Diese Feststellung bezieht sich ebenso auf die organisatorischen wie auf die wirtschaftlichen Kräfte, auf das Verkehrswesen, vor allem aber auf rein militärische Leistungsfähigkeit. Wir haben bei Kriegsbeginn mit etwa 200 feindlichen Div. gerechnet. Jetzt zählen wir bereits 360. Diese Div. sind sicherlich nicht in unserem Sinne bewaffnet und ausgerüstet, sie sind taktisch vielfach ungenügend geführt. Aber sie sind da. Und wenn ein Dutzend davon zerschlagen wird, dann stellt der Russe ein neues Dutzend hin. Die Zeit dazu gewinnt er dadurch, daß er nah an seinen Kraftquellen sitzt, wir immer weiter von ihnen abrücken. [..]

DOKUMENT 45

Tagebucheintragung des Chefs
des Generalstabes des Heeres

13. September 1941

*Generaloberst Franz Halder gibt eine Zusammenfassung zu einer vom OKW aus-
gearbeiteten Denkschrift über die strategische Lage im Spätsommer 1941. Danach
zieht das OKW zu diesem Zeitpunkt zum ersten Mal in Betracht, daß es 1942
nicht gelingen wird, die Sowjetunion zu zerschlagen. Für diesen Fall erwägt das
OKW für 1942 einen neuen Feldzug und glaubt unter Einsatz aller verfügbaren
Kräfte, zu diesem Zeitpunkt das wichtigste Kriegsziel des deutschen Imperialismus, die Vernichtung der Sowjetunion, erzwingen zu können. Das sei Voraussetzung zur Realisierung weiterer Kriegsziele.*

[...] Auszug aus einer vom Führer gebilligten *Denkschrift OKW*
über die strategische Lage im Spätsommer 1941.

1. Im Augenblick noch nicht zu übersehen, wie viele Kräfte
bei Eintritt des Winters im Osten frei gemacht werden können
und wie viele zur Weiterführung der Operation im nächsten Jahr
erforderlich sein werden.

2. Sollte – womit die Oberste Führung angeblich schon immer
gerechnet hat – der Feldzug im Osten 1941 noch nicht zur völligen Vernichtung de sowjetischen Widerstandskraft führen, so
können die militärischen und politischen Rückwirkungen für die
Gesamtlage folgendes sein:

a) Eingreifen Japans gegen Rußland kann sich verzögern. Andererseits kann Amerika für Japan den unmittelbaren Anlaß
zum Eingreifen geben (unwahrscheinlich)!

b) Vereinigung Rußland–England über Iran wird nicht zu
verhindern sein.

c) Türkei wird diese Entwicklung mit großem Mißbehagen
betrachten. Trotzdem wird sie abwartend bleiben, bis sie vom
Niederbruch Rußlands überzeugt ist.

d) Militärische Aktion *gegen* Türkei für uns ausgeschlossen. Man muß versuchen, sie durch politische Mittel zu gewinnen.

3. Im Mittelmeerraum keine Anzeichen für wesentliche Veränderung der Lage. Englischer Angriff gegen Sollum und Ausfall aus Tobruk fraglich.

Ohne ernste deutsche Bedrohung aus Richtung Syrien–Irak wird sich die englische Stellung am Suezkanal immer mehr festigen. Ansammlung starker Angriffskräfte in Libyen wird sich ungestört vollziehen (amerikanische Hilfe). Lage der deutsch-italienischen Kräfte in Libyen wird immer schwieriger werden, wenn es nicht gelingt, die Versorgung über das Mittelmeer auf eine wesentlich breitere Basis zu stellen oder Tobruk noch vor einer englischen Offensive zu nehmen. (Nicht vor Oktober möglich.)

4. Spanien wird sich zum Kriegseintritt nur entschließen, wenn die deutsch-italienische Machtposition im Mittelmeer völlig gesichert ist oder wenn es selbst angegriffen wird.

5. Frankreich wartet ab und ist bestrebt, je nach Entwicklung der Lage der Achse, seine eigene zu verbessern.

6. England und Amerika sehen ein, daß Deutschland auf dem Festland nicht zu schlagen ist. Daher Ziel, Versorgungsschwierigkeiten zu vergrößern und im Verein mit Luftangriffen die Position der Achsenmächte außen- und innenpolitisch allmählich zu schwächen. »Die Invasionsgefahr« kann bis auf weiteres als beseitigt gelten. Die Überlegenheit der deutschen Luftwaffe ist aufgeholt. Die Mittelmeer- und darüber hinaus die gesamtstrategische Lage kann aber nur grundlegend geändert werden, wenn es gelingt, durch Verhinderung der deutsch-französischen Zusammenarbeit den deutsch-italienischen Brückenkopf in Nordafrika zu beseitigen, die ganze Küste Nordafrikas in die Hand zu bekommen, die See- und Luftherrschaft im Mittelmeer zu gewinnen, in Französisch-Marokko (Casablanca) und Französisch-Westafrika (Dakar) den Amerikanern einen Zugang zum Kriegstheater zu verschaffen, die strategischen Möglichkeiten der Achsenmächte dadurch bedenklich einzuschnüren, den Blockaderaum um Mitteleuropa enger zu schließen, Italien so unter Druck zu setzen, daß es zusammenbricht. Daneben muß durch Herstellung der Verbindung mit Rußland über iranisches Gebiet der Widerstandswille Rußlands aufrechterhalten und Deutschland der Zugriff auf die kaukasischen Ölgebiete ver-

wehrt werden. (Wahrscheinlicher Gedankengang unserer angelsächsischen Gegner.)

7. *Eigene Entschließungen:* Ziel bleibt, England niederzuwerfen und zum Frieden zu zwingen. Luftwaffe allein genügt nicht. Mittel: Invasion und Belagerung.

Invasion: Sicherstes Mittel zur schnellen Beendigung des Krieges.

Voraussetzungen:

a) Luftherrschaft, b) Masseneinsatz der bisher erfolgreichsten Kampfmittel gegen die englische Flotte, um sie an Erfolgen gegen unsere Transportflotte zu verhindern, c) Massenherstellung hochwertiger Schiffsgefäße mit Selbstantrieb, d) Schaffung einer starken Fallschirm- und Luftlandetruppe. Nur möglich auf Kosten anderer Rüstungsvorhaben. Brauchen Zeit bis Spätsommer 1942. Man muß die weitere Rüstung davon abhängig machen, ob man England an der Peripherie oder auf der Insel angreifen will. Die Angriffsmittel sind ganz verschieden. Entscheidung wäre jetzt nötig, kann aber noch nicht gefällt werden. Rüstung muß einen Weg einschlagen, der beide Möglichkeiten offenhält.

Belagerung: Notwendig monatliche Versenkung von 1 Mill. t feindlichen Schiffsraums. Kriegsmarine will starke Seeaufklärungsverbände und Luft-Atlantik-Geschwader für Kampf gegen Zufuhr an den Küsten und auf See. Großeinsatz der neuen Luftminen und Torpedos, Fortsetzung des systematischen Angriffs gegen Häfen und Werften. Diese Ansichten lassen sich in vollem Umfange 1942 noch nicht verwirklichen.

Belagerung Englands kann mit ausreichenden Luftstreitkräften erst begonnen werden, wenn Ostfeldzug im wesentlichen abgeschlossen ist und die Luftwaffe wieder aufgefrischt und vermehrt ist. Nach Auffassung der Kriegsmarine ist daher um so nötiger, durch neue strategisch günstig gelegene Stützpunkte die Aussichten für eine erfolgreiche Fortsetzung der Schlacht im Atlantik zu verbessern. (Bizerta, Ferrol, Cadiz, Gibraltar, Casablanca, Dakar.) Um diese Stützpunkte zu gewinnen, braucht man das politische Einverständnis von Spanien oder Frankreich. Spanien würde sich vielleicht unserem Druck beugen. Gegenüber dem französischen Kolonialreich fehlen uns alle Druckmittel; denn durch Besetzen von Frankreich können wir keinen Ausgleich schaffen für den Nachteil des Übergangs der französisch-afrikanischen Kolonien und der französischen Flotte zum Feind.

»In der Erkenntnis, daß dem Feind zum gleichen Zweck militärische und politische Mittel reichlich zur Verfügung stehen und daß der Besitz dieser französischen Stützpunkte von kriegsentscheidender Bedeutung sein kann, wäre ein hoher politischer Einsatz hierzu notwendig und gerechtfertigt, vorausgesetzt, daß der politische Erfolg militärisch ausgenutzt werden kann. Ob ein derartiger politischer Einsatz unternommen werden kann, hängt weniger von unserem guten Willen ab, als von der französischen Regierung« [wörtliche Ausführungen der Denkschrift]. Ebenso wichtig wie die Schlacht im Atlantik ist die Schlacht im Mittelmeer. Voraussetzung für beide ist die Niederwerfung Sowjetrußlands.

Die Lage Englands wird hoffnungslos, wenn es gelingt, die politischen Gegensätze Frankreichs, Spaniens und der Türkei teils unter sich, teils zu Italien, so weit zu überwinden, daß alle 3 Staaten am Krieg gegen England teilnehmen. Dieses höchste Ziel ist vielleicht in vollem Umfange nicht zu verwirklichen.

Wenn die Türkei mit uns geht, werden wir sie mit Munition und Material unterstützen müssen.

Spanien wird uns materiell ebenfalls stark belasten. Es bringt uns die Flottenstützpunkte Ferrol und Cadiz, die Beseitigung des englischen Flottenstützpunktes Gibraltar. Der politische Nutzen ist also sehr groß, aber nur dann, wenn gleichzeitig das französische Kolonialreich in Afrika seine bisherige Haltung nicht ändert. Der Gedanke, mit Hilfe eines spanischen Brückenkopfes das französische Kolonialreich in Afrika mit Gewalt zu bezwingen, ist schwer zu verwirklichen. Spanisch-Marokko würde durch gemeinsame englisch-französische Operation wahrscheinlich verloren sein, bevor deutsche Kräfte zur Stelle sein könnten. Der Besitz von Gibraltar hat aber seine wesentliche Bedeutung verloren, wenn Nordafrika in englisch-französische Hand fällt. Der Kriegseintritt Frankreichs an unserer Seite führt zu einer sofortigen Entspannung unserer Lage in Nordafrika. Der Einsatz der französischen Flotte wäre von höchstem

Wert. Andererseits sind die Machtmittel Frankreichs in Westafrika beschränkt, während sich südlich davon ein immer stärkeres englisches Machtzentrum aufbaut. Wenn also Frankreich an unserer Seite in den Krieg eintreten soll, so muß es vorher die Möglichkeit bekommen, sich in Westafrika zu verstärken, und wir müssen in der Lage sein, stützend einzugreifen. Die Möglichkeiten für uns hierzu bleiben immer gering.

Folgerung: Ein Kriegseintritt der *Türkei* ist für uns jederzeit – je früher desto besser – militärisch von großem Vorteil. Sie ist auch ohne deutsche Hilfe stark genug, den z. Zt. verfügbaren englisch-russischen Streitkräften auf dem Lande, zur See und in der Luft standzuhalten, und kann für die Beherrschung des Schwarzen Meeres wertvolle Hilfe bieten. Anders Frankreich und Spanien: Ohne unsere Hilfe bleibt der Kriegseintritt dieser Länder problematisch. Daran ändert auch die Benutzung spanischer Häfen durch uns nicht viel. Dem großen Vorteil, die Versorgung des italienischen Kriegsschauplatzes auf breitere Basis zu stellen, steht die Gefahr des Verlustes von Dakar an die Engländer gegenüber, da insbesondere die französischen Luftstreitkräfte um Dakar noch unzureichend sind.

8. *Zusammenfassung:* England verfolgt politisch und militärisch zwei große Ziele: Durch die über Iran hergestellte Verbindung mit Sowjetrußland dessen Widerstandswillen zu erhalten und Deutschland den Zugriff auf das Ölgebiet zu verwehren und früher oder später ganz West- und Nordafrika als Operationsraum zu gewinnen. Spanien und Türkei sollen wenigstens als Nichtkriegführende erhalten bleiben. Für die eigene Weiterführung des Krieges ergibt sich daher folgendes:

1. Der Zusammenbruch Rußlands ist das nächste und entscheidende Kriegsziel, das unter Einsatz aller an anderen Fronten entbehrlichen Kräfte erzwungen werden muß. Soweit es 1941 nicht völlig verwirklicht wird, steht die Fortsetzung des Ostfeldzuges 1942 an erster Stelle. Raumgewinn am Südflügel wird politisch und wirtschaftlich große Auswirkungen zur Folge haben. Unser Bestreben muß sein, eine Änderung der politischen Haltung der Türkei zu unseren Gunsten zu erreichen. Die militärische Lage würde dadurch im Südosten bedeutend verbessert werden.

2. Erst nach Ausschaltung Rußlands als Machtfaktor wird die Schlacht im Atlantik und im Mittelmeer gegen England, wenn möglich mit Hilfe französischer und spanischer Positionen, im vollen Maß aufzunehmen sein. Auch wenn Rußland noch in diesem Jahr im großen niedergeworfen wird, stehen die Kräfte des Heeres und der Luftwaffe für entscheidende Operationen im Mittelmeer, im Atlantik und auf dem spanischen Festland kaum vor Frühjahr 1942 zur Verfügung.

3. Wichtig ist es, bis zum nächsten Frühjahr die politischen und militärischen Beziehungen zu Frankreich und Spanien nicht abreißen zu lassen, sondern im Gegenteil zu vertiefen, Frankreich bei der Stange zu halten und weiterhin zu beeinflussen, daß es Westafrika militärisch verstärkt, um jedem englisch-amerikanischen Angriff gewachsen zu sein. Die Schwierigkeit für uns gegenüber Frankreich liegt in der Rücksichtnahme auf berechtigte Interessen des mit uns verbündeten Italien. Militärisch gesehen ist sie aber für die Niederwerfung Englands in absehbarer Zeit absolut notwendig und darf daher nicht unversucht bleiben.

4. Auf dieser erweiterten Grundlage kann dann erst im Frühjahr dem sich steigernden Unterseebooteinsatz auch die Unterstützung der Luftwaffe in größerem Ausmaß zuteil werden, um die Belagerung Englands mit größerem Erfolg fortzusetzen.

5. Operationen im östlichen Mittelmeerraum sind erst möglich, wenn Transkaukasien erreicht ist.

6. Die Invasion gegen England kann ernsthaft erst dann ins Auge gefaßt werden, wenn trotz des Niederbruchs Rußlands alle Mittel versagen, Spanien oder Frankreich zur Teilnahme am Kriege auf [die] Seite der Achse zu bekommen und dadurch die Schlacht im Atlantik oder Mittelmeer nicht solche Erfolge zeigt, daß mit der Niederzwingung Englands auf diesem Wege zu rechnen ist. [...]

DOKUMENT 46

Befehl des Oberkommandos der Wehrmacht zur Niederwerfung der kommunistischen Aufstandsbewegung

16. September 1941

Generalfeldmarschall Wilhelm Keitel befiehlt, gegen die seit dem Überfall auf die UdSSR in den okkupierten Gebieten entstandene Massenbewegung des Widerstandes mit schärfsten Mitteln vorzugehen. Als Vergeltung für jeden toten Wehrmachtangehörigen sollen 50 bis 100 Kommunisten ermordet werden. Rücksichten auf politische Beziehungen entfallen. Kriegsgerichtliche Verfahren dürfen nur ausnahmsweise durchgeführt werden, wobei auch dabei grundsätzlich nur Todesurteile gefällt werden. Auch die Vollstreckung der Todesstrafe soll abschreckend wirken.

1. Seit Beginn des Feldzuges gegen Sowjetrußland sind in den von Deutschland besetzten Gebieten allenthalben kommunistische Aufstandsbewegungen ausgebrochen. Die Formen des Vorgehens steigern sich von propagandistischen Maßnahmen und Anschlägen gegen einzelne Wehrmachtangehörige bis zu offenem Aufruhr und verbreitetem Bandenkrieg.

Es ist festzustellen, daß es sich hierbei um eine von Moskau *einheitlich geleitete Massenbewegung* handelt, der auch die geringfügig erscheinenden Einzelvorfälle in bisher sonst ruhigen Gebieten zur Last zu legen sind.

Angesichts der vielfachen politischen und wirtschaftlichen Spannungen in den besetzten Gebieten muß außerdem damit gerechnet werden, daß *nationalistische und andere Kreise* diese Gelegenheit ausnutzen, um durch Anschluß an den kommunistischen Aufruhr Schwierigkeiten für die deutsche Besatzungsmacht hervorzurufen.

Auf diese Weise entsteht in zunehmendem Maße eine *Gefahr für die deutsche Kriegführung*, die sich zunächst in einer allgemeinen Unsicherheit für die Besatzungstruppe zeigt und auch bereits zum Abzug von Kräften nach den hauptsächlichen Unruheherden geführt hat.

2. Die *bisherigen Maßnahmen*, um dieser allgemeinen kommunistischen Aufstandsbewegung zu begegnen, haben sich als *unzureichend* erwiesen.

Der Führer hat nunmehr angeordnet, daß *überall mit den schärfsten Mitteln* einzugreifen ist, um die Bewegung in kürzester Zeit niederzuschlagen.

Nur auf diese Weise, die in der Geschichte der Machterweiterung großer Völker immer mit Erfolg angewandt worden ist, kann die Ruhe wieder hergestellt werden.

3. Hierbei ist nach folgenden *Richtlinien* zu verfahren:

a) Bei *jedem Vorfall* der Auflehnung gegen die deutsche Besatzungsmacht, gleichgültig, wie die Umstände im einzelnen liegen mögen, muß auf kommunistische Ursprünge geschlossen werden.

b) Um die Umtriebe im Keime zu ersticken, sind *beim ersten Anlaß* unverzüglich die schärfsten Mittel anzuwenden, um die Autorität der Besatzungsmacht durchzusetzen und einem weiteren Umsichgreifen vorzubeugen. Dabei ist zu bedenken, daß ein Menschenleben in den betroffenen Ländern vielfach nichts gilt und eine abschreckende Wirkung nur durch ungewöhnliche Härte erreicht werden kann. Als Sühne für ein deutsches Soldatenleben muß in diesen Fällen im allgemeinen die Todesstrafe für 50–100 Kommunisten als angemessen gelten. Die Art der Vollstreckung muß die abschreckende Wirkung noch erhöhen.

Das umgekehrte Verfahren, zunächst mit verhältnismäßig milden Strafen vorzugehen und zur Abschreckung sich mit Androhung verschärfter Maßnahmen zu begnügen, entspricht diesen Grundsätzen nicht und ist daher nicht anzuwenden.

c) Die *politischen Beziehungen* zwischen Deutschland und dem betreffenden Lande sind für das Verhalten der militärischen Besatzungsbehörde nicht maßgebend.

Es ist vielmehr zu bedenken und auch propagandistisch herauszustellen, daß ein scharfes Zugreifen auch die einheimische Bevölkerung von den kommunistischen Verbrechern befreit und ihr damit selbst zugute kommt.

Eine geschickte Propaganda dieser Art wird infolgedessen auch nicht dazu führen, daß sich aus den scharfen Maßnahmen gegen die Kommunisten unerwünschte Rückwirkungen in den gutgesinnten Teilen der Bevölkerung ergeben.

d) *Landeseigene Kräfte* werden im allgemeinen zur Durchsetzung solcher Gewaltmaßnahmen versagen. Ihre Verstärkung bringt erhöhte Gefahren für die eigene Truppe mit sich und muß daher unterbleiben.

Dagegen kann von Prämien und Belohnungen für die Bevölkerung in reichem Maße Gebrauch gemacht werden, um ihre Mithilfe in geeigneter Form zu sichern.

e) Soweit ausnahmsweise *kriegsgerichtliche Verfahren* in Verbindung mit kommunistischem Aufruhr oder mit sonstigen Verstößen gegen die deutsche Besatzungsmacht anhängig gemacht werden sollten, sind die schärfsten Strafen geboten.

Ein wirkliches Mittel der Abschreckung kann hierbei nur die Todesstrafe sein. Insbesondere müssen Spionagehandlungen, Sabotageakte und Versuche, in eine fremde Wehrmacht einzutreten, grundsätzlich mit dem Tode bestraft werden. Auch bei Fällen des unerlaubten Waffenbesitzes ist im allgemeinen die Todesstrafe zu verhängen.

4. Die *Befehlshaber in den besetzten Gebieten* sorgen dafür, daß diese Grundsätze allen militärischen Dienststellen, die mit der Behandlung kommunistischer Aufruhrmaßnahmen befaßt werden, unverzüglich bekanntgegeben werden.

Vortragsnotiz
der Abteilung Landesverteidigung im OKW
über die beabsichtigte Verwüstung Leningrads

21. September 1941

Es wird der verbrecherische Vorschlag unterbreitet, Leningrad dem Erdboden gleichzumachen, die Bevölkerung durch Ausrottungsmaßnahmen sowie Hunger zu dezimieren und die Überlebenden im Frühjahr 1942 in andere Gebiete beziehungsweise in Lager zu treiben.

[...] Möglichkeiten:

1.) Stadt besetzen, also so verfahren, wie wir es mit anderen russischen Großstädten gemacht haben:

Abzulehnen, weil uns dann die Verantwortung für die Ernährung zufiele.

2.) Stadt eng abschließen, möglichst mit einem elektrisch geladenen Zaun umgeben, der mit MGs bewacht wird:

Nachteile: Von etwa 2 Millionen Menschen werden die Schwachen in absehbarer Zeit verhungern, die Starken sich dagegen alle Lebensmittel sichern und leben bleiben. Gefahr von *Epidemien*, die auf unsere Front übergreifen. Außerdem fraglich, ob man unseren Soldaten zumuten kann, auf ausbrechende Frauen und Kinder zu schießen.

3.) Frauen, Kinder, alte Leute durch Pforten des Einschließungsringes abziehen, Rest verhungern lassen:

a) Abschieben über den Wolchow hinter die feindliche Front *theoretisch* gute Lösung, praktisch aber kaum durchführbar. Wer soll Hunderttausende zusammenhalten und vorwärtstreiben? Wo ist dann die russische Front?

b) Verzichtet man auf den Abmarsch hinter die russische Front, verteilen sich die Herausgelassenen über das Land. Auf alle Fälle bleibt Nachteil bestehen, daß die verhungernde Restbevölkerung Leningrads einen Herd für Epidemien bildet und daß die Stärksten noch lange in der Stadt weiterleben.

4.) Nach Vorrücken der Finnen und vollzogener Abschließung der Stadt wieder hinter die Newa zurückgehen und das Gebiet nördlich dieses Abschnitts den Finnen überlassen.

Finnen haben inoffiziell erklärt, sie würden Newa gern als Landesgrenze haben, Leningrad müsse aber weg. Als politische Lösung gut. Frage der Bevölkerung Leningrads aber nicht durch Finnen zu lösen. Das müssen wir tun.

Ergebnis und Vorschlag:

Befriedigende Lösung gibt es nicht. H.Gr.Nord muß aber, wenn es soweit ist, einen Befehl bekommen, der wirklich durchführbar ist.

Es wird vorgeschlagen:

a) Wir stellen vor der Welt fest, daß Stalin Leningrad als Festung verteidigt. Wir sind also gezwungen, die Stadt mit ihrer Gesamtbevölkerung als militärisches Objekt zu behandeln. Trotzdem tun wir ein übriges: Wir gestatten dem Menschenfreund Roosevelt, nach einer Kapitulation Leningrads die nicht in Kriegsgefangenschaft gehenden Bewohner unter Aufsicht des Roten Kreuzes auf neutralen Schiffen mit Lebensmitteln zu versorgen oder in seinen Erdteil abzubefördern, und sagen für diese Schiffsbewegung freies Geleit zu (Angebot kann selbstverständlich nicht angenommen werden, nur propagandistisch zu werten).

b) Wir schließen Leningrad zunächst hermetisch ab und schlagen die Stadt, soweit mit Artillerie und Fliegern möglich, zusammen (vorerst nur schwache Fliegerkräfte verfügbar!).

c) Ist die Stadt dann durch Terror und beginnenden Hunger reif, werden einzelne Pforten geöffnet und Wehrlose herausgelassen. Soweit möglich, Abschub ins innere Rußland, Rest wird sich zwangsläufig über das Land verteilen.

d) Rest der »Festungsbesatzung« wird den Winter über sich selbst überlassen. Im Frühjahr dringen wir dann in die Stadt ein (wenn die Finnen es vorher tun, ist nichts einzuwenden), führen das, was noch lebt, nach Innenrußland bezw. in die Gefangenschaft, machen Leningrad durch Sprengungen dem Erdboden gleich und übergeben den Raum nördlich der Newa den Finnen. [...]

DOKUMENT 48

Studie der Organisationsabteilung
im Generalstab des Heeres
über die Kampfkraft des Ostheeres

6. November 1941

Die Organisationsabteilung stellt fest, daß sich im Ergebnis der Kämpfe an der deutsch-sowjetischen Front die Gefechtsstärken der Infanteriedivisionen um ein Drittel, die der Panzerdivisionen um fast zwei Drittel gemindert haben. Die Kampfkraft der 136 an der Front befindlichen Divisionen entspricht tatsächlich nur noch der von 83 Verbänden.

I

Die Fehlstellen der Inf. Div. durch blutige Verluste betragen im Durchschnitt etwa 2500 Mann. Die Ausfälle bei der Infanterie (80 % hiervon) entsprechen damit nicht ganz der Gefechtsstärke eines Inf. Rgts. Die infanteristische Kampfkraft der Inf. Div. ist also, Krankheitsverluste eingerechnet, um $\frac{1}{3}$ abgesunken. Die Ausfälle bei der Artillerie sind wesentlich geringer. Hier kann einschl. dem durch Pferdeausfälle bedingten Ausfall von Geschützen, mit einer Verringerung der Kampfkraft von etwa $\frac{1}{4}$ gerechnet werden. Bei der Gesamtbeurteilung der Kampfkraft der Div. ist außer der durch Zahlen erfaßbaren Ausfälle die Verringerung der Leistungsfähigkeit durch Ermüdung von Personal und Material, durch Mangel an Unterführern und durch Einschränkung der Beweglichkeit (Kfz.-Lage) zu berücksichtigen. Hiernach ist die Kampfkraft der Inf. Div. im Durchschnitt nur noch auf 65 % ihrer ursprünglichen Stärke zu veranschlagen.

Die Fehlstellen der Pz. Div. (außer 2. und 5. Pz. Div.) sind im Durchschnitt denen der Inf. Div. gleich, das bedeutet eine Schwächung ihrer inf. Kampfkraft um etwa 50 %. Die Gefechtsstärke der Pz. Rgter. ist durch Materialausfälle um etwa 65–75 % gesunken. Durch materielle Verluste, insbesondere Kfz-Ausfälle, haben die übrigen Truppenteile der Pz. Div. etwa 40–50 % ihrer Einsatzfähigkeit verloren. Insgesamt kann also die

Kampfkraft der Pz. Div. nur mehr mit etwa 35% ihrer normalen Stärke als Pz. Div. geschätzt werden.

Die Verluste der Inf. Div. (mot.) und der selbständigen Inf. Rgter. (mot.) (I.R.Gr.D., SS, A.H., Brig. 900) entsprechen etwa denen der Inf. Div. Ihre Abhängigkeit vom Kfz. macht es jedoch bei dem derzeitigen Zustand der Masse der Kfz. nötig, den Verlust an Kampfkraft prozentual höher als bei den I. D. zu veranschlagen. Sie können nur mehr auf etwa 60 % ihrer vollen Leistungsfähigkeit geschätzt werden.

II.

Die Kampfkraft des Ostheeres ist nach obigen Zahlen wie folgt einzuschätzen:

a) 101 vorhandene Inf. Div. (einschl. Geb. = u. 1. Inf. Div.) entsprechen etwa 65 voll kampfkräftigen Inf. Div.

b) Die 17 seit Operationsbeginn eingesetzten Pz. Div. sind als 6 voll verwendungsfähige Pz. Div. zu bewerten. Hierzu kommen die 2 noch voll einsatzfähigen Pz. Div. (2. u. 5.).

c) 13 Inf. Div. (mot.) einschl. SS Div. u. 3 selbständige Inf. Rgter. (mot.) entsprechen 8 verwendungsfähigen Inf. Div. (mot.) und 2 verwendungsfähigen Inf. Rgtern. (mot.).

Hieraus ergibt sich folgende Gesamtkampfkraft des Ostheeres:

65 Inf. Div.
8 Pz. Div.
8 Inf. Div. (mot.)
2 Inf. Rgter. (mot.)
_____

= Kampfkraft von 83 Verbänden bei 136 vorhandenen Verbänden.

Aufzeichnung einer Besprechung des Chefs des Generalstabes des Heeres mit den Stabschefs der Heeresgruppen und Armeen an der deutsch-sowjetischen Front

Orscha, 13. November 1941

Generaloberst Franz Halder gibt zu, daß die erhofften Kriegsziele im Kampf gegen die Sowjetunion 1941 nicht erreicht worden sind. Eine Fortsetzung der Operationen in Richtung Moskau sei für Ende November 1941, in Richtung Kaukasus für Januar 1942 geplant. Eine ausreichende Verpflegung der Truppen wäre nur bei rücksichtsloser Ausplünderung des Landes möglich. Es sei in Rechnung zu stellen, daß große Teile der Bevölkerung und der Kriegsgefangenen verhungern müssen.

[...] I.) *Einleitung der Besprechung durch Generaloberst Halder.*

1.) Der Krieg wird in Zukunft mehr noch als bisher und in zunehmendem Maße ein Krieg der Führung und der Organisation werden.

2.) Nachdem der bisherige Teil des Krieges wie ein Film planmäßig abgerollt ist, ist jetzt der Zeitpunkt gekommen, wo das gedanklich im Generalstab Vorbereitete verlassen wird.

3.) In dem Bilde des bisherigen Ablaufs sind kaum Fehlerquellen festzustellen. Das einzige, wogegen auch bei der Führung und im Generalstab Front gemacht werden muß, ist der mehr und mehr um sich greifende Nachbarhaß und die gelegentlich zum Ausdruck kommende Methode zur Verschleierung der eigenen Lage.

4.) Es kommt jetzt darauf an, daß wir uns ein klares Bild darüber machen, ob durch den bisherigen Ablauf der Operationen gegen Rußland das erhoffte Ziel des Jahres 1941 erreicht worden ist und ob Ergänzungen des Erreichten im Jahre 1941 noch notwendig und möglich sind. Dabei werden wir uns darüber klarzuwerden haben, daß die Fortsetzung des Krieges im Osten ebenso wie die Gesamtkriegführung überhaupt gewissen wirtschaftlichen Bindungen unterworfen ist. Auch die Verlagerung des Schwerpunktes der Kriegführung auf die Luftwaffe und Kriegsmarine wird für die Zukunft eine große Rolle spielen.

5.) Der Grundgedanke des Krieges gegen die Sowjets im Jahre 1941 bestand darin, in diesem Jahre eine Entscheidung zu erzwingen, die eine eindeutige Verlagerung des Schwerpunktes der Kriegführung auf den Krieg gegen England und damit auf die Luftwaffe und die Kriegsmarine ermöglichte. Die schönste Zeit der Heerführung liege hinter uns. [...]

13.) Hinsichtlich des Zeitpunktes der Fortsetzung der Operation äußert Generaloberst Halder, daß nach seiner Ansicht der Vorstoß in Richtung auf den Kaukasus im Januar, das weitere Vorgehen der 6. Armee Ende November, dasjenige der Heeresgruppe Mitte ebenfalls Ende November fortgesetzt werden könne. Die Panzerdivn. dürften erst antreten, wenn die Wege wieder gefestigt seien. Von den Grundsätzen der Vorschriften müsse man sich gerade auch hierbei frei machen.

14.) Generaloberst Halder spricht den Wunsch aus, daß die Winterausstattung durch die A.O.K. nicht gleichmäßig, sondern nach Führungsgesichtspunkten verteilt werden solle. Es seien also diejenigen Truppen besonders reichlich mit Winterausstattungen zu versehen, die den Angriff noch weiter vorzutragen hätten.

15.) Seitens des Chefs der Heeresgruppe Mitte wird die Frage der Ernährung der Kriegsgefangenen angeschnitten. Insbesondere wird seitens der Heeresgruppe Mitte darauf hingewiesen, daß die Kriegsgefangenen einen notwendigen Zuschuß an Arbeitskraft darstellen, in ihrem gegenwärtigen Zustand aber nicht arbeiten könnten, vielmehr in großem Umfange der Erschöpfung anheim fielen.

Der Generalquartiermeister greift in die Auseinandersetzung ein und erklärt:

Nichtarbeitende Kriegsgefangene in den Gefangenenlagern haben zu verhungern.

Arbeitende Kriegsgefangene können im Einzelfalle auch aus Heeresbeständen ernährt werden. Generell kann auch das angesichts der allgemeinen Ernährungslage leider nicht befohlen werden. [...]

150

15.) Der Chef des Generalstabes bittet die Armeechefs, sich der Frage der Schlacht- und Gefechtsbezeichnungen anzunehmen, da diese für die Stammrollen von Bedeutung seien.

IX.) *Bemerkungen des Generalquartiermeisters nach dem Abendessen.*

1.) Die Oberquartiermeister werden in nächster Zeit zu einer Besprechung in das Hauptquartier gerufen werden.

2.) Von besonderer Wichtigkeit ist es, daß die Truppe alles tut, um solange wie möglich aus dem Lande zu leben. Das Gebiet ostw. des Dnepr wird Operationsgebiet bleiben.

Die Verpflegungsfrage macht schwere Sorgen. Die Winterbevorratung konnte nicht durchgeführt werden. Die Heeresleitung wird aber, wie bisher, versuchen, unter Anspannung der äußersten Zugleistung alles heranzubringen, was irgend möglich ist.

3.) Die Frage der Ernährung der Zivilbevölkerung ist katastrophal. Um überhaupt zu einem Ergebnis zu kommen, mußte man zu einer Klassifizierung schreiten. Es ist klar, daß innerhalb dieser Klassifizierung an oberster Stelle die Truppe und ihre Bedürfnisse stehen müssen. Der Bevölkerung kann nur ein Existenzminimum zugebilligt werden. Dabei wird das flache Land immer noch einigermaßen erträglich dastehen. Unlösbar dagegen ist die Frage der Ernährung der Großstädte. Es kann keinem Zweifel unterliegen, daß insbesondere Leningrad verhungern muß, denn es ist unmöglich, diese Stadt zu ernähren. Aufgabe der Führung kann es nur sein, die Truppe hiervon und von den damit verbundenen Erscheinungen fernzuhalten. [...]

Bericht des deutschen Botschafters
und des Militärattachés in Rom
über italienische Kriegsziele

2. Dezember 1941

In dem Telegramm an den Reichsaußenminister, den Wehrmachtführungsstab und den Generalstab des Heeres, unterzeichnet von General der Infanterie Enno v. Rintelen und Hans-Georg v. Mackensen, wird über eine Unterredung mit Mussolini berichtet, der französische Kolonialgebiete gefordert und die Notwendigkeit unterstrichen hatte, weitere italienische Verbände im Kampf gegen die Sowjetunion einzusetzen.

[...] Bei einer Unterredung am 1. XII. machte der DUCE im Anschluß an seine Ausführungen über die militärische Lage in Libyen, die mit der Feststellung endeten, daß es unumgänglich notwendig sei, den Weg für Nachschubtransporte über Biserta freizubekommen, folgende Ausführungen:

Frankreich sei eine sterbende Nation, die Deutschland und Italien nicht mehr gefährlich werden könnte. Dennoch müsse man damit rechnen, daß die Franzosen den Achsenmächten immer feindlich gesinnt bleiben würden, das hätte das Verhalten der Franzosen im besetzten Gebiet gezeigt. Er halte es für zweckmäßig, bald mit Frankreich zu einer Regelung für den künftigen Frieden zu kommen. Italien verlange von den Franzosen das Gebiet von Nizza und Corsica, Gebiete, die eindeutig von ital. Bevölkerung bewohnt seien. Das sei nicht zuviel verlangt. Tunis und Djibuti führte der DUCE nicht auf; es ist jedoch möglich, daß sich seine Ausführungen nur auf die europäischen Besitzungen Frankreichs bezogen. Der DUCE führte ferner aus, daß das Deutsche Reich wohl außer Elsaß-Lothringen von den Franzosen keine Gebietsabtretung fordern werde, dagegen aus den Niederlanden und der flandrischen Bevölkerung Belgiens einen unter deutschem Einfluß stehenden neuen Staat schaffen und die wallonischen Gebiete Belgiens den Franzosen überlassen würde. Mit einer derartigen Regelung könnten die

Franzosen sehr zufrieden sein, denn mit 38 Mill. Einwohnern hätten sie dann ein noch viel größeres Gebiet als Italien mit einer sehr viel stärkeren Bevölkerung.

Im Anschluß hieran erklärte der DUCE, er sei sehr erfreut, vom Graf CIANO zu hören, daß der FÜHRER weitere italien. Verbände für den Ostkriegsschauplatz einsetzen wolle. Er sehe ein, daß bei den großen Schwierigkeiten der Versorgung von mot. und Panzerverbänden an der Ostfront ein weiterer Einsatz derartiger Verbände nicht in Frage käme, dafür aber ein Einsatz von Gebirgstruppen an der Kaukasusfront und zum Stoß in den Orient. Er habe die Anordnung gegeben, daß bis zum April 42 ein Armee-Korps aus Alpini und Gebirgstruppen für die Ostfront bereitgestellt würde. Eine stärkere Beteiligung der italien. Wehrmacht beim Kampf im Osten sei unbedingt notwendig.

Zur Lage im Mittelmeer führte der DUCE aus, daß die Amerikaner durch Änderung des Neutralitätsgesetzes den Engländern ermöglicht hätten, sich im Mittelmeer so zu verstärken. Es sei an der Zeit, daß die Japaner gegen die Amerikaner vorgingen, um diese im Pazifik zu binden. [...]

DOKUMENT 51

Weisung des Oberkommandos der Wehrmacht Nr. 39

8. Dezember 1941

Von Hitler unterzeichnete und an die Oberbefehlshaber der Wehrmachtteile sowie verschiedene Dienststellen des OKW gerichtete Weisung, an der deutsch-sowjetischen Front alle Angriffsoperationen einzustellen und zur strategischen Defensive überzugehen. Die angesichts des Fiaskos der Blitzkriegsstrategie und der sowjetischen Gegenoffensive erzwungene Weisung sah ferner vor, alle eroberten operativen und kriegswirtschaftlich wichtigen Gebiete zu behaupten, die Kräfte aufzufrischen und die Voraussetzungen zur Wiederaufnahme großer Angriffsoperationen im Jahre 1942 zu schaffen.

Der überraschend früh eingebrochene strenge Winter im Osten und die dadurch eingetretenen Versorgungsschwierigkeiten zwingen zu sofortiger Einstellung aller größeren Angriffsoperationen und zum Übergang zur Verteidigung.

Wie diese Verteidigung zu führen ist, wird bestimmt durch *das Ziel*, das mit ihr verfolgt wird, nämlich:

a) Räume zu behaupten, die operativ oder wehrwirtschaftlich für den Gegner von großer Bedeutung sind,

b) den im Osten eingesetzten Kräften der Wehrmacht eine möglichst große Erholung und Auffrischung zu ermöglichen und

c) dadurch die Voraussetzungen für die Wiederaufnahme größerer Angriffsoperationen im Jahre 1942 zu schaffen.

Im einzelnen befehle ich:

I. *Heer:*

1.) Die Masse des Ostheeres geht sobald wie möglich in kräftesparenden, vom Oberbefehlshaber des Heeres festzulegenden Fronten zur Abwehr über und beginnt dann unter Herausziehung vor allem der Panzer- und mot. Divisionen mit der Auffrischung der Verbände.

2.) Wo die Front, ohne vom Gegner gezwungen zu sein, zurückverlegt wird, muß zuerst eine rückwärtige Stellung vorbereitet sein, die der Truppe bessere Lebensbedingungen und Verteidigungsverhältnisse bietet als in der bisherigen Stellung.

Die Freigabe wichtiger Querverbindungen für den Feind kann zu einer Gefährdung anderer noch nicht gefestigter Frontabschnitte führen. In solchen Fällen muß der Zeitpunkt der Zurücknahme einzelner Abschnitte der Gesamtlage angepaßt werden.

3.) Der Verlauf der Front muß der Truppe Unterbringung und Abwehr erleichtern und möglichst einfache Versorgungsverhältnisse, besonders auch während der Zeit der Schneeschmelze, schaffen.

Sehnen- und rückwärtige Stellungen sind festzulegen und unter Zuhilfenahme aller aufzutreibenden Arbeitskräfte so rasch als möglich feldmäßig auszubauen.

4.) Im Rahmen der im großen defensiven Kampfführung müssen folgende *Sonderaufgaben* gelöst werden:

a) *Sewastopol* ist sobald wie möglich zu nehmen; über die Masse der 11. Armee (mit Ausnahme der für Küstenschutz benötigten Teile) wird nach Abschluß der dortigen Kämpfe entschieden werden.

b) *H.Gr.Süd* muß trotz aller Schwierigkeiten bestrebt sein, die Voraussetzungen zu schaffen, daß sie bei günstiger Witterung noch während des Winters einen Angriff zur Gewinnung der unteren Don–Donez-Linie führen kann. Dadurch werden günstige Voraussetzungen für die Frühjahrsoperation gegen den Kaukasus geschaffen werden.

c) *H.Gr.Nord* verkürzt ihre Ost- und Südostfront nördlich des Ilmensees, ohne dabei Straße und Bahn von Tichwin nach Wolchowstroj und Koltschanowo für den Gegner freizugeben, und schafft dadurch die Voraussetzung, um nach dem Eintreffen von Verstärkungen die Lage südlich des Ladogasees zu bereinigen. Nur dadurch wird die Abschließung von Leningrad endgültig gesichert und die Verbindung mit der finnisch-karelischen Armee herzustellen sein.

d) Sollte sich ergeben, daß der Gegner aus dem *Küstenstreifen südlich der Kronstadt-Bucht* die Masse seiner Kräfte abgezogen hat und dort nicht mehr ernsthaft verteidigen will, wird zur Einsparung von Kräften die dortige Küste in Besitz zu nehmen sein.

II. *Luftwaffe:*

1.) Aufgabe der Luftwaffe ist es, die Wiederauffrischung der russischen Wehrmacht durch Bekämpfung der Rüstungs- und Ausbildungszentren, vor allem Leningrad, Moskau, Rybinsk, Gorki, Woronesh, Rostow, Stalingrad, Krasnodar usw., nach Kräften zu stören. Besondere Bedeutung kommt der laufenden Unterbrechung *der* feindlichen Verbindungslinie zu, von denen der Gegner lebt und durch deren Ausnutzung eigene Frontabschnitte bedroht werden. Neben der Bekämpfung der feindlichen Luftwaffe ist das Heer in der Abwehr feindlicher Angriffe auf der Erde und aus der Luft mit allen Mitteln zu unterstützen. [...]

IV.) *Der personelle Ersatz* der Wehrmacht muß für das Jahr

1942 auch dann gesichert sein, wenn hohe Verluste eintreten sollten. Da der Jahrgang 1922 allein nicht ausreichen wird, sind durchgreifende Maßnahmen geboten.

Ich ordne an:

1.) Alle innerhalb der Wehrmacht aus der Heimat oder Sonderverwendung (z. B. Wehrmachtmission Rumänien) frei zu machenden Kräfte sind in einem großzügigen Abbau der kämpfenden Front nutzbar zu machen.

Soldaten jüngerer Jahrgänge, die sich im Heimatkriegsgebiet oder rückwärtigen Diensten befinden, sind dabei gegen ältere Frontsoldaten auszutauschen.

2.) Für den Austausch zwischen Ost- und West-Kriegsschauplatz gilt folgendes:

Im Westen befindliche voll verwendungsfähige Divisionen 2. und 3. Welle und Panzer-Divisionen sind gegen besonders abgekämpfte Ostdivisionen auszutauschen. Dabei kann eine nur vorübergehende Schwächung während des Winters in Frankreich in Kauf genommen werden.

Kampferfahrene Führer, Unterführer und Soldaten aus aufzulösenden Ostdivisionen können in diese Westdivisionen eingegliedert werden.

Ob darüber hinaus noch Westdivisionen, die geschlossen im Osten nicht verwendet werden können, aufzulösen oder zur Ergänzung bewährter Ostdivisionen zu verwenden sind, werde ich entscheiden, wenn mir der gesamte Plan des Heeres für die Reorganisation und die Verteilung des Heeres vorliegt.

Auf jeden Fall muß die Kampfkraft des Westheeres so weit erhalten bleiben, daß die Abwehr an den Küsten sowie die Durchführung des Unternehmens »Attila« gesichert sind.

3.) Junge uk-gestellte Arbeiter sind in größtem Umfange durch Gefangene und russische Zivilarbeiter, die in Gruppen eingesetzt werden, allmählich frei zu machen. Besondere Anordnungen hierüber ergehen durch das Oberkommando der Wehrmacht.

DOKUMENT 52

Befehl des Kriegsrates der Westfront
an alle ihm unterstellten Armeen

9. Dezember 1941

Der Kriegsrat der Westfront, Armeegeneral G.K. Shukow, Generalleutnant W.D. Sokolowski und N.A. Bulganin, weisen die Armeebefehlshaber an, bei der Verfolgung des vor Moskau im Rückzug befindlichen Gegners frontale Kämpfe zu vermeiden, dafür die gegnerischen Truppen zu umgehen und ihnen ihre Rückzugs-wege abzuschneiden.

1. Der Gegner hat unter den Schlägen der Westfront den über-stürzten Rückzug an seinen Flanken begonnen. Stellenweise läßt der Gegner Transportmittel, Technik und Bewaffnung im Stich.

Der Gegner ist durch die Rückführung seiner Flanken offen-sichtlich bestrebt, seine Front zu begradigen, bei sich wieder Ordnung zu schaffen, seine Truppen aufzufüllen und sich auf eine neue Operation vorzubereiten.

2. Die Hauptaufgabe der Truppen der Westfront besteht darin, die Flankengruppierungen des Gegners so schnell wie möglich zu zerschlagen, seine technischen Mittel, Transport-mittel und Waffen zu erbeuten und durch einen zügigen Vorstoß zur Umfassung seiner Flankengruppierungen die unserer West-front gegenüberstehenden Armeen des Gegners endgültig ein-zukreisen und zu vernichten.

3. Die Praxis des Angriffs und der Verfolgung des Gegners zeigt, daß einige unserer Truppenteile völlig falsch kämpfen und – anstelle durch Umgehen der Nachhuten des Gegners zügig vor-zustoßen – ein langwieriges frontales Gefecht mit ihm führen.

Anstatt den Gegner zu umgehen und einzukreisen, wird er durch einen Frontalangriff aus der Front hinausgeworfen, an-statt zwischen den Befestigungen des Gegners einzusickern, wird vor diesen Befestigungen auf der Stelle getreten, wobei über Schwierigkeiten bei der Gefechtsführung und über die ho-hen Verluste Klage geführt wird.

All diese negativen Methoden der Gefechtsführung spielen dem Feind in die Hände, denn sie ermöglichen es ihm, sich mit geringen Verlusten planmäßig auf neue Abschnitte abzusetzen, bei sich wieder Ordnung zu schaffen und den Widerstand gegen unsere Truppen neu zu organisieren.

Ich befehle:

1. Kategorisch zu verbieten, mit den gegnerischen Deckungstruppenteilen Frontalgefechte zu führen, zu verbieten, frontal um befestigte Stellungen zu kämpfen, kleinere Deckungseinheiten in Ruhe zu lassen und sie zügig zu umgehen, um so tief wie möglich auf die Rückzugswege des Gegners vorzustoßen.

2. Aus dem Bestand der Armeen mehrere Stoßgruppen im Bestand von Panzern, MPi-Schützen und Kavallerie zu bilden und sie unter der Führung tapferer Kommandeure in den Rücken des Gegners zur Vernichtung von Kraftstoff und Artilleriezugmitteln zu werfen.

3. Den Gegner bei Tag und Nacht zu hetzen. Bei einer Übermüdung der Truppenteile sind Verfolgungsabteilungen bereitzustellen.

4. Die Handlungen unserer Truppen sind durch die Panzerabwehr, die Aufklärung und ständige Sicherung sicherzustellen, denn der Gegner wird bei seinem Rückzug keine Gelegenheit auslassen, um gegen unsere Truppenteile Gegenangriffe vorzutragen.

5. Eingeleitete Maßnahmen sind unverzüglich zu melden. [. . .]

DOKUMENT 53

Tagebucheintragungen des Oberbefehlshabers der Heeresgruppe Mitte

7., 8. und 10. Dezember 1941

Generalfeldmarschall Fedor v. Bock versucht aus seiner Sicht die Hauptursachen für die schwere Niederlage vor Moskau zu analysieren, wobei er die Unterschätzung der militärischen Möglichkeiten der Sowjetunion und die Überschätzung der eigenen verbliebenen Kräfte als entscheidend ansieht.

7.12.

Schwerer Tag. Der rechte Flügel der Panzergruppe 3 hat in der Nacht begonnen, sich abzusetzen. Die Einbrüche am Nordflügel der Panzergruppe sind unangenehm. Auch auf dem rechten Flügel der 9. Armee hat der Feind seinen Einbruch wesentlich erweitert. [...]

Auch vor der 4. Armee ist der Feind unruhiger, namentlich gegenüber der Panzergruppe 4. [...]

2. Panzerarmee erlebt eine Schlappe bei Michailow, das von einer vorgeschobenen Abteilung der 10. (mot)Division, unter Einbuße von mancherlei Material, aufgegeben werden muß. [...]

Drei Dinge haben zu der gegenwärtigen schweren Krise geführt:

1.) Die einsetzende Herbst-Schlammzeit.

Truppenbewegungen und Nachschub sind durch die tief verschlammten Wege nahezu völlig lahmgelegt. Die Ausnutzung des Sieges von Wjasma ist nicht mehr möglich.

2.) Das Versagen der Bahnen.- Mängel im Betriebe, Mangel an Wagen, Lokomotiven und geschultem Personal – mangelnde Widerstandsfähigkeit der Lokomotiven und Betriebseinrichtungen gegen den russischen Winter.

3.) Die Unterschätzung der Widerstandskraft des Feindes und seiner personellen und materiellen Reserven.

Der Russe hat es verstanden, unsere Transportschwierigkeiten durch Zerstörung nahezu aller Kunstbauten an den

159

Hauptbahnen und Straßen so zu steigern, daß es der Front am Allernötigsten zum Leben und Kämpfen fehlt. Munition, Betriebsstoff, Verpflegung und Winterbekleidung kommen nicht heran. Die Leistungen des, infolge Versagens der Bahnen und nach 1500 km langem Vormarsch, überbeanspruchten Kraftfahrgeräts sinken zusehends ab. So kommt es, daß wir heute jeder Möglichkeit zu nennenswerten Truppenverschiebungen beraubt und mit versagendem Nachschub einem Feinde gegenüberstehen, der unter rücksichtslosem Einsatz seiner unerschöpflichen Menschenmassen zum Gegenangriff antritt. In überraschend kurzer Zeit hat der Russe zerschlagene Divisionen wieder auf die Beine gestellt, neue aus Sibirien, aus Iran und dem Kaukasus an die bedrohte Front geworfen und seine verlorene Artillerie durch zahlreiche Raketengeschütze zu ersetzen gesucht. Heute stehen 24 – größtenteils aufgefüllte – Divisionen mehr vor der Heeresgruppenfront, als am 15. November. Demgegenüber ist die Kraft der deutschen Divisionen durch die ununterbrochenen Kämpfe und durch den mit großer Gewalt hereinbrechenden Winter auf weniger als die Hälfte herabgesetzt; der Kampfwert der Panzertruppen ist weit geringer. Die Verluste an Führern und Unterführern sind erschreckend hoch und können zur Zeit noch weniger wie die Mannschaftsverluste ausgeglichen werden. –

Die Befehle zu rücksichtslosem Nachdrängen waren gerechtfertigt, solange die oberste Führung Anhaltspunkte dafür zu haben glaubte, daß der Feind nur noch mit allerletzter Kraft um sein Leben rang; das Streben, ihn *dann* in einem kurzen Anlauf endgültig niederzuwerfen, war »des höchsten Einsatzes wert« – wie das Oberkommando des Heeres forderte. Das aber war ein Irrtum und die Heeresgruppe ist nun gezwungen, unter schwierigsten Verhältnissen zur Abwehr überzugehen. [...]

8.12.

[...] Abends ruft Guderian an, der seine Lage in den schwärzesten Farben schildert und dabei den Ausdruck gebraucht, er könne mir nicht verschweigen, daß eine Vertrauenskrise Platz griffe. Er fragt zum hundertsten Male, ob diese Lage den obersten Dienststellen auch bekannt sei. Ich bitte ihn, zu sagen, gegen wen sich die Vertrauenskrise denn richte, und stelle ihm anheim, selbst zur Heeresleitung zu fliegen; beides läßt er unbeantwortet. Das Gespräch schließt damit, daß ich ihm sage, mit Klagen sei hier nichts getan, Verstärkungen könne ich ihm nicht geben, entweder man risse aus oder man ließe sich totschlagen. Andere Dinge stehen nicht zur Wahl. Es käme also nur darauf an, dafür zu sorgen, daß jeder zäh festhält, was er zu halten hat. [...]

Ich schildere Halder die Lage und sage, daß die Heeresgruppe an keiner einzigen Stelle einem starken Angriff der Russen gewachsen sei. Halder will dies abmildern, was ich nicht zugeben kann. Immer wieder betone ich, wie notwendig die Zuführung von Verstärkungen ist, wenn ich halten soll. Halder erwidert, daß die Heeresleitung keinen Einfluß auf die Zuführung von Verstärkungen aus dem Westen hat.

10.12.

[...] Ich setze folgendes Telegramm an Brauchitsch auf: »Ich wiederhole meine mehrfach erstattete Meldung, daß die Front der Heeresgruppe mit den vorhandenen Kräften längere Zeit nicht mehr gehalten werden kann. Selbst wenn es gelingt, die gegenwärtigen Einbrüche irgendwie und irgendwo aufzufangen, so sind damit die letzten Kräfte erschöpft. Diese Auffassung entspricht der aller Armeeführer. Die Front der Heeresgruppe ist trotz ungünstigsten Wetters und großer Wegeschwierigkeiten in unablässiger Bewegung, weil alle irgend entbehrlichen Kräfte an ruhigeren Fronten herausgezogen und an die Einbruchstellen geworfen werden. Zum Ausbau der Stellungen und Winterunterkünfte ist es, außer in wenigen Abschnitten der 4. und 9. Armee, nirgends gekommen. Ein großzügiges Absetzen der Heeresgruppe in eine kürzere Linie etwa Kursk – Orel – Gsatsk – Rshew – Wolgo-See ist bei den vereisten und verschneiten Wegen, beim Zustand der Panzer, Zugmaschinen und Lastkraftwagen und bei der Erschöpfung der Truppe gleichbedeutend mit ganz hohen Verlusten an Waffen und Gerät. Das haben die geringen Ausweichbewegungen der letzten Tage erwiesen.

Ein derartiges Ausweichen führt zudem die Truppe in unvorbereitete Verhältnisse mitten im Winter hinein; seine planmäßige Vorbereitung würde Wochen erfordern. Es bleibt daher nichts übrig, als in zähen Kämpfen jeden Fuß breit zu verteidigen und nur örtlich auszuweichen, wo es nicht anders geht. Das aber birgt beim gegenwärtigen Kräftezustand die Gefahr, daß irgendwo die Truppe völlig zusammenbricht, bevor die Stoßkraft der Russen erlahmt. Daß der Feind weiter angreifen will, ist aus mitgehörten Funksprüchen erwiesen.

Ich wiederhole daher meinen seit längerer Zeit gestellten Antrag, durch beschleunigte Zuführung von Verstärkungen die Fortführung des Kampfes mit einiger Aussicht auf Erfolg zu ermöglichen und nicht das Schicksal der Heeresgruppe dem Zufall zu überlassen. – « [. . .]

DOKUMENT 54

Fernschreiben der Operationsabteilung im Generalstab des Heeres an das Oberkommando der Heeresgruppe Mitte

18. Dezember 1941

Auf Grund der sich krisenhaft zuspitzenden Lage durch die sowjetische Gegenoffensive vor Moskau wird befohlen, die eingenommenen Stellungen unter allen Umständen zu verteidigen und keine Rückzugsbewegungen durchzuführen. Der Generalstab des Heeres kündigt beschleunigte Heranführung neuer Kräfte an.

1.) Der Führer hat befohlen:

»Größere Ausweichbewegungen können nicht durchgeführt werden. Sie führen zum völligen Verlust von schweren Waffen und Gerät. Unter persönlichem Einsatz der Befehlshaber, Kommandeure und Offiziere ist die Truppe zum fanatischen Widerstand in ihren Stellungen zu zwingen, ohne Rücksicht auf durchgebrochenen Feind in Flanke und Rücken. Nur durch eine derartige Kampfführung ist der Zeitgewinn zu erzielen, der notwendig ist, um die Verstärkungen aus der Heimat und dem Westen heranzuführen, die ich befohlen habe. Erst wenn Reserven in rückwärtigen Sehnenstellungen eingetroffen sind, kann daran gedacht werden, sich in diese Stellung abzusetzen.«

2.) *Aufgabe der H.Gr.Süd* ist es, ihre derzeitige Front zu halten unter Verschiebung von Kräften an den Nordflügel der 6. Armee derart, daß bald im Bereich südlich Kursk eine zu etwaigem Einsatz am rechten Flügel der 2. Armee befähigte Gruppe bereitsteht.

3.) OKH wird der H.Gr.Mitte unter Ausschöpfung aller Transportmöglichkeiten sowie unter Einsatz des gemäß Ziffer 6.) zur Verfügung gestellten Lufttransportraumes Verstärkungen in größtmöglicher Zahl zuführen. Das wichtigste ist die Zuführung von Gewehrträgern (Ersatzbataillone) zu den besonders geschwächten Divisionen. Der Antransport von Panzern tritt demgegenüber zurück.

Es werden der H.Gr. zugeführt:

216. Div.	voraussichtlich bis zum	1.1.42	nach Witebsk	
208. Div.	„ „ „	8.1.42	„	„
246. Div.	„ „ „	16.1.42	„	„
211. Div.	„ „ „	24.1.42	„	„
205. Div.	„ „ „	1.2.42	„	„

Zur Beschleunigung der Zuführung dieser Kräfte werden von den vorgenannten Divisionen nur die für sofortigen Einsatz unbedingt notwendigen Teile (Infanterie, Pioniere, eine Artl. Abteilung, Panzerjäger) nach Witebsk zugeführt, während die übrigen nicht unmittelbar benötigten Teile zur Verkürzung der Transportzahlen im Reichsgebiet ausgeladen werden. Ihre Zuführung wird später je nach Lage geregelt werden.

Ferner werden 2 Inf. Divn. und 3 Ersatz-Divn. bis Mitte Januar zur Verfügung OKH an der Ostgrenze bereitgestellt.

4.) 339. Div. wird der H.Gr. mit Eintreffen der im Antransport befindlichen Landesschützen-Batl. zur Verwendung in der Front freigegeben.

5.) Die Aufstellung von winterbeweglichen Jagdkommandos in Batl.-Stärke mit Schi- und Schlittenausrüstung im Heimatbereich ist angeordnet. Über ihre Zuteilung wird rechtzeitig Befehl ergehen.

6.) a) Ob. d. L. führt dem röm. 8. Fliegerkorps sofort an Verstärkungen zu:

4 Kampfgruppen und

1 Zerstörergruppe, ferner

1 Transportgruppe von Luftflotte 4 und

5 Transportgruppen aus der Heimat.

b) Die von Luftgruppe 4 zu verlegende Transportgruppe überführt 1 Ersatzbataillon der H. Gr. Süd zur H. Gr. Mitte (bereits befohlen).

2 Transportgruppen überführen ab 18. 12. größere Teile der SS-Standarte 4 zur H. Gr. Mitte.

Die restlichen 3 Transportgruppen werden bei ihrer Verlegung aus dem Reich zur H. Gr. Mitte einzelne Ersatzbataillone überführen.

Durchführung der weiteren Lufttransporte innerhalb des Bereichs der H. Gr. Mitte sind im Einvernehmen mit röm. 8. Fliegerkorps zu regeln. Etwaige Wünsche auf Antransport von Ersatzeinheiten oder einzelnen Infanterie-Verbänden in bestimmte, für den Weitertransport auf dem Luftwege geeignete Ausladegebiete, sind durch die H. Gr. gegebenenfalls bei OKH zu beantragen.

DOKUMENT 55

Tagebucheintragungen des Chefs des Generalstabes des Heeres

30. und 31. Dezember 1941, 1., 7. und 9. Januar 1942

Generaloberst Franz Halder zählt die an allen Frontabschnitten der deutsch-sowjetischen Front zu verzeichnenden Niederlagen auf. Seine Eintragungen spiegeln die sich krisenhaft zuspitzende Situation bei den faschistischen Truppen wider.

[...] (30. 12. 1941)

Wieder ein schwerer Tag! Auf der Krim hat die feindliche Landung bei Feodosija eine operativ schwierige Lage geschaffen.

Die Heeresgruppe hat sich trotzdem entschlossen, den Angriff Sewastopol durchzuhalten.

Vor 6. Armee schleierhafte Bahnbewegungen. Die Oka-Lücke ist durch einzelne kleinere Abteilungen, Umgruppierungen bei XXXXIII. AK etwas besser umrandet, aber noch lange nicht geschlossen.

Krisis bei 15. Div. Dramatische Aussprache zwischen Führer und v. Kluge am Fernsprecher. Das Zurückverlegen der Front des Nordteils der 4. Armee wird vom Führer abgelehnt.

Sehr schwere Krisis bei 9. Armee, wo anscheinend die Führung vorübergehend die Nerven verloren hat.

Mittags aufgeregter Anruf v. Kluges, 9. Armee wolle bis hinter Rshew zurück ausweichen. Schließlich scheint sich aber der OB Heeresgruppe doch durchgesetzt zu haben. Abends ist zwar die Front 9. Armee etwas zurückgedrängt, aber Stimmung klarer. Einige geringe Verstärkungen sind eingetroffen. 4. Panzergruppe muß Reserve frei machen.

Bei Nord wird Gegenangriff am Wolchow, wo Feind eingebrochen ist, eingeleitet. [...]

(31. 12. 1941)

Wieder ein schwerer Tag! Bei Sewastopol haben die Angriffe der 22. Div. nicht durchgeschlagen. Daher Einstellung des Angriffs notwendig, um Kräfte für Feodosija frei zu machen. Dort Feind verstärkt und verbreitert.

Bei 2. Armee und 2. Pz. Armee im allgemeinen Angriffe abgewiesen. Nordflügel 2. Pz. Armee bei Belew im Druck.

In die Oka-Lücke führt Feind Infanterie nach. Druck auf XXXXIII. AK nun auch vom Westen. Bei LVII. AK nördlich Malojaroslawez Einbrüche.

Bei V. AK schwere Angriffe anscheinend abgewiesen.

Bei 9. Armee sehr schwere Lage, infolge Durchbruch des Feindes mit stärkeren Kräften beiderseits des VI. AK.

Bei *Heeresgruppe Nord* im allgemeinen Ruhe. [...]

(1. 1. 1942)

Lage: Neu:

a) Angriff gegen Nordflügel 6. Armee und offensichtlicher Kraftanlauf des Feindes auch gegen übrige Front 6. Armee.

b) Beginnender Großangriff gegen Tigoda-Ecke der Heeres-gruppe Nord.

Von den alten Druckstellen ist festzustellen:

Krim-Lage gespannt und ohne neue Kräfte schwer zu bereinigen.

Südflügel Mitte erneut durch Angriff bedrängt. Okalücke beginnt sich zu umranden.

4. Armee verschiedentlich unter schwerem Druck.

3. und 4. Pz. Gruppe weisen Feindangriff ab. 9. Armee beiderseits des zerstörten Stariza durchbrochen, kämpft um ihren Zusammenhalt.

Beim Führer eingehende Auseinandersetzungen über *künftige Gliederung des Transportwesens*. Endergebnis: Reichsverkehrsminister [Dorpmüller] übernimmt gesamten Bahnbetrieb bis dicht hinter Front.

General Müller berichtet über seine Reise zur Panzerarmee 2 und AOK 2. Sehr gespannte Lage, aber nicht unhaltbar. Rückwärts der Front vermehrte Aufsicht notwendig. Truppe gut. Keine Auflösungserscheinungen. [...]

(7. 1. 1942)

Lage: Fortschritte des Feindes in Gegend Suchinitschi, das eingeschlossen ist, und nördlich.

Die Lage dieses Durchbruchsbogens wird immer unbequemer. H. Gr. Mitte muß entschlossener aus der feststehenden Front südlich des Durchbruchs Kräfte herausziehen und gegen die Flanke des Durchbruchs von Süden her ansetzen.

Am Südflügel der Panzergruppe 4 ist feindlicher Angriff und unser Angriff aufeinandergestoßen. Ergebnis noch unklar. 9. Armee ist westlich Rshew heute noch leidlich durchgekommen. Morgen soll Einbruch von beiden Seiten angefaßt werden. Ostwärts Rshew steht offenbar starker Angriff bevor, dabei neue Kräfte.

Im Norden soll nach Überläufernachrichten Angriff auf Tschudowo bevorstehen. Kräfteverschiebungen über den See an die Ladogafront.

General Heinrichs, Oberbefehlshaber der karelischen Front, der zu einer Sondermission zum Führer entsandt ist, besucht mich. Das Zusammensein mit diesem Mann ist eine herzliche Freude.

Oberst Ochsner will mir den Gaskrieg gegen die Russen aufschwatzen. [...]

(9. 1. 1942)

Die Lage reift zur großen Entscheidung heran:

In der Durchbruchslücke von Suchinitschi drängt der Feind weiter nach Westen vor. Nur schwache Teile können ihm entgegengeworfen werden. Der Ausweitung nach SW und NW wird einigermaßen, wenn auch mühsam gegengehalten.

Westlich Rshew ist Abfangen feindlichen Durchbruchs nicht gelungen. Er hat sich erweitert und hat Aussicht, zu einer entscheidenden Handlung zu werden. Wir haben keine Gegenmittel greifbar. Südlich Ostashkow werfen 2 feindliche Div. unsere schwachen Sicherungen zurück, so daß auch hier ein Einbruch entsteht.

Bei Heeresgruppe Nord Einbruch bei Staraja Russa, der wohl abgefangen werden wird, und abgewiesener Angriff an der Wolchowfront. Hier und an der Ladogafront scheint der Hauptangriff erst bevorzustehen.

Mehrfache Gespräche mit *v. Kluge*, *Jodl*: Große Entscheidung über Rückverlegung der Front ist nun notwendig. Führer kann sich noch nicht entscheiden und will mit Kluge selbst sprechen. Daher leider wieder Vertagung dieser brennenden Frage und Verlust wertvoller Zeit. [...]

DOKUMENT 56

Richtlinien für die Rüstungsproduktion 1942

10. Januar 1942

Vom Hitler unterzeichnete grundsätzliche Richtlinie für die Rüstungsproduktion 1942. Da es 1941 nicht gelungen war, die Sowjetunion niederzuwerfen, soll die Rüstungsproduktion 1942 weiterhin vor allem den wachsenden Bedürfnissen des Heeres dienen. Die ursprünglich vorgesehene Schwerpunktverlagerung der Rüstungsproduktion auf die Luftwaffe und die Kriegsmarine unterbleibt.

I.

In Anpassung an die veränderte Kriegslage gelten für die Rüstung 1942 die folgenden Richtlinien:

1. Die *Zielsetzung auf weite Sicht* bleibt unverändert der Ausbau der Luftwaffe und Kriegsmarine zum Kampf gegen die angelsächsischen Mächte. Diesem Grundsatz ist bei allen Rüstungsplanungen und den vorbereitenden Maßnahmen hierzu Rechnung zu tragen.

Die *Kriegführung im Jahre 1942* verbietet jedoch bis auf weiteres ein Absinken der Rüstung des Heeres zugunsten dieser Zielsetzung. Das Heer ist vielmehr für die im Jahre 1942 gestellten Kriegsaufgaben erneut zu verstärken und zu bevorraten.

2. *Die Mittel der Rüstung sind daher zunächst bevorzugt den gesteigerten Bedürfnissen des Heeres dienstbar zu machen.* Die Grundlage hierfür bildet der Einsatz der für die Wehrmacht insgesamt verfügbaren *Rohstoffe.*

Ich beauftrage den Chef des Oberkommandos der Wehrmacht, hiernach die *Rohstoffverteilung* für das erste Halbjahr 1942 vorzunehmen, unter *Kürzung bei Kriegsmarine und Luftwaffe,* soweit diese unvermeidbar ist.

Für die Erhöhung der Gewinnung von Rohstoffen, insbesondere von Kohle und Mineralöl als Grundlage jeder Rüstungsproduktion, werden die erforderlichen Anordnungen durch den Beauftragten für den Vierjahresplan getroffen.

3. Der notwendige weitere Ausgleich zwischen den Forderungen der Kriegführung und den durch die Rohstofflage gebundenen Möglichkeiten muß gefunden werden durch:

a) vermehrte eindeutige Schwerpunktbildung *innerhalb* der Rüstung der Wehrmachtteile auf die für die Kriegführung ausschlaggebenden Fertigungen;

b) *Einstellung der Fertigungsprogramme auf Überwindung der Engpässe* durch Ersatzstoffe, Ausweichkonstruktionen und ermäßigte Ansprüche.

Dabei ist davon auszugehen, daß Rohstoffe über den bisher zugewiesenen bzw. für die Zuweisung beabsichtigten Rahmen hinaus nicht zur Verfügung stehen.

c) Abstimmung und Typisierung der *Gerätefertigung auf die Engpässe der Einzel- und Ersatzteile;*

d) Neufestsetzung und größtmögliche Begrenzung der *Bevorratung* nach den bisherigen Kriegserfahrungen;

e) vermehrte Verwendung von *Beute* (Gerät, Munition und Ausrüstung), besonders auch in der gesamten Küstenverteidigung.

Alle für die Kriegführung jedoch nicht mehr einsatz- und instandsetzungsfähigen Geräte, Waffen und Munition und unbrauchbare Beute sind zur *Verschrottung* vorzusehen; für Waffen und Munition (auch Beute) ist Freigabe über OKW/Wi.Rü.Amt mittels Bestandlisten zu beantragen.

4. Im Rahmen der ihnen zur Verfügung gestellten Mittel und nach meinen Forderungen steuern die Oberbefehlshaber der Wehrmachtteile ihre Rüstungen selber in eigener Verantwortlichkeit.

II.

Für die Rüstung der einzelnen Wehrmachtteile und die damit in unmittelbarem Zusammenhang stehenden Sonderprogramme gilt als Grundsatz:

5. *Heer:*

a) Die Einsatzbereitschaft des Heeres in dem vom Oberkommando des Heeres vorgesehenen und von mir genehmigten Umfang muß bis 1.5.1942 mit dem notwendigen Nachschub für *mindestens 4 Monate* sichergestellt sein.

b) Die Ausrüstung der Verbände hat sich den Eigenarten der Kriegsschauplätze, auf denen sie Verwendung finden, und den jeweils für sie vorgesehenen Aufgaben hinsichtlich Beweglichkeit, Stoßkraft, Luft- und Panzerabwehr und Nachschuborganisation anzupassen.

Abgesehen von einer Anzahl für den Einsatz an verschiedenen Fronten geeigneter Schneller Verbände, müssen die im Osten eingesetzten Teile des Heeres beweglich sein und über ausreichende Versorgungstruppen verfügen, während auf die Beweglichkeit der in der Küstenverteidigung im Westen einschließlich eingesetzten Verbände weitgehend verzichtet werden kann.

c) Neben der 1. Ausstattung ist eine *Bevorratung an Munition* in Höhe des *sechs*fachen Monatsverbrauches auf der Grundlage des Ostfeldzuges (Verbrauch August 1941) wenigstens bei den

Hauptwaffen zu erreichen, abgestellt auf das Waffensoll des Feldheeres vom 1. 5. 1942.

d) Der Umbau des Heeres unter Schwerpunktverlagerung auf die *Schnellen Truppen* ist über den 1. 5. 1942 hinaus im Rahmen der gegebenen Möglichkeiten fortzuführen.

e) *Waffen-SS:*

Die Stärke- und Ausrüstungsnachweisungen des Heeres sind auch für die einzelnen *Einheiten* der Waffen-SS maßgebend. Dementsprechend sind die Sollstärken im Rahmen der Heeresrüstung aufzufüllen.

Über die künftige Gestaltung der Kriegsgliederung der mot. SS-Divisionen behalte ich mir die Entscheidung noch vor.

Neuaufstellungen unter Beanspruchung zusätzlichen deutschen Gerätes entfallen. Für Leibstandarte »Adolf Hitler« gilt die neue Kriegsgliederung.

6. *Kriegsmarine:*

Im Rahmen der zur Verfügung stehenden Rohstoffe liegt der Schwerpunkt der Rüstung in der *Konzentrierung auf Bau und Unterhaltung der U-Boot-Waffe.*

Daneben bleiben die Erhaltung des Geleitdienstes und die Sicherung Norwegens sowie des Küstenvorfeldes wichtig. Die hinsichtlich der Rohstoffzuteilung unvermeidlichen Beschränkungen müssen auf den übrigen Fertigungsgebieten und im Hafenbauprogramm im Wege der Selbsthilfe überwunden werden. Die Munitionsbestände lassen eine Drosselung zugunsten der Heeresfertigung zu.

7. *Luftwaffe:*

Das Flugzeugbeschaffungsprogramm 21/2 und das Flakprogramm sind im Rahmen der *Rohstoffzuteilung* durchzuführen; eine Kürzung des Flakprogramms bedarf meiner Zustimmung.

Eine vorübergehende Drosselung der Fertigung von Munition und Bomben auf allen hinreichend bevorrateten Gebieten muß in Kauf genommen werden, solange Umstellung auf Ersatzstoffe für mangelnde NE-Metalle die Produktionsleistung hemmt.

8. a) Alle zur Durchführung des *Mineralöl-Programms* notwendigen Maßnahmen sind mit besonderer Dringlichkeit zu fördern.

170

b) Die Rüstungsprogramme auf den Gebieten des *Eisenbahn-* und *Nachrichtenwesens* sowie des *chemischen Erzeugungs-Krauch-Planes* sind im bisherigen Umfange fortzuführen, auf dem Gebiet des *Kraftfahrwesens* noch zu steigern.

Bei dem hohen Eisen- und NE-Metall-Bedarf dieser Programme müssen die Produktionsziele mit kriegsmäßig sparsamstem Metallaufwand erreicht werden.

9. Der *Ausbau der Küstenverteidigung* auf der gesamten Westfront einschließlich Norwegen und auf Kreta ist nach Maßgabe der Kräfte und Mittel fortzusetzen.

10. Die *Rüstungsprogramme* der Wehrmachtteile sind den vorstehenden Weisungen anzupassen, Veränderungen auf wichtigen Gebieten mir zur Genehmigung vorzulegen. Erforderlichen weiteren Ausgleich regelt der Chef des Oberkommandos der Wehrmacht.

III.

Den *Ausgleich zwischen dem personellen Ersatzbedarf der Wehrmacht und dem Kräftebedarf der Wirtschaft* trifft der Chef des Oberkommandos der Wehrmacht im Benehmen mit dem Reichsminister für Bewaffnung und Munition und den übrigen beteiligten Obersten Reichsbehörden.

Die Organisationsabsichten und der *Ersatzbedarf der Wehrmachtteile* sind auf den Produktionsanfall abzustimmen.

IV.

Meine am 14. 7. 1941 für die Rüstung gegebenen Anordnungen bleiben insoweit in Kraft, als sie für die Rüstung allgemein gültige Richtlinien wirtschaftlich-technischer Art betreffen.

Sie gewinnen hiermit erhöhte Bedeutung und werden durch die vorstehenden Weisungen nicht berührt.

Militärische Vereinbarung
zwischen
Deutschland, Italien und Japan

Berlin, 18. Januar 1942

Die Vereinbarung regelt Fragen der künftigen militärischen Zusammenarbeit der drei Mächte des faschistischen Blocks. Der 70. Grad östlicher Länge wird als Trennungslinie der deutsch-italienischen und der japanischen militärischen Operationszone festgelegt. Der allgemeine Operationsplan sieht für Japan den Südseeraum und den Pazifik als Hauptkampfgebiet vor, für Deutschland und Italien den Nahen und Mittleren Osten, das Mittelmeer und den Atlantik.

Die Deutsche und die Italienische Wehrmacht sowie die Japanische Armee und Marine schließen hiermit, im Geist des Dreimächtepakts vom 27. September 1940 und im Zusammenhang mit dem Abkommen zwischen Deutschland, Italien und Japan vom 11. Dezember 1941, eine militärische Vereinbarung ab, um die operative Zusammenarbeit untereinander sicherzustellen und so schnell wie möglich die feindliche Kampfkraft zu vernichten.

I. Aufteilung der Zonen für Operationen.

Die Deutsche und die Italienische Wehrmacht sowie die Japanische Armee und Marine werden im Rahmen der ihnen nachstehend zugeteilten Zonen die erforderlichen Operationen ausführen.

1. Japan

a) die Gewässer ostwärts etwa vom 70. Grad östlicher Länge bis zur Westküste des amerikanischen Kontinents sowie das Festland und die Inseln (Australien, Niederländisch-Indien, Neuseeland usw.) die in diesen Gewässern liegen,

b) der asiatische Kontinent ostwärts etwa vom 70. Grad östlicher Länge.

2. Deutschland und Italien

a) die Gewässer westwärts vom 70. Grad östlicher Länge bis

zur Ostküste des amerikanischen Kontinents sowie das Festland und die Inseln (Afrika, Island usw.), die in diesen Gewässern liegen,

b) der Nahe Osten, der Mittlere Osten und Europa westwärts etwa vom 70. Grad östlicher Länge.

3. Im Indischen Ozean können die Operationen je nach der Lage über die oben vereinbarte Zonengrenze hinaus durchgeführt werden.

II. Allgemeiner Operationsplan.

1. Japan wird, im Zusammenwirken mit den deutschen und italienischen Operationen gegen England und die Vereinigten Staaten von Nordamerika, die Operationen im Südseeraum und im Pazifik durchführen.

a) Es wird wichtige Stützpunkte Englands, der Vereinigten Staaten von Nordamerika und Hollands in Großostasien vernichten, deren dortige Gebiete angreifen oder besetzen.

b) Es wird die Vernichtung der nordamerikanischen und englischen Land-, See- und Luftstreitkräfte im Pazifik und im Indischen Ozean anstreben, um sich die Seeherrschaft im westlichen Pazifik zu sichern.

c) Wenn die nordamerikanische und die englische Kriegsflotte sich größtenteils im Atlantik konzentrieren, wird Japan im ganzen Gebiet des Pazifiks und des Indischen Ozeans seinen Handelskrieg verstärken und außerdem einen Teil seiner Marinestreitkräfte nach dem Atlantik entsenden und dort mit der deutschen und der italienischen Kriegsmarine unmittelbar zusammenarbeiten.

2. Deutschland und Italien werden, im Zusammenwirken mit den japanischen Operationen im Südseeraum und im Pazifik, die Operationen gegen England und die Vereinigten Staaten von Nordamerika durchführen.

a) Sie werden wichtige Stützpunkte Englands und der Vereinigten Staaten von Nordamerika im Nahen Osten und im Mittleren Osten, im Mittelmeer und im Atlantik vernichten, deren dortige Gebiete angreifen oder besetzen.

b) Sie werden die Vernichtung der englischen und nordamerikanischen Land-, See- und Luftstreitkräfte im Atlantik und im

Mittelmeer und die Zerstörung des feindlichen Handels anstreben.

c) Wenn die englische und die nordamerikanische Kriegsflotte sich größtenteils im Pazifik konzentrieren, werden Deutschland und Italien einen Teil ihrer Marinestreitkräfte nach dem Pazifik entsenden und dort mit der japanischen Marine unmittelbar zusammenarbeiten [...]

DOKUMENT 58

Weisung des Oberkommandos der Wehrmacht Nr. 41

5. April 1942

Von Hitler unterzeichnete und an die Oberkommandos der Wehrmachtteile und verschiedene Dienststellen des OKW gerichtete Weisung, in der die strategischen Ziele für die Kriegführung 1942 dargelegt werden. Als wichtigste Aufgaben werden die endgültige Zerschlagung der sowjetischen Streitkräfte und die möglichst weitgehende Ausschaltung des der Sowjetunion noch zur Verfügung stehenden kriegswirtschaftlichen Potentials genannt. Alle verfügbaren Kräfte sollen für Operationen am Südabschnitt mit dem Ziel eingesetzt werden, die Masse der sowjetischen Streitkräfte in mehreren aufeinanderfolgenden sogenannten engen Umfassungen zu vernichten, die kaukasischen Erdölgebiete zu erobern und Stalingrad zu erreichen beziehungsweise es als Verkehrs- und Rüstungszentrum auszuschalten.

Die Winterschlacht in Rußland geht ihrem Ende zu. Durch die überragende Tapferkeit und den opferfreudigen Einsatz der Soldaten der Ostfront ist der Abwehrerfolg von größtem Ausmaß für die deutschen Waffen errungen.

Der Feind hat schwerste Verluste an Menschen und Material erlitten. In dem Bestreben, scheinbare Anfangserfolge auszunutzen, hat er auch die Masse seiner für spätere Operationen bestimmten Reserven in diesem Winter weitgehend verbraucht.

Sobald Wetter- und Geländeverhältnisse die Voraussetzungen dazu bieten, muß nunmehr die Überlegenheit der deutschen

Führung und Truppe das Gesetz des Handelns wieder an sich reißen, um dem Feinde ihren Willen aufzuzwingen.

Das Ziel ist, die den Sowjets noch verbliebene lebendige Wehrkraft endgültig zu vernichten und ihnen die wichtigsten kriegswirtschaftlichen Kraftquellen so weit als möglich zu entziehen.

Hierzu werden alle verfügbaren Kräfte der deutschen Wehrmacht und die der Verbündeten herangezogen. Dabei muß aber gewährleistet sein, daß die besetzten Gebiete im Westen und Norden Europas, *insbesondere die Küsten*, unter allen Umständen gesichert bleiben.

I. *Allgemeine Absicht:*

Unter Festhalten an den ursprünglichen Grundzügen des Ostfeldzuges kommt es darauf an, bei Verhalten der Heeresmitte, *im Norden* Leningrad zu Fall zu bringen und die Landverbindung mit den Finnen herzustellen, auf dem *Südflügel* der Heeresfront aber den Durchbruch in den Kaukasus-Raum zu erzwingen.

Dieses Ziel ist in Anbetracht der Abschlußlage nach der Winterschlacht, der verfügbaren Kräfte und Mittel und der Transportverhältnisse nur abschnittsweise zu erreichen.

Daher sind zunächst alle greifbaren Kräfte zu der *Hauptoperation im Süd-Abschnitt* zu vereinigen mit dem Ziel, den Feind vorwärts des Don zu vernichten, um sodann die Ölgebiete im kaukasischen Raum und den Übergang über den Kaukasus selbst zu gewinnen.

Die endgültige Abschnürung von Leningrad und die Wegnahme des Ingermanlandes bleibt vorbehalten, sobald die Entwicklung der Lage im Einschließungsraum oder das Freiwerden sonstiger ausreichender Kräfte es ermöglichen.

II. *Die Führung der Operationen:*

A.) *Erste Aufgabe* des Heeres und der Luftwaffe nach Abschluß der Schlammzeit ist es, die Vorbedingungen für die Durchführung der Hauptoperation zu schaffen.

Das erfordert die *Bereinigung und Festigung der Lage an der gesamten Ostfront* und in den rückwärtigen Heeresgebieten mit dem Ziel, dadurch möglichst viele Kräfte für die Hauptoperation zu gewinnen, an den übrigen Fronten aber mit geringstem Einsatz dennoch jedem Angriff gewachsen zu sein.

Wo zu diesem Zweck *Angriffsoperationen mit begrenztem Ziel* nach meinen Anordnungen geführt werden müssen, ist aber auch hierzu jeweils ein überwältigender Einsatz sämtlicher verfügbaren Angriffsmittel des Heeres und der Luftwaffe sicherzustellen, um schnelle und durchschlagende Erfolge zu erreichen. Nur dadurch wird vor allem auch schon vor dem Beginn der großen Frühjahrsoperationen in der eigenen Truppe die unbedingte Siegeszuversicht wieder gestärkt, dem Feind aber seine hoffnungslose Unterlegenheit eingehämmert werden.

B.) Die nächsten Aufgaben in diesem Rahmen sind es, auf der *Krim* die *Halbinsel Kertsch* zu säubern und *Sewastopol* zu Fall zu bringen. Die Luftwaffe und demnächst auch die Kriegsmarine haben den Auftrag, zur Vorbereitung dieser Unternehmungen den feindlichen Nachschubverkehr im Schwarzen Meer und in der Straße von Kertsch nachdrücklichst zu unterbinden.

Im *Südraum* ist der beiderseits *Isjum* eingebrochene Feind im Zuge des Donez abzuschneiden und zu vernichten.

Die in der *Mitte* und im *Nordabschnitt* der Ostfront noch erforderlichen Frontbereinigungen können erst nach Anschluß der laufenden Kampfhandlungen und der Schlammperiode endgültig übersehen und entschieden werden. Hierzu müssen aber die notwendigen Kräfte – sobald die Lage dies zuläßt – durch Strecken der Front geschaffen werden.

C.) *Die Hauptoperation an der Ostfront*.

Ihr Ziel ist es – wie schon betont –, zur Einnahme der Kaukasusfront die russischen Kräfte, die sich im Raume von Woronesh nach Süden, westlich bezw. nördlich des Dons befinden, entscheidend zu schlagen und zu vernichten. Aus Gründen des Eintreffens der hierzu verfügbaren Verbände kann diese Operation nur in einer Reihe von nacheinander folgenden, aber untereinander im Zusammenhang stehenden bezw. sich ergänzenden Angriffen durchgeführt werden. Sie sind daher von Norden nach Süden zeitlich so aufeinander abzustimmen, daß außerdem in jedem einzelnen dieser Angriffe ein Höchstmaß der Konzentration sowohl von Heeres- als auch besonders von Luftstreitkräften an den entscheidenden Stellen sichergestellt werden kann.

Bei der nunmehr zur Genüge erwiesenen Unempfindlichkeit des Russen gegenüber operativen Einschließungen ist entscheidender Wert – ähnlich wie in der Doppelschlacht von Wjasma-Brjansk – darauf zu legen, die einzelnen Durchbrüche in die Gestalt enger Umklammerungen zu bringen.

Es muß vermieden werden,

daß durch zu spätes Einschwenken der Umklammerungsverbände dem Gegner die Möglichkeit offenbleibt, sich der Vernichtung zu entziehen.

Es darf nicht vorkommen,

daß durch ein schnelles und weites Ausgreifen der Panzer- bzw. mot. Verbände die Verbindung zu der nachfolgenden Infanterie abreißt oder die Panzer- und mot. Verbände selbst die Möglichkeit verlieren, den schwer vorwärts kämpfenden infanteristischen Kräften des Heeres durch ihr unmittelbares Einwirken in den Rücken der umklammerten russischen Armeen zu Hilfe zu kommen.

Es ist also, abgesehen von dem großen operativen Ziel, in jedem einzelnen Fall die Vernichtung des angegriffenen Gegners schon durch die Art des Ansatzes und der Führung der eigenen Verbände unter allen Umständen sicherzustellen.

Die Einleitung der Gesamtoperation hat mit einem umfassenden Angriff bzw. Durchbruch aus dem Raum südlich Orel in Richtung auf Woronesh zu beginnen. Von den beiden zur Umklammerung angesetzten Panzer- und mot.-Verbänden hat der *nördliche* stärker zu sein als der südliche. Das Ziel dieses Durchbruchs ist die Besetzung von Woronesh selbst. Während es nun die Aufgabe eines Teiles der Infanterie-Divisionen ist, zwischen dem Ausgangspunkt des Angriffs von Orel in Richtung auf Woronesh sofort eine starke Verteidigungsfront aufzubauen, haben die Panzer- und mot. Verbände den Auftrag, von Woronesh aus mit ihrer linken Flanke, angelehnt an den Don, nach Süden den Angriff fortzusetzen zur Unterstützung eines zweiten Durchbruchs, der etwa aus dem allgemeinen Raum von Charkow nach Osten hin geführt werden soll. Auch hier ist es primär das Ziel, nicht die russische Front als solche einzudrücken, sondern im Zusammenwirken mit den den Don abwärts vorstoßenden mot. Verbänden die russischen Kräfte zu vernichten.

Der dritte Angriff dieser Operationen ist so zu führen, daß die den Don abwärts stoßenden Verbände sich im Raum um Stalingrad mit jenen Kräften vereinigen, die aus dem Raum Taganrog–Artelnowsk zwischen dem Unterlauf des Don und Woroschilowgrad über den Donez nach Osten vorstoßen. Diese sollen abschließend die Verbindung mit der gegen Stalingrad vorrückenden Panzer-Armee finden.

Sollten sich im Zuge dieser Operationen, besonders durch die Inbesitznahme unversehrter Brücken, die Aussichten bieten, Brückenköpfe ostwärts bezw. südlich des Dons zu bilden, so sind solche Möglichkeiten wahrzunehmen. Auf jeden Fall muß versucht werden, Stalingrad selbst zu erreichen oder es zumindest so unter die Wirkung unserer schweren Waffen zu bringen, daß es als weiteres Rüstungs- und Verkehrszentrum ausfällt.

Besonders erwünscht wäre es, wenn es gelänge, entweder unversehrte Brücken, sei es in Rostow selbst, oder sonst gesicherte Brückenköpfe südlich des Dons zu gewinnen für die weitere Fortführung der für später beabsichtigten Operationen.

Um zu verhindern, daß wesentliche Teile der nördlich des Dons befindlichen russischen Kräfte über den Strom nach Süden entweichen, ist es wichtig, daß die aus dem Raum von Taganrog nach dem Osten vorgehende Kräftegruppe eine Verstärkung ihres rechten Flügels durch die Zuführung von Panzer- und schnellen Truppen erhält, die – wenn notwendig – auch durch improvisierte Verbände zu bilden sind.

Entsprechend dem Fortschreiten dieser Angriffe muß nicht nur auf starke Sicherung der Nordostflanke der Angriffsoperation Bedacht genommen, sondern auch der Ausbau der Stellungen in Anlehnung an den Don sofort begonnen werden. Dabei ist auf stärkste Panzerabwehr entscheidender Wert zu legen. Die Stellungen sind von vornherein auch im Hinblick auf ihre etwaige Ausnutzung im Winter festzulegen und dafür mit allen Mitteln vorzubereiten.

Zur Besetzung der sich im Laufe dieser Operation mehr und mehr verlängernden Donfront werden in erster Linie die Verbände der Verbündeten mit der Maßgabe herangezogen, daß deutsche Truppen als starke Stütze zwischen Orel und dem Don sowie an der Stalingrader Landenge einzusetzen sind, im übrigen aber einzelne deutsche Divisionen hinter der Donfront als Eingreifreserven verfügbar bleiben.

Die Verbündeten Truppen sind weitgehend in eigenen Abschnitten so zu verwenden, daß am weitesten nördlich die Ungarn, demnächst die Italiener, am weitesten südostwärts die Rumänen eingesetzt werden.

D.) Die *schnelle Fortsetzung der Bewegungen* über den Don nach Süden zur Erreichung der Operationsziele muß im Hinblick auf die jahreszeitlichen Bedingungen gewährleistet sein.

III. *Luftwaffe:*

Neben der unmittelbaren Unterstützung des Heeres ist es die Aufgabe der Luftwaffe, den Aufmarsch im Raum der Heeresgruppe Süd durch *Verdichtung der Luftverteidigung* zu schützen. Dies gilt insbesondere für die Eisenbahnübergänge über den Dnjepr.

Werden *Aufmarschbewegungen des Feindes* erkannt, so sind seine Hauptverkehrswege und die in den Kampfraum hineinführenden Eisenbahnen weit im Hintergelände nachhaltig zu unterbrechen und hierzu in erster Linie Zerstörungsangriffe gegen die Eisenbahnbrücken über den Don zu richten.

Als Einleitung der Operation ist die *feindliche Luftwaffe* und ihre Bodenorganisation im Angriffsraum mit zusammengefaßten Kräften anzugreifen und zu zerschlagen.

Die Möglichkeit einer *raschen Verschiebung von Fliegerverbänden* in die Kampfräume Mitte und Nord muß gewahrt, die dazu nötige Bodenorganisation so weit als möglich aufrechterhalten bleiben.

IV. *Kriegsmarine:*

Im *Schwarzen Meer* ist es die Hauptaufgabe der Kriegsmarine – soweit die eigenen Mittel an Kampf- und Sicherungsstreitkräften sowie an Schiffsraum es irgend gestatten – die Versorgung des Heeres und der Luftwaffe durch Seetransporte zu entlasten.

Im Hinblick auf die noch ungebrochene Kampfkraft der russischen Schwarz-Meer-Flotte ist es von besonderer Bedeutung, daß die ins Schwarze Meer zu überführenden leichten Seestreitkräfte dort möglichst frühzeitig einsatzbereit werden.

Die Ostsee ist durch Abriegelung der russischen Seestreitkräfte im inneren Finnenbusen zu sichern.

V.) Meine zur *Wahrung der Geheimhaltung* erlassenen grundsätz-
lichen Befehle sind erneut allen an den Vorbereitungen beteiligten Stellen zur Pflicht zu machen. Das hierin zu beobachtende
Verhalten gegenüber den Verbündeten wird durch besondere
Anordnungen zu dieser Weisung geregelt.

VI.) *Die beabsichtigten Vorbereitungen der Wehrmachtteile* sind mir,
auch in ihrem zeitlichen Ablauf, über das Oberkommando der
Wehrmacht zu melden.

DOKUMENT 59

Ausarbeitung des Oberkommandos der Wehrmacht
über die Kampfkraft der Wehrmacht im Frühjahr 1942

6. Juni 1942

Es wird festgestellt, daß sich die personelle und materielle Lage der faschistischen
Wehrmacht gegenüber 1941 erheblich verschlechtert hat und daß insbesondere die
im Krieg gegen die Sowjetunion erlittenen Verluste nicht voll ersetzt werden kön-
nen. Es werde nur möglich sein, die Verbände der Heeresgruppe Süd, die die
Hauptoperationen des geplanten Sommerfeldzuges 1942 durchführen soll, annä-
hernd auf eine volle Gefechtsstärke zu bringen. Obwohl die Kampfkraft der Wehr-
macht gegenüber dem Frühjahr 1941 geringer geworden ist, sei die Überlegenheit
der faschistischen Wehrmacht dort gegeben, wo die Entscheidung gesucht und die
Kräfte schwerpunktmäßig eingesetzt werden.

I.

Organisation und Schlagkraft der Wehrmacht für die Aufgaben des Sommers 1942 werden durch die im Juli 1941 eingeleitete Verlagerung des Rüstungsschwerpunktes auf Luftwaffe
und Marine in ihrer Zielsetzung zugunsten der Kriegführung
gegen die angelsächsischen Mächte bestimmt.

Die Entwicklung der Lage im Osten bis zum Spätherbst 1941 ließ jedoch klar erkennen, daß die Voraussetzungen für die Zusammenfassung der Kräfte gegen den englisch-amerikanischen Gegner erst durch einen 1942 erneut gegen die UdSSR zu führenden Entscheidungsschlag zu schaffen seien. Hierfür wurde eine erneute Umstellung der Rüstung für die Auffrischung und Verstärkung insbesondere des Heeres nötig.

Diese im Dezember eingeleitete Umstellung der Rüstung kann sich nicht mehr voll vor Beginn der Operationen des Jahres 1942 für das Heer auswirken. Außerdem wurde die Durchführung der personellen und materiellen Verstärkung entscheidend beeinflußt durch:

die Dauer des Kräfte und Material verzehrenden Winterkrieges im Osten,

die Härte des Winters mit ihrer Auswirkung auf Produktion und Verkehr,

die zunehmende Anspannung der Grundstoff- und Rohstofflage und den – sich gegenseitig wieder beeinflussenden – Menschenmangel in der Kriegswirtschaft und im Wehrersatzwesen. [...]

II.

Die Kräfte und Beurteilung ihrer Schlagkraft

Übersicht über die vorhandenen Kräfte siehe Anlage 1a–c. – Die Kopfstärke der Wehrmacht beträgt nach dem Stand vom 4.4.1942 rund 8 672 000 Mann. –

A. – *Heer* –

Gegenüber der Stärke des Heeres bei Beginn der Ostoperationen im Juni 1941 ergibt sich am 1.5.1942 eine rein zahlenmäßige Verstärkung um rund 7 Inf.Divisionen, 3 Panzer-Divisionen (unter Wegfall der 1.K.D.) und eine unwesentliche Verstärkung der Heerestruppen (Einzelheiten dazu siehe Anlage 1a).

Darüber hinaus wurde eine Erhöhung der Schlagkraft des Heeres erreicht durch:

Umbildung von 5 Besatzungs-Div. des Westheeres zu Operations-Divisionen,

Umstellung von 3 Inf.Divn. in leichte Inf.Divn.,

Umstellung einer lei. Inf.Div. in eine Geb.Div.,
Aufstellung von Sonderverbänden (z. B. Jagdkommandos).

Bis zum Beginn der Hauptoperationen ist mit einer weiteren
Verstärkung des Heeres um 4 Inf.Divn. zu rechnen.

Während der personellen und materiellen Stützung der Win-
teroperationen wurde die Kampfkraft der in Norwegen eingesetzten Kräfte durch Neubildung der 3. Geb. Div., Aufstellung
von 20 Festungs-Btln. und zahlreicher Küstenbatterien durch
volle personelle Auffüllung wesentlich verstärkt.

Darüber hinaus mußte die Schlagkraft der Panzer-Armee
Afrika nach den erheblichen personellen und materiellen Einbußen während der Kämpfe im Winter 1941/42 erhalten und für
die neuen Operationen insbesondere durch erhöhte Zuführung
von Panzern und schweren Panzerabwehrwaffen verstärkt werden.

Die Truppenführungsstäbe sind nicht wesentlich vermehrt
worden. – Für die Beurteilung der *Kampfkraft* der Truppe ist von
ausschlaggebender Bedeutung:

1. *Personell* –

Obwohl dem Ostheer in der Zeit vom 22.2.41–1.5.1942
1.100.000 Mann als Ersatz aus der Heimat zugeführt wurden
(nicht gerechnet die unmittelbar aus den Lazaretten zur Feld-
truppe zurückgekehrten Genesenen), wird das Ostheer am
1.5.42 voraussichtlich 625.000 Fehlstellen gehabt haben; sie
entfallen im wesentlichen auf die fechtende Truppe.

Es verfügen die Verbände

der Heeresgruppe Süd über etwa 50 %,

der Heeresgruppe Mitte und Nord über etwa 35 %
ihrer ursprünglichen infanteristischen Kampfkraft. Bis Operationsbeginn ist mit Auffüllung der Divisionen der Heeresgruppe
Süd auf volle Stärke, bis August 1942 mit Auffüllung der Divisionen der Heeresgruppen Mitte und Nord (je Div. nur 6 Btl.)
auf 55 % ihrer ursprünglichen infanteristischen Kampfkraft zu
rechnen. Im Laufe des Sommers werden also durch Ersatzzu-
führung nur die laufenden Verluste gedeckt werden können.
Eine volle Auffüllung der Verluste des Winters ist nicht möglich.

Die im Winter gezeigte hohe moralische und körperliche Leistungsfähigkeit, die Durchbildung der Führer- und Kämpfereigenschaften können erwarten lassen, daß die Beeinträchtigung des Kampfwertes, hervorgerufen durch Ausfälle erfahrener Offiziere und Unteroffiziere,

Mangel an Spezialisten bei den schnellen Verbänden,

die alters- und wertmäßig unterschiedliche Zusammensetzung der Verbände (z. B. Neuaufstellungen),

besonders hohe Offiziersausfälle bei den schnellen Verbänden,

die psychische Anspannung der im Winter im Osten eingesetzten Truppen

ausgeglichen wird. Die Erfolge der ersten Angriffsoperationen des Frühjahrs bestätigen diese Erwartung.

Störungen der Auffrischung und Erholung der Truppe durch Angriffshandlungen des Gegners vor Beginn der Operationen sind in Rechnung zu stellen.

Als positiv ist zu werten, daß die Masse der Verbände über einen Stamm an Offizieren, Unteroffizieren und Mannschaften verfügt, deren große Erfahrungen im Osten der Ausbildung und dem Ersatz der Truppe zugute kommen. Bessere Ausbildung und Erfahrung der rückwärtigen Dienste wirken sich zweifellos günstig auf die Versorgung der Truppe aus. Der Ersatz durch Genesene, im Ostkrieg erfahrene Soldaten wird, wenn er auch zahlenmäßig nicht erheblich ist, die Kampfkraft der Truppe günstig beeinflussen.

2. Feuerkraft –

a) Zur Erhaltung der Feuerkraft mußten dem Ostheer in der Zeit vom 22.6.41–15.3.42 erhebliche Mengen an Waffen und Gerät nachgeschoben werden. Trotz der Drosselung der Fertigung war es möglich, in diesem Zeitraum unter anderem nachzuschieben:

724.000 Gewehre	3.740 lei. u. schw. Gr.W.
27.100 MGs	907 lei. I.G. u. schw. I.G.
2.715 Pak	537 lei. F.H.
	350 schw. F.H.

Weitere erhebliche Mengen an Waffen und Gerät wurden für Neuaufstellung und Auffrischung von Feldeinheiten im Heimatkriegsgebiet verausgabt.

Infolge dieser Zuweisungen, der hohen Geräteverluste (besonders bei Heeresgruppen Mitte und Nord) und der Drosselung der Fertigung ist es nicht möglich, das gesamte Ostheer bis Operationsbeginn voll aufzufüllen.

Die Auffüllung der Divisionen und Heerestruppen der Heeresgruppe Süd mit Waffen und Gerät wird mit Operationsbeginn in: wesentlichen durchgeführt sein.

Die Divisionen der Heeresgruppen Mitte und Nord können mit leichten und schweren Infanteriewaffen, entsprechend ihrer Gliederung zu 6 Btln., annähernd voll ausgestattet werden; die Ausstattung der Artillerie ist jedoch nur mit 3 Geschützen je Batterie möglich unter Einsatz von Geschützen älterer Muster und Beutegeschützen.

Die infanteristische und artilleristische Ausstattung der auf den übrigen Kriegsschauplätzen eingesetzten Verbände ist entsprechend den dort anfallenden Aufgaben sichergestellt.

b) Die Ausstattung der schnellen Verbände der Heeresgruppe Süd mit Panzern wird bis Operationsbeginn bis auf starke Lücken an Pz.Kpfw. II durchgeführt sein; einzelne weitere Lücken werden durch Ausstattung aller Panzer-Divisionen mit 3 Pz. Abtlgen und der Mot.Div. mit 1 Pz.Abtl. sowie durch die bessere Bewaffnung der Kampfwagen III und IV und der Sturmgeschütze voll ausgeglichen.

Diese Pz.Div. der Heeresgruppen Mitte und Nord werden nur über je 1 Pz.Abt. verfügen.

Im gesamten Ostheer sind mit Operationsbeginn voraussichtlich etwa 3.300 Kampfwagen gegenüber 3.660 am 22.6.41 vorhanden. Die stärkere Bewaffnung gleicht diesen Unterschied nicht nur aus, sondern steigert die Waffenwirkung der Panzertruppe gegenüber dem Vorjahr.

c) *Panzerabwehr* –

Die erheblichen Ausfälle an 3,7- und 5-cm-Pak werden im Laufe des Frühjahrs und Sommers 1942 durch Zuführung schwerer Pak wirkungsmäßig ausgeglichen. Die Verbesserung der Panzerabwehr durch schw. Pak, Hohlgranatgeschosse (einschl. Stielgranaten) und schwere Panzerbüchsen wird in Verbindung mit den Erfahrungen der Truppe in der Bekämpfung feindl. Panzer laufend eine zunehmende Erhöhung der Abwehrkraft zur Folge haben. Minen sind ausreichend vorhanden.

d) *Munition –*

Durch den hohen Verbrauch im Winter und die im Sommer 1941 eingeleitete Umstellung der Rüstung hat sich eine Mangellage bei leichten und schweren Infanteriegeschützen, leichten Feldhaubitzen, 10-cm-K 18, schweren Feldhaubitzen 18 (hier größter Fehlbestand) und 3,7-cm-Pak ergeben, die auf einzelnen Gebieten bis zum Herbst 1942 anhalten wird. Im August 1942 muß mit Spannungen auf dem Munitionsgebiet gerechnet werden, die sich unter Umständen auf die Führung auswirken können. Erhöhter Munitionsverbrauch vor Beginn der Operationen ist dabei noch nicht in Rechnung gestellt.

Aushilfen durch Kontingentierung und Rückgriff auf die Bestände des Oberbefehlshabers West sind getroffen.

e) *Fliegerabwehr –*

Die angestrebte Ausstattung der mot. Verbände mit Fliegerabwehrkräften konnte nur bei den für Bewegungsoperationen vorgesehenen schnellen Divis. durchgeführt werden.

Durch die Neuaufstellung der Heeres-Flak-Abteilungen ist der Luftschutz im Gefechtsgebiet gebessert.

3. *Beweglichkeit –*

Die großen Kfz-Ausfälle während des Winterfeldzuges – vom 1.11.41 bis 15.3.42 75.000 Kfz, bei einer Zuführung von nur 7000 Kfz – und die hohen Ausfälle an Pferden – vom 1.11.41 bis 15.3.42 rund 180.000 bei nur 20.000 Ersatz – haben die Möglichkeiten der Wiederherstellung der vollen Beweglichkeit des Heeres bis zum Operationsbeginn wesentlich beeinträchtigt.

Obgleich die Zuweisung an Kfz wesentlich gesteigert werden konnte (bis 1.5.42 38.000 Kfz) und laufend weitere Zuweisungen erfolgen, kann der im Laufe des Ostfeldzuges eingetretene Kfz-Ausfall neben den vor die Verstärkung des Heeres laufenden Neuaufstellungen aus der Fertigung nicht gedeckt werden. Die Zuführung neuer Kfz muß sich daher auf die für Bewegungsoperationen vorgesehenen Verbände und Heerestruppen bis zum Operationsbeginn beschränken.

Darüber hinaus waren einschneidende Entmotorisierungsmaßnahmen bei den Inf.Divn. und Einsparungen von Kfz durch Verringerung der Kfz-Ausstattung der schnellen Verbände und mot. Heerestruppen nötig.

Die Leistungsfähigkeit der Ersatzteilfertigung und der Instandsetzungswerkstätten genügt für die Überholung des gesamten instandsetzungsbedürftigen Kfz-Bestandes des Heeres vor Operationsbeginn ebenfalls nicht. Auch hier war eine scharfe Schwerpunktbildung zugunsten der Operationsverbände nötig.

Die Pferdeausfälle und der durch die Entmotorisierungsmaßnahmen entstandene erhöhte Pferdebedarf können trotz wesentlich gesteigerter Pferdezuführung aus der Heimat (bis 1. 5. 42 109.000 Pferde) und durch Erfassung von Pferden aus den besetzten Ostgebieten (rund 118.000 zur Zeit in Aushebung) zahlenmäßig nicht voll gedeckt werden. Unberücksichtigt sind hierbei die von der Truppe unmittelbar eingestellten Beutepferde. Hinzu kommt eine Verminderung der Leistungsfähigkeit des Pferdebestandes durch die Einstellung zahlreicher leichter Pferde als Ersatz für ausgefallene schwere deutsche Truppenpferde. Die Mängel werden sich in der Beschränkung der bespannten Artillerie insbesondere bei den Heeresgruppen Mitte und Nord auswirken.

Zusammenfassend kann hinsichtlich der Beweglichkeit gesagt werden, daß

a) mit Operationsbeginn die schnellen Verbände und motorisierten Heerestruppen der Heeresgruppe Süd über etwa 85% ihrer ursprünglichen Beweglichkeit verfügen werden. Die Beweglichkeit der Inf.Divn. in freiem Gelände ist durch Ausstattung mit landesüblichen Gespannen und Fahrzeugen verbessert, die Bildung beweglicher Abteilungen durch Entzug von Kfz jedoch stark eingeschränkt;

b) die schnellen Verbände, Inf.Divn. und Heerestruppen der Heeresgruppen Mitte und Nord entsprechend ihrer geringen Kfz-Ausstattung bewegungsgemäß zu größeren Operationen nur entlang leistungsfähiger Bahnen in der Lage sind;

c) die Leistungsfähigkeit der Versorgungsdienste trotz Zusammenfassung der Kolonnen bei den Armeen in ihrer Wirkung beeinträchtigt ist und bei den Heeresgruppen Mitte und Nord die Führung weitreichender Operationen nicht gestattet.

4. *Reserven –*

Im Heimatkriegsgebiet stehen Reserven nicht mehr zur Verfügung; kalendermäßige Aufstellungen aus dem Ersatzheer sind aus personellen und materiellen Gründen nicht möglich. Die im Laufe der Operationen noch anfallenden personellen Kräfte, Waffen und Gerät werden vol! für die im Sommer entstehenden Ausfälle benötigt bzw. für den Ausbau einzelner Waffengattungen (z. B. Heeres-Flak) aufgebraucht. Mit einer Vermehrung der Verbände kann vorerst nicht mehr gerechnet werden (Jahrgang 1923 bereits einberufen). Neuaufstellungen von mot. und Panzerverbänden sind nur noch durch Umbildung bestehender Verbände durchführbar.

5. *Zusammenfassung –*

Für die Operationen im Frühjahr 1942 ist eine lückenlose Auffrischung des gesamten Ostheeres zu voller Kampfkraft und Beweglichkeit weder personell noch materiell möglich. Personal und Material müssen schwerpunktmäßig zur Auffüllung der für die Führung von Angriffsoperationen vorgesehenen Verbände verwendet werden; so daß eine volle Auffrischung nur bei der Heeresgruppe Süd erreicht werden kann.

Auf allen übrigen Kriegsschauplätzen ist das Heer den herantretenden Aufgaben der Abwehr gewachsen, falls nicht zur Zeit noch nicht übersehbare besondere Ereignisse eintreten.

Die durch die Auffüllung mit jungem Ersatz beim gesamten Feldheer entstandenen Lücken in der Ausbildung werden durch die Kriegserfahrung der Führer, Unterführer und alten Mannschaften ausgeglichen. Die Truppe fühlt sich ihrem Gegner nach wie vor überlegen. [...]

III. *Die Ersatzlage*

1. Verteilung der wehrfähigen Männer

Mit zunehmender Ausweitung und Härte des Krieges hat sich der Ersatzbedarf der Wehrmacht zugleich mit dem Arbeitsbedarf der Kriegswirtschaft (einschl. Verwaltung und Verkehr) erhöht. Die sich aus den wechselseitig bedingten Forderungen ergebenden Spannungen der Menscheinsatzlage haben zu einer Ausschöpfung des Vorrats an wehrfähigen un1 arbeitsfähigen deutschen Menschen für Zwecke der totalen Kriegführung geführt.

Ein Gesamtbild der Verteilung der Wehrpflichtigen der Geb. Jahrg. 1897–1925 nach dem Stand vom April 1942 gibt Anlage 7. Daraus ergibt sich:

Von rd. 17,2 Mill. Wehrpflichtigen sind

rd. 8,7 Mill. Soldaten,

rd. 5,1 „ für kriegswichtige Aufgaben uk.-gestellt,

rd. 2,8 „ für die Wehrmacht untauglich, wehrunwürdig usw., wenn auch zum Großteil arbeitsfähig, und nur

rd. 0,16 „ der Jahrg. 1897–99 f. d. Wehrmacht verfügbar.

Aufschlüsselung der uk.-Gestellten auf Bedarfsträger siehe Anlage 9. Hieraus geht hervor, daß die weitaus höchste Beanspruchung der uk.-Gestellten, insbesondere der jüngsten Geb. Jahrgänge, die Rüstungsbetriebe erfordern.

2. Auswertung der Menschenverteilung

a) Jede weitere Einberufung geht zu Lasten der Kriegswirtschaft usw. Jede uk.-Stellung aus der Wehrmacht reißt durch die Notwendigkeit der Ersatzstellung an anderer kriegswichtiger Stelle ein Loch.

b) Wehrersatzmäßig und volkspolitisch ist bemerkenswert:

(1) Von den Geb. Jahrg. 1914–22 sind 302.000 (−20 Divn.) uk.-gestellt, davon

von den Geb. Jahrg. 1919–22 sind 107.000 (−7 Divn.) uk.-gestellt.

Davon war der größte Teil in diesem Krieg überhaupt noch nicht Soldat, obwohl die Angehörigen dieser Geb. Jahrg. z. T. vollwertige 2jährige Friedensausbildung genossen haben.

(2) Der Geb. Jahrg. 1923 ist im April – erstmalig ausnahmslos – in die Wehrmacht eingestellt worden. Das bedeutet einen zeitlichen Vorgriff von $1^1/_2$ Jahren.

(3) Ein zeitlicher Vorgriff von 2 Jahren auf den Geb. Jahrg. 1924 muß nach Möglichkeit vermieden werden. Maßnahmen

hierzu siehe 3. – Der Jahrgang ist gemustert und befindet sich mit 120.000 Mann im RAD.

81.600 Mann sind als Freiwillige in der Wehrmacht (davon 12.700 Waffen-SS).

Der Rest im kriegswichtigen Einsatz.

Vom Geb.Jahrg. 1925 (17jährig) sind bereits 5300 Freiwillige in der Wehrmacht (davon 900 in der Waffen-SS.)

(4) Die Freiwilligen-Ansprüche der Wehrmachtsteile und der Waffen-SS, die sich normalerweise auf die 18 bis 25jährigen verteilen, drängen sich jetzt auf 1 Jahrgang (1924) und Teile Jahrg. 1925 zusammen. (Der Chef OKW ist ermächtigt, die Freiwilligenzahlen zu begrenzen, um eine vorzeitige Ausschöpfung dieser jüngsten Jahrgänge zu verhindern.) Die Bereitstellung des Nachwuchses an Längerdienenden wird damit mehr und mehr ein Problem.

(5) Zusammenfassend ist hinsichtlich der jüngsten Geburtsjahrgänge zu sagen, daß folgende wesentliche Punkte eine Schonung derselben gebieten: Bewirtschaftung der Wehrpflichtigen auf lange Sicht bei der Ungewißheit der Dauer und Ausweitung des Krieges;
Abschluß der beruflichen und Schul-Ausbildung zur Gewinnung vollwertigen Führer- und Spezialistennachwuchses;
körperliche und seelische Festigung der jungen Wehrpflichtigen für die Härte des heutigen Krieges.

3. Deckung des Ersatzbedarfs

a) Die Ersatzforderungen der Wehrmacht und Waffen-SS bis in den Sommer können erfüllt werden (rd. 450.000 Mann), ohne den z.Zt. in der Ausbildung stehenden Geb.Jahrg. 1923 anzugreifen.

Die Deckung dieses Bedarfes in der Ersatzwehrmacht ist bei voller Beanspruchung der Genesenen nur möglich durch Einsparungen und Auskämmen bei der Truppe.

Inkaufnahme von personellen Lücken (Herabsetzung von Kopfstärken), Einberufung sämtlicher ungeschützten Arbeitskräfte und Facharbeiter 08-22, soweit nicht mindertauglich (a.v. und g.v.H.) (245.000), die nicht als Rüstungswehrmänner oder Schlüsselkräfte bezeichnet sind oder besonders geschützt sind.

b) Anordnungen sind getroffen, um weiteren Ersatzbedarf

des Sommers durch Spar- u. a. Maßnahmen im Bereich der Truppe zu decken.

c) Für unvorhergesehene hohe blutige Verluste im Sommerfeldzug stehen jedoch ohne Heranziehung des Geb.Jahrg. 1923 und ohne Eingriff in die Schlüsselkräfte der gewerblichen Kriegswirtschaft keine Reserven mehr z. V.

d) In sinngemäßer Fortführung der unter 2. über die Schonung der jüngsten Geb.Jahrg. gemachten Feststellungen bleibt für den Notfall nur der Rückgriff auf die uk.-Gestellten der Geb. Jahrg. 1908–22.

In diesem Falle müssen die Belange der Wirtschaft und Verwaltung gegen die überragende Bedeutung des Waffenkrieges zurücktreten. Es ist nichts weniger als natürlich, daß dann zunächst auf die Reste der jüngeren Jahrgänge von 1922 an aufwärts zurückzugreifen ist (s. o. 107.000 uk.-Gestellte 1919–22).

Nachdem eine entsprechende Voransage des OKW an die Bedarfsträger ergangen ist, kann ab Spätsommer eine Störung der Kriegsproduktion vermieden werden, wenn die gewerbliche Kriegswirtschaft Anlern- und Ersatzkräfte aus den Arbeitern bereitstellt, die durch die Rationalisierungsmaßnahmen des Reichsmin.f.Bewaffnung und Munition und die Kräftebeschaffungsaktion des Gen.Bev. für den Arbeitseinsatz in steigendem Maße anfallen.

Bei einem Beschäftigungsstand von 6,5 Mill. Männern muß die Rüstungsindustrie unter diesen Umständen 300.000 junge Wehrpflichtige (= 4,6%) notfalls abgeben können. Als ausgleichende Stellen wirken die Wehrkreisausschüsse und Arbeitseinsatzbehörden mit.

4. Ergebnis

Eine zahlenmäßige Vergrößerung der Wehrmacht kann frühestens im Frühjahr 1943 (Einstellung des Jahrgangs 1924 in die Feldwehrmacht) in Frage kommen.

Voraussetzung hierzu ist jedoch, daß die Geb.Jahrg. 1923 und 24 nicht voll zur Deckung der blutigen Verluste verbraucht werden.

Die Bildung neuer Verbände ist bis dahin nur durch personelle Verlagerung innerhalb der Wehrmachtteile und der Waffen-SS möglich. [. . .]

Die im Rahmen der Fertigungsmöglichkeiten gestellten Forderungen für Waffen, Gerät und Munition der WT für das laufende Jahr können erfüllt werden, wenn nicht grundlegende Umstellungen innerhalb der Wirtschaft infolge nicht vorauszusehender feindl. Einwirkungen nötig werden.

Von entscheidendem Einfluß für die Entwicklung der Wehrmacht sind:

1. Die Verbesserung des Verkehrswesens und der Mineralölversorgung,

2. der nicht zu behebende Mangel an Nichteisenmetallen.

V. *Zusammenfassung*

Zusammenfassend kann gesagt werden, daß die Wehrkraft der Wehrmacht, bedingt durch die Unmöglichkeit einer vollen personellen und materiellen Auffrischung, im ganzen gesehen geringer ist als im Frühjahr 1941.

Demgegenüber kann jedoch festgestellt werden, daß:

a) der Gegner weit höhere Einbußen an Personal und Material erlitten hat,

b) die Führung, insbesondere auch die mittlere und untere Führung, dem Gegner wesentlich überlegen ist,

c) die Einheiten und Verbände für Bewegungsoperationen aufgefüllt und ausreichend beweglich sind,

d) materielle Lücken weitgehend durch die Güte der Waffen und Kampferfahrung ausgeglichen sind,

e) die Panzerabwehr eine wesentliche Verstärkung erfahren hat.

Wenn auch insgesamt kein zahlenmäßiges Übergewicht an Personal und Material vorhanden ist, so wird doch überall dort eine unbedingte Überlegenheit hergestellt werden können, wo die Kräfte schwerpunktmäßig zusammengefaßt werden.

Das Überlegenheitsgefühl des deutschen Soldaten über den Gegner – das nie verlorengegangen ist – wird dadurch belebt und gestärkt werden.

Der Gesundheitszustand und die Disziplin in der Wehrmacht sind gut.

Rundschreiben der Parteikanzlei der NSDAP

Berlin, 24. Juni 1942

Der Leiter der faschistischen Parteikanzlei, Martin Bormann, unterrichtet die Reichsleiter, Gauleiter und Verbändeführer über die Grundsätze der verschärften Strafvollstreckung innerhalb der Wehrmacht, die von Hitler am 2. April 1942 befohlen wurde, und über die inzwischen verfügte Neuordnung des Strafvollzuges in der Wehrmacht.

Anliegend übermittle ich *nur zu Ihrer Unterrichtung* vertraulich einen Führerbefehl über die Neuordnung der Strafvollstreckung in der Wehrmacht.

Zu der Neuordnung des Strafvollzuges bemerke ich noch, daß der Strafvollzug folgende Abstufung hat:

1.) *Bewährungsbataillone*

In die Bewährungsbataillone kommen solche straffällig gewordenen Wehrmachtangehörige, die besserungsfähig sind, einmal entgleist sind und nicht sich solcher Vergehen oder Verbrechen schuldig gemacht haben, die eine Bewährungsmöglichkeit ausschließen.

2.) *Feldstrafabteilungen*

In schwereren Fällen, in denen ein Strafaufschub mit dem Ziel der Bewährung nicht möglich ist, und in denen auch eine Einreihung in ein Bewährungsbataillon nicht tunlich erscheint, erfolgt zukünftig der Strafvollzug nicht mehr in Militärgefängnissen, in denen die Bestraften mindestens geschützt waren und ausreichend ernährt saßen, sondern sie werden Feldstrafabteilungen zugewiesen. Diese Feldstrafabteilungen bekommen unmittelbar an der Front besondere Aufträge (ohne Waffen) und werden feldmäßig untergebracht.

3.) *Straflager*

Für noch schärfere Fälle, für solche Fälle, in denen die Feldstrafabteilung nicht ausreicht, werden Straflager eingerichtet. In die Straflager kommen an und für sich die Verbrechernaturen, bei denen aber der letzte Schnitt und die Trennung von der Volksgemeinschaft noch nicht endgültig vollzogen worden ist.

Die Straflager kommen in möglichst unwirtliche Gegenden. Die Insassen werden zu schwerer Arbeit angehalten.

4.) *Überstellung zur Gestapo*

In den Fällen, in denen die Straflager auch versagt haben oder versagen, erfolgt Abgabe der Betreffenden an die Gestapo. [...]

ABSCHRIFT

Der Führer und	*Berlin, den 2. April 1942*
Oberste Befehlshaber	
der Wehrmacht	

Die Strafvollstreckung im Kriege muß sich den wechselnden Erfordernissen der Kriegslage alsbald anpassen. Es darf nicht an Maßnahmen festgehalten werden, die sich unter anderen Verhältnissen bewährt haben.

Die Bewährungsmöglichkeiten der Ostfront müssen in Zukunft noch mehr als bisher genutzt werden. Vor allem muß erreicht werden, daß Verurteilte, die nicht der kämpfenden Truppe angehören, soweit irgend möglich durch Versetzung Gelegenheit zur Bewährung vor dem Feinde erhalten.

Manche Verurteilte werden auch künftig nicht oder nicht sofort bei der kämpfenden Truppe eingesetzt werden können. Haltlosen Elementen, die damit rechnen, muß durch Schärfung und Abstufung des Strafvollzuges der Anreiz genommen werden, sich durch Strafverbüßung dem Fronteinsatz zu entziehen. Zu diesem Zwecke sind sofort Feldstrafgefangenenabteilungen aufzustellen, die im Operationsgebiet, möglichst im Einsatzgebiet der kämpfenden Truppe, unter gefahrvollen Umständen zu härtesten Arbeiten heranzuziehen sind.

Bei der Neuordnung der Strafvollstreckung ist entscheidender Wert darauf zu legen, daß alle Wehrmachtangehörigen gleichmäßig behandelt werden. Es ist zu verhindern, daß einzelne Waffengattungen oder Truppenteile grundsätzlich besser gestellt werden als andere.

Die notwendigen Anordnungen für die Neuordnung der Strafvollstreckung und des Vollzuges erläßt der Chef des Oberkommandos der Wehrmacht.

gez. Adolf Hitler

DOKUMENT 61

Weisung des Oberkommandos der Wehrmacht Nr. 45

23. Juli 1942

Von Hitler unterzeichnete und an den Generalstab des Heeres sowie die Oberbefehlshaber der Kriegsmarine und Luftwaffe gerichtete Weisung, über den Don zurückgegangene sowjetische Kräfte einzuschließen und zu vernichten. Weiter soll mit den Kräften der Heeresgruppe A die Schwarzmeerküste und der Kaukasus erobert, mit der Heeresgruppe B die Landbrücke zwischen Wolga und Don gesperrt, Stalingrad eingenommen und anschließend entlang der Wolga bis Astrachan vorgestoßen werden.

I.) In einem Feldzug von wenig mehr als drei Wochen sind die von mir dem Südflügel der Ostfront gesteckten weiten Ziele im wesentlichen erreicht worden. Nur schwächeren feindlichen Kräften der Armeen Timoschenkos ist es gelungen, sich der Umfassung zu entziehen und das südliche Donufer zu erreichen. Mit ihrer Verstärkung aus dem Kaukasusgebiet ist zu rechnen.

Die Versammlung einer weiteren feindlichen Kräftegruppe im Raum um Stalingrad, das der Gegner voraussichtlich zäh verteidigen wird, ist im Gange.

II.) *Ziele der weiteren Operationen:*

A.) *Heer*:

1.) Die nächste Aufgabe der H. Gr. A ist es, nunmehr die vom Don entkommenen feindlichen Kräfte im Raum südlich und südostwärts Rostow einzuschließen und zu vernichten.

Hierzu sind starke schnelle Verbände aus den Brückenköpfen, die im Raum Konstantinowskaja-Zymljanskaja zu bilden sind, in allgemein südwestlicher Richtung, etwa auf Tichorezk, Infanterie-, Jäger- und Gebirgs-Div. im Raum von Rostow über den Don anzusetzen.

Daneben bleibt der Auftrag bestehen, die Bahnlinie Tichorezk-Stalingrad mit vorgeworfenen Teilen zu unterbrechen.

Zwei Panzerverbände der H. Gr. A (23. u. 24. Pz. Div.) sind der H. Gr. B für die Fortsetzung der Operation nach Südosten zu unterstellen.

Die I.D. »Großdeutschland« ist als OKH-Reserve im Raum nördlich des Don zu belassen. Ihr Abtransport nach dem Westen ist vorzubereiten.

2.) *Nach Vernichtung der feindlichen Kräftegruppe* südlich des Don ist es die wichtigste Aufgabe der H. Gr. A, die gesamte Ostküste des Schwarzen Meeres in Besitz zu nehmen und damit die Schwarzmeerhäfen und die feindliche Schwarzmeerflotte auszuschalten.

Hierzu sind die hierfür vorgesehenen Teile der 11. Armee (rum. Geb. Korps) über die Straße von Kertsch überzusetzen, sobald das Vorgehen der Hauptkräfte der H. Gr. A wirksam wird, um alsdann im Zuge der Schwarzmeerküstenstraße nach Südosten vorzustoßen.

Mit einer weiteren Kräftegruppe, bei der alle übrigen Geb. und Jg. Div. zusammenzufassen sind, ist der Übergang über den Kuban zu erzwingen und das Höhengelände von Maikop und Armavir in Besitz zu nehmen.

Im weiteren Vorgehen dieser durch die rechtzeitig zuzuführenden Hochgebirgseinheiten zu verstärkenden Gruppe gegen und über den Westteil des Kaukasus sind alle gangbaren Pässe auszunutzen und so im Zusammenwirken mit den Kräften der 11. Armee die Schwarzmeerküste in Besitz zu nehmen.

3.) *Zugleich* ist mit einer im wesentlichen aus schnellen Verbänden zu bildenden Kräftegruppe unter Aufbau eines Flankenschutzes nach Osten der Raum um Grossnyi zu gewinnen und mit Teilkräften die Ossetische und Grusinische Heerstraße möglichst auf den Paßhöhen zu sperren.

Anschließend ist im Vorstoß entlang des Kaspischen Meeres der Raum um Baku in Besitz zu nehmen.

Mit der späteren Zuführung des ital. Alpinikorps kann die H. Gr. rechnen.

Diese Operationen der H. Gr. A erhalten den Decknamen »Edelweiß« – Geheimschutz: Geheime Kommandosache.

4.) Der *H. Gr. B* fällt – wie bereits befohlen – die Aufgabe zu, neben dem Aufbau der Donverteidigung im Vorstoß gegen Stalingrad die dort im Aufbau befindliche feindliche Kräftegruppe zu zerschlagen, die Stadt selbst zu besetzen und die Landbrücke zwischen Don und Wolga sowie den Strom selbst zu sperren.

Im Anschluß hieran sind schnelle Verbände entlang der Wolga anzusetzen mit dem Auftrag, bis nach Astrachan vorzustoßen und dort gleichfalls den Hauptarm der Wolga zu sperren.

Diese Operationen der H. Gr. B erhalten den Decknamen »Fischreiher« – Geheimschutz: Geheime Kommandosache.

B) *Luftwaffe:*

Aufgabe der Luftwaffe ist es, zunächst mit starken Teilen den Übergang des Heeres über den Don, anschließend das Vorgehen der ostwärtigen Schwerpunktgruppe entlang der Bahn nach Tichorezk zu unterstützen und die Masse der Kräfte zur Vernichtung der Heeresgruppe Timoschenko zusammenzufassen.

Daneben sind die Operationen der H. Gr. B gegen Stalingrad und den Westteil von Astrachan zu unterstützen. Besondere Bedeutung kommt hierbei der frühzeitigen Zerstörung der Stadt Stalingrad zu. Außerdem sind gelegentliche Luftangriffe gegen Astrachan zu führen; der Schiffsverkehr auf dem Unterlauf der Wolga ist durch Verminungen zu stören.

Bei der weiteren Fortsetzung der Operationen ist das Schwergewicht der Kampfführung zur Luft auf das Zusammenwirken mit den gegen die Schwarzmeerhäfen vorgehenden Kräften zu legen, wobei neben der unmittelbaren Unterstützung des Heeres eine Einwirkung feindlicher Seestreitkräfte im Zusammenwirken mit der Kriegsmarine zu verhindern ist.

In zweiter Linie sind ausreichende Kräfte für die Mitwirkung bei dem Vorstoß über Grossnyi auf Baku vorzusehen.

Wegen der *entscheidenden Wichtigkeit der Erdölproduktion* des

Kaukasus für die weitere Kriegführung sind Luftangriffe gegen die dortigen Erzeugungsstätten und Großtankanlagen sowie gegen die Umschlaghäfen am Schwarzen Meer nur durchzuführen, wenn es die Operationen des Heeres unbedingt erforderlich machen. Um aber dem Gegner die Ölzufuhr aus dem Kaukasus baldigst zu sperren, ist die frühzeitige Unterbrechung der hierfür noch benutzbaren Bahnstrecken und Ölleitungen sowie die Störung der Seeverbindungen auf dem Kaspischen Meer von besonderer Bedeutung.

C) *Kriegsmarine:*

Der Kriegsmarine fällt die Aufgabe zu, neben der unmittelbaren Unterstützung des Heeres beim Übergang über die Straße von Kertsch mit den im Schwarzen Meer verfügbaren Seestreitkräften feindliche Einwirkungen von See her gegen die Operationen an der Schwarzmeerküste zu stören.

Zur Erleichterung des Heeresnachschubs sind nach Möglichkeit baldigst einige MFP durch die Straße von Kertsch auf den Don zu verbringen.

Außerdem trifft OKM Vorbereitungen, leichte Seestreitkräfte auf dem Kaspischen Meer zur Störung der feindlichen Seeverbindungen (Öltransporte und Verbindung zu den Angelsachsen in Iran) zum Einsatz zu bringen.

III.) *Die im Bereich der H.Gr. Mitte und Nord* in Vorbereitung befindlichen örtlichen Unternehmungen sind in möglichst schneller Folge durchzuführen. Es muß dadurch erreicht werden, daß die Zersplitterung und Auflösung der feindlichen Kräfte in Führung und Truppe auf das höchste Maß gesteigert wird.

Die H.Gr. Nord bereitet die Wegnahme von Leningrad bis Anfang September vor. Deckname: »Feuerzauber«. Hierzu sind ihr 5 Divisionen der 11. Armee neben der schweren und schwersten Artillerie sowie die nötigen sonstigen Heerestruppen zuzuführen.

2 deutsche und 2 rum. Div. sind vorläufig auf der Krim zu belassen, die 22. Div., wie schon befohlen, dem W.B. Südost zuzuführen.

IV.) Für die Bearbeitung und Weitergabe dieser Weisung und der mit ihr zusammenhängenden Befehle und Anordnungen weise ich auf meinen am 12. 7. gegebenen Befehl über *Geheimhaltung* besonders hin.

Weisung des Oberkommandos der Wehrmacht Nr. 46

18. August 1942

Von Hitler unterzeichnete und an die Oberkommandos der Wehrmachtteile, den Reichsführer SS und verschiedene Wehrmachtdienststellen gerichtete Weisung, nach der die Partisanenbewegung in der Sowjetunion unerbittlich zu bekämpfen sei. Die mächtig angewachsene sowjetische Partisanenbewegung soll bis zum Spätherbst 1942 »ausgerottet« werden. Gegen die Bevölkerung sei mit den härtesten Mitteln vorzugehen. In den Partisanenkampfgebieten des Hinterlandes dürfe es keinen Deutschen geben, der nicht zur Partisanenbekämpfung herangezogen werde.

A) *Allgemeines*

I.) Das *Bandenunwesen im Osten* hat in den letzten Monaten einen nicht mehr erträglichen Umfang angenommen und droht zu einer ernsten Gefahr für die Versorgung der Front und die wirtschaftliche Ausnützung des Landes zu werden.

Bis zum Beginn des Winters müssen diese Banden im wesentlichen ausgerottet und damit der Osten hinter der Front befriedet werden, um entscheidende Nachteile für die Kampfführung der Wehrmacht im Winter zu vermeiden.

Hierzu ist erforderlich:

1.) Schnelle durchgreifende aktive Bekämpfung der Banden unter Zusammenfassung aller hierzu frei zu machenden und geeigneten Kräfte der Wehrmachtteile, der SS und der Polizei.

2.) Zusammenfassung aller propagandistischen, wirtschaftlichen und politischen Maßnahmen auf die Notwendigkeit der Bandenbekämpfung.

II. Folgende *allgemeine Richtlinien* sind von allen beteiligten Stellen bei ihren militärischen, polizeilichen und wirtschaftlichen Maßnahmen zu berücksichtigen:

1.) Die Bandenbekämpfung ist, wie die Führung gegen den Feind an der Front, eine *Führungsangelegenheit*. Sie ist durch die hierfür vorgesehenen Führungsstäbe zu organisieren und zu führen.

2.) Die Vernichtung des Bandentums erfordert *aktive Bekämpfung* und *härteste Maßnahmen* gegen alle, die sich an der Bandenbildung beteiligen oder sich der Unterstützung der Banden schuldig machen. Kampfanweisung für die Durchführung der Bandenbekämpfung folgt.

3.) Das notwendige Vertrauen in die deutsche Führung muß durch strenge, aber *gerechte Behandlung der Bevölkerung* errungen werden.

4.) Voraussetzung für die Vernichtung der Banden ist die *Sicherstellung des Existenzminimums der Bevölkerung*. Gelingt dies nicht und ist insbesondere die gerechte Verteilung des Vorhandenen nicht gewährleistet, wird ein vermehrter Zuzug zu den Banden die Folge sein.

5.) Die *Mitarbeit der Bevölkerung* bei der Bandenbekämpfung ist unentbehrlich. Die Belohnung verdienter Leute darf nicht kleinlich gehandhabt werden. Sie soll wirklich einen Anreiz bieten. Um so härter müssen demgegenüber Sühnemaßnahmen für jede Begünstigung der Banden sein.

6.) *Der unangebrachten Vertrauensseligkeit gegenüber den Landeseinwohnern*, besonders gegenüber solchen Landeseinwohnern, die bei deutschen Dienststellen angestellt sind, ist schärfstens entgegenzutreten. Wenn auch die Masse der Bevölkerung bandenfeindlich eingestellt ist, so muß doch überall mit Spitzeln gerechnet werden, deren Aufgabe es ist, die Banden rechtzeitig über alle gegen sie beabsichtigten Maßnahmen zu unterrichten.

B) *Befehlsführung und Verantwortlichkeit*

1.) *Reichsführer SS und Chef der deutschen Polizei:*
Der Reichsführer SS und Chef der deutschen Polizei ist die zentrale Stelle für die Sammlung und Auswertung aller Erfahrungen auf dem Gebiete der Bandenbekämpfung.

Darüber hinaus ist der Reichsführer SS allein verantwortlich für die Bandenbekämpfung in den *Reichskommissariaten*. Die Wehrmachtbefehlshaber haben ihn bei der Durchführung der sich hieraus ergebenden Aufgaben durch Abstimmung ihrer Maßnahmen sowie gegebenenfalls durch Abstellung von Führungsorganen, Führungsmitteln und Versorgungseinrichtungen zu unterstützen. Soweit es die militärischen Sicherungsaufgaben, die örtlich möglichst aktiv zu lösen sind, irgend zulassen, sind den Höheren SS- und Polizeiführern für deren Unternehmungen im Bedarfsfall auch Kräfte der Wehrmacht vorübergehend zu unterstellen.

Engste Verbindung zwischen den Höheren SS- und Polizeiführern und den Wehrmachtbefehlshabern ist die Vorbedingung des Erfolges.

2.) *Heer:*

Der Chef des Generalstabes des Heeres ist im *Operationsgebiet* allein für die Bandenbekämpfung verantwortlich. Zur Durchführung der hieraus entstehenden Aufgaben sind neben den vom Heer hierfür eingesetzten Kräften die im Operationsgebiet liegenden Polizeikräfte den entsprechenden Befehlshabern unterstellt. Diese haben die Führung der einzelnen Unternehmungen je nach Lage, Kräfteeinsatz und verfügbaren Dienstgraden den Kommandeuren des Heeres oder den Höheren SS- und Polizeiführern zu übertragen.

C) *Kräfte*

1.) *Kräfte des Reichsführers SS:*

Die verfügbaren und für die Bandenbekämpfung vorgesehenen Polizei- und SS-Verbände sind in erster Linie zur *aktiven* Bekämpfung bestimmt. Ihr Einsatz zu sonstigen Sicherungsaufgaben ist zu vermeiden. Eine Verstärkung der Polizei- und SS-Kräfte im Osten und weitgehende Verlegung sonstiger Einrichtungen des Reichsführers SS in die gefährdeten Gebiete ist anzustreben. Die noch an der Front eingesetzten, aber für die Bandenbekämpfung im Hinterland unentbehrlichen Verbände sind baldmöglichst durch das Heer herauszulösen und dem Reichsführer SS für ihr eigenes Aufgabengebiet zur Verfügung zu stellen.

2.) *Kräfte des Heeres:*

Um eine verstärkte Belegung des großen, hinter den kämpfenden Fronten liegenden Ostraumes zu ermöglichen, befehle ich:

a) Mit dem Zeitpunkt des Übergangs des Generalgouvernements in das Heimatkriegsgebiet sind in das Generalgouvernement zwei Ersatzdivisionen zu verlegen.

b) In den Bereich des W.Bfh. Ostland und W.Bfh. Ukraine sind bis 15. 10. 1942 insgesamt fünf Ersatzdivisionen zu verlegen.

c) Aus dem Generalgouvernement sind bis 1. 10. 1942 alle Truppenteile, Einheiten, Dienststellen, Einrichtungen und Schulen des Feldheeres, soweit sie nicht unter Befehl des BdE treten, in die Reichskommissariate bezw. das Operationsgebiet zu verlegen. Erforderliche Ausnahmen unterliegen der Genehmigung durch den Chef des O.K.W.

d) In das Operationsgebiet im Osten ist bis Ende Oktober eine aus dem Ersatzheer zu bildende Feldersatz-Organisation in einer Stärke von 50000 Mann im Endziel zu verlegen.

e) Erforderliche Durchführungsbestimmungen zu a) bis d) erläßt der Chef des O. K. W.

3.) *Kräfte der Luftwaffe:*

Oberbefehlshaber der Luftwaffe veranlaßt zur Verstärkung der Besatzungskräfte im Osten die Verlegung von Einrichtungen der Luftwaffe in die bandengefährdeten Gebiete.

4.) *Landeseigene Verbände:*

Die in der Bandenbekämpfung besonders bewährten landeseigenen Verbände können, soweit unbedingt zuverlässige und einsatzfreudige Mannschaften auf freiwilliger Grundlage zur Verfügung stehen, weiter aufrechterhalten und ausgebaut werden. Ihre Heranziehung zum Kampf an der Front und die Verwendung von Emigranten oder Führern der ehemaligen Intelligenz bleiben verboten.

Für diese Verbände sind vom Generalstab des Heeres, soweit bisher noch nicht geschehen, einheitliche Bestimmungen für innerdienstliche Verhältnisse, Dienstgrade, Uniformierung und Ausbildung in Anlehnung an die [...] aufgestellten Richtlinien zu erlassen und durch Chef OKW zu genehmigen. Deutsche Rang- und Hoheitsabzeichen sowie Schulterstücke der Wehrmacht sind verboten. Die Versorgung der Angehörigen ist zu regeln. Die Höhe der Abfindung und Versorgung soll dem bewiesenen Einsatz entsprechen. Bevorzugte Landzuteilung ist im Rahmen der gegebenen Anweisungen und Möglichkeiten großzügig zu handhaben.

5.) *Sonstige Kräfte:*

Die Bewaffnung des RAD, der Eisenbahner, Forstbeamten, Landwirtschaftsführer usw. ist, soweit noch erforderlich, zu verbessern. Sie sind in die Lage zu versetzen, sich mit möglichst *wirkungsvollen Waffen selber zu schützen.*

Es darf im bandengefährdeten Gebiet keinen Deutschen geben, der nicht aktiv oder passiv in die Bandenbekämpfung eingespannt ist.

DOKUMENT 63

Bericht des deutschen Botschafters und Militärattachés in Japan

Tokio, 28. August 1942

Die Generale Eugen Ott und Alfred Kretschmer unterrichten das Auswärtige Amt und den Generalstab des Heeres über ihre aus Gesprächen mit japanischen Militärs gewonnenen Eindrücke betreffend die japanische Strategie. In den USA sieht Japan seinen Hauptfeind, ein Angriff auf Indien ist erst nach deutschen Erfolgen in Ägypten zu erwarten, eine Invasion Australiens wird für unwahrscheinlich gehalten, ein Überfall auf die Sowjetunion im Fernen Osten nicht ausgeschlossen, obwohl die japanischen Militärs die sowjetische Kampfkraft sehr hoch bewerten.

Jetzige Großostasienlage darstellt sich mir nach Unterhaltungen mit japanischen Heeresoffizieren wie folgt:

1.) Japanisches Heer sieht auf weite Sicht in Vereinigten Staaten Hauptfeind. Klar erkannt, daß, um Vereinigte Staaten friedenswillig zu machen, vorherige Niederringung Großbritanniens und Sowjetunion erforderlich, Chungking-Chinas erwünscht.

2.) Gegen Großbritannien, das nach japanischer Ansicht der vordringlich zu schlagende Feind, bevorstehen zur Zeit anscheinend keine größeren Kampfhandlungen:

a.) Im indischen Raum beschränkt sich Japan unter ausschließlichem Einsatz leichter Seestreitkräfte auf Bekämpfung angelsächsischer Zufuhr nach Indien, Basra, Suez und weiter auf Stützung japanischerseits nicht überschätzter indischer Freiheitsbewegung. Japanischer Indienangriff wird erfolgen, ist aber m. E. erst zu erwarten, wenn innerpolitische Lage Indiens fortgeschritten, und nachdem Deutschland Suez genommen und Kampf gegen englische Kleinasienkräfte begonnen. Großziel japanischen Indienangriffes ist Herstellung der Seeverbindung mit Deutschland-Italien, die als wesentliche Voraussetzung gemeinsamen Endsieges über Vereinigte Staaten gewertet. Als taktische Angriffziele im indischen Raum Küstenplätze und Ceylon, gelegentlich sogar Madagaskar genannt. Mindestens für Kalkutta, Ceylon schon jetzt ausreichende japanische Kräfte in Birma, Malaya, Sumatra, Java vorhanden. Zusätzliche Aufstellung japanisch-indischer Verbände besonders in Malaya aus Freiwilligen und Kriegsgefangenen erfolgt, abgesehen von propagandistischen Zwecken, weniger für Kampf als Polizeidienst.

b.) Obwohl Australien gegenüber japanischem Überlegenheitsgefühl durch Salomonsieg gehoben und obwohl angeblich in Malaya und Philippinen japanische Verbände für Operationen im australischen Raum bereitgestellt, halte ich doch Angriff auf australischen Kontinent für völlig unwahrscheinlich. Kräfte-Festlegen hier richtigerweise als Verzettlung erkannt. Jederzeit aber zu rechnen mit japanischer Landung Port Moresby und auf gegen Amerika abschirmend hinausläuft Truppenkonzentration Australien (Text bei der Übermittlung verstümmelt.) Beides mit Zweck, Australien als Basis für amerikanischen Gegenangriff auszuschalten.

3.) Von viel erwähntem japanischem Angriff auf Sowjetfernost, der als ausgesprochener Überfall zu denken, wird wie vorherzusehen, um so weniger gesprochen, je näher dafür günstiger Zeitpunkt Anfang September kommt. Grund liegt einmal in trotz roten Abtransports usw. japanischerseits immer noch hoch bewerteter roter Fernost-Kampfkraft (Mann, Waffen, Befestigung, Kriegsindustrie, Durchhaltewille Volkes) und weiter darin, daß japanische Führung angesichts deutscher Siege doch für Zukunft mit bis Asien auswirkendem innerem Zusammenbruch Sowjetunion und damit billiger werdendem japanischem Erfolg rechnet. Mitsprechen mag auch, daß gewisse, besonders Roter Armee gegenüber wichtige Waffenverbesserungen (auch Niemoellers schwarzrot) noch nicht bei Truppe. Noch aber ist für dieses Jahr, wenn auch nicht vor 20. September, japanischer Überfall auf Sowjets Fernen Osten nicht ganz ausgeschlossen. Die anderen z. B. auffallend eifrigen Luftschutzvorbereitungen in Japan, sowie neuen Reservisten-Einziehungen, können sich so erklären. Wahrscheinlich scheint mir aber erneute Verschiebung Überfalls. Vielleicht auf Winterausgang, etwa so, daß zugefrorener Wasserlauf noch und abnehmende Kälte bereits Operationen erleichtern. Sicher jedenfalls, daß bei Heer kein Zweifel besteht an irgendwann notwendiger Inbesitznahme des stets japanisches Kerngebiet bedrohenden Sowjet-Fernostens, das zudem als mögliche USA-Gegenangriffsbasis angesprochen. Ziel japanischen Überfalls wahrscheinlich nur Gewinnung Gebietes ostwärtig Amur. Entsprechende Kräftebereitstellung im großen jetzt durchgeführt. Einige Verstärkungen, zum Teil sogar aus Malaya und Philippinen noch diesen Sommer herangezogen. In Mandschukuo und Korea meines Erachtens jetzt etwa zwanzig gute japanische Infanterie- und zwei Panzerdivisionen, sowie mindestens fünf geringwertige Marinesoldaten-Divisionen, dazu Möglichkeit, zusätzlich aus Nordchina und Mutterland Verbände einzusetzen. Aufmarsch, Operationsplan und darauf basierende Truppenausbildung zur Zeit wohl in Überprüfung unter Ausnutzung Anwesenheit. [...]

5.) Den als Hauptfeind angesprochenen Vereinigten Staaten gegenüber beschränkt sich Japan noch auf Störung pazifischer Seeverbindungen, hält sich aber bereit, günstige Gelegenheit mindest zur Inbesitznahme Midways auszunutzen, daneben planmäßige Vorbereitung Heeres, Marine, Mutterlandes und Neubesitzes auf den zwischen Japan und Amerika voraussichtlich langdauernden Krieg.

DOKUMENT 64

Niederschrift einer Besprechung
am 29. September 1942 in der Reichskanzlei

3. Oktober 1942

In Anwesenheit von Hermann Göring, Albert Speer und Gerd v. Rundstedt sowie den Kommandeuren der Pioniertruppen erläutert Hitler seine politischen und militärischen Absichten, die ihn zum Bau des Atlantikwalles veranlaßten. Er soll Rückenfreiheit für die Fortsetzung des Krieges gegen die UdSSR gewährleisten. Gleichzeitig warnt Hitler, aus den Erfahrungen des britischen Landungsversuchs bei Dieppe falsche Schlußfolgerungen zu ziehen.

Wir werden mit Sicherheit Rußland durch seine starken materiellen Verluste als Gegner im Osten ausschalten können. Allein durch den Wegfall von Koks und Mangan kann die Sowjetunion keinen wertvollen Stahl mehr herstellen.

Ferner wird der Verlust seiner großen Ernährungsbasis Rußland allmählich weiter schwächen, und wenn wir im nächsten Frühjahr unsere Operation nach Mesopotamien hineintragen und durch eisernes Aushalten in den jetzigen schweren Kämpfen uns die hierzu geschaffene Voraussetzung erhalten, dann ist schließlich an einem Sieg nicht mehr zu zweifeln.

Das gefährlichste für uns bleibt die Entstehung einer zweiten Front im Westen. »Sie wissen, daß ich noch nie kapituliert habe, aber ich muß es hier ganz offen aussprechen, daß uns eine Großlandung des Gegners im Westen Europas in eine durchaus kritische Lage bringen würde.«

Das dann unvermeidliche Abziehen von Divisionen und starker Teile der Luftwaffe aus dem Osten würde eine verhängnisvolle Zersplitterung unserer Kräfte bedeuten. Am meisten gefährdet ist z. Zt. noch Norwegen. Eine Landung in Norwegen würde nicht nur durch Abschneiden unseres Geleitzugweges unsere im Norden stehende Front zum Einsturz bringen, sondern auch einen sofortigen Umfall Schwedens nach sich ziehen. Gerade über die Haltung Schwedens liegen in letzter Zeit recht unerfreuliche Nachrichten vor. [...]

Die Küste Dänemarks bezeichnete der Führer als weniger gefährdet, da dorthin im Gegensatz zu Norwegen wegen der Nähe des Reichsgebietes rasch Kräfte aller 3 Wehrmachtteile zur Unterstützung herangeworfen werden könnten.

Das Wahrscheinlichste bleibt eine Landung in Frankreich, in erster Linie, weil hierzu der Gegner vornehmlich nur Kleinschiffs-Transportraum benötigt, den er in genügender Zahl bauen und dann in entsprechender Breite mit Aussicht auf Erfolg gegen die Küste heranführen kann. Seine neuesten Muster an Landungsbooten und Kampfwagen hat er uns jetzt vor kurzem in Dieppe angeliefert. [...]

Das Unternehmen Dieppe bezeichnet der Führer als für beide Teile äußerst lehrreich. Er betonte besonders, daß wegen des Mißlingens des Unternehmens nun beide Teile, nicht wie schon einmal in der Kriegsgeschichte, die falschen Schlüsse daraus ziehen dürften. Dem Engländer dürften solche Unternehmen nicht aussichtslos erscheinen und wir dürften nicht die Gefahr unterschätzen. [...]

Wie man nie annehmen darf, daß der Feind die falschen Schlüsse daraus zieht, so dürfen auch wir nicht den gleichen Fehler machen und sagen, der Engländer hat eingesehen, daß er schon jetzt gegen unsere verteidigte Küste nichts machen kann. Der Gegner wird nicht ablassen, die Errichtung der zweiten Front zu erzielen, denn er weiß, daß es die einzige Chance ist, mit der er überhaupt noch den Sieg erringen kann. So sehe ich es als meine Aufgabe an, alles nur menschenmögliche für die Verteidigungsfähigkeit der Küste sofort in Angriff zu nehmen. [...]

Der Führer betonte, daß bei dem zu erwartenden Großangriff wir bei der absoluten Luftunterlegenheit, die wir im Westen haben, keine Mittel haben, das der Großlandung vorausgehende »Trommelfeuer« von schwersten Bomben einschl. Stuka und der Artillerie der alliierten Seestreitkräfte zu überstehen, als dadurch, daß wir mit guten Küstenbatterien die feindliche Flotte auf Distanz halten, mit zahlreicher Flak die feindlichen Flieger abwehren und die in dieser Phase des Kampfes noch nicht benötigten Verteidiger der Küste ausreichend durch Beton schützen. [...]

Die Dringlichkeitsfolge für den Ausbau ist:

1.) Die weitere Verstärkung der U-Boots-Basen,

2.) Der Ausbau der Geleitzug-Abstellhäfen,

3.) Der Ausbau für den Feind zur Landung geeigneter Häfen,

4.) Der Ausbau der vorgelagerten Inseln,

5.) Die wahrscheinlichen Landestellen an freien Küsten,

6.) Die weniger wahrscheinlichen Landestellen.

Nachdem aber von seiten der Kriegsmarine keine Stelle an der Küste bezeichnet werden konnte, an der eine Landung garantiert ausgeschlossen ist, muß die gesamte Küste durch westwallartig ausgebaute Stützpunkte geschützt werden [...]

Bei der Größe der bevorstehenden Aufgabe verkenne er nicht, welche Forderung er mit dem Bau von 15 000 Betonanlagen bis zum 1. Mai 1943 gestellt habe. Er vertraue darauf, daß diejenigen, die die Aufgabe gestellt bekommen hätten, mit entsprechendem bestem Wollen wie immer an die Sache herangehen würden. Er verkenne auch nicht, daß starke Momente auftreten würden, die das Werk gefährden könnten. Er verlangte jedoch, daß ihm alle Schwächen rechtzeitig gemeldet würden, genau so, wie er im Osten nur helfen könne, wo er wirklich von seiten der Verantwortlichen auf die Schwächen aufmerksam gemacht würde. So könne er auch hier nur helfen, wenn ihm keine Schwäche verheimlicht würde. In diesem Zusammenhang sagte der Führer wörtlich: »Ich bin jedem Offizier dankbar, der mir eiskalt die Wahrheit meldet«!

Abschließend hob der Führer hervor, daß er nur noch eine Gefahr für den Ausgang des Krieges sähe, und das wäre die Bildung der zweiten Front im Westen, weil hierdurch unmittelbar die Kriegführung im Osten und das Heimatgebiet gefährdet würde. Sonst könnten die Gegner eine zweite Front machen, wo sie nur wollten, nur müßte diese möglichst weit von Europa entfernt liegen. So sähe er seine größte Aufgabe darin, der Heimat den Krieg im eigenen Lande, welcher die unmittelbare Folge einer Großlandung im Westen sein könnte, zu ersparen. Wenn wir das bis zum Frühjahr verhindern können, kann uns nichts mehr passieren.

In der Ernährung haben wir den Tiefpunkt überschritten.

Durch starke Ausbringung von Flak und Munition dazu wird die Heimat vor den Luftangriffen geschützt werden.

Mit den besten Divisionen werden wir im Frühjahr nach Mesopotamien hineinziehen und dann werden wir eines Tages unseren Gegnern den Frieden dort aufzwingen, wo wir wollen und so wie wir ihn wollen. An übergroßer Bescheidenheit hat das deutsche Reich nur einmal gelitten. Das neue deutsche Reich wird das in seinen Kriegszielen nicht mehr tun.

DOKUMENT 65

Einschätzung
der sowjetischen Operationsmöglichkeiten
durch die Abteilung Fremde Heere Ost
im Generalstab des Heeres

12. November 1942

In der im Entwurf von Oberst Reinhard Gehlen gezeichneten Beurteilung werden begrenzte sowjetische Angriffsoperationen gegen die Flanken der in Stalingrad kämpfenden faschistischen Gruppierung als möglich betrachtet. Für größere Angriffsoperationen mit weitreichender Zielsetzung wären jedoch die sowjetischen Kräfte jedoch zu schwach.

[...] 2. *Heeresgruppe B:*
Vor der Heeresgruppe beginnen sich die schon seit längerer Zeit im Raum vor den verbündeten Armeen vermuteten Angriffsabsichten allmählich deutlicher abzuzeichnen.

Neben der erkannten Bildung zweier Kräfteschwerpunkte vor den Flügeln der 3. rum. Armee, wo der Feind nunmehr als angriffsbereit anzusprechen ist, verdichten sich die Anzeichen für Kräftezusammenziehungen auch weiter westlich, vornehmlich im Raum von Kalatsch (Funkverkehr der 63. Armee mit 6–7 unbekannten Verbänden, vermutetes Einschieben der 1. Gde. Armee, Zugverkehr nach Kalatsch, Zuführung von Teilen der 5. Pz. Armee?, Abwehrmeldungen über Zuführungen in den Raum von Kalatsch), möglicherweise auch vor den Ungarn. Das Gesamtbild des Kräfteaufbaues ist nach Ort, Zeit und Umfang jedoch noch unklar, baldige Angriffsmöglichkeiten zeichnen sich nicht ab.

Eine Beurteilung der feindlichen Gesamtabsicht ist bei dem unklaren Bild noch nicht möglich, *doch muß mit baldigem Angriff gegen 3. rum. Armee mit dem Ziel gerechnet werden, die Bahn nach Stalingrad zu unterbrechen, damit weiter ostwärts stehende deutsche Kräfte zu gefährden und eine Rücknahme der bei Stalingrad stehenden deutschen Kräfte zu erzwingen*, wodurch der Wasserweg über die Wolga wieder gewonnen würde. Für weiterreichende Operationen dürften die vorhandenen Kräfte zu schwach sein (z. Zt. etwa verfügbar vor rechtem Flügel 3. rum. Armee 16 Schtz. Diven. und 1–4 Pz. Brig. en, vor linkem Flügel 7 Schtz. Diven. und 3 Kav. Diven.).

Ob eine größere Offensive über den Don gegen 8. ital. und 2. ung. Armee – Ziel Rostow? – zeitlich gestaffelt nach der Operation gegen 3. rum. Armee zu erwarten ist oder ob der Feind neben dem Angriff gegen die 3. rum. Armee Angriffsoperationen mit *begrenzter* Zielsetzung auch gegen die 8. ital. und 2. ung. Armee führen wird, ist noch nicht zu erkennen.

Die Aussage eines gefangenen Offiziers, die als Angriffsziel die Bahn Morozowski–Stalingrad nennt, scheint diese Gedanken zu bestätigen. [...]

DOKUMENT 66

Befehl Hitlers
zur unbedingten Einnahme Stalingrads

17. November 1942

Von Hitler unterzeichneter und vom Oberkommando der 6. Armee bekanntgegebener Befehl, in dem verlangt wird, die Kräfte bis zum letzten anzuspannen und Stalingrad zu erobern.

Folgender Führerbefehl ist allen in Stalingrad eingesetzten Kommandeuren bis zum Rgt. Kdr. einschließlich mündlich bekanntzugeben:

»Die Schwierigkeiten des Kampfes um Stalingrad und die gesunkenen Gefechtsstärken sind mir bekannt. Die Schwierigkeiten für den Russen sind jetzt aber bei dem Eisgang auf der Wolga noch größer. Wenn wir diese Zeitspanne ausnützen, sparen wir uns später viel Blut.

Ich erwarte deshalb, daß die Führung nochmals mit aller wiederholt bewiesenen Energie und die Truppe nochmals mit dem oft gezeigten Schneid alles einsetzen, um wenigstens bei der Geschützfabrik und beim Metallurgischen Werk bis zur Wolga durchzustoßen und diese Stadtteile zu nehmen.

Luftwaffe und Artillerie müssen alles tun, was in ihren Kräften steht, diesen Angriff vorzubereiten und zu unterstützen. [...]

DOKUMENT 67

Brief des Stabschefs der 6. Armee
an den Adjutanten der Luftwaffe bei Hitler

Stalingrad, 1. Dezember 1942

Generalleutnant Arthur Schmidt informiert Major Nicolaus von Below über die Situation der bei Stalingrad eingeschlossenen 6. Armee und über seine Vorstellungen über Fortsetzung der Kämpfe.

Es scheint bei mir zur Gewohnheit zu werden, daß ich zur Adventszeit und wohl auch zu Weihnachten immer mitten in der Scheiße sitze!

Ganz überraschend kam uns die Lage nicht, wenn auch plötzlicher, als wir dachten. Ich habe schon im Oktober für meine Korpschefs eine ähnliche Lage im Entwurf ausgemalt!

Schlimm waren die Tage, wo wir uns völlig im Stich gelassen vorkamen, über 48 Stunden ohne Befehl waren, oder besser: völlig überholte OKH-Befehle hatten, und dabei zusehen mußten, wie der Russe uns in den Rücken marschierte! 100 Panzer standen dort in einer 20 km breiten Lücke, bewegten sich von rückwärts gegen Stalingrad, das wir befehlsgemäß eisern festzuhalten hatten.

Da in den Tagen vorher die OKH-Entscheidungen immer von einer falschen Lage ausgingen und ihre Befolgung uns immer mehr in die Tinte reingeritten hatte (Angriff westlich des Don nach Westen mit allen unseren Reserven!), war der Entschluß für uns nicht leicht! Hier riet alles zum sofortigen Abmarsch, um zur Vernichtungsschlacht gegen den südlichen Gegner genügend Kraft zu kriegen! In Unkenntnis der Möglichkeiten, uns überhaupt entsetzen und versorgen zu können und allein auf uns gestellt, wäre dies am 23. November auch das richtige gewesen [...]

Gottseidank hat Paulus im felsenfesten Vertrauen, daß der Führer uns doch noch funken würde, gewartet. Du kannst Dir wohl kaum einen Begriff machen, welche immensen Kämpfe diese 48 Stunden Warten gekostet haben: einerseits die Unsicherheit – aus der Erfahrung der letzten Tage vorher geboren – ob Oben die Lage überhaupt richtig erkannt werden kann; dann die tödliche Gefahr für 300 000 Menschen vor Augen und schließlich das Raten, was will der Führer? Nachträglich haben wir erfahren, daß er auf der Fahrt vom Obersalzberg nach Ostpreußen war. Diese Zeit hätte uns beinahe das Leben gekostet! Sein und unser guter Stern hat uns noch gerade fünf Minuten vor zwölf geholfen. Der Funkbefehl zum Halten und die Aussicht auf Entsatz klärte dann die Lage ab 24. November früh, wenn es auch immer noch Mühe kostete, revoltierende kommandierende Generale zur Räson zu bringen.

Jetzt haben wir unseren Igel leidlich zusammen, haben Waffen genug, aber wenig Munition, wenig Brot und Sprit, kein Bau- und Brennholz, um in den Boden zu gehen und zu heizen, und die Männer, die erstaunlich siegeszuversichtlich sind, nehmen leider täglich an Kräften ab.

Erfrischend ist immer wieder das überlegene Kampfgefühl bei der Truppe, das wir ja jetzt, da wir mitten drin stecken, täglich neu erleben. Und da wir nur hervorragende kommandierende Generale haben – Seydlitz (der allerdings anderer Ansicht war wie wir), Hube, Jaenecke, Heitz und Strecker – kannst Du Dir vorstellen, daß wir diesem Verein einen Geist einhauchen können, der den Teufel aus der Hölle holt, wenn die Zeit ran ist... Daß wir hier raus kommen, ist sicher. Und daß wir dabei den Bolschewiken noch feste in die Pfanne hauen auch.

Schade ist nur, daß viel kaputt gegangen ist, und daß das, was sich unsere Truppe für den Winter geschaffen hatte, hin ist. Es wird sehr hart werden!

Es ist falsch, jetzt eine Schuldfrage für diese Not aufzuwerfen. Wir hatten alle die Gefahr nicht in ihrer Größe erkannt, uns überschätzt und den Russen unterschätzt.

Es gilt jetzt alle Kraft, alles Denken und Handeln auf die Befreiung zusammenzufassen!

DOKUMENT 68

Aus einer Denkschrift des Wehrmachtführungsstabes

10. Dezember 1942

Der Wehrmachtführungsstab analysiert die strategische Situation Hitlerdeutschlands nach der Schlacht bei El Alamein, der englisch-amerikanischen Landung in Nordafrika und dem Beginn der sowjetischen Winteroffensive bei Stalingrad. Er spricht sich für eine zum möglichst frühen Zeitpunkt wieder aufzunehmende Offensive gegen den Nahen Osten aus, mit der die Sowjetunion nicht nur ihrer Erdölvorkommen beraubt, sondern auch ein strategischer Druck auf Großbritannien und die USA ausgeübt werden soll. Gefordert wird hierfür die restlose, uneingeschränkte Mobilisierung aller Kräfte des okkupierten Europas.

Durch den Rückgang der Deutsch-Italienischen Panzerarmee nach Tripolitanien, den Einbruch der Angelsachsen in Französisch-Nord-Afrika und die dadurch ausgelösten deutsch-italienischen Gegenmaßnahmen, schließlich auch durch die Erfolge der Sowjets bei der Eröffnung ihrer Winteroffensive zwischen Don und Wolga ist eine *neue Lage* geschaffen. Sie ist dadurch gekennzeichnet, daß sich der *Aufmarsch der angelsächsischen Kräfte* gegen die Süd-Flanke unserer europäischen Stellung im Mittelmeer zu vollziehen beginnt, während die eigenen Kräfte mit der Masse auch weiterhin im Osten gebunden bleiben und im Augenblick einen dauernden Kräftezuschuß, allein schon für eine erfolgreiche Verteidigung, erfordern.

I. *Der angelsächsische Aufmarsch in Nordafrika*, im Westen unter amerikanischer, im Osten unter englischer Führung, entspricht dem seiner Zeit von den Vereinigten Staaten aufgestellten strategischen Gesamtkonzept, das die Vernichtung Deutschlands bei Fesselung der japanischen Kräfte als ersten Abschnitt vorsieht. Mit der Vereinigung der beiden Truppen im Raume von Tripolis wären die Ausgangsstellungen für den zweiten Abschnitt, den eigentlichen Angriff in die Südflanke des europäischen Festlandes, geschaffen. Gleichzeitig wäre damit die fast ungestörte Bewegungsfreiheit im gesamten Mittelmeer wieder gewonnen und die Bedrohung des Mittleren Orients von dieser Seite her völlig abgewendet. [...]

V. Die *Sowjets* sind in dieser strategischen Gesamtlage der Feindmächte dazu berufen, die deutschen Kräfte in möglichst großem Umfang auf sich zu ziehen und zu erschöpfen. Außerdem kommt es den angelsächsischen Mächten außerordentlich entgegen, daß die Konzentration starker sowjetischer Kräfte an Wolga und Don geeignet ist, dem weiteren deutschen Vordringen gegen und über den Kaukasus und damit in den Mittleren Orient den Weg zu verlegen.

Der bisherige Verlauf der feindlichen Winteroffensive zeigt, daß von den Sowjets erneut personelle und materielle Reserven in einer Stärke geschaffen werden konnten, die eine schwere Belastung allein schon für die Verteidigung der deutschen Front im Osten darstellt, und eine Wiederauffrischung der deutschen Kräfte in dem geplanten Ausmaß vorläufig unmöglich macht. Trotzdem muß daran festgehalten werden, in einem möglichst frühen Zeitpunkt die Offensive im Osten mit dem Ziel Mittlerer Orient wieder aufzunehmen. *Nur mit der Erhaltung* des bisher gewonnenen läßt sich der Krieg nicht zu einem siegreichen Ende führen. Aus dem Bestreben, mit Aushilfen die feindlichen Angriffe zu parieren, muß ein Weg gefunden werden, wieder zu eigenen Angriffsoperationen zu kommen. Die Kräfte können nur dadurch gewonnen werden, daß

a) auf den übrigen weitgespannten Fronten des Ostens auf möglichst kurzen Linien in festen Fronten zur Verteidigung übergegangen wird. Mit der Erkundung der Stellungen hierfür sollte sofort, mit ihrem Ausbau sobald es die Jahreszeit erlaubt, begonnen werden.

b) die noch im Westen befindlichen voll kampfkräftigen Divisionen, soweit sie nicht schon für Nordafrika bestimmt sind, im Frühjahr dem Osten zugeführt werden. Die Voraussetzung dafür aber ist, daß noch im Winter abgekämpfte Ostdivisionen nach dem Westen kommen. [...]

Örtliche Unternehmen offensiver Art, wie sie zum Teil schon 1942 geplant, aber nicht zur Durchführung gekommen sind, lassen sich daneben vielleicht verwirklichen. Die wichtigste ist die *Einnahme von Leningrad*, die unter allen Umständen der Frühjahrsoffensive des nächsten Jahres vorausgehen muß, da sie mit einem Schlag jede politische und militärische Gefahr für Finnland beseitigt.

Die *Hauptoffensive im Osten* muß aber nicht nur die Sowjets endgültig von ihren Kraftquellen im Kaukasus trennen, sondern wird auch einen hervorragenden strategischen Zweck dadurch erfüllen, daß starke angelsächsische Kräfte in den Mittleren Orient gezwungen und dort geschlagen werden können.

Hier liegt neben der fortgesetzten Wirkung des U-Boot-Krieges nach wie vor der Schlüssel zu einer siegreichen Beendigung des Krieges.

VI. Die Luftlage im Großen zeigt, daß der Gegner an allen Fronten die Luftüberlegenheit zu gewinnen sucht und sie zum Teil bereits an einzelnen Abschnitten an sich gerissen hat. Sein Bestreben geht dahin, die tatsächliche Luftüberlegenheit auf einzelnen Kriegsschauplätzen zu einer umfassenden Luftüberlegenheit auf allen Fronten zu erweitern.

Auf unserer Seite steht bisher noch die weit größere Kampferfahrung in der Luftkriegführung, die größere Beweglichkeit im Verschieben der Kräfte und die elastischere Führung des Luftkrieges überhaupt. Unsere ganzen Anstrengungen müssen jetzt darauf abzielen, den vom Gegner erreichten Vorsprung wieder zurückzugewinnen. [...]

VII. Der Krieg Japans gegen die Angelsachsen fesselt und zermürbt dauernd feindliche Kräfte, insbesondere an Flottenstreitkräften und Handelsschiffsraum. Diese Auswirkung auf die Gesamtkriegslage ist größer als ein Angriff Japans gegen die russischen Positionen im Fernen Osten, dessen Erfolg zweifelhaft und dessen Auswirkung auf die Erdlage im europäischen Rußland nur *gering* sein wird. [...]

Die ungeheure Anspannung der deutschen Wehrkraft auf allen Fronten muß in noch höherem Maße als bisher ihre Unterstützung im Einsatz aller *arbeitsfähigen europäischen Kräfte* finden. In den von uns besetzten und beherrschten Räumen wird ohne Rücksicht auf politische Verhältnisse, die dies z. B. in Griechenland und Dänemark bisher verhindert haben, eine volle Mobilisierung dieser Kräfte notwendig sein, um sie, ähnlich wie in den besetzten Gebieten, als »Hilfswillige« in der unmittelbaren oder mittelbaren Unterstützung der Kriegführung und der Kriegswirtschaft zum Einsatz zu bringen. Gleichzeitig ist dies die Voraussetzung für eine stärkere Ausschöpfung der deutschen Wehrkraft zugunsten der kämpfenden Front.

In der Organisation des Generalbevollmächtigten für den Arbeitseinsatz, der auch in den Operationsgebieten über alle Vollmachten verfügt, ist die Grundlage für die Generalmobilmachung der europäischen Arbeitskräfte geschaffen.

DOKUMENT 69

Kapitulationsangebot
des Vertreters des Hauptquartiers der Roten Armee
an den Oberbefehlshaber der 6. Armee

8. Januar 1943

Angesichts der aussichtslosen Lage der im Raum Stalingrad eingeschlossenen Divisionen der 6. Armee und der 4. Panzerarmee bietet Generaloberst N. N. Woronow Generaloberst Friedrich Paulus zur Vermeidung unnützen Blutvergießens an, den Widerstand einzustellen und sich bis zum 9. Januar 1943 organisiert zu ergeben.

Die 6. deutsche Armee, die Einheiten der 4. Panzerarmee und die ihnen als Verstärkung beigegebenen Truppenteile sind seit dem 23. November 1942 vollständig eingekesselt. Die Truppen der Roten Armee haben um diese deutsche Armeegruppe einen stählernen Ring gezogen. Alle Hoffnungen auf Rettung Ihrer Truppen durch einen von Süden und Südwesten her geführten deutschen Angriff wurden zunichte gemacht. Die zu Ihrem Entsatz herbeigeeilten deutschen Truppen wurden durch die Rote Armee zerschlagen. Die Reste dieser Truppe ziehen sich auf Rostow zurück. Die deutschen Transport-Flugzeuge, die die eingeschlossenen deutschen Truppen auf dem Luftwege mit Hungerrationen an Lebensmitteln, Munition und Treibstoff versorgen, sind durch den erfolgreichen und stürmischen Vormarsch der Roten Armee gezwungen, ihre Flughäfen ständig zu wechseln und bis zum Kessel weite Strecken zurückzulegen. Zudem werden der deutschen Luftwaffe durch die russischen Flieger große Verluste an Transport-Flugzeugen und Besatzung zugefügt. Die Hilfe der Transportflugzeuge für die eingekesselten deutschen Truppen erweist sich als unwirksam.

Die Lage Ihrer eingekesselten Truppen ist schwer; sie leiden unter Hunger, Krankheiten und Kälte, obwohl der rauhe russische Winter erst begonnen hat. Die grimmigen Fröste, die eisigen Steppenwinde und Schneestürme stehen noch bevor. Ihren Soldaten fehlt es an Winterausrüstung; sie leiden unter unhygienischen, ihre Gesundheit zerstörenden Verhältnissen.

Sie als Befehlshaber, ebenso die Offiziere der eingekesselten Truppen, wissen sehr wohl, daß es keine realen Möglichkeiten mehr gibt, den Kessel zu durchbrechen. Ihre Lage ist hoffnungslos und jeder weitere Widerstand sinnlos.

Angesichts der für die deutschen Truppen aussichtslosen Lage schlagen wir Ihnen zur Vermeidung unnützen Blutvergießens vor, folgende Kapitulationsbedingungen anzunehmen:

1. Alle eingekesselten deutschen Truppen mit Ihnen und Ihrem Stab an der Spitze haben den Widerstand einzustellen.

2. Alle Wehrmachtsangehörigen haben sich organisiert zu ergeben. Alle Waffen, die gesamte technische Ausrüstung und das Heeresgut sind in unbeschädigtem Zustand zu übergeben.

Wir garantieren allen Offizieren, Unteroffizieren und Mannschaften, die den Widerstand aufgeben, Leben und Sicherheit sowie bei Kriegsende die Rückkehr nach Deutschland, oder auf Wunsch der Kriegsgefangenen in ein beliebiges anderes Land.

Alle Wehrmachtsangehörigen der sich ergebenden Truppen behalten ihre Uniform, ihre Rangabzeichen und Orden, die persönlichen Gebrauchs- und Wertgegenstände. Den höheren Offizieren werden Degen und Seitengewehr belassen.

Den Offizieren, Unteroffizieren und Mannschaften, die sich ergeben, wird sofort normale Verpflegung verabreicht. Allen Verwundeten, Kranken und Frostbeschädigten wird ärztliche Hilfe zuteil.

Wir erwarten Ihre schriftliche Antwort am 9. Januar 1943 um 15 Uhr 00 Minuten Moskauer Zeit durch einen von Ihnen persönlich bevollmächtigten Vertreter, der in einem mit weißer Flagge kenntlich gemachten Personenkraftwagen auf der Straße von der Ausweichstelle Konmij zur Station Kotluban zu fahren hat. Ihr Vertreter wird am 9. Januar um 15 Uhr 00 Minuten von bevollmächtigten russischen Offizieren im Rayon »B«, 0,5 km südöstlich der Ausweichstelle 564, erwartet.

Sollte unsere Aufforderung zur Kapitulation von Ihnen abgelehnt werden, so künden wir an, daß die Truppen der Roten Armee und der Roten Luftwaffe gezwungen sein werden, zur Vernichtung der eingekesselten deutschen Truppen zu schreiten. Die Verantwortung für deren Vernichtung tragen Sie.

Erlaß über die totale Mobilisierung
aller Männer und Frauen für den Kriegseinsatz

13. Januar 1943

Von Hitler, Generalfeldmarschall Wilhelm Keitel, Hans Heinrich Lammers und Martin Bormann unterzeichneter Erlaß zur Erfassung aller noch nicht für kriegs-entscheidende Zwecke genutzten Arbeitskräfte, damit sie in der Kriegsproduktion eingesetzt werden können. Die durch die »totale« Mobilisierung aller Männer und Frauen frei werdenden kriegsdienstfähigen Männer sollen in die Wehrmacht eingezogen werden.

Der totale Krieg stellt uns vor Aufgaben, die im Interesse eines möglichst baldigen siegreichen Friedens unverzüglich gemeistert werden müssen. Ihre Lösung ist von kriegsentscheidender Bedeutung. Alle geeigneten Maßnahmen dafür zu treffen, ist das Gebot der Stunde.

Der Bedarf an Kräften für Aufgaben der Reichsverteidigung macht es notwendig, alle Männer und Frauen, deren Arbeitskraft für diese Zwecke nicht oder nicht voll ausgenutzt ist, zu erfassen und ihrer Leistungsfähigkeit entsprechend zum Einsatz zu bringen. Das Ziel ist, die wehrfähigen Männer für den Fronteinsatz frei zu machen.

Hierzu ist ein Austausch in der Weise vorzunehmen, daß für die Wehrmacht und die Rüstungsindustrie verwendbare Kräfte durch andere, bereits in der übrigen Wirtschaft verwendete oder noch nicht verwendete Kräfte ersetzt werden. Die Umschulung und Anlernung von Ersatzkräften ist vorsorglich auf lange Sicht und großzügig laufend zu betreiben. Im übrigen bestimme ich:

I.

Der Chef des Oberkommandos der Wehrmacht hat anzuordnen, daß alle Uk-Stellungen erneut schärfstens zu überprüfen und in allen Fällen aufzuheben sind, in denen dies ohne Gefährdung der anderen kriegswichtigen Aufgaben möglich ist.

II.

Zur Erreichung des gesteckten Zieles haben alle Dienststellen des Staates und der Partei in ihrem Bereich mitzuwirken.

Soweit nicht der Reichsmarschall als Oberbefehlshaber der Luftwaffe oder als Beauftragter für den Vierjahresplan innerhalb seiner Aufgabenbereiche allgemeine Anordnungen gibt, die den umfassenden Einsatz von Männern und Frauen für Aufgaben der Reichsverteidigung regeln, haben die Obersten Reichsbehörden und nach deren Richtlinien für ihre Bezirke die Reichsverteidigungskommissare alle erforderlichen Maßnahmen zu treffen, um den Einsatz von Männern und Frauen zu ermöglichen, deren Arbeitskraft für die Kriegführung, die Kriegswirtschaft, die Sicherung des lebenswichtigen Bedarfs oder für sonstige Aufgaben der Reichsverteidigung unausgenutzt oder nicht voll ausgenutzt ist. Die Obersten Reichsbehörden können bei den von ihnen anzuordnenden Maßnahmen von entgegenstehenden gesetzlichen Bestimmungen abweichen.

Es ist Pflicht der Obersten Reichsbehörden und der Reichsverteidigungskommissare, alle nicht im Sinne dieses Auftrages liegenden Arbeiten in den einzelnen Zweigen der Verwaltung einstellen zu lassen und, soweit angängig, Dienststellen, Organisationen oder Einrichtungen stillzulegen.

Die in meinem Erlaß über die weitere Vereinfachung der Verwaltung vom 25. Januar 1942 (Rundschreiben des Reichsministers und Chefs der Reichskanzlei vom 25. Januar 1942 – Rk. 1028 B –) angeordneten Maßnahmen sind in verstärktem Maße durchzuführen; Vorbereitungen und Planungen für künftige Friedensaufgaben, die nach diesem Erlaß grundsätzlich zurückgestellt werden sollten, sind nunmehr vollkommen einzustellen.

Die Freigabe von Arbeitern und Angestellten erfolgt im Einvernehmen mit den Dienststellen des Generalbevollmächtigten für den Arbeitseinsatz, die für einen beschleunigten Einsatz der Kräfte zu sorgen haben.

Auch in der NSDAP, ihren Gliederungen und in den angeschlossenen Verbänden sind alle nicht für kriegswichtige Zwecke eingesetzten Kräfte hierfür frei zu machen. Die erforderlichen Anordnungen gibt der Leiter der Partei-Kanzlei.

III.

Die folgenden für den Einsatz von Arbeitskräften dringlichsten Maßnahmen sind sofort in Angriff zu nehmen und in kürzester Frist durchzuführen:

1. Der Generalbevollmächtigte für den Arbeitseinsatz wird anordnen, daß sich für den Arbeitseinsatz noch nicht erfaßte Personen, und zwar Männer im Alter vom vollendeten 16. bis zum vollendeten 65. Lebensjahre, Frauen vom vollendeten 17. bis zum vollendeten 50. Lebensjahre, zu melden haben. Er hat weiterhin Männer und Frauen aus Handel, Handwerk und Gewerbe sowie aus Beschäftigungsverhältnissen in freien Berufen, soweit sie noch nicht eine überwiegend kriegswichtige Tätigkeit ausüben, in eine solche zu überführen.

Von der Meldepflicht sind befreit:

a) Männer und Frauen, die im öffentlichen Dienst tätig sind,

b) Männer und Frauen, die in der Landwirtschaft voll beschäftigt sind,

c) Frauen mit mindestens einem noch nicht schulpflichtigen Kind oder zwei Kindern unter vierzehn Jahren, die im gemeinsamen Haushalt leben,

d) Schüler und Schülerinnen, die eine öffentliche oder anerkannte private allgemeinbildende Schule besuchen.

Der Generalbevollmächtigte für den Arbeitseinsatz kann weitere Personenkreise von der Meldepflicht ausnehmen.

2. Um Arbeitskräfte aus Handel, Handwerk und Gewerbe weitgehend für Aufgaben der Reichsverteidigung frei zu machen, haben der Reichswirtschaftsminister oder die sonst zuständigen Obersten Reichsbehörden im Benehmen mit dem Generalbevollmächtigten für den Arbeitseinsatz die Stillegung von Betrieben und Unternehmungen anzuordnen, die nicht ganz oder überwiegend Aufgaben der Kriegswirtschaft oder der Sicherung des lebenswichtigen Bedarfs erfüllen. Die Stillegung kann, soweit dies ohne Nachteile für die Durchführung kriegswichtiger Aufgaben möglich ist, auch für Teile von Unternehmungen und Betrieben angeordnet werden. Der Reichswirtschaftsminister oder die sonst zuständigen Obersten Reichsbehörden haben die Durchführung solcher Maßnahmen grundsätzlich den

Reichsverteidigungskommissaren zu übertragen, die von ihnen Richtlinien dafür erhalten und sich bei der Durchführung der zuständigen Behörden der Wirtschaftsbezirke bedienen.

Die Frage einer Entschädigung für die angeordneten Stillegungen wird vom Reichswirtschaftsminister oder der sonst zuständigen Obersten Reichsbehörde im Einvernehmen mit dem Reichsminister der Finanzen geregelt.

IV.

Ich beauftrage den Chef des Oberkommandos der Wehrmacht, den Reichsminister und Chef der Reichskanzlei und den Leiter der Partei-Kanzlei, mich über die Maßnahmen auf Grund dieses Erlasses laufend zu unterrichten. Sie haben ferner für Wehrmacht, Staat und Partei zu prüfen, ob weitere Maßnahmen zur Freimachung von Kräften für die Reichsverteidigung möglich sind, und mir darüber, soweit erforderlich, gemeinsam Vortrag zu halten. Mit dem Reichsminister für Volksaufklärung und Propaganda haben sie im Hinblick auf die ihm im Zusammenhang mit diesem Erlaß obliegenden wichtigen Aufgaben enge Fühlung zu halten.

Der Chef des Oberkommandos der Wehrmacht, der Reichsminister und Chef der Reichskanzlei und der Leiter der Partei-Kanzlei können von allen Dienststellen Auskünfte und Unterlagen fordern. Sie können ferner nach von mir gegebenen allgemeinen Weisungen und Richtlinien weitere Anordnungen zur Durchführung dieses Erlasses geben, soweit erforderlich gemeinsam.

Mein durch Erlaß vom 22. November 1942 (Rundschreiben des Reichsministers und Chefs der Reichskanzlei vom 3. Dezember 1942 – Rk. 16941 E –) eingesetzter Sonderbeauftragter für die Nachprüfung des Kriegseinsatzes, General der Infanterie *von Unruh*, hat sie bei ihren Aufgaben zu unterstützen und seinen Auftrag im Einvernehmen mit ihnen durchzuführen.

DOKUMENT 71

Aus einer Ausarbeitung
des Oberbefehlshabers der 6. Armee

Die Ereignisse resümierend, die zur Katastrophe von Stalingrad führten, stellt Generalfeldmarschall Friedrich Paulus fest, das Oberkommando der 6. Armee sei bei der Durchführung der sinnlosen Durchhaltebefehle von der Einschätzung ausgegangen, die von vorgesetzten Dienststellen bis hin zum faschistischen Oberkommando gegeben worden ist. Um einen Zusammenbruch der gesamten faschistischen Front im Osten zu verhindern, war ein Ausharren der eingeschlossenen Kräfte bis zum Äußersten als notwendig angesehen worden. Alle Gedanken, gegen die Befehle selbständig zu handeln, hätten außerhalb des Bereiches seiner damaligen Überlegungen gelegen.

[...] Der gesamte Komplex Stalingrad besteht aus drei Entwicklungs-Phasen.

1. Der Vorstoß zur Wolga

Im Gesamtrahmen des Krieges bedeutete die Sommeroffensive 1942 den Versuch, in nochmaligem Angriff das zu erreichen, was im Spätherbst 1941 gescheitert war, nämlich den Feldzug im Osten zum siegreichen Abschluß zu bringen – eine Konsequenz aus dem überfallartigen Angriff auf Rußland überhaupt – in der Erwartung, damit die Entscheidung des Krieges herbeizuführen.

Im Bewußtsein der militärischen Kommandostellen stand die rein militärische Aufgabe im Vordergrund. Diese Grundeinstellung (hinsichtlich) der letzten Chance für Deutschland, den Krieg zu gewinnen, beherrschte das gesamte Denken auch während der beiden nächsten Phasen.

2. Mit Beginn der russischen November-Offensive und der Einschließung der 6. Armee sowie von Teilen der 4. Pz. Armee, zusammen rund 220000 Mann, setzte sich immer mehr – entgegen allen falschen Versprechungen und Illusionen des OKW – die Erkenntnis durch, daß an die Stelle »siegreicher Abschluß des Feldzuges gegen Rußland« die Frage trat:

Wie kann im Osten die vollständige Niederlage und damit der Verlust des ganzen Krieges vermieden werden?

Von diesen Gedanken waren Führung und Truppe der 6. Armee durchdrungen, während die vorgesetzten Dienststellen (HGr., Chef Gen. Stb. d. Heeres und OKW) noch an Siegeschancen glaubten oder dies wenigstens vorgaben.

Über die aus der Lage zu folgernden Führungsmaßnahmen und Methoden gingen daher die Ansichten scharf auseinander. Da die vorgesetzten Dienststellen, von den vorgenannten Erwägungen ausgehend und unter Zusage kommender Unterstützung, den in der ersten Phase der Einkesselung noch möglichen Ausbruch abgelehnt hatten, blieb nur das Standhalten, um zu verhindern, daß durch eigenmächtiges Handeln eine Desorganisation und damit Auflösung des gesamten Südteils der Ostfront eintrat. Durch letztere wäre aber mit der Vernichtung der ursprünglichen Siegeserwartungen zugleich auch in kurzer Zeitspanne jede Möglichkeit, eine entscheidende Niederlage und damit den Zusammenbruch der Ostfront zu vermeiden, zerschlagen worden.

3. In der dritten Phase, nach Scheitern der Entsatzversuche und Ausbleiben der versprochenen Hilfe, handelte es sich lediglich um Zeitgewinn, um den Neuaufbau des Südteils der Ostfront und die Rettung der im Kaukasus stehenden starken deutschen Kräfte zu ermöglichen.

Gelang dies nicht, so war der Gesamtkrieg allein schon durch die zu erwartenden Ausmaße bei einer Niederlage an der Ostfront verloren.

Die vorgesetzten Dienststellen vertraten daher nun selbst das Argument, daß es gelte, durch »Ausharren bis zum Äußersten« das Schlimmste für die Gesamtfront zu verhüten. Damit spitzte sich die Frage des Widerstandes der 6. Armee bei Stalingrad auf folgendes Problem zu: So wie die Lage sich mir darstellte und noch mehr, wie sie mir dargestellt wurde, konnte die totale Niederlage nur verhindert werden durch Aushalten der 6. Armee bei Stalingrad bis zum Äußersten. In dieser Richtung bewegten sich auch die Funksprüche der letzten Tage »Es kommt auf jede Stunde an«. Vom rechten Nachbarn kamen wiederholt Anfragen »Wie lange hält die 6. Armee noch?«.

Meine Führung stand daher von der Bildung des Kessels an, vor allem aber seit dem Scheitern des Entsatzversuches durch die 4. Pz. Armee (Ende Dezember) unter einem schwerwiegenden Widerstreit.

Auf der einen Seite standen die laufenden strikten Haltebefehle, die immer wiederholten Hilfeversprechungen und die mir immer wieder eingeschärften Rücksichten auf die Gesamtlage. Auf der anderen Seite waren es die menschlichen Beweggründe, die sich aus der zunehmenden unbeschreiblichen Notlage meiner Soldaten ergaben und die Frage aufwarfen, ob ich nicht zu einem bestimmten Zeitpunkt den Kampf einstellen mußte. Bei vollem Mitleid für die mir anvertrauten Truppen habe ich geglaubt, den Führungsgesichtspunkten den Vorrang geben zu müssen. Auch mußte die 6. Armee eigene unerhörte Leiden und namenlose Opfer auf sich nehmen, um – wie sie die feste Überzeugung hatte – viel zahlreicheren Kameraden der benachbarten Verbände die Rettung zu ermöglichen.

So wie die Dinge um die Wende des Jahres 1942/43 lagen, glaubte ich, durch das lange Aushalten bei Stalingrad gerade den Interessen des deutschen Volkes zu dienen, da mir ein Zusammenbruch an der Ostfront jeden politischen Ausweg zu versperren schien.

Jedes selbständige Heraustreten aus dem allgemeinen Rahmen durch mich oder bewußtes Handeln gegen die gegebenen Befehle bedeutete die Übernahme der Verantwortung im Anfangsstadium – bei einem Ausbruch – für das Schicksal der Nachbarn, im weiteren Verlauf – bei vorzeitigem Aufgeben des Widerstandes – für das Schicksal des Südabschnittes und damit für die ganze Ostfront selbst, bedeutete also – wenigstens äußerlich – vor dem ganzen deutschen Volk den durch mich herbeigeführten Verlust des Krieges. Man hätte dann auch nicht gezögert, mich für die gesamten operativen Folgeerscheinungen an der Ostfront zur Verantwortung zu ziehen.

Und welche überzeugenden und stichhaltigen Argumente hätten – nun einmal ohne Kenntnis des tatsächlichen Ausgangs – von dem Oberbefehlshaber der 6. Armee für sein befehlswidriges Verhalten vor dem Feinde vorgebracht werden können? Birgt im Grunde eine drohende oder subjektiv erkannte Ausweglosigkeit der Lage für den Truppenführer ein Recht der Befehlsverweigerung in sich? Im Falle Stalingrad war die Frage der völligen Ausweglosigkeit durchaus nicht absolut zu bejahen, geschweige denn als subjektiv eindeutig erkannt anzusehen, wenn man vom letzten Stadium absieht. Von welchem Unterführer hätte ich später in ähnlicher – nach dessen Meinung – schwieriger Lage Gehorsam fordern können oder dürfen?

Entbindet die Aussicht auf den eigenen Tod oder den wahrscheinlichen Untergang oder die Gefangenschaft der eigenen Truppe den Verantwortlichen vom soldatischen Gehorsam?

Für diese Frage möge heute ein jeder für sich selbst und vor seinem eigenen Gewissen die Antwort finden.

Damals hätten Wehrmacht und Volk eine solche Handlungsweise meinerseits nicht verstanden. Sie wäre in ihrer Auswirkung ein ausgesprochen revolutionärer, politischer Akt gegen Hitler gewesen. Es steht auch dahin, ob ich durch ein befehlswidriges Verlassen der Position Stalingrad nicht gerade Hitler die Argumente in die Hand gespielt hätte, die Feigheit und den Ungehorsam der Generale an den Pranger zu stellen, ihr (ihnen) die ganze Schuld an der sich immer drohender abzeichnenden militärischen Niederlage aufzubürden.

Einer neuen Legende, nämlich der des Dolchstoßes von Stalingrad, hätte ich den Boden bereitet zum Nachteil des Geschichtsbildes unseres Volkes und der ihm so nottuenden Erkenntnisse aus diesem Kriege.

Die umstürzende Absicht, die Niederlage bewußt herbeizuführen, um damit Hitler und das nationalsozialistische System als Hindernis für die Beendigung des Krieges zu Fall zu bringen, ist weder von mir erwogen worden, noch kam sie mir aus meinem ganzen Befehlsbereich in irgendeiner Form zur Kenntnis.

Solche Gedanken lagen damals außerhalb des Bereiches meiner Überlegungen. Sie lagen aber auch außerhalb meiner persönlichen Eigenart. Ich war Soldat und glaubte damals, gerade durch Gehorsam meinem Volk zu dienen.

Was die Verantwortlichkeit der mir unterstellten Führer anbetrifft, so befanden sie sich, taktisch gesehen, in der Ausführung meiner Befehle in der gleichen Zwangslage wie ich im Rahmen der großen operativen Lage und der mir erteilten Befehle.

Vor den Truppen und den Truppenführern der 6. Armee

sowie vor dem deutschen Volke trage ich die Verantwortung, daß ich die von der Obersten Führung gegebenen Durchhaltebefehle bis zum Zusammenbruch durchgeführt habe. [...]

DOKUMENT 72

Aus einer Ausarbeitung über englisch-amerikanische Operationsmöglichkeiten gegen den europäischen Kontinent

(wahrscheinlich) März 1943

Der vom Wehrmachtführungsstab ausgearbeitete Entwurf, gerichtet an die Oberbefehlshaber der Wehrmachtteile, die Oberbefehlshaber West, Süd, Südwest, die Wehrmachtbefehlshaber Niederlande und Norwegen, den Befehlshaber der deutschen Truppen in Dänemark und den Befehlshaber des AOK 20, schätzt ein: Englisch-amerikanische Landungen in Portugal, auf Sizilien, Korsika und Sardinien und zur Gewinnung von Stützpunkten in Norwegen sind wahrscheinlich, Großangriffe gegen den Balkan, Italien, Frankreich und Skandinavien unwahrscheinlich.

[...] Seit der Besetzung franz. Nordafrikas durch die brit.-amerik. Truppen, besonders aber nach der Konferenz von Casablanca, ist eine *Flut von Meldungen* zu verzeichnen, die von *weiteren Invasionsabsichten gegen den Kontinent* sprechen.

Als Landungsgebiete werden fast alle Stellen der europäischen Küsten, einschließlich der iber. Halbinsel und der Mittelmeerinseln, vom hohen Norden bis in den Südostraum genannt. Auch von Angriffsabsichten über die Türkei ist die Rede.

Um aus den verschiedenen Möglichkeiten die wahrscheinlichsten herauszufinden, müssen neben den militärischen auch die politischen, kriegswirtschaftlichen und psychologischen Faktoren vom Standpunkt des Gegners aus betrachtet werden.

Sicher erscheint nur, daß infolge der Unmöglichkeit, die Mehrzahl der Meldungen einwandfrei nachzuprüfen, eine Landung mehr oder weniger überraschend erfolgen wird.

I. *Verfügbare Kräfte des Gegners für einen Einsatz gegen Europa.*

In Großbritannien:
Vermutlich 35 Divisionen, darunter 5 Pz. Div. und 2 bis 3 Luftlande-Div. (einschl. 5 amerik. Div., ohne 8 Küstenschutz-Div.).
In Nordafrika:
6–7 Pz. Div., 12 Inf. Div. (ohne Franzosen).
In Ägypten und im mittleren Osten:
2–4 Pz. Div., etwa 12 Inf. Div. (ohne Besatzungstruppen).
In den Vereinigten Staaten (ohne pazifischen Raum):
5 Pz. Div., 13 Inf. Div., 2 Luftlande-Div.
Von allen Kräften sind größere Teile für Versorgungs- und Sicherungsaufgaben abzuziehen.

Bei dem *Nordafrikaunternehmen* hat der Gegner für die Beförderung von etwa 6–8 Div. insgesamt 2,6 Mill. BRT eingesetzt, von denen z. Zt. noch 1,4 Mill. BRT für die Versorgung von Nord- und Westafrika als gebunden anzusehen sind.

Für eine *neue Operation* würde der Gegner aus dem vorgenannten Schiffsraum über 1,2 Mill. BRT sowie bei Einschränkung auf anderen Fahrtgebieten über mindestens weitere 1,4 Mill. BRT verfügen.

Er könnte demnach schätzungsweise *10 Divn.* über See bewegen und bei den kurzen Entfernungen *an der Kanalküste oder im Mittelmeer* neben einer Hauptoperation auch noch Ablenkungsoperationen führen.

Kurze Wege über See und günstige Versorgungsverhältnisse in Verbindung mit der Möglichkeit unterlegener Abwehr werden die Pläne für Operationen des Gegners maßgebend beeinflussen.

II. *Operationen im Mittelmeerraum.*

Der *Mittelmeerraum* wird von unseren Gegnern als die empfindlichste Stelle der Achse angesehen. Sie versprechen sich von militärischen Erfolgen in diesem Raum den Abfall unserer Bundesgenossen in Südeuropa.

Die entscheidende Rolle spielt in der Mittelmeerkriegführung die Beherrschung der *Sizilienstraße*, die z. Zt. noch das Mittelmeer für den Feind in zwei Kriegsschauplätze trennt, die nur auf verschiedenen, räumlich weit voneinander gelegenen Seewegen zu erreichen sind.

1.) *Westliches Mittelmeer.*

Das *naheliegende Ziel* für den Gegner wird die *Vernichtung der deutsch-italienischen Truppen im Brückenkopf Tunesien* sein.

Die 8. brit. Armee ist hierzu infolge der großen Entfernung von ihrer eigentlichen Versorgungsbasis Ägypten bis zum Aufbau einer neuen Basis in der Cyrenaika *allein* nicht in der Lage.

Die *eigenen Erfolge in Tunesien* haben, zumindest für eine gewisse Zeit, etwaige Angriffsvorbereitungen der Feindmächte in franz. Nordafrika verzögert.

Eine feindliche Truppenlandung auf den *ital. Inseln und Korsika* ohne die vorherige Eroberung von Tunesien ist möglich, aber mit erheblichem Risiko verbunden. Bei Gelingen schaltet sie den Kriegsschauplatz Tunesien von selbst aus. *Sizilien* ist stark mit deutschen und italienischen Truppen sowie Fliegerkräften belegt; die Abwehrkraft der anderen Inseln ist geringer einzuschätzen.

Eine Landung an der *südfranz. Küste* ist als unwahrscheinlich anzusehen. Ohne den vorherigen Besitz von Sardinien liegt der weite Anmarsch über See unter der Einwirkung der deutsch-ital. Luftwaffe. Gestaltung der Küsten, des Hinterlandes und die sich verstärkende Verteidigung erschweren Landungen und schnelle operative Ergebnisse.

2.) *Östliches Mittelmeer.*

Die Türkei spielt im Südostraum insofern eine ausschlaggebende Rolle, als ohne ihre Mitwirkung *Großoperationen zur Besetzung des Balkanraumes* mit den z. Zt. im mittleren Osten befindlichen Feindkräften kaum möglich sind.

Immerhin mehren sich die Nachrichten, wonach *Unternehmungen kleineren Ausmaßes* nicht von der Hand zu weisen sind. Diese werden sich zwangsläufig zunächst gegen die *Inseln Rhodos, Searpante und Kreta* richten müssen, um diese Stützpunkte der deutsch-ital. Luftwaffe auszuschalten und den Versorgungsweg für weiterreichende Unternehmen freizukämpfen.

Landungen an der *griechischen Westküste*, in *Albanien* und *Dalmatien* können z. Zt. als *unwahrscheinlich* angenommen werden, wenn nicht die Entwicklung der Lage im Mostar-Gebiet zu einem so durchschlagenden Erfolg von D. Mihailović wird, daß hierdurch ein Brückenkopf für die Feindmächte schon kampflos gewonnen ist.

Zusammenziehung von *Schiffsraum* in den Häfen des ostwärtigen Mittelmeers könnte jederzeit erfolgen und ist – Cypern ausgenommen – bei der begrenzten Möglichkeit ausreichender eigener Luftaufklärung verhältnismäßig leicht zu tarnen.

Die augenblicklich im mittleren Osten befindlichen Truppen des Gegners würden für *kleinere* Unternehmungen ausreichen.

Erst mit *Kriegseintritt der Türkei*, der auch nach den Ergebnissen der Adana-Konferenz nicht anzunehmen ist, nach Öffnung der Sizilienstraße und nach erheblicher Verstärkung der feindlichen Truppenverbände im mittleren Osten kann mit einer *Großaktion* im Südostraum gerechnet werden.

Die Voraussetzungen hierfür sind für den Augenblick nicht gegeben.

III. *Operationen in Westeuropa.*

Als *wichtigstes* Ziel überhaupt bleibt für die Feindmächte die *Niederringung der deutschen U-Boot-Waffe.* Sie ist ein Faktor, der alle feindlichen Operationen – wo auch immer solche geführt werden – entscheidend beeinträchtigen kann. Nur das Ausschalten der U-Boot-Basen an der franz. Atlantikküste würde die Gefahr der U-Boot-Kriegführung für die Gegner entscheidend vermindern.

Dieser Zweck kann entweder als mittelbare Bedrohung durch eine *Invasion auf der iber. Halbinsel* oder als eine unmittelbare durch *Landungen in Nord- oder Westfrankreich* erreicht werden.

1.) *Iber. Halbinsel.*

Die Nachrichten über bevorstehende Landungen auf der iber. Halbinsel haben sich verdichtet. Besonders in *Portugal* sind gegnerische Vorbereitungen aller Art zu erkennen.

Die geringe Widerstandskraft des *port. Heeres* würde eine Invasion nicht verhindern. Auch eine Inbesitznahme von port. See- und Luftstützpunkten ohne Waffengewalt auf dem Wege über einen *Sturz der Staatsführung* erscheint nicht ausgeschlossen.

Die starke Hafenbelegung von Gibraltar, Oran und Casablanca sowie die Zurückhaltung beträchtlicher Truppenkontingente in Marokko und Algier lassen die *Gefahr eines solchen Vorgehens akut* erscheinen, wenn sich diese Vorbereitungen nicht gegen die ital. Inseln richten (vgl. II. 1).

Ein gleichzeitiger Angriff auf *Spanien, Spanisch-Marokko und die Balearen* ist wegen des spanischen Verteidigungswillens und der Gefahr sofortiger deutsch-spanischer Gegenmaßnahmen zu Lande und in der Luft *unwahrscheinlich.*

2.) *Franz. Atlantikküste.*

Eine Großlandung an der *franz. Atlantikküste* ist sehr unwahrscheinlich. *Dagegen* sprechen die Gefährdung der feindlichen Transportflotte durch eigene Luftwaffe und U-Boote, ungünstige Seegangs- und Landeverhältnisse sowie erschwerte Luftunterstützung.

Jedoch sind *örtliche Unternehmungen* auch größeren Ausmaßes gegen die *U-Boot-Basen* (besonders Bretagne) von See und aus der Luft anzunehmen, gegebenenfalls ist mit Opferung ganzer Luftlandetruppen oder -divisionen zu rechnen.

Diese Gefahr ist akut.

Schutz der eigenen Flugplätze gegen Luftlandung ist besonders wichtig.

3.) *Kanalküste.*

Wegen der Nähe der Absprungbasis ist die *Kanalküste* die günstigste Stelle für feindliche Landungen.

Demgegenüber steht die dort besonders starke deutsche Küstenverteidigung, wobei allerdings dem Gegner unsere Schwächung im Westen nicht verborgen geblieben sein dürfte.

Trotzdem sind dort nur *Raids oder Fesselungsangriffe* anzunehmen. Sie sind besonders dann zu erwarten, wenn zu etwa gleicher Zeit größere Landungsunternehmen auf der iber. Halbinsel oder Großraids gegen die U-Boot-Basen vorgesehen sind.

4.) *Niederländische Küste.*

Auch hier wird nur mit *örtlichen Überfällen* zu rechnen sein. Da die Luftunterstützung solcher Unternehmungen hier nicht sehr stark sein kann, ist die Gefahr in diesem Gebiet geringer zu veranschlagen.

IV. *Operationen in Nordeuropa.*

1.) *Nordnorwegen.*

Das *Hauptziel* der anglo-amerik. Führung auf diesem Kriegsschauplatz ist die *Sicherung* des *Geleitweges nach den russischen Eismeerhäfen* durch Ausschaltung deutscher Luft- und Seestützpunkte. Zu einer *Landung* bedarf es aber starker Kräfte, da unsere Stützpunkte ausreichende Verteidigungskraft besitzen. Dazu kommen die Unwegsamkeit des Landes, das Fehlen leistungsfähiger Häfen und der weite Seeweg.

Eine Änderung der *Haltung Schwedens* könnte jedoch neue Möglichkeiten für die Feindmächte schaffen.

Eine Großlandung in *Nordnorwegen* oder *Nordfinnland* zu gemeinsamen Unternehmen mit den Russen kann aus den Betrachtungen ausscheiden, da einmal die Russen ein Festsetzen der Angelsachsen im Norden und zum anderen die Westmächte ein Vordringen der Russen nach Westen vermeiden wollen.

2.) *Norwegische Küste.*

Ein weiteres Ziel könnte die Unterbindung des deutschen Seeverkehrs längs der norwegischen Küste durch *Schaffung eines kombinierten Land-, See- und Luftstützpunktes sein.*

Mit der *Wahrscheinlichkeit* derartiger *Unternehmen* muß *gerechnet* werden.

Entsprechende Spezialtruppen (Einheiten mit Gebirgsausrüstung und früheren Norwegenkämpfern) werden auf der englischen Insel bereitgehalten.

3.) *Dänische Küste.*

Die dänische Küste ist höchstens durch örtliche Einzelunternehmen mit begrenztem Ziel gefährdet.

V. *Zusammenfassung.*

Abwehr-, Pressenachrichten und Propaganda allein werden die feindlichen Absichten nicht enthüllen können. *Allen Möglichkeiten* an *sämtlichen* Fronten muß Rechnung getragen werden.

1.) *Akute Gefahr* ist an folgenden Abschnitten gegeben:

a) Landung in Portugal

b) Landung auf den ital. Inseln (Sizilien, Sardinien, Korsika)

c) Großraids gegen die U-Boot-Basen.

2.) *Wahrscheinlich* sind:

a) Spätere Fortsetzung der Operationen in Tunesien

b) Raids und Fesselungsangriffe gegen die Kanalküste

c) Unternehmen zur Gewinnung von Stützpunkten an der west- und nordnorwegischen Küste.

3.) *Möglich* sind:

a) Operationen gegen Tanger und span. Marokko, ev. sogar gegen das span. Mutterland

b) Unternehmungen gegen die deutsch-ital. Luftstützpunkte auf den Inseln des östlichen Mittelmeeres (Kreta, Dodekanes).

4.) *Unwahrscheinlich* sind:

a) Großangriffe im Südostraum

b) Angriffe gegen Italien und die franz. Südküste

c) Großangriffe gegen Frankreich

d) Großangriffe im skand. Raum. [...]

DOKUMENT 73

Operationsbefehl
des Oberkommandos des Heeres Nr. 5

13. März 1943

Von der Operationsabteilung im Generalstab des Heeres (Vorgeschobene Staffel) ausgearbeiteter und vom Hitler gezeichneter Befehl an die Heeresgruppen A, Süd, Nord und Mitte über die Kriegführung der nächsten Monate an der deutsch-sowjetischen Front. Danach waren sofort nach der Winter- und Schlammperiode an einzelnen Frontteilen Angriffsoperationen mit begrenzter Zielstellung zu führen, um so an einigen Stellen der Front der Sowjetarmee das Gesetz des Handelns zu entreißen. An den anderen Frontteilen sollte eine unüberwindliche Verteidigung aufgebaut werden.

Es ist damit zu rechnen, daß der Russe nach Beendigung der Winter- und Schlammperiode und nach einer gewissen Auffrischung und Bevorratung seine Angriffe fortsetzt.

Deshalb kommt es für uns darauf an, an einzelnen Frontteilen möglichst noch vor ihm anzugreifen und ihm dadurch – wenigstens an einem Frontabschnitt – das Gesetz des Handelns vorzuschreiben, wie es z. Zt. bei der H. Gru. Süd schon der Fall ist.

An den anderen Frontteilen müssen wir ihn anrennen und so verbluten lassen. Hier muß vorausschauend unsere Verteidigung durch Einsatz schwerer Abwehrwaffen, durch Ausbau der Stellung, zweckmäßig angelegte Verminung, Anlegen von Rückhaltstellungen, Bereithalten beweglicher Reserven usw. besonders stark gemacht werden.

Die Vorbereitungen hierzu müssen bei allen Heeresgruppen sofort anlaufen. Sie haben sich besonders auf personelle, körperliche und ausbildungsmäßige Auffrischung der Angriffsverbände und auf alle nur mögliche Verstärkung und Kräftigung der reinen Abwehrfronten zu erstrecken. Da in diesem Jahr die Schlammperiode früher als sonst beendet sein wird, kommt es bei den Vorbereitungen auf jeden Tag und besonders planmäßige Einteilung der Arbeit an. Die Heeresgruppen haben jede Woche (zu jedem Montag) über den Stand der Arbeiten zu melden. OKH wird Auffrischungsmaterial und schwere Verteidigungswaffen laufend zuführen.

Im einzelnen befehle ich:

1.) *Heeresgruppe A:*

Sowie die Witterung es zuläßt, ist die beabsichtigte Verkleinerung des Gotenkopfes durchzuführen, um Kräfte für H. Gru. Süd freizubekommen.

Die H. Gru. A muß sich bewußt sein, daß es ihre, zwar entsagungsvolle, aber hauptsächlichste Aufgabe ist, Kräfte zur Verfügung zu stellen. Je mehr und vor allem je schneller, um so besser und wirkungsvoller ist es.

Für den Abtransport sind alle Mittel und Wege zu benutzen.

Sodann ist es Aufgabe der Heeresgruppe, den Gotenkopf und die Krim auf jeden Fall zu halten. Der Ausbau der Krim-Küstenverteidigung muß mit allen Mitteln vervollkommnet werden, so daß – wie im Westen – der größtmöglichste Schutz gegen Feindlandungen erreicht wird.

233

2.) *Heeresgruppe Süd:*

Die gesamte Mius- und übrige Ostfront sowie die Donez-Front müssen auf den höchsten Verteidigungsgrad gebracht werden. Das panzergefährdete Gelände ist herauszusuchen und muß besonders durch Panzerabwehrwaffen verstärkt werden.

Die HKL hat unmittelbar am Abschnitt zu verlaufen. Der Feind darf keine Brückenköpfe auf dem diesseitigen Ufer haben.

Auf dem Nordflügel der H. Gru. ist sofort die Bildung einer starken Panzer-Armee, deren Versammlung bis Mitte April beendet sein muß, in die Wege zu leiten, um nach Beendigung der Schlammperiode *vor* dem Russen zur Offensive antreten zu können. Ziel dieser Offensive ist die Vernichtung der Feindkräfte vor 2. Armee durch Stoß nach Norden aus der Gegend von Charkow im Zusammenwirken mit einer Angriffsgruppe aus dem Gebiet der 2. Pz. Armee. Einzelheiten dieses Angriffs, Befehlsverhältnisse und Kräftezuführung werden gesondert befohlen.

3.) *Heeresgruppe Mitte:*

Zunächst ist die Lage zwischen 2. und 2. Pz. Armee weiter zu bereinigen, die Verteidigungsfronten sind zu verstärken, weiter auszubauen und planmäßig mit Panzerabwehrwaffen auszustatten. Hierbei kommt es besonders auf den Zipfel bei Kirow, die Gegend nördl. und nordwestl. Smolensk sowie westl. Welikije Luki an. Sodann ist eine Angriffsgruppe zu bilden, die im Zusammenhang mit dem Nordflügel der H. Gru. Süd angreifen wird. Die Kräfte hierfür sind aus der Büffelbewegung zu gewinnen. Einzelheiten darüber werden gesondert befohlen. Ebenso, welche Kräfte aus der Büffelbewegung als OKH-Reserven zur Verfügung zu stellen sind.

4.) *Heeresgruppe Nord:*

Da bei H. Gru. Nord in der ersten Sommerhälfte keine große Offensivhandlung beabsichtigt ist, ist der Schwerpunkt voll auf die Abwehr zu richten. Die gesamte Front muß in den höchstmöglichen Verteidigungszustand gebracht werden. Der Ausbau bisher notgedrungen noch vernachlässigter Frontabschnitte muß im beschleunigten Tempo nachgeholt werden. Die durch Aufgabe des Demjansker Kessels frei gewordenen Divisionen sind zur Verstärkung der Abwehrfront und als Eingreifreserven zweckentsprechend zu verwenden. Die Verbände sind wieder zu ordnen. Die starken Art.-Gruppen sind weiter auszubauen und zu munitionieren. Bewegliche Art.-Reserven sind für schnellste Verschiebungen bereitzuhalten. Besonders wichtig ist die Verstärkung auf dem Südflügel der H. Gru., bei Staraja Russa und in dem Gesamtgebiet südl. und südostw. Leningrad, da mit Feindoffensiven sowohl im Süden der H. Gru. auf Pleskau zum Abschneiden der Heeresgruppe und bei Leningrad zum Ausschalten der Bedrohung von Leningrad zu rechnen ist.

Für die zweite Sommerhälfte (ab Anfang Juli) ist eine Operation gegen Leningrad beabsichtigt. Sie soll unter schärfster Zusammenfassung aller verfügbaren Artillerie und unter Einsatz modernster Angriffswaffen geführt werden. Art.-Aufmarsch und Munitionierung sind frühzeitig einzuleiten. Weitere Einheiten werden gesondert befohlen.

Einzelheiten der Zuführung von Personal, Waffen und Material und die Zuführung einzelner Divisionen und Heeresgruppen gehen den Heeresgruppen gesondert zu. Wegen des Ausbaues von Rückhaltstellungen verweise ich auf meinen Befehl Nr. 8. Karten mit Einzeichnungen der für die Rückhaltstellungen vorgesehenen Linien werden den Heeresgruppen übersandt.

Die Heeresgruppen melden zum 25. 3. ihre Absichten. Die Meldungen über den jeweiligen Stand der Arbeiten sind zu jedem Montag vorzulegen.

DOKUMENT 74

Operationsbefehl
des Oberkommandos des Heeres Nr. 6 (Zitadelle)

15. April 1943

Zur Vorbereitung einer Angriffsoperation gegebener Befehl, die im Kursker Frontbogen befindliche sowjetische Gruppierung durch einen konzentrischen Angriff von Stoßgruppierungen der Heeresgruppe Mitte und Süd einzuschließen, zu vernichten und damit die strategische Initiative für das Frühjahr und den Sommer 1943 zurückzugewinnen.

Ich habe mich entschlossen, sobald die Wetterlage es zuläßt, als ersten der diesjährigen Angriffsschläge den Angriff »Zitadelle« zu führen.

Diesem Angriff kommt daher ausschlaggebende Bedeutung zu. Er muß schnell und durchschlagend gelingen. Er *muß* uns die Initiative für dieses Frühjahr und Sommer in die Hand geben. Deshalb sind alle Vorbereitungen mit größter Umsicht und Tatkraft durchzuführen. Die besten Verbände, die besten Waffen, die besten Führer, große Munitionsmengen sind an den Schwerpunkten einzusetzen. Jeder Führer, jeder Mann muß von der entscheidenden Bedeutung dieses Angriffs durchdrungen sein. Der Sieg von Kursk muß für die Welt wie ein Fanal wirken.

Hierzu befehle ich:

1.) *Ziel des Angriffs ist*, durch scharf zusammengefaßten, rücksichtslos und schnell durchgeführten Vorstoß je einer Angriffsarmee aus dem Gebiet Belgorod und südlich Orel die im Gebiet Kursk befindlichen Feindkräfte einzukesseln und durch konzentrischen Angriff zu vernichten.

Im Zuge dieses Angriffs ist eine verkürzte kräftesparende neue Front zu gewinnen in der Linie: Neshega–Korotscha-Abschnitt–Skorodnoje–Tim–ostw. Schtschigry–Ssossna-Abschnitt.

2.) *Es kommt darauf an*

a) *das Überraschungsmoment* weitgehend zu wahren und den Gegner vor allem über den Zeitpunkt des Angriffs im unklaren zu lassen,

b) die *Angriffskräfte auf schmaler Breite schärfstens zusammenzufassen*, um mit örtlich überwältigender Überlegenheit *aller* Angriffsmittel (Panzer, Sturmgeschütze, Artillerie, Nebelwerfer usw.) in *einem Zuge* bis zur Vereinigung der beiden Angriffsarmeen im Feind durchzuschlagen und damit den Kessel zu schließen,

c) den Angriffssturmkeilen so schnell wie möglich *aus der Tiefe* Kräfte zum Abdecken der Flanken nachzuführen, damit die Sturmkeile selbst nur *vorwärts* zu stoßen brauchen,

d) durch frühzeitiges *Hineinstoßen* von allen Seiten *in den Kessel* dem Feind keine Ruhe zu lassen und seine Vernichtung zu beschleunigen,

e) *so schnell* den Angriff durchzuführen, daß der Feind sich weder aus der Umklammerung absetzen noch starke Reserven von anderen Fronten heranziehen kann,

f) durch raschen *Aufbau der neuen Front* frühzeitig Kräfte, insbesondere schnelle Verbände, für weitere Aufgaben freizubekommen.

3.) *H. Gr. Süd* bricht, mit scharf zusammengefaßten Kräften aus Linie Belgorod–Tomarowka antretend, über die Linie Prilepy–Obojan durch und stellt ostwärts und bei Kursk die Verbindung mit der Angriffsarmee der H. Gr. Mitte her. Zur Abdeckung des Angriffs *nach Osten* ist baldmöglichst die Linie Neshega–Korotscha-Abschnitt–Skorodnoje–Tim zu erreichen, ohne daß hierdurch die schwerpunktmäßige Zusammenfassung der Kräfte in Richtung Prilepy–Obojan gefährdet wird. Zur Abdeckung des Angriffs *nach Westen* sind Teilkräfte anzusetzen, deren Aufgabe es zugleich ist, in den sich bildenden Kessel hineinzustoßen.

4.) *H. Gr. Mitte* stößt mit der Angriffsarmee, unter schärfster Kräftezusammenfassung aus Linie Trossna-nördlich Malo-Archangelsk antretend, über die Linie Fatesh–Wereitenowo, Schwerpunkt auf dem Ostflügel, durch und stellt die Verbindung mit der Angriffsarmee der H. Gr. Süd bei und ostwärts

Kursk her. Zur Abdeckung des Angriffs *nach Osten* ist baldmöglichst die Linie Tim–ostwärts Schtschigry–Ssossna-Abschnitt zu erreichen, doch darf die Kräftezusammenfassung im Schwerpunkt dadurch nicht gefährdet werden. Zur Abdeckung des Angriffs *nach Westen* sind Teilkräfte anzusetzen.

Die westlich Trossna bis zur Grenze zur H. Gr. Süd eingesetzten Kräfte der H. Gr. Mitte haben mit Angriffsbeginn durch örtliche Angriffe besonders zusammengestellter Angriffsgruppen den Feind zu fesseln und frühzeitig in den sich bildenden Kessel hineinzustoßen. Durch dauernde Erdaufklärung und Luftbeobachtung ist sicherzustellen, daß der Feind sich nicht unbemerkt absetzen kann. In diesem Fall ist sofort auf ganzer Front anzugreifen.

5.) *Die Bereitstellung der Kräfte beider Heeresgruppen* hat unter Ausnutzung aller nur möglichen Tarnungs-, Verschleierungs- und Täuschungsmaßnahmen, weit abgesetzt von der Ausgangsstellung, so zu erfolgen, daß vom 28.4. ab am 6. Tage nach Befehlserteilung durch OKH zum Angriff angetreten werden kann. Frühester Angriffstermin demnach 3.5. Die Märsche zur Ausgangsstellung haben nur als Nachtmärsche unter jeder möglichen Tarnung zu erfolgen.

6.) Zur *Täuschung des Gegners* haben im *Bereich der H. Gr. Süd* die Vorbereitungen für »Panther« weiter zu laufen. Sie sind mit allen Mitteln (auffällige Erkundungen, Auftreten von Panzern, Bereitstellung von Übersetzmaterial, Funk, Agenten, Gerüchtebildung, Einsatz der Luftwaffe usw.) zu verstärken und solange wie möglich aufrechtzuerhalten. Diese Täuschungsmaßnahmen werden auch durch die ohnehin erforderlichen Maßnahmen zur Erhöhung der Verteidigungskraft der Donezfront wirkungsvoll unterstützt. (Siehe Ziffer 11.) *Im Bereich der H. Gr. Mitte* sind Täuschungsmaßnahmen größeren Stils nicht durchzuführen, doch ist mit allen Mitteln dem Feinde das Lagenbild zu verwischen (rückläufige und falsche Bewegungen sowie Transporte bei Tage, Ausstreuen falscher Nachrichten über Angriffstermine erst im Juni usw.).

Bei *beiden Heeresgruppen* haben die zu den Angriffsarmeen neu zuzuführenden Verbände Funkstille zu halten.

7.) Zur *Geheimhaltung* sind nur die unbedingt notwendigen

Persönlichkeiten in die Absicht einzuweisen. Diese Einweisung ist erst Zug um Zug so spät wie irgend möglich zu erweitern. Es *muß* dieses Mal auf *jeden* Fall erreicht werden, daß nicht wieder durch Unvorsichtigkeit oder Nachlässigkeit etwas von den Absichten verraten wird. – Durch verstärkte Abwehrorgane ist auch die Feindspionage dauernd zu bekämpfen.

8.) *Die Angriffskräfte* haben mit Rücksicht auf die im Gegensatz zu früheren Operationen räumlich beschränkte und genau bekannte Zielsetzung des Angriffs alle für den Angriff nicht unbedingt benötigten Fahrzeuge jeder Art und jeden erschwerenden *Ballast zurückzulassen*! Alles andere hindert nur und kann den Angriffsschwung und das rasche Folgen der nachzuführenden Kräfte weitgehend beeinflussen. Daher muß jeder Führer durchdrungen sein, nur das zum *Kampf* Notwendige mitzuführen. Die Kommandierenden Generale und Div.-Kommandeure haben die Durchführung strengstens und scharf zu überwachen. Straffe Verkehrsregelung ist aufzuziehen. Sie hat rücksichtslos durchzugreifen.

9.) *Die Anordnungen für die Versorgung* und die sofortige restlose Erfassung der *Gefangenen*, *Einwohner und Beute* und die *Propaganda* in den Feind sind in der Anlage 1–3 befohlen.

10.) *Die Luftwaffe* wird ebenfalls alle ihre verfügbaren Kräfte schwerpunktartig einsetzen. Die Besprechungen mit den Kommando-Stellen der Luftwaffe haben sofort zu beginnen. Auf die Geheimhaltung (siehe Ziffer 7.) wird besonders hingewiesen.

11.) Für das Gelingen des Angriffs ist es von ausschlaggebender Bedeutung, daß es dem Feind nicht gelingt, uns durch Angriff an anderen Stellen der H. Gr. Süd und Mitte zum Verschieben von »Zitadelle« oder zum vorzeitigen Abziehen von Angriffsverbänden zu zwingen.

Deshalb müssen beide Heeresgruppen ebenso wie die Angriffsschlacht »Zitadelle« die *Abwehrschlacht* an den übrigen hauptsächlich bedrohten Frontstellen planmäßig bis Ende des Monats mit allen Mitteln vorbereiten. Es kommt dabei hauptsächlich darauf an, den Stellungsbau mit allen Mitteln zu beschleunigen, die panzergefährdeten Abschnitte reichlich mit Panzerabwehr auszustatten, örtliche Eingreifreserven bereitzu-

239

stellen, durch rege Aufklärung besondere Schwerpunkte des Gegners frühzeitig zu erkennen usw.

12.) *Im Endziel* nach Abschluß der Operation ist beabsichtigt:

a) die Verlegung der *Trennungslinie* zwischen H. Gr. Süd und Mitte in die allgemeine Linie Konotop (Süd)-Kursk (Süd)–*Dolgoje* (Mitte),

b) der *Übertritt des A.O.K.* 2 mit 3 Gen. Kdos. und 9 Inf. Divn. sowie noch festzulegenden Heerestruppen von H. Gr. Mitte zu H. Gr. Süd,

c) *die Bereitstellung* von 3 weiteren Inf. Divn. der H. Gr. Mitte zur Verfügung OKH im Raum nordwestlich Kursk

d) das *Herausziehen sämtlicher schnellen Verbände* aus der Front zu anderer Verwendung.

Diesen Absichten sind die Bewegungen, insbesondere der Verbände der 2. Armee, anzupassen.

Ich behalte mir vor, schon während der Operation je nach Verlauf der Kampfhandlungen Zug um Zug Teile der gem. Ziffer 12.) b) abzugebenden Stäbe und Verbände der H. Gr. Süd zu unterstellen.

Ich behalte mir ebenso vor, bei planmäßigem Ablauf der Operationen so schnell wie möglich aus der Bewegung zum Angriff nach Südosten (Panther) antreten zu lassen, um die Verwirrung des Feindes auszunutzen.

13.) Die *Heeresgruppen melden* die auf Grund dieses Operationsbefehls getroffenen Maßnahmen für Angriff und Abwehr unter Vorlage von Karten 1:300 000 mit Ansatz, Beifügung der Verteilung der Heerestruppen sowie der mit Luftflotte 4 bezw. Luftwaffenkommando Ost getroffenen Vereinbarungen zur Unterstützung des Angriffs und der Täuschungsmaßnahmen.

Termin 24. 4.

Grundlegender Befehl
des Oberkommandos des Heeres Nr. 14

27. April 1943

*Der von Hitler unterzeichnete Befehl geht von der akuten Gefährdung des rück-
wärtigen Operationsgebietes des faschistischen Heeres durch die an Umfang und
Wirkung zunehmenden Kampfhandlungen der sowjetischen Partisanenbewegung
aus. Die Bekämpfung der Partisanenbewegung soll nunmehr wie jede andere
Frontkampfhandlung bewertet werden. Dazu seien unter geeigneten Kommandeuren alle verfügbaren Kräfte einzusetzen. Die engste Zusammenarbeit zwischen
Heer und SS beziehungsweise Polizei sei sicherzustellen. Die Bekämpfung der Partisanenbewegung soll mit einem »rücksichtslosen Durchgreifen« gegen alle Helfer
der Partisanen verbunden sein.*

Der Russe führt den Bandenkampf jetzt immer intensiver.

Er setzt Generale als Führer ab, hat einen dauernden Nach-
schub-, Kurier- und Funkverkehr, ja sogar Urlauberverkehr für
Banden mit Flugzeugen eingerichtet.

Im Operationsgebiet des Heeres sind zur Zeit etwa 80 000
Mann als Banden festgestellt, abgesehen von den zahlreichen
Banden im Gebiet des W. B. Ukraine und Ostland.

Die Banden haben in der letzten Zeit erhebliche Störungen im
Eisenbahnbetrieb und in der Landwirtschaft verursacht, haben
die Holzflößerei auf den Flüssen stillgelegt usw.

Wir müssen deshalb die Bandenbekämpfung noch viel intensiver und viel überlegter durchführen, zumal zur Bandenbekämpfung im Operationsgebiet des Heeres an und für sich reichlich Kräfte eingesetzt sind (ebenfalls etwa 80 000 Mann, davon
35 000 Deutsche).

Ich befehle deshalb:

1. Die *Bandenbekämpfung* ist als Kampfhandlung wie jede
Front-Kampfhandlung anzusehen. Sie ist von der *Führungs*-Abt.
der Armeen und Heeresgruppen zu bearbeiten und zu leiten. Es
muß dauernd *geführt* werden.

2. *Alle irgend verfügbaren Kräfte* sind zur Bandenbekämpfung

einzusetzen. Wo die Kräfte nicht ausreichen, sind jeweils Alarm-einheiten zu bilden, die vorübergehend für diese Aufgabe ein-gesetzt werden. Ein solcher Einsatz dient gleichzeitig der Schu-lung der Alarmeinheiten und fördert ihre Verwendungsmög-lichkeiten.

3. *Die zur Führung von Bandenunternehmungen eingesetzten Kom-mandeure* aller Dienstgrade sind auf ihre Geeignetheit zu über-prüfen. Nur tatkräftige, energische und körperlich leistungs-fähige Persönlichkeiten werden dieser oft schwierigen Aufgabe gerecht werden.

4. Die *Aufklärung* gegen die Banden ist weiter auszubauen. Hierzu sind neben der Mithilfe der Bevölkerung alle verfügbar zu machenden militärischen Aufklärungsmittel einzusetzen. Insbesondere sind auch die Kdo.-Behörden der Luftwaffe um weitgehende Beteiligung an der Aufklärung durch Abstellen von Flugzeugen zu bitten.

5. Die *Nachrichtenübermittlung* über Bandenangriffe ist ebenso wie die Aufklärung zu organisieren. Es muß sofort den eigenen Angriffsorganen gemeldet werden, wenn irgendwo ein Banden-unternehmen stattfindet.

6. *Bewegliche Eingreifgruppen*, die schlagartig und schnell gegen erkannte Bandengruppen eingesetzt werden, sind zu bilden. Ein langwährender Aufmarsch eigener Kräfte wird häufig nicht zum Ziele führen, da die Banden ihn erkennen und ausweichen. Der-artige Eingreifgruppen müssen behelfsmäßig beweglich ge-macht und von besonders geeigneten Führern geführt werden. Sie müssen bald hier, bald da auftauchen und den Banden keine Ruhe lassen.

7. *Engste Zusammenarbeit* an der rückw. Grenze der Heeres-gebiete mit den in den Reichskommissariaten eingesetzten Höh. SS- und Pol.-Führern ist notwendig, um die Einheitlich-keit der Bandenbekämpfung in diesen Gebieten sicherzustellen.

8. Bei der Bandenbekämpfung ist *rücksichtsloses Durchgreifen* auch gegen Helfer von Banden notwendig. Wir haben es bei den Banden mit einem Feind zu tun, der mit allen Mitteln kämpft und nur mit gleichen Mitteln und gleicher Härte zu treffen ist.

9. Es ist von allen *Täuschungs- und Tarnmitteln* Gebrauch zu machen.

Auch der Einsatz von falschen Banden (in deutschem Dienst und unter deutscher Führung stehende Landeseinwohner) hat sich bewährt. Dadurch wird man wichtige Nachrichten und Erkenntnisse sammeln.

10. Ich werde *Sonder-Beauftragte* entsenden, die die Maßnahmen gegen Banden überprüfen und mir unmittelbar melden.

11. Von OKH/GenStdH werden dauernd »*Nachrichten* über Bandenkrieg« herausgegeben werden. Sie enthalten alle Unterlagen, die über Bandentätigkeit usw. durch Nachrichtenbeschaffung usw. bekannt werden.

12. Die H. Gr. melden zum 5. 5. ihre *Absichten* auf dem Gebiete der Bandenbekämpfung für die nächsten Wochen unter Angabe der von ihnen getroffenen *besonderen* Maßnahmen (Alarmeinheiten, Eingreifgruppen usw.).

DOKUMENT 76

Aus der Lagebeurteilung der Seekriegsleitung

20. Mai 1943

Die Seekriegsleitung sucht die militärpolitischen Konsequenzen aus der Anfang Mai 1943 erfolgten Kapitulation der Heeresgruppe Afrika zu ziehen. Sie weist auf die Schwäche der Verteidigungsvorbereitungen in Italien hin.

1.) Nach der im Osten erreichten Stabilisierung der Front gegen Rußland ist die Entwicklung der militärischen Lage im Mittelmeer zur Zeit das Hauptproblem der deutschen Kriegführung.

Die Angelsachsen haben in Tunesien die letzte strategische Position Europas in Nordafrika ausgeschaltet und durch den Gewinn der ganzen nordafrikanischen Küste:

a.) Die Voraussetzung für militärische Schläge gegen den Süden Europas geschaffen, und

b.) den Seeweg durch das Mittelmeer geöffnet, um ihre Tonnagenot zu mildern.

Die durch die russische Winteroffensive erzwungene Kräftebindung Deutschlands im Osten und die Nachschubschwierigkeiten bedingten eine Einschränkung der für Nordafrika abzustellenden Kampfkraft von Heer und Luftwaffe und ließen eine offensive Bekämpfung des Feindes aus dem tunesischen Brückenkopf heraus nicht zu. [. . .]

Für Europa steht die Sicherung im Osten und die Abwehr des zu erwartenden angelsächsischen Angriffs im Vordergrund. Dieser Angriff wird voraussichtlich vom englischen Mutterland und aus Nordafrika heraus angesetzt werden.

Die Kräfteverteilung, die operativen Gegebenheiten und die Erfolgsaussichten weisen darauf hin, daß von England aus die westeuropäischen Küsten angegriffen werden, wenn auch begrenzte Unternehmungen vor allem gegen den norwegischen Raum durchaus denkbar sind.

Welche Stoßrichtung im Mittelmeer vom Gegner gewählt wird, kann aus der bisherigen Entwicklung nur vermutet werden. Im Augenblick befinden sich nur im nordwestafrikanischen Raum Streitkräfte und Vorräte für eine Großunternehmung; z. Zt. ist eine solche deshalb im Raum des westlichen Mittelmeeres zu erwarten.

Die Schwäche Italiens bietet dabei den größten Anreiz zum Angriff auf die großen italienischen Inseln und das Mutterland mit dem Ziel, Italien endgültig aus dem Krieg herauszubrechen und eine Front in Richtung auf die Alpen und Südeuropa aufzurichten.

Nach dem Fall von Tunesien ist diese angelsächsische Stoßrichtung die wahrscheinlichste geworden. Italien ist sich der ihm drohenden Gefahr bewußt und auch, solange die faschistische Staatsführung fest im Sattel sitzt, wahrscheinlich bestrebt, dem Angriff mit allen Kräften Widerstand entgegenzusetzen und Seite an Seite mit dem deutschen Verbündeten den Krieg durchzustehen. Es ist jedoch sehr fraglich, ob die durch die bisherigen Kämpfe stark geschwächte ital. Wehrmacht überhaupt in der Lage ist, einen mit starken Kräften vorgetragenen Schlag abzuwehren.

Aus diesem Grunde ist über die bisher geleistete deutsche Hilfe hinaus eine weitere Verstärkung der Verteidigungskraft in

Süditalien und auf den großen Inseln durch deutsches Personal und Material eingeleitet.

Eine ganz besondere Schwäche liegt in der völlig unzureichenden Bevorratung von Sizilien und Sardinien, die vom Feind offenbar erkannt ist und systematisch verschärft wird. Die starken Auswirkungen der Luftangriffe auf die Inselhäfen, die noch durch das Fehlen von Initiative und Organisationstalent auf italien. Seite verstärkt werden, sind Anlaß zu schweren Sorgen um das Abwehr- und Durchhaltevermögen von Sizilien und Sardinien und zwingen auch auf dem Gebiet des Nachschubs zu jeder möglichen deutschen Hilfe, weil die ital. Kriegsmarine nach dem verlustreichen Einsatz in und für Nordafrika sich in einem Zustand der Ermattung befindet, der infolge geringer Reparaturkapazität nur langsam besser wird, und weil die ital. Luftwaffe kaum in der Lage ist, die laufenden Verluste zu ersetzen. [...]

DOKUMENT 77

Brief des Reichsstatthalters im Reichsgau Wartheland an den Chef der Reichskanzlei

26. Mai 1943

Arthur Greiser beschwert sich bei Hans-Heinrich Lammers über die Forderungen von Generaloberst Heinz Guderian hinsichtlich der Größe der ihm von Hitler zugesagten Dotation eines Gutes.

Auf Grund des zwischen uns geführten Schriftwechsels habe ich die vom Führer gewünschte Dotation an Herrn Generaloberst Guderian praktisch zu verwirklichen gesucht. Das geschah in der Form, daß ich durch die zuständigen Dienststellen eine Liste von solchen Betrieben aufstellen ließ, die in gesunder Mischung von Wald und Landwirtschaft und bei guter Bodenqualität eine Gewähr für die sichere landwirtschaftliche Bewirtschaftung des Betriebes abgaben. Bezüglich der Größe habe ich mich auf den Standpunkt gestellt, daß man einem Generaloberst als die erste vom Führer ausgesprochene Dotation im deutschen Osten nicht mehr geben sollte, als der Führer s. Zt. dem Generalfeldmarschall von Mackensen in Pommern hat schenken lassen. Die Dotation Mackensen in Brüssow beträgt nach meiner Information ca. 4300 Morgen. In mehreren persönlichen Empfängen und Rücksprachen bin ich mit Herrn Generaloberst Guderian dahingehend einig geworden, daß bei seinen vielen Besichtigungen die Aussonderung eines Betriebes in ungefähr dieser Größe in Frage kommen würde.

Herr Generaloberst Guderian hat mit seinen Begleitern und dem sachverständigen Stab, den ich ihm von meinen Dienststellen hierfür jeweils zur Verfügung gestellt habe, eine ganze Reihe von Betrieben einer Besichtigung unterzogen. Es standen in den letzten Wochen 2 Betriebe in engerer Wahl und er machte die endgültige Auswahl abhängig von der Begutachtung durch seine Frau Gemahlin, die er vor einigen Tagen zur Besichtigung mit in den Gau Wartheland brachte.

Zum Abschluß dieser Besichtigung kam er mit seiner Frau und seinem Sohn noch einmal zu mir, hat dabei aber nicht einen der enger in der Wahl stehenden Betriebe ausgesucht, sondern einen vollkommen neuen, der in der ihm übergebenen Liste aller besichtigten Betriebe gar nicht enthalten war. Dieser Betrieb, welcher Schöngarten heißt und im Kreise Gestingen liegt und rund 7000 Morgen groß ist, gefiel besonders Frau Guderian gut wegen des Wohnhauses, das in einem kulturell und baulich guten Zustand und in einem besonders schönen Park liegt. Ich mußte die Herausgabe dieses Betriebes ablehnen und bin in der Ablehnung dieses Betriebes vollkommen einig mit dem Reichsführer SS in seiner Eigenschaft als Reichskommissar für die Festigung deutschen Volkstums, den ich rechtzeitig über den Gang dieser Dinge unterrichtet habe. Ich habe bei dieser etwas unliebsamen letzten Rücksprache dann vereinbart, daß ich Herrn Generaloberst Guderian eine Liste mit neuen 10–15 Betrieben in der von mir bezeichneten Größenordnung übersende, und daß Herr Generaloberst Guderian nach Erhalt dieser Liste erneut auf Besichtigungsreise geht.

Indem ich Ihnen mit Vorstehendem Kenntnis von dem bisherigen Stand der Angelegenheit gebe, nehme ich Veranlassung, einmal grundsätzlich zu dieser Frage Stellung zu nehmen und bitte Sie, mir hierzu die Meinung und möglichst die Entscheidung des Führers einholen und bekanntgeben zu wollen.

Es geht m. E. nach auf keinen Fall an, daß schon bei der ersten Dotation Landflächen in einer derartigen Größe vergeben werden. Ich muß offen gestehen, wo sollen wir dann mit den Dotationen für die Feldmarschälle und noch andere Bedachte verbleiben, wenn die erste Dotation an einen Generaloberst schon mit rund 7000 Morgen vergeben wird. Wenn das so weitergeht, wird ein großer Teil meines Gaugebietes bezüglich der landwirtschaftlich genützten Fläche an Dotationsinhaber vergeben, die naturgemäß nicht den Ehrgeiz haben, hier zu wohnen und mit ihren Familien den Verdeutschungsprozeß zu verstärken, sondern diese Dotation lediglich als Sommersitz und als Einnahmequelle betrachten. [...]

DOKUMENT 78

Aus einer Denkschrift des Chefs
der Seekriegsleitung über die Seekriegslage

8. Juni 1943

Die an Hitler, das OKW, verschiedene Dienststellen der Kriegsmarine und an die Luftflotte 3 gerichtete und von Großadmiral Karl Dönitz unterzeichnete Denkschrift führt das Fiasko der faschistischen U-Boot-Kriegführung auf den Einsatz wirksamer U-Boot-Abwehrmittel und auf die unzureichende Unterstützung des U-Boot-Krieges durch die Luftwaffe zurück. Stärkere Unterstützung des Seekrieges durch Fliegerkräfte sowie zielgerichtete Stärkung der Kampfkraft der U-Boot-Waffe seien notwendig, um die Krise im U-Boot-Krieg zu überwinden.

Die Seekriegslage ist z. Zt. gekennzeichnet durch das Absinken der Erfolge in dem von der Kriegsmarine zielbewußt als Schwerpunkt des Offensivkrieges geführten Tonnagekriege.

Der Hauptträger dieser Kriegführung, das *U-Boot*, ist durch die mit Anspannung aller Kräfte vorwärts getriebene feindliche U-Boot-Abwehr, die sich vor allem durch die feindl. Luftwaffe infolge noch nicht erkannter Ortung und neuartiger Unterwasserwaffen auswirkt, in seiner Kampftätigkeit eingeschränkt.

Die Folge ist, daß die bisherige Methode des Geleitzugskampfes auf der feindl. Hauptverkehrslinie, dem Nordatlantik, vorläufig aufgegeben werden muß und die U-Boote sich so lange in abwehrschwächere Seegebiete absetzen müssen, bis wirksame Abwehrmittel gegen die neuartigen Feindwaffen gefunden sind.

Dem bisherigen, wiederholt eingetretenen Auf und Ab des Wettstreites zwischen U-Boot-Angriff und -Abwehr entsprechend ist zu hoffen, daß das U-Boot nach gewisser, z. Zt. noch nicht endgültig absehbarer Zeit seine Kampfkraft wieder erlangen wird.

Bis dahin muß zwangsläufig durch die Notwendigkeit, das Hauptkampfgebiet zur Vermeidung untragbar hoher Verluste zu räumen, mit einem Absinken der Erfolge des U-Boot-Krieges gerechnet werden.

Der Gegner hat diese Lage erkannt. Während noch vor wenigen Wochen die Kriegslage in allen Veröffentlichungen als überall günstig ausgegeben wurde mit alleiniger Ausnahme des Tonnagekrieges, der das Hemmnis für alle feindl. Pläne und die stärkste Bedrohung für die Zukunft sei, wird nunmehr der Abwehrerfolg gegen unsere U-Boote und der damit erzielte Gewinn an Handelsschiffsraum als das wesentlichste Ereignis der letzten Monate und die wichtigste Nachricht von der Kriegführung in allen Veröffentlichungen bezeichnet.

Diese Tatsache und der bisherige Ablauf der Kriegsereignisse deuten auf die einschneidende Wirkung hin, die der Tonnagekrieg auf die feindl. Gesamtlage gehabt hat. Diese Wirkung ist nur nach den Erfahrungen des 1. Weltkrieges und der vom Gegner in diesem Kriege gegen das Reich zur Wirkung gebrachten, verhältnismäßig geringen Kraft zu schätzen. Daß sie aber gewaltig sein muß, ergibt sich daraus, daß allein für den bis 31. 5. 43 gebauten Handelsschiffraum der Angelsachsen von 15,3 Mill. BRT ca. 9,8 Mill. to Stahl verbraucht worden sind, eine Menge, die die Gesamtbedürfnisse der deutschen Kriegsmarine (Bord und Land) für 5 volle Jahre decken würde, und daß der in den

USA für 1943 projektierte Handelsschiffsneubau $\frac{1}{8}$ der ganzen Stahlerzeugung beansprucht.

Noch größer sind die Auswirkungen des ungeheuren Aufwandes an Material, Kapazität und Personal für die zahllosen Seestreitkräfte und Luftwaffenverbände für die aktive U-Boot-Abwehr.

Der Fortfall der Bedrohung durch den Tonnagekrieg würde mit Sicherheit ein überhaupt nicht übersehbares Kriegspotential beim Gegner für den Einsatz an anderer Stelle frei machen.

Außer den Auswirkungen auf die Land- und besonders die Luftlage wäre die Folge für die Seekriegslage, daß eine hohe Anzahl von Verbänden leichter Seestreitkräfte für den Einsatz gegen unsere eigenen Seeverbindungen frei würde; der damit eintretenden Überlegenheit des Gegners im Küstenvorfeld würden die deutschen, schon jetzt zu knappen Sicherungsstreitkräfte nicht gewachsen sein, so daß z. B. das vom Nachschub über See abhängige Norwegen auch ohne Invasion wegen Aufhörens des Nachschubs zu Fall gebracht werden könnte.

Es kommt daher für die deutsche Kriegführung darauf an, dem Tonnagekrieg seine Wirkung zu erhalten.

Die für das Wiedergewinnen der Kampfkraft des U-Bootes notwendigen Maßnahmen werden z. Zt. durchgeführt bzw. vorbereitet. Selbst wenn der U-Boot-Krieg die augenblicklichen Schwierigkeiten nicht voll überwinden und die alten Erfolge nicht wieder erreichen sollte, müssen für die U-Boot-Waffe alle Kräfte eingesetzt werden, weil durch ihren Einsatz ein Vielfaches von unserem Aufwand an feindl. Kriegspotential vernichtet oder gebunden wird.

Darüber hinaus ist es Aufgabe der Kriegsmarine, den Tonnagekrieg durch die übrigen Seekampfmittel zu ergänzen.

Die Verstärkung der Schnellboot-Waffe zum Kampf im britischen Küstenvorfeld ist notwendig und befohlen.

Die Überwasserstreitkräfte werden jede ihnen greifbare Möglichkeit des Angriffs auf die feindl. Seeverbindungen ausnutzen.

Vom Einsatz der neuartigen Minenzündgeräte ist die dringend notwendige Steigerung der Versenkungen durch die Minenwaffe zu erhoffen und zu erwarten. Ihr wirkungsvoller Einsatz ist mit Seestreitkräften allein nicht möglich, sondern muß mit starken Kräften der Luftwaffe in den Seegebieten ergänzt werden, die für Seestreitkräfte nicht erreichbar sind.

Bei zielbewußter, gemeinsam von Luftwaffe und Kriegsmarine vorgetragener Minenoffensive sind stärkste Auswirkungen auf die Seeverbindungen vor allem rund um die englischen Inseln möglich, an denen ein z. Zt. nur im geringen Umfang geschädigter, riesenhafter Seeverkehr entlangläuft, der in der Anlage dargestellt ist.

Über den Mineneinsatz hinaus war der Einsatz der deutschen Luftwaffe im Seekrieg infolge der großen Anspannung unserer Luftstreitkräfte für andere Zwecke und des raschen Verkümmerns der bei Kriegsbeginn vorhandenen kleinen Seeluftwaffe bisher sehr gering.

Das langsame Zurückdrängen der deutschen Luftwaffe in die Defensive durch die zunehmende materielle Feindüberlegenheit hat in steigendem Ausmaß dazu geführt, daß heute der Seekrieg Deutschlands praktisch ohne Luftwaffe geführt wird. [...]

DOKUMENT 79

Weisung der Zentralfront an die 2. Panzerarmee und die 16. Luftarmee

5. Juli 1943

Armeegeneral K. K. Rokossowski befiehlt der 2. Panzerarmee von 10.30 Uhr bis um 19.00 Uhr die Ausgangsstellungen für einen Gegenangriff gegen die im Morgengrauen zur Offensive im Kursker Bogen angetretenen deutschen Verbände zu beziehen.

1. Ab 05.30 Uhr am 5. 7. 43 sind bis zu drei Infanterie- und bis zu drei Panzerdivisionen des Gegners an der gesamten Front der 13. Armee zum Angriff übergegangen.

2. Die 2. Panzerarmee hat bis 19.00 Uhr am 5. 7. 43 mit ihren Verbänden die Ausgangsstellung für einen Gegenschlag im folgenden Abschnitt zu beziehen:

a) 3. Panzerkorps – ausschl. Polsela Gorjainowo – Nordrand Berjosowez – Nordrand Gorodischtsche;

b) 16. Panzerkorps – Wtoryje Ponyri – Kutyrki;

c) 11. Gardepanzerbrigade – Leninski – Höhe 224,3;

d) Armeestab – verbleibt am Ort.

Die 2. Panzerarmee hat bereit zu sein, bei Sonnenaufgang am 6. 7. 43 einen Gegenschlag in der allgemeinen Richtung auf Archangelskoje zu führen.

3. Der Befehlshaber der 16. Luftarmee hat durch Handlungen der Jagdflugzeuge das Erreichen des von mir festgelegten Abschnittes durch die 2. Panzerarmee auf besondere Anordnung zu decken.

Der Erhalt ist zu bestätigen. Die Ausführung ist zu melden.

DOKUMENT 80

Meldung des Vertreters des Hauptquartiers des Oberkommandos am Südfrontabschnitt der deutsch-sowjetischen Front an den Obersten Befehlshaber

12. Juli 1943

Marschall G. K. Shukow informiert J. W. Stalin über die ersten Ergebnisse der unter dem Decknamen »Kutusow« am 12. Juli 1943 eröffneten Gegenoffensive der West- und der Brjansker Front in der Schlacht am Kursker Bogen und seine Absichten über die Fortsetzung der Gegenoffensive am 13. Juli 1943.

1. Nach einer Stunde fünfundvierzig Minuten Artillerievorbereitung sind die Truppen von Wassilenko (Deckname von W. D. Sokolowski, Oberbefehlshaber der Westfront) und Markow (Deckname von M. M. Popow, Oberbefehlshaber der Brjansker Front) entsprechend dem Plan »Kutusow« zum Angriff übergegangen.

2. Die Armee Bagramjans hat die gegnerische Verteidigung in

einer Breite von 16 km und auf eine Tiefe von 9 km durchbrochen.

Bis 20.00 Uhr am 12. Juli hat sie mit den Schützenverbänden den Abschnitt Höhe 221 (3 km westlich Glinnaja) – Krasny Oktjabr – Nikitskoje – Nordrand Stariza – Retschiza – Slobodka erreicht.

Zur Ausweitung des Durchbruchs hat Wassilenko das 5. Panzerkorps eingeführt, das 19.00 Uhr den Abschnitt Rutschja Fomina passiert hat.

Die Armee Bagramjans hat über 700 Gefangene gemacht und Beutegüter eingebracht, die gerade gezählt werden.

3. Die Armee Belows hat die gegnerische Verteidigung in einer Breite von 10 km und auf eine Tiefe von 4 km durchbrochen und 22.00 Uhr die Front 1 km westlich Karagaschinka – Schlucht südostwärts Paltschikowo – Kriwzowo – Fetischtschewo – Lubny – Tschegodajewo erreicht und dabei 120 Gefangene gemacht und Beutegüter eingebracht. Das 20. Panzerkorps wurde von Below bis 20.00 Uhr auf das Westufer der Oka verlegt und wird morgen nach der Einnahme des Raums Chmelewaja zur Ausweitung des Durchbruchs eingeführt.

4. Die Armeen Gorbatows und Kolpaktschis haben die Verteidigungsfront des Gegners in einer Breite von 15 km und auf eine Tiefe von 5 km durchbrochen und 20.00 Uhr den Abschnitt Nordrand Ismalkowo – 0,5 km ostwärts Jewtechow – Satischje – Ostrand Leski – Südwestrand des Waldes 2,5 km westlich Orlowka – Repjowka erreicht.

In dieser Richtung wird das 1. Panzerkorps in der Nacht zum 13. Juli auf das Westufer der Suscha in den Raum Iwan – Bol. Malinowez – Star. Bitkowo verlegt und morgen nach der Einnahme von Jewtechow und Gratschewka durch die Infanterie in den Durchbruch mit der nächsten Aufgabe eingeführt, den Raum Mochowoje einzunehmen.

5. Mit Tagesbeginn setzen wir morgen nach einer dreißigminütigen Artillerievorbereitung den Angriff entsprechend dem Plan »Kutusow« fort.

6. Nach Aussagen von Gefangenen, die ich persönlich verhört habe, hat die von uns am Vorabend des Angriffs durchgeführte gewaltsame Aufklärung voll und ganz bestätigt, daß der vordere

Graben nur von der Gefechtssicherung des Gegners bezogen ist. Das ermöglichte es uns, während der Artillerievorbereitung einen unnötigen Granatenverbrauch zu vermeiden.

Ein Gefangener bestätigte auch, daß die bei diesem Angriff gewählte Methode der Artillerievorbereitung (Erhöhung des Feuertempos beim Vorgehen der Infanterie zum Sturmangriff und bei der Einnahme der vorderen Linie der Verteidigung) das Überraschungsmoment des Sturmangriffs gewährleistet hat.

Die Infanterie des Gegners, die daran gewöhnt ist, daß dem Sturmangriff unserer Infanterie das höchste Feuertempo und anschließend eine Feuerverlegung in die Tiefe vorausgehen, hat heute ebenfalls unsere schablonenhafte Feuerverlegung in die Tiefe abgewartet, ist in den Deckungen geblieben und hat den Sturmangriff unserer Infanterie nicht rechtzeitig festgestellt, was es uns gestattete, die vordere Linie der Verteidigung sehr schnell einzunehmen und eine große Anzahl von Gefangenen zu machen.

7. Die Artillerie hat organisiert und gut gearbeitet, die Durchbruchkorps haben sich voll und ganz bewährt.

8. Die gegnerischen Fliegerkräfte haben gegen die Gefechtsordnungen hauptsächlich der angreifenden Truppenteile der Armeen Gorbatows und Kolpaktschis gehandelt und dabei 504 Flugzeugstarts ausgeführt.

Unsere Fliegerkräfte haben an der Brjansker Front 598 Flugzeugstarts ausgeführt.

In Luftkämpfen und durch die Flakartillerie wurden von der Brjansker Front 51 gegnerische Flugzeuge abgeschossen. [...]

Aus dem Manifest
des Nationalkomitees »Freies Deutschland«

Krasnogorsk, 12./13. Juli 1943

Das auf der Gründungskonferenz des Nationalkomitees verabschiedete Manifest forderte die Beendigung des Krieges durch den Sturz der Hitlerregierung und die Herbeiführung eines Friedensschlusses durch eine wahrhaft deutsche Regierung. Die Armee soll auf die Reichsgrenze zurückgeführt werden. Als Programmpunkte der neuen Regierung werden genannt: Errichtung einer starken demokratischen Staatsmacht, Beseitigung aller auf Völker- und Rassenhaß beruhenden Gesetze, Wiederherstellung und Erweiterung der demokratischen Rechte und sozialen Errungenschaften, Freiheit der Wirtschaft, sofortige Befreiung und Entschädigung aller Opfer des Faschismus sowie schonungsloses Gericht über alle Kriegsverbrecher und ihre Hintermänner.

Die Ereignisse fordern von uns Deutschen eine unverzügliche Entscheidung. In dieser Stunde höchster Gefahr für Deutschlands Bestand und Zukunft hat sich das Nationalkomitee »Freies Deutschland« gebildet.

Dem Nationalkomitee gehören an: Arbeiter und Schriftsteller, Soldaten und Offiziere, Gewerkschaftler und Politiker, Menschen aller politischen und weltanschaulichen Richtungen, die noch vor einem Jahre einen solchen Zusammenschluß nicht für möglich gehalten hätten. [...]

Die Tatsachen beweisen: Der Krieg ist verloren. Deutschland kann ihn nur noch hinschleppen um den Preis unermeßlicher Opfer und Entbehrungen. Die Weiterführung des aussichtslosen Krieges würde das Ende der Nation bedeuten.

Aber Deutschland darf nicht sterben! Es geht jetzt um Sein und Nichtsein unseres Vaterlandes. [...]

Das deutsche Volk braucht und will unverzüglich den Frieden. Aber mit Hitler schließt niemand Frieden. Niemand wird auch nur mit ihm verhandeln. Daher ist die Bildung einer wahrhaft deutschen Regierung die dringendste Aufgabe unseres Volkes. Nur sie wird das Vertrauen des Volkes und seiner ehemaligen Gegner genießen. Nur sie kann den Frieden bringen.

Eine solche Regierung muß stark sein und über die nötigen Machtmittel verfügen, um die Feinde des Volkes, Hitler und seine Gönner und Günstlinge, unschädlich zu machen, mit Terror und Korruption rücksichtslos aufzuräumen, eine feste Ordnung zu schaffen und Deutschland nach außen hin würdig zu vertreten. Sie kann nur aus dem Freiheitskampf aller Volksschichten hervorgehen, gestützt auf Kampfgruppen, die sich zum Sturz Hitlers zusammenschließen. Die volks- und vaterlandstreuen Kräfte in der Armee müssen dabei eine entscheidende Rolle spielen.

Eine solche Regierung muß den Krieg sofort abbrechen, die deutschen Truppen an die Reichsgrenzen zurückführen und Friedensverhandlungen einleiten, unter Verzicht auf alle eroberten Gebiete. So wird sie den Frieden erzielen und Deutschland in die Gemeinschaft gleichberechtigter Völker zurückführen. Erst sie schafft dem deutschen Volke die Möglichkeit, im Frieden seinen nationalen Willen frei zu bekunden und seine Staatsordnung souverän zu gestalten.

Das Ziel heißt: Freies Deutschland.

Das bedeutet:

Eine starke demokratische Staatsmacht, die nichts gemein hat mit der Ohnmacht des Weimarer Regimes, eine Demokratie, die jeden Versuch des Wiederauflebens von Verschwörungen gegen die Freiheitsrechte des Volkes oder gegen den Frieden Europas rücksichtslos schon im Keim erstickt.

Restlose Beseitigung aller auf Völker- und Rassenhaß beruhenden Gesetze, aller unser Volk entehrenden Einrichtungen des Hitlerregimes, Aufhebung aller gegen die Freiheit und Menschenwürde gerichteten Zwangsgesetze der Hitlerzeit.

Wiederherstellung und Erweiterung der politischen Rechte und sozialen Errungenschaften der Schaffenden, Freiheit des Wortes, der Presse, der Organisation, des Gewissens und der Religion. Freiheit der Wirtschaft, des Handels und des Gewerbes. Sicherung des Rechtes auf Arbeit und des rechtmäßig erworbenen Eigentums, Rückgabe des durch die nationalsozialistischen Machthaber geraubten Hab und Guts an die Eigentümer. Beschlagnahme des Vermögens der Kriegsschuldigen und der Kriegsgewinnler, Güteraustausch mit anderen Län-

dern als gesunde Grundlage eines gesicherten nationalen Wohl-
standes.

Sofortige Befreiung und Entschädigung aller Opfer des Hitlerregimes.

Gerechtes, schonungsloses Gericht über die Kriegsverbrecher, über die Anführer, ihre Hintermänner und Helfer, die
Deutschland ins Verderben, in Schuld und Schande stürzten.
Amnestie jedoch für alle Hitleranhänger, die sich rechtzeitig
durch ihre Taten von Hitler lossagten und der Bewegung für ein
freies Deutschland anschließen. [...]

DOKUMENT 82

Aus dem Bericht des Office of Strategic Services
über die politische Situation in Sizilien

Palermo, 13. August 1943

*Das in Sizilien eingesetzte Kommando des amerikanischen Geheimdienstes OSS be-
richtet seiner in Algier stationierten Zentrale über seine Kontaktaufnahme zu politischen und gesellschaftlichen Gruppen im besetzten Sizilien, kritisiert die völlig
unzureichende Politik von Armee und Militärverwaltung hinsichtlich der Säuberung Siziliens vom Faschismus und warnt vor den Konsequenzen dieser Politik,
die zu Revolution und Kommunismus führen kann.*

[...] Auf dem Gebiet der Politik haben wir festgestellt, daß es in
Sizilien mehrere Bewegungen gibt, eine unter der Bezeichnung
›Bewegung für ein unabhängiges Sizilien‹, die für totalen Separatismus eintritt und von einem gewissen Finochiaro Aprile geführt wird, und eine weitere unter der Bezeichnung Partito d'A-
zione, die von einem gewissen Vincenzo Purpurra geführt wird.
Letztere erstrebt keinen Separatismus, sondern die verstärkte
Vertretung der Sizilianer mit dem Ziel der Verbesserung ihrer
sozialen und politischen Position. Wir haben den Verdacht, daß
die separatistische Bewegung teilweise von den Briten gefördert
wird. Wir sind der Ansicht, daß die Partito d'Azione eine ver-

nünftigere Plattform und für die Anleitung ihrer Aktivitäten einen besseren Mann aufzuweisen hat. Bisher ist es den Briten nicht gelungen, diese Gruppe zu infiltrieren, was aus dem weiteren Grunde wichtig ist, daß sie in ganz Italien verbreitet und die sizilianische Gruppe nur ein Teil des Ganzen ist. Im Zusammenhang mit allen sizilianischen Aktivitäten muß man ständig beachten, daß die MAFIA eine wesentliche Rolle spielt. Die MAFIA ihrerseits gliedert sich in zwei Bereiche – erstens in den oberen Bereich, der durch Intellektuelle und Vertreter höherer Berufsstände gebildet wird, und zweitens den niederen, in dem es Personen gibt, die robustere Arbeit zu leisten bereit sind (darunter sogar kleine Diebe und Kriminelle). Nur die MAFIA ist in der Lage, die Schwarzmarktpraktiken zum Erliegen zu bekommen und Einfluß auf die »contadini«, die die Mehrheit der Bevölkerung darstellen, auszuüben.

Gegenwärtig können wir die Partito d'Azione in Sizilien und die MAFIA als uns gegenüber aufgeschlossen bezeichnen. Mit ihren Führern haben wir Konferenzen gehabt, und es ist ein Abkommen getroffen worden, daß sie tun werden, was wir bestimmen oder anregen. Ein hier einmal getroffenes Abkommen wird nicht so leicht gebrochen. Zum Zeichen ihres ehrlichen Willens haben sie uns die Namen ihrer Führer in ganz Italien übergeben. [...] Wir haben in äußerster Verschwiegenheit gehandelt und sind nur fünf Personen bekannt.

Wegen der britischen Politik halten wir es für äußerst wichtig, unsere einmal erreichten Beziehungen beizubehalten, nicht nur in Sizilien, sondern überall, wo wir hinkommen mögen. Es ist britische Politik, in jede Organisation, sei sie politischer oder anderer Art, einzudringen. Wir wissen definitiv, daß dies geschieht, und es geschieht (gegenwärtig) mit dem Ziel, politische Aktionen in Italien zu lenken und zu beeinflussen. [...] Wir meinen, daß wir auf die schließlich einmal stattfindende Friedenskonferenz voll vorbereitet sein müßten.

Im Lande herrscht soziale Unruhe, die von einem Tag zum andern in offenen Aufruhr der Bevölkerung und möglicherweise in Revolution umschlagen kann. Die Bevölkerung hat unter zwei Jahrzehnten Unterdrückung schrecklich gelitten und insbesondere während der letzten drei Jahre unter einem Mangel an Waren des Grundbedarfs, wie zum Beispiel Brot, Pasta, Öl, Seife und Bekleidung. Über die durch den Mangel an diesen Waren verursachten Beschwernisse hinaus sind ihre Städte praktisch zerstört worden und ihre Kleinstädte lagen unter Granatbeschuß, so daß Tausende von Menschen obdachlos, unterernährt und der Gefahr ausbrechender Epidemien ausgesetzt sind. Statt daß die faschistischen Behörden, wie ursprünglich beabsichtigt, hinweggefegt wurden, blieben die Verwaltungsstellen der verschiedenen Gemeinden auch nach unserer Ankunft intakt. Das Ergebnis dessen ist, daß wir als Befreier täglich diskreditiert werden, und tatsächlich lautet die jetzt allgemein umgehende Redensart: »Ein Faschist ist gegangen und ein anderer gekommen.« Die Bevölkerung begrüßte uns rückhaltlos und ehrlich, weil wir ihr über unsere Propaganda und durch unser in der Vergangenheit erworbenes Ansehen gesagt hatten, wir kämen nicht als Sieger, sondern als Befreier. Es hat keine Befreiung Siziliens vom Faschismus gegeben; die Faschisten sind immer noch an der Macht. Die Leute wollen sie weghaben. Bis sie weg sind, wollen sie das, was wir ihnen sagen, einfach nicht glauben. Viele haben ihrem Verlangen Ausdruck verliehen, lieber weiter zu hungern, wenn nur diese Faschisten aus den Ämtern entfernt würden. Hier wiederholt sich, was schon in Nordafrika passiert ist, außer daß die Leute hier nicht warten werden, bis wir die nötigen Korrekturen machen. Jetzt gibt es in vielen Städten organisierte Komitees, die die gewaltsame Übernahme der Macht planen. Was sie allein hindert, ist die amerikanische Militärpolizei und die Tatsache, daß die Kämpfe in Sizilien noch nicht aufgehört haben. Weiterhin wollen sie unsere militärische Sicherheit auch nicht gefährden, aber alle vertreten die Ansicht, daß unsere militärische Sicherheit dadurch gefährdet ist, daß wir die Leute im Amt behalten, die uns bis zum 10. Juli 1943 aktiv als Feinde gegenüberstanden.

Amgot vertritt den Standpunkt, wir könnten keine umfassende Säuberung durchführen; dies würde bedeuten, die im Gange befindlichen Versorgungsleistungen für die Bevölkerung zu gefährden. Wir meinen, daß es wichtiger ist, die Moral der Menschen wiederherzustellen, indem ihnen gegeben wird, was wir ihnen versprochen hatten – das Ende des Faschismus, und indem ihnen das jetzt gegeben wird, nicht erst in Jahren, wenn es zu spät sein wird. Inzwischen organisieren sich die Faschisten angesichts der Auflösung der faschistischen Partei aus Gründen der Selbsterhaltung, und wir erwarten, daß ehemalige Faschisten in sehr kurzer Zeit mit einer neuen Partei in Erscheinung treten werden. Es genügt, wenn wir sagen, daß wir die Lage für äußerst ernst halten. [...]

Die Gefahr solcher Praktiken besteht darin, daß sie Sizilien in offenen Aufruhr stürzen und die Menschen dem Kommunismus zutreiben werden. Der Kommunismus ist in Italien stark und wohlorganisiert. Bevor wir nach Italien kommen, müssen wir entschlossen sein, dort das zu tun, was wir uns ursprünglich in Sizilien vorgenommen hatten. Dort finden wir eine militantere Gruppe vor, insbesondere im industrialisierten Norden, die solche Praktiken noch nicht einmal einen Monat lang akzeptieren wird.

DOKUMENT 83

Befehl des Oberbefehlshabers West zur Durchführung der Weisung des OKW Nr. 40

6. September 1943

Ausgehend von der Weisung des OKW Nr. 40 vom 23. März 1942 über den verstärkten Ausbau der Verteidigung in Frankreich und Belgien zur Abwehr einer anglo-amerikanischen Landung, befiehlt Generalfeldmarschall Gerd von Rundstedt dem Militärbefehlshaber in Frankreich und dem in Belgien und Nordfrankreich, alle Verteidigungsmaßnahmen sorgfältig zu überprüfen.

[...] 1.) Gemäß Führerweisung 40 bin ich dem Führer verantwortlich auch für die Vorbereitung und Durchführung der Verteidigung des gesamten Ob. West-Raumes.

2.) Mit der Möglichkeit, daß der Anglo-Amerikaner die Bildung einer entscheidenden zweiten Front durch Angriff gegen die besetzte Westküste versucht, ist zu rechnen.

3.) Er rechnet hierbei auf Unterstützung durch die Bevölkerung, besonders durch die von ihm gesteuerte Terror- und Sabotage-Organisation. Die Zunahme der Sabotagen, die Häufung von Eisenbahnattentaten und die steigende Zahl der Waffen- und Sprengstoff-Abwürfe deuten hierauf hin. Mit FS-Absprüngen und Luftlandungen muß gerechnet werden.

4.) Die Aufgaben der Mil. Befehlshaber im Falle »Drohender Gefahr« sind vielseitig und erfordern *neben* den *weiterlaufenden* Verwaltungsaufgaben eine wendige, der großen Lage angepaßte Verwendung ihrer zahlenmäßig schwachen Sicherungskräfte.

5.) Es kommt darauf an, deren Verwendung der *jeweiligen* Lage anzupassen, die Notbetriebsstrecken ausreichend zu sichern, etwaige Unruheherde auszulöschen, Luftlandungen sofort zu erkennen und im Keime zu ersticken und je nach der entstandenen Lage Schwerpunkte zu bilden.

Um über alle getroffenen Vorbereitungen und die Möglichkeit der taktischen Zusammenarbeit zwischen kämpfender Front und Einsatz aller Kräfte der Mil. Bef. ein zusammenhängendes Bild zu gewinnen, befehle ich daher *noch im Laufe des September* eine genaue und planmäßige *Überprüfung* aller Verteidigungs- und Sicherungsmaßnahmen der Militärbefehlshaber.

6.) *Durchführung:*

Unter der *verantwortlichen Leitung* der Militärbefehlshaber sind alle für den Alarmfall, für »Innere Bereitschaft«, für Streckensicherung und Objektschutz, für Erkennen und Bekämpfen von Luftlandungen und für Bekämpfung von Banden und Aufruhr getroffenen Maßnahmen und Vorbereitungen zu überprüfen. Überprüfung hat möglichst gebietsweise (nach eingeteilten Befehls- u. Verantwortungsbereichen) zu erfolgen und soll sich auch auf die Zusammenarbeit mit den Armeen bzw. Reserve-Korps und mit den anderen Wehrmachtteilen im Sicherungsgebiet erstrecken. Den von den Militärbefehlshabern beauftragten Generälen werden durch Ob. West je 1 General oder Höh. Stabs-Offz. aus den entsprechenden Armeen beigegeben.

7.) Lfl. Kdo. 3 wird gebeten, in gleicher Weise einen General oder Höh. Stabs-Offz. zur Teilnahme zu bestimmen.

8.) Mar.Gruppe West wird gebeten, in gleicher Weise für *die* Gebiete zu verfahren, in denen sie auf Zusammenarbeit mit Kräften des Mil.Bef. angewiesen ist.

9.) Es kommt mir darauf an, daß im Sinne der Führerweisung 40 Offiziere der 3 Wehrmachtteile gemeinsam nicht nur Einblick in die Sicherungsmaßnahmen und die Abwehrmöglichkeiten im Sicherungsgebiet der Mil.Bef. gewinnen, sondern daß hierdurch bestehende Schwächen erkannt, Abänderungen getroffen und das Bestmögliche zur Organisation der Sicherung und Verteidigung des gesamten rückwärtigen Raumes gefunden wird.

10.) Auf die *Prüfung nachstehender Fragen* lege ich besonderen Wert:

1.) Ist die Durchgabe der Alarmstufen (oder »Innere Bereitschafts-Stufen«) binnen kürzester Frist gesichert – auch bei Ausfall von Nachr.-Mitteln?

2.) Sind überall Alarm-Einheiten gebildet, und ist hierzu jeder irgendwie entbehrliche deutsche Mann herangezogen?

3.) Ist Ausbildung, Bewaffnung und Ausrüstung der deutschen Hilfskräfte (Zivilisten) voll durchgeführt und ihr Einsatz vorbereitet?

4.) Welche Vorbereitungen zur Streckensicherung sind getroffen? Wie lange dauert ihr Aufbau – auch wenn die Bahn hierzu nicht benutzt werden kann?

5.) Wie ist die Überwachung des Luftraumes bei Tage und bei Nacht eingeteilt, wie erfolgt Weitergabe diesbezüglicher Meldungen und an wen?

6.) Sind überall, gerade bei kleinen Dienststellen und unteren Einheiten, die nächstgelegenen Dienststellen auch der anderen Wehrmachtteile bekannt und wie zu erreichen?

7.) Wie sind die Nachr.-Verbindungen bei Ausfall des Drahtnetzes sichergestellt, und was ist zur Verbindungsaufnahme befohlen?

8.) Sind überall Jagdkommandos bereitgestellt, wie ist ihre Beweglichkeit, innerhalb welcher Zeit sind sie marschbereit?

9.) Sind Reserven des Mil.Bef. vorhanden, wo, und wie sind sie beweglich?

10.) Ist Bevorratung in allen Orten ausreichend für den Fall des Abgeschnittenseins oder mangelnden Nachschubs durchgeführt?

11.) Ist dem Schwerpunktgedanken auch im Sicherungsgebiet Rechnung getragen worden?

12.) Welche Maßnahmen sind vorbereitet, um bei »Drohender Gefahr« Kräfte einzuraffen, und in welcher Zeit ist dies möglich?

13.) Ist die *örtliche* Zusammenarbeit mit der *Luftwaffe* zum Schutz der Flugplätze, mit der *Marine* zum Schutz besonderer kriegswichtiger Marineanlagen eingespielt und geübt?

14.) Wie ist der Kräfteeinsatz des Mil.Bef. im Falle eines *allgemeinen* Aufruhrs in Belgien und Frankreich gedacht?

15.) Welche örtlichen Verteidigungsmaßnahmen sind getroffen?

16.) Welche Luftschutzmaßnahmen sind getroffen?

17.) Stand der Vorbereitung der Gasabwehr?

18.) Welche *Vorschläge* sind für eine gebietsweise, schlagartige Aktion gegen Banden usw. *unter Beteiligung aller örtlich vorhandenen Kräfte aller Wehrmachtteile zu machen?*

19.) *Abschluß-Urteil* zum 10. 10. an Ob.West:

Wie sind die Verteidigungsmöglichkeiten bzw. die Möglichkeiten zur Aufrechterhaltung der Ruhe und Ordnung im Lande unter der Voraussetzung eines gleichzeitigen Kampfes um die Küste zu bewerten?

Es kommt mir hier auf ein nüchternes, klares Urteil besonders an, das ich beabsichtige, mit meiner Stellungnahme dem O.K.W. vorzulegen.

20.) *Die Herren Militärbefehlshaber* legen mir zum *15.9.* eine Übersicht vor, aus der die Zeitfolge und Planung dieser »Generalüberprüfung« hervorgeht. Ich werde alsdann die Teilnehmer des Ob.West kommandieren lassen und Mar.Gruppe West und Lfl. 3 wegen ihrer Teilnahme benachrichtigen. [...]

Befehl Nr. 1 der Heeresgruppe Süd

7. September 1943

Generalfeldmarschall Erich v. Manstein befiehlt, bis zum 15. November 1943 den Ausbau der entlang des Dnepr verlaufenden Adlerstellung, Teil des sogenannten Ostwalls, weitgehend zu vollenden. Das Vorfeld der Adlerstellung soll restlos zerstört, die Bevölkerung aus ihm vertrieben werden.

1. Der Ausbau ist mit allen Mitteln so weit vorwärts zu treiben, daß die Stellung am 15. November 1943 in den wichtigsten Abschnitten verteidigungsfähig ist. Ausbauschwerpunkte wird besonders befohlen.

2. Ostwärts der »Adler-Stellung« steht ab sofort eine 40 km breite Zone mit der in ihr befindlichen Bevölkerung sowie allen wirtschaftlichen und industriellen Anlagen unbeschränkt für die Belange des Ausbaues der »Adler-Stellung« zur Verfügung. Diese 40 km Zone bildet später das Vorfeld der »Adler-Stellung«.

3. Westlich der »Adler-Stellung« steht sofort eine gleiche Zone von 20 km Breite zur Verfügung. Für sie gelten mit Ausnahme der Zerstörungen dieselben Gesichtspunkte, jedoch mit der Einschränkung, daß die landwirtschaftliche und industrielle Ausnutzung dieser Zone möglichst wenig geschädigt wird.

4. Art des Ausbaues: Der Ausbau ist in feldmäßiger Bauweise durchzuführen. Es ist bis zum Spätherbst zu erreichen:

1. Dringlichkeit: Ein durchlaufendes Pz.- und Inf.- Hindernis vor der Front, Unterstände bzw. Unterschlupfe für die Bedienung der zum Bestreichen der Hindernisse erforderlichen Waffen, Herrichten des Vorfeldes.

2. Dringlichkeit: Unterschlupfe und Unterstände für die im vorderen Teil des HKF eingesetzten Kräfte, B-Stellen, Gefechtsstände.

3. Dringlichkeit: Feuerstellungen für schwere Inf.Waffen, Pak-Stellungen.

4. Dringlichkeit: Feuerstellungen für die Artillerie.

Befehl des Oberbefehlshabers der Heeresgruppe Süd über die restlose Ausplünderung und Verwüstung zu räumender sowjetischer Gebiete

11. September 1943

Von Generalfeldmarschall Erich v. Manstein gezeichneter und vom Oberkommando der 8. Armee weitergegebener und mit einem Zusatz versehener Befehl, die Bevökerung, das Vieh und alle Wirtschaftsgüter aus Gebieten, aus denen sich die faschistischen Streitkräfte zurückziehen müssen, umfassend und rechtzeitig abzutransportieren. Wirtschaftsgüter und Vieh, die nicht mehr befördert werden können, seien zu vernichten.

[...] Heeresgruppe Süd hat befohlen:

»Bisherige Erfahrungen in Räumungsgebieten haben gezeigt, daß große Teile der Bevölkerung nicht freiwillig mit der Truppe zurückgehen. Dadurch fielen große Mengen von Arbeitskräften, Vieh, Lebensmitteln und Material in Feindeshand. Nur schärfstes Vorgehen der Truppe ermöglicht, Hunderttausende von Arbeitskräften, Vieh und Getreide zu bergen.

In Zusammenfassung bereits erlassener Befehle weise ich nochmals auf folgende Punkte besonders hin:

Die landwirtschaftliche Bevölkerung ist mit allen Mitteln zu veranlassen, mit Pferden und Großvieh nach Westen abzuwandern. Bei Weigerung sind Pferde und Vieh wegzutreiben, das Vieh der Truppenverpflegung nutzbar zu machen oder zu erschießen.

Die Wehrfähigen sind mit allen Mitteln zu sammeln und geschlossen abzubefördern unter dem Hinweis, daß sie von den Russen sofort in das Heer eingestellt werden würden. Anzustreben ist geschlossene Abbeförderung oder Abmarsch geschlossener Betriebsgemeinschaften unter Angabe, daß sie in Betriebe am Dnepr verlegt werden. Abschub nach Möglichkeit, ehe die Zerstörungen beginnen. Angehörige können mitgenommen werden.

Vernichtung aller Wirtschaftsgüter, die nicht abbefördert

werden können, ist mit allen Mitteln durchzuführen. In der Kampfzone kommt es darauf an, daß die noch vorhandenen Vorräte in größtmöglichem Umfang von der Truppe verbraucht werden. [...]

Zusatz der Armee:

Die personelle und materielle Räumung ist, wie von der Armee befohlen, durchzuführen. Nach Durchführung der Räumung im geräumten Gebiet noch anzutreffendes Vieh ist, soweit es nicht der Truppenverpflegung nutzbar gemacht werden kann, zu erschießen. Vernichtung aller Wirtschaftsgüter, die nicht abbefördert oder von der Truppe nicht verbraucht werden können, ist mit allen Mitteln durchzuführen. [...]

DOKUMENT 86

Direktive des Oberbefehlshabers der Zentralfront an den Befehlshaber der 60. Armee

21. September 1943

Armeegeneral K. K. Rokossowski befiehlt Generalleutnant I. D. Tschernjachowski zügig die Desna und den Dnepr zu forcieren und bis zum 26. September bis in den Raum nordwestlich von Kiew vorzustoßen.

1. Die zerschlagenen Truppenteile des Gegners sind durch Führung einer hartnäckigen Verteidigung bestrebt, das Übersetzen unserer Truppen über die Desna und den Dnepr nicht zuzulassen und ihren weiteren Vorstoß nach Westen zum Stehen zu bringen.

2. Die 60. Armee hat unter Sicherung ihrer linken Flanke vor Gegenangriffen des Gegners aus Süden und Südwesten her sowie bei Konzentrierung der Hauptanstrengungen an ihrer rechten Flanke den zügigen Angriff mit der Aufgabe fortzusetzen, die Desna und den Dnepr zu forcieren und bis zum Ausgang des 26.09.1943 mit den Hauptkräften der Armee den Abschnitt Gubin (4 km nördlich Gornastaipol) – Ditjatki – Lobydwa –

Wachowka – Katjushanka – Abramowka – Gawrilowka – Nowo-Petrowzy (18 km nordwestlich Kiew) zu besetzen. Zur Erfüllung dieser Aufgabe sind die Truppenteile der Armee südlich der linken Trennungslinie nicht vorzuziehen.

3. Rechts forciert die 13. Armee den Dnepr. Die Trennungslinie mit ihr bleibt unverändert. Links greift die 38. Armee auf Kiew an. Die Trennungslinie mit ihr bleibt unverändert.

Der Erhalt ist zu bestätigen.

DOKUMENT 87

Auf der Kaiserlichen Konferenz beschlossene Richtlinien der weiteren Kriegführung Japans

30. September 1943

Die Kaiserliche Konferenz, höchste Regierungsinstanz der japanischen Machthaber, entschied sich aufgrund der schweren Rückschläge im Pazifik zu einer neuen defensiven Strategie, die eine nationale Verteidigungszone festlegte, hinter der es keinen Rückzug geben sollte. Nach dem Zusammenbruch der deutschen Sommeroffensive bei Kursk und dem Übergang der Roten Armee zur Gegenoffensive sollte ein Krieg mit der UdSSR unbedingt vermieden werden und sich Japan bereithalten, zwischen Deutschland und der Sowjetunion zu vermitteln.

1. Japan wird sich beschleunigt eine strategische Position schaffen, um die Vereinigten Staaten und Britannien zu besiegen, indem es feindliche Offensiven zerschlägt, um so den Ausgang des Krieges noch in diesem oder im nächsten Jahr zu entscheiden; gleichzeitig schafft es sich auf schnellstem Wege die für die Entscheidung notwendige Kampfkraft – besonders in der Luft – und führt den Krieg gegen die Vereinigten Staaten und Britannien aus eigener Initiative.

2. Japan wird weiterhin die Zusammenarbeit mit Deutschland verstärken und sich unablässig um die erfolgreiche Beendigung des gemeinsamen Krieges bemühen und wird auch die Initiative zur Verbesserung der Beziehungen zur Sowjetunion ergreifen.

3. Japan wird sich sofort für den Entscheidungskampf notwendige innere Gefüge schaffen und weiter an der Festigung der Einheit Großostasiens arbeiten.

Durchführung der Richtlinien.

1. Die strategische Position zur Abwehr der anglo-amerikanischen Invasion wird unter Überwindung aller Schwierigkeiten bis spätestens etwa Mitte 1944 geschaffen; in der Zwischenzeit werden die feindlichen Offensivkräfte bei jeder sich bietenden Gelegenheit angegriffen und vernichtet.

Die im Pazifischen und Indischen Ozean im Verlauf des Krieges um jeden Preis zu haltenden strategischen Gebiete sind die Kurilen, die Bonin-Inseln, die innere Südsee (Mittel- und Westteil) sowie der Westteil von Neuguinea, die Sunda-Inseln und Burma.

Die Seeverbindungen innerhalb des unmittelbaren nationalen Verteidigungsraumes sind während des ganzen Krieges zu sichern.

2. Japan wird bis zum äußersten bestrebt sein, den Ausbruch eines Krieges mit der Sowjetunion zu verhüten, und die Initiative zur Verbesserung der sowjetisch-japanischen Beziehungen ergreifen und wird auch bestrebt sein, bei passenden Gelegenheiten als Friedensmittler zwischen der Sowjetunion und Deutschland aufzutreten.

3. Japan wird seinen Druck gegen Tschungking unablässig aufrechterhalten und die chinesische Frage bei der ersten möglichen Gelegenheit regeln; dabei muß es insbesondere die in China stationierten feindlichen Luftstreitkräfte daran hindern, unser Heimatgebiet zu bombardieren und unseren Schiffsverkehr zu stören.

4. Japan wird jede Möglichkeit einer stärkeren Zusammenarbeit mit Deutschland wahrnehmen. Es werden jedoch alle Vorsichtsmaßregeln getroffen, um den Ausbruch eines Krieges mit der Sowjetunion zu verhüten.

5. Japan muß sich das Vertrauen der Staaten und Völker Großostasiens erwerben und ihnen den Weg zeigen, um sie für die Zusammenarbeit mit Japan bei seinen Kriegsanstrengungen zu gewinnen und darin weiter zu bestärken. Auf Bestrebungen des Feindes zur politischen Beeinflussung der Staaten und Völ-

ker Großostasiens ist sorgsam zu achten, und es sind die erforderlichen Schritte zur Unterbindung derartiger Bestrebungen des Feindes zu unternehmen.

6. Der Kaiserliche Generalstab und die Regierung werden die Zusammenarbeit bei der Erfüllung ihrer gemeinsamen Aufgabe weiter verstärken und den Krieg mit frischer Kraft führen.

7. Es werden energische Maßnahmen getroffen, um die entscheidende Kampfkraft, besonders der Luftwaffe, zu schaffen. Die Kühnheit, die die Nation braucht, um diese Krise zu meistern, muß gestärkt werden, um die gesamte Kraft der Nation in die Waagschale zu werfen.

8. Die Propaganda gegen den Feind ist nach festen Richtlinien zu führen und in der Hauptsache darauf auszurichten, die Sache der Achsenmächte zu fördern. Japans Politik in Großostasien zu propagieren, unseren Hauptfeind, die Vereinigten Staaten, zu demoralisieren, die Vereinigten Staaten, Britannien, China und die Sowjetunion untereinander zu entzweien und Indien bei der Erlangung seiner Unabhängigkeit zu unterstützen.

DOKUMENT 88

Direktive des Hauptquartiers des Oberkommandos
an den Vertreter des Hauptquartiers
bei der 1. und 2. Ukrainischen Front und an den
Oberbefehlshaber der 1. Ukrainischen Front

24. Oktober 1943

J. W. Stalin und A. I. Antonow weisen Marschall G. K. Shukow und Armeegeneral N. F. Watutin an, die zum Vorstoß nach Kiew im Bukriner Brückenkopf zusammengezogenen Kräfte bis Anfang November nördlich von Kiew zu verlegen.

1. Das Hauptquartier des Oberkommandos weist darauf hin, daß der Mißerfolg beim Angriff auf dem Bukriner Brückenkopf deshalb eingetreten ist, weil die Geländebedingungen, die hier

die Angriffshandlungen der Truppen – besonders einer Panzer-armee – erschweren, nicht rechtzeitig berücksichtigt worden sind. Die Berufung auf Munitionsmangel ist haltlos, denn Ste-pin (Deckname für N. f. Watutin), der nicht mehr Munition als Nikolajew (Deckname für I. S. Konew) besitzt, seine Truppen jedoch richtig einsetzt und auf einem etwas günstigeren Gelände handelt, erfüllt seine Aufgabe erfolgreich.

2. Das Hauptquartier befiehlt, die Truppen der 1. Ukraini-schen Front mit dem Ziel umzugruppieren, den rechten Flügel der Front zu verstärken, wobei die nächste Aufgabe in der Zer-schlagung der Kiewer Gruppierung des Gegners und in der Ein-nahme Kiews besteht. Dazu ist es notwendig:

a) die 3. Gardepanzerarmee Rybalkos an den Frontabschnitt nördlich Kiews zu verlegen, um sie hier gemeinsam mit dem 1. Gardekavalleriekorps einzusetzen. Die kaum fahrtüchtigen Panzer Rybalkos sind an ihrem jetzigen Ort zur Auffüllung des 8. Gardepanzerkorps und des 10. Panzerkorps zu belassen. Die zur Auffüllung der Front eintreffenden Panzer sind in erster Linie zur Ergänzung der Panzerkorps Rybalkos zu verwenden;

b) den rechten Flügel der Front auf Kosten des linken Flügels der Front durch drei bis vier Schützendivisionen zu verstärken;

c) zur Verstärkung des rechten Flügels der Front auch die 135. und die 202. Schützendivision einzusetzen, die Ihnen aus der 70. Armee der Reserve des Hauptquartiers übergeben werden;

d) zum Angriff auf Kiew auch die 60. und die 38. Armee sowie die 3. Gardepanzerarmee heranzuziehen.

3. Die Angriffshandlungen auf dem Bukriner Brückenkopf sind mit den hier verbleibenden Kräften, darunter mit den Pan-zertruppenteilen, zu führen, und es sind dabei möglichst starke Kräfte des Gegners auf sich zu lenken und bei günstigen Bedin-gungen ist seine Front zu durchbrechen und vorzustoßen.

4. Die Verlegung Rybalkos ist so durchzuführen, daß sie dank Ausnutzung von Panzerattrappen vom Gegner nicht bemerkt wird.

5. Die Verlegung Rybalkos und von drei bis vier Schützen-divisionen vom linken Flügel ist unverzüglich einzuleiten und ihre Konzentrierung am rechten Flügel ist bis zum 1./2. Novem-ber abzuschließen.

6. Mit der Umgruppierung des rechten Flügels ist am 1./2. November 1943 mit dem Ziel zu beginnen, daß die 3. Gardepanzerarmee am 3./4. November 1943 aktiv werden kann. Der linke Flügel hat bis spätestens 2. November 1943 mit der Umgruppierung zu beginnen.

DOKUMENT 89

Weisung des Oberkommandos der Wehrmacht Nr. 51

3. November 1943

Von Hitler unterzeichnete und an die höchsten militärischen Kommando- und Führungsorgane gerichtete Weisung, in der festgestellt wird, der Kampf gegen die Sowjetunion habe in den vorangegangenen zwei Jahren alle Kräfte auf das Äußerste beansprucht. Die militärische Lage im Osten sei unvermindert bedrohlich, doch lasse die Ausdehnung des eroberten Raumes noch größere Rückzugsbewegungen zu. Da im Frühjahr 1944 die Eröffnung der zweiten Front in Westeuropa zu erwarten sei, könne der Westen nicht weiter zugunsten der deutsch-sowjetischen Front geschwächt werden. Es komme darauf an, die Abwehrkraft im Westen so zu stärken, daß der Gegner bei einer Landung entweder sofort oder durch eine wuchtige Gegenoffensive ins Meer geworfen werde.

Der harte und verlustreiche Kampf der letzten zweieinhalb Jahre gegen den Bolschewismus hat die Masse unserer militärischen Kräfte und Anstrengungen aufs Äußerste beansprucht. Dies entsprach der Größe der Gefahr und der Gesamtlage. Diese hat sich inzwischen geändert. Die Gefahr im Osten ist geblieben, aber eine größere im Westen zeichnet sich ab: die angelsächsische Landung! Im Osten läßt die Größe des Raumes äußersten Falles einen Bodenverlust auch größeren Ausmaßes zu, ohne den deutschen Lebensnerv tödlich zu treffen.

Anders der Westen! Gelingt dem Feind hier ein Einbruch in unsere Verteidigung in breiter Front, so sind die Folgen in kurzer Zeit unabsehbar. Alle Anzeichen sprechen dafür, daß der Feind spätestens im Frühjahr, vielleicht aber schon früher, zum Angriff gegen die Westfront Europas antreten wird.

Ich kann es daher nicht mehr verantworten, daß der Westen zugunsten anderer Kriegsschauplätze weiter geschwächt wird. Ich habe mich daher entschlossen, seine Abwehrkraft zu verstärken, insbesondere dort, von wo aus wir den Fernkampf gegen England beginnen werden. Denn dort muß und wird der Feind angreifen, dort wird – wenn nicht alles täuscht – die entscheidende Landungsschlacht geschlagen werden.

Mit Fesselungs- und Ablenkungsangriffen an anderen Fronten ist zu rechnen. Aber auch ein Großangriff gegen Dänemark ist nicht ausgeschlossen. Er ist seemännisch schwieriger, aus der Luft weniger wirksam zu unterstützen. Seine politischen und operativen Auswirkungen aber sind beim Gelingen am größten.

Zu Beginn des Kampfes wird die gesamte Angriffskraft des Feindes sich zwangsläufig gegen die Besatzung der Küste richten. Nur stärkster Ausbau, der unter Anspannung aller verfügbaren personellen und materiellen Kräfte der Heimat und der besetzten Gebiete aufs Höchste zu steigern ist, kann in der kurzen noch voraussichtlich verfügbaren Zeit unsere Abwehr an den Küsten stärken.

Die Dänemark und den besetzten Westgebieten in nächster Zeit zufließenden bodenständigen Waffen (s. Pak, unbewegliche, in die Erde einzugrabende Panzer, Küstenartillerie, Landeabwehrgeschütze, Minen usw.) sind schwerpunktmäßig scharf zusammengefaßt an den bedrohtesten Küstenabschnitten einzusetzen. Es ist in Kauf zu nehmen, daß dabei die Verteidigungskraft weniger bedrohter Abschnitte in nächster Zeit noch nicht verbessert werden kann.

Erzwingt der Feind trotzdem durch Zusammenfassen seiner Kräfte eine Landung, so muß ihn unser mit größter Wucht geführter Gegenangriff treffen. Es kommt darauf an, durch ausreichende und schnelle Zuführung von Kräften und Material und durch intensive Ausbildung die vorhandenen großen Verbände zu hochwertigen, angriffsfähigen und voll beweglichen Eingreifreserven zu machen, die durch Gegenangriff die Ausweitung einer Landung verhindern und den Feind ins Meer zurückwerfen.

Darüber hinaus muß durch genaue bis ins einzelne vorbereitete Behelfsmaßnahmen aus den nicht angegriffenen Küstenfronten und aus der Heimat alles mit größter Beschleunigung gegen den gelandeten Feind geworfen werden, was irgendwie einsatzfähig ist.

Luftwaffe und Kriegsmarine müssen den zu erwartenden starken Angriffen aus der Luft und über See mit allen nur greifbaren Kräften in rücksichtslosem Einsatz entgegentreten.

Dazu befehle ich:

A) *Heer:*

1.) *Chef Generalstab des Heeres* und *Generalinspekteur der Panzertruppen* legen mir baldigst einen Plan über die Zuteilung von Waffen, Panzern, Sturmgeschützen, Kraftfahrzeugen und Munition innerhalb der nächsten drei Monate für die Westfront und für Dänemark vor, der der neuen Lage Rechnung trägt.

Hierbei ist zugrunde zu legen:

a) Ausreichende Beweglichkeit aller Panzer- und Panzer-Grenadier-Divisionen im Westen und Ausstattung dieser Verbände mit je 93 Pz.IV bzw. Sturmgeschützen und starker Panzerabwehr bis Ende Dezember 1943.

Beschleunigte Umgliederung der 20. Luftwaffen-Feld-Division zu einem kampfkräftigen beweglichen Eingreifverband unter Zuteilung von Sturmgeschützen bis Ende 1943.

Beschleunigte waffenmäßige Auffüllung der SS-Pz.Gren.Div. »H.J.«, der 21. Pz.Div. und der in Jütland eingesetzten Inf.- und Reservedivisionen.

b) Weitere Auffüllung der Reserve-Panzer-Divisionen im Westen und Dänemark sowie der Sturmgeschütz-Ausbildungs-Abteilung in Dänemark mit Pz.IV, Sturmgeschützen und s.Pak.

c) Monatliche Zuweisung von 100 s.Pak 40 und s.Pak 43 (davon die Hälfte beweglich) im November und Dezember zusätzlich zu den für die Neuaufstellungen im Westen und Dänemark erforderlichen s.Pak.

d) Zuweisung einer größeren Anzahl von Waffen (dabei etwa 1000 MGs) zur Verbesserung der Ausstattung der im Küstenschutz Westen und Dänemark eingesetzten bodenständigen Divisionen und zur einheitlichen Ausstattung der aus nicht angegriffenen Abschnitten herauszuziehenden Truppenteile.

e) Reichliche Ausstattung der in bedrohten Abschnitten liegenden Verbände mit Panzer-Nahbekämpfungsmitteln.

f) Verbesserung der artilleristischen Kampfkraft und der Panzerabwehr der in Dänemark liegenden und in den besetzten Westgebieten im Küstenschutz eingesetzten Verbände und Verstärkung der Heeresartillerie.

2.) Alle im Westen und in Dänemark liegenden Truppenteile und Verbände sowie alle im Westen neuaufzustellenden Panzer-, Sturmgeschütz- und Panzerjägereinheiten dürfen ohne meine Genehmigung nicht für andere Fronten abgezogen werden.

Chef Generalstab des Heeres bzw. Generalinspekteur der Panzertruppen melden mir die Beendigung der Ausstattung der Panzer-Abteilungen, Sturmgeschütz-Abteilungen, Panzerjäger-Abteilungen und Kompanien über OKW/WFSt.

3.) *Ob. West* legt über das bisherige Maß hinaus kalendermäßig und durch Kriegsspiele und Rahmenübungen das Heranführen von behelfsmäßig angriffsfähig zu machenden Verbänden aus nicht angegriffenen Frontabschnitten fest. Hierbei fordere ich das rücksichtslose Entblößen nichtbedrohter Abschnitte bis auf geringe Bewachungskräfte. Für Räume, aus denen Reserven abgezogen werden, sind Sicherungs- und Bewachungskräfte aus Sicherungs- und Alarmeinheiten bereitzustellen, desgleichen Baukräfte zum Offenhalten der durch die feindliche Luftwaffe voraussichtlich zerstörten Verkehrswege unter weitgehender Ausnutzung der Bevölkerung.

4.) Der Befehlshaber der deutschen Truppen in Dänemark trifft in seinem Befehlsbereich Maßnahmen entsprechend Ziffer 3.

5.) Chef H. Rüst. u. BdE stellt aus Lehrtruppen, Lehrgängen, Schulen, Ausbildungs- und Genesenen-Truppenteilen des Heimatkriegsgebietes Kampftruppen in Regimentsstärke, Sicherungsbataillone und Bau-Pionier-Bataillone entsprechend Sonderbefehl so bereit, daß sie innerhalb von 48 Stunden nach Aufruf abtransportiert werden können.

Darüber hinaus ist weiter verfügbares Personal in Marsch-Bataillone mit den verfügbaren Waffen einzuteilen, um die zu erwartenden hohen Verluste schnell ausgleichen zu können.

B) *Luftwaffe:*

Durch Verstärken der Angriffs- und Abwehrkraft der im Westen und in Dänemark befindlichen Verbände der Luftwaffe ist der neuen Gesamtlage Rechnung zu tragen. Hierbei ist vorzubereiten, daß alle verfügbaren und für den Abwehrkampf geeigneten Kräfte an fliegenden Verbänden und beweglicher Flakartillerie aus der Heimatluftverteidigung, aus Schulen und aus Ausbildungseinheiten des Heimatkriegsgebietes für den Einsatz im Westen und gegebenenfalls in Dänemark frei gemacht werden.

Der Ausbau der Bodenorganisation in Südnorwegen, Dänemark, Nordwestdeutschland und im Westen ist so vorzubereiten und zu bevorraten, daß durch größtmögliche Auflockerung die eigenen Verbände bei beginnendem Großkampf den feindlichen Bombenangriffen entzogen werden und die Wirkung der feindlichen Angriffskraft zersplittert wird. Dies trifft besonders für die eigenen Jagdkräfte zu, deren Einsatzmöglichkeit durch zahlreiche Feldflugplätze erhöht werden muß. Auf beste Tarnung ist besonders zu achten. – Auch hier erwarte ich rücksichtsloses Bereitstellen aller Kräfte unter Entblößen weniger bedrohter Gebiete.

C) *Kriegsmarine:*

Die Kriegsmarine bereitet den Einsatz möglichst starker, zum Angriff gegen die feindlichen Landungsflotten geeigneter Seestreitkräfte vor. Die im Ausbau befindlichen Küstenverteidigungsanlagen sind mit größter Beschleunigung fertigzustellen, die Aufstellung weiterer Küstenbatterien sowie die Möglichkeit einer Auslegung zusätzlicher Flankensperren ist zu prüfen.

Der Einsatz sämtlicher für den Erdkampf geeigneten Soldaten von Schulen, Lehrgängen und sonstigen Landkommandos ist so vorzubereiten, daß ihre Verwendung im Kampfgebiet feindlicher Landungsoperationen zumindestens als Sicherungsverbände in kürzester Frist erfolgen kann.

Bei den Vorbereitungen der Kriegsmarine für die Verstärkung der Verteidigung im Westraum ist die gleichzeitige Abwehr von Feindhandlungen im norwegischen oder dänischen Raum besonders zu berücksichtigen. Hierbei messe ich der Bereitstellung zahlreicher U-Boote für die nördlichen Seegebiete besondere Bedeutung bei. Eine vorübergehende Schwächung der Atlantik-U-Boot-Kräfte muß in Kauf genommen werden.

D) *SS:*

Reichsführer SS prüft das Bereitstellen von Kräften der Waffen-SS und Polizei zu Kampf-, Sicherungs- und Bewachungsaufgaben. Aus Ausbildungs-, Ersatz- und Geneseneneinheiten sowie Schulen und sonstigen Einrichtungen im Heimatkriegsgebiet ist die Aufstellung von einsatzfähigen Verbänden für Kampf- und Sicherungsaufgaben vorzubereiten.

E) Die Oberbefehlshaber der Wehrmachtteile, der Reichsführer SS, der Chef des Gen.St.d.H., der Ob.West, der Chef H. Rüst. u. BdE und der Generalinspekteur der Panzertruppen sowie der Befehlshaber der deutschen Truppen in Dänemark melden mir bis 15. November die getroffenen und beabsichtigten Maßnahmen.

Ich erwarte, daß in der noch zur Verfügung stehenden Zeit von allen Dienststellen mit höchster Anspannung die Vorbereitungen für die zu erwartende Entscheidungsschlacht im Westen getroffen werden.

Alle Verantwortlichen wachen darüber, daß nicht nutzlos Zeit und Arbeitskraft in Zuständigkeitsfragen vergeudet, sondern Abwehr- und Angriffskraft gefördert werden.

Aus einem Vortrag
des Chefs des Wehrmachtführungsstabes
vor den Reichs- und Gauleitern der Nazipartei
über die strategische Lage
des faschistischen Deutschlands
am Anfang des fünften Kriegsjahres

München, 7. November 1943

Von der Feststellung ausgehend, daß der »Teufel der Zersetzung« immer mehr um sich greife und es vor allem darauf ankomme, die politisch-moralische Haltung des Volkes im nazistischen Sinne zu festigen, gibt Generaloberst Alfred Jodl einen allgemeinen Überblick über den Kriegsverlauf. Wohl sei es nicht gelungen, die Sowjetunion niederzuwerfen, aber der eroberte Raum mit den reichen Ressourcen ermögliche eine strategische Defensive auf lange Dauer. Das überlegene militärische und wirtschaftliche Kräftepotential der Antihitlerkoalition schließe die Möglichkeit weiterer Rückschläge und Niederlagen nicht aus.

[...] Ich fasse den Ablauf der großen Kampfgeschehnisse bis zum Herbst 1943 noch mal kurz zusammen:

Die beiden ersten Kriegsjahre sahen Deutschland und seine Verbündeten in einem fast beispiellosen Siegeslauf. Die Feldzüge in Polen, Norwegen, Frankreich, in Nordafrika, auf dem Balkan und der Angriff in Rußland bis an den Donez, vor die Tore Moskaus und an den Wolchow schufen für die Verteidigung Europas ein weites Vorfeld und durch die Besetzung und Sicherung reicher Rohstoff- und Ernährungsgebiete die Voraussetzungen für eine Kriegführung auf lange Dauer. Überlegene Führung, besserer Einsatz der modernen Kampfmittel, eine überlegene Luftwaffe und ein selten hoher Kampfwert und Kampfgeist der Truppe gegenüber den in all diesen Elementen schwächeren Gegnern haben zu diesen Erfolgen geführt. In diesem Zeitabschnitt des Krieges, in dem unsere Überlegenheit zu Lande unbestritten und die zur Luft sogar die hoffnungslose Unterlegenheit zur See wenigstens in den küstennahen Gewässern ausgleichen konnte, blieb uns bei dem letzten Griff nach der Palme des Sieges der Erfolg versagt.

Die Landung in England, bis ins kleinste, aber mit improvisierten Übersetzmitteln vorbereitet, konnte nicht gewagt werden, solange die britische Luftwaffe nicht völlig niedergekämpft war. Das aber gelang ebensowenig wie die restlose Zertrümmerung der sowjetischen Wehrmacht. Spätere Geschlechter werden uns nicht vorwerfen können, daß zur Erreichung dieser kriegsentscheidenden Ziele nicht das Äußerste gewagt und an Kraftanstrengungen angesetzt worden wäre.

Aber das Wagnis, die deutsche Luftwaffe im Kampf über England völlig ausbluten zu lassen, konnte in Anbetracht des bevorstehenden Kampfes gegen Sowjetrußland niemand übernehmen.

Im Osten aber setzt die Naturkatastrophe des Winters 1941 selbst dem härtesten Willen ein gebieterisches Halt entgegen.

Das dritte Ziel, Spanien in den Krieg auf unsere Seite zu ziehen und dadurch die Möglichkeit zur Wegnahme von Gibraltar zu schaffen, scheiterte an dem Widerstand des spanischen oder besser jesuitischen Außenministers Serrano Sunjer.

Damit wurde klar, daß mit einer schnellen Beendigung des Krieges nicht mehr zu rechnen war, daß er hart und schwer sein und das ganze Volk vor gewaltige Anstrengungen stellen würde. Denn jeder Angriff, der nicht zum Waffenstillstand oder zum Frieden führt, muß notwendigerweise mit der Verteidigung enden – sagt Clausewitz.

Nach den ersten Rückschlägen an der Ostfront und auf dem nordafrikanischen Kriegsschauplatz im Winter 1943 rafften das Reich und seine Verbündeten nochmals alle Kräfte zusammen, um in einem erneuten Ansturm den östlichen Gegner endgültig zu schlagen und die ägyptische Operationsbasis der Engländer zu nehmen. Die große Operation gegen Kaukasien und gegen das Nil-Delta scheiterte aber aus Mangel an Kräften und ausreichender Versorgung. Zum ersten Mal trat im Mittelmeer eine technische und zahlenmäßige Überlegenheit unserer Westgegner in der Luft in Erscheinung. Der sowjet-russischen Führung gelang es, die Front bei Stalingrad und vor dem Kaukasus zum Stehen zu bringen und dann im Winter mit neugeschaffenen starken Reserven die erstarrten und zu weitgedehnten, zum großen Teil von Verbündeten besetzten Fronten an der Wolga und am Don zu durchbrechen. Die aus besten deutschen Verbänden bestehende 6. Armee erlag, ohne genügende Versorgung den eisigen Winterstürmen ausgesetzt, der feindlichen Überlegenheit.

Ebenso vermochten es die Westmächte, in Ägypten eine Konzentration der Kräfte auf der Erde, zur See und der Luft aufzubringen, die uns vor den Toren Ägyptens aufhielt und nach der Schlacht bei El Alamein zum Rückzug und schließlich nach der Landung starker englisch-amerikanischer Armeen in französisch Nordafrika zur Aufgabe der gesamten afrikanischen Position zwang. Wieder fielen beste deutsche Divisionen dem Würgegriff einer überlegenen feindlichen Luftwaffe gegen unseren Nachschub über See zum Opfer, aber nicht ohne einen Zeitgewinn erzielt zu haben, der jedes Opfer wert war.

Die Wehrkraft Deutschlands und seiner Verbündeten war mit dem Ausklang der Winterkämpfe 1942/43 und nach dem Verlust der afrikanischen Armee außerordentlich angespannt. Es gelang zwar, die 5. Pz. Armee und die 6. Armee wieder neu aufzustellen, aber 4 verbündete Armeen fielen aus.

Die operativen Reserven im Osten konnten zwar hervorragend ausgerüstet, ihrer Zahl nach aber nicht mehr so vermehrt werden, um irgendwo weitreichende Operationen ins Auge fassen zu können. Verlorengegangen war die große Beweglichkeit des Heeres und, vom russischen Kriegsschauplatz abgesehen, auch die Überlegenheit in der Luft. Die überlegene wirtschaftliche Stärke unserer Gegner und ihr größeres Menschenreservoir, schwerpunktmäßig gegen Europa zusammengefaßt, machte sich bemerkbar. Das völlige Absinken Italiens auf allen Gebieten und das Fehlen einer nennenswerten Kriegsproduktion bei unseren Verbündeten konnte aber durch die gewaltigen Anstrengungen Deutschlands nicht ausreichend wettgemacht werden.

Zwangsläufig mußte damit die Initiative an den Gegner übergehen und das Reich und die an seiner Seite kämpfenden europäischen Nationen in die Defensive fallen.

Nachdem die über die europäische Front hinaus nach Süden vorgeschobenen Positionen vom Gegner genommen waren, begann im Juli 1943 der feindliche Angriff im Osten zur Rückgewinnung der verlorenen Gebiete, im Süden gegen die eigentliche Festung Europa, und zwar an ihrer schwächsten Stelle, während bereits vorher die Luftwaffen der Anglo-Amerikaner den Großangriff gegen die Produktionsstätten und die Moral des Volkes in der Heimat begonnen hatten.

– Im Fernen Osten hat sich der Kampf Japans ähnlich entwikkelt, allerdings mit dem Unterschied, daß die Japaner ihre vorgeschobenen Positionen noch viel weiter vom eigentlichen Mutterland entfernt vorgetrieben hatten und die Angelsachsen dort nicht zu Großangriffen schritten, weil sie ihren Schwerpunkt nach Europa gelegt hatten. [...]

Wir kämpfen auf der *inneren Linie*, das heißt, wir sind in der Lage, in viel kürzerer Zeit starke Kräfte von einem Kriegsschauplatz auf den anderen zu werfen, als unsere auf der äußeren Linie kämpfenden Gegner. Der geschickten Ausnutzung der inneren Linie verdanken wir im Kriege 1914/18 unsere großen Erfolge im Osten und in Italien im Jahre 1917. Heute tritt dieser operative Vorteil der inneren Linie nicht in solchem Maße in Erscheinung; denn der Gegner ist augenblicklich an allen Fronten so stark, daß wir trotz der kürzeren Verbindungslinien kaum in der Lage sind, mehr als eine örtliche Überlegenheit zustande zu bringen. Es kann sich ändern, wenn die Angelsachsen sich anschicken, neben Italien noch eine zweite oder dritte Front zu bilden. Zur Zeit ist die schwierigste Aufgabe der Führung, die Kräfte so auf dem gesamten Kriegstheater zu verteilen, daß wir dort genügend stark sind, wo der Gegner zu weiteren Angriffen ansetzen wird. Dabei ist zu bedenken, daß wir außerstande sind, den Südosten, Finnland oder Norwegen rasch zu verstärken, weil die technischen Voraussetzungen nicht gegeben sind. Wir haben die vorgeschobenen Positionen in Finnland, Norwegen, Dänemark, im Westen, in Italien und im Südosten gewonnen, um den Kern des Reiches überhaupt lebensfähig zu halten. Die Gründe, die uns dazu zwangen, sie zu erobern, zwingen auch dazu, sie gerade jetzt, wo die überlegene Reichweite der feindlichen Luftwaffe dem Zentrum des Reiches schweren Schaden zufügt, zu behaupten. Ohne ein bestimmtes Maß an Kräften geht das nicht. Zuzugeben, daß es an der Front brennt; aber kein Erfolg des Feindes ist dort unmittelbar tödlich, außer die Ausschaltung des rumänischen Ölgebietes. Aber die Führung kann nicht die Augen verschließen, daß das Feuer bereitgehalten ist, um zu irgendeiner Zeit einen Brand im Westen anzufachen, den man, wenn er nicht sofort gelöscht wird, nicht mehr unter Kontrolle bringen kann. [...]

Wo der Gegner zum Entscheidungsschlag ansetzt, wissen wir nicht. Er hat die Absprungbasis Mittelmeer und die Basis England.

Kein Kriegsschauplatz kann unter ein gewisses Maß geschwächt werden. Die äußersten Anstrengungen können also nur darin bestehen, über die notwendige Mindestbesetzung hinaus neue operative Zentralreserven zu schaffen, trotz aller personellen Nöte. Das ist im Gange. (Anlage)

Damit erhebt sich aber schon wieder das nächste schwierige Problem, das in jedem Krieg von langer Dauer auftritt: die Wechselwirkung und der Konflikt zwischen dem Bedarf an Soldaten an der Front und dem Bedarf an Arbeitern in der Heimat. Noch nie ist es in solcher Schärfe aufgetreten als in diesem hochtechnisierten Kriege. [...]

Wie soll nun die Führung entscheiden? Die Front braucht Soldaten und die Front braucht Waffen. Viele Waffen und um so bessere Waffen, je kostbarer der Mensch als Kämpfer geworden ist.

Wenn hier nicht der Führer an der Spitze stünde, der souverän entscheiden kann und entscheidet, gäbe es Mord und Totschlag. – Eines aber ist sicher: Es ist ein Verbrechen, einen wehrfähigen Mann in der Heimat zu beschäftigen, wo er durch eine andere Kraft ersetzt werden kann oder wenn diese Tätigkeit nicht lebensnotwendig ist. Glücklicherweise zeigt sich der Verrat Italiens hier von seiner guten Seite. Der Zustrom an Militär-Internierten und Arbeitern aus Italien wird eine erhebliche Erleichterung auf diesem Gebiete bringen.

Aus diesem Dilemma des Menschenmangels heraus entstanden die Gedanken von der stärkeren Ausschöpfung der personellen Kraftreserven in den von uns beherrschten Gebieten. Hier mischt sich Richtiges mit Falschem. Soweit es sich um die Arbeitskräfte handelt, ist, glaube ich, das Äußerste geschehen.

Wo es noch nicht der Fall ist, schien es politisch günstiger, von Zwangsmaßnahmen abzusehen und dafür Ruhe und wirtschaftliche Leistungen einzutauschen. Ich glaube aber, daß heute der Zeitpunkt gekommen ist, sowohl in Dänemark, Holland, Frankreich und Belgien mit rücksichtsloser Energie und Härte die Tausende von Nichtstuern zu Befestigungsarbeiten zu zwingen, die allen anderen Aufgaben vorangehen. Die notwendigen Befehle hierzu sind erlassen. [...]

Was aber zur Zeit am schwersten auf der Heimat und in seiner Rückwirkung damit auf der Front lastet, das sind die feindlichen Terrorangriffe aus der Luft gegen unsere Wohnstätten und damit gegen unsere Frauen und Kinder. Hier hat der Krieg, und man kann es nicht oft genug wiederholen, allein durch die Schuld Englands Formen angenommen, wie man sie seit den Rassen- und Religionskriegen nicht mehr für möglich hielt.

Diese Terrorangriffe sind in ihrer psychologischen, moralischen und materiellen Wirkung doch so, daß sie abgeschwächt, wenn nicht ganz zum Erliegen gebracht werden müssen. Gewiß haben sie wie jedes schwere Leid auch die eine oder andere gute Wirkung. Vor den Trümmern des eigenen Besitzes verblassen alle sozialen Probleme, jeder Neid und alle kleinlichen Regungen der menschlichen Seele. Damit können wir uns aber nicht trösten. Die Überlastung unserer Luftwaffe und ein technisches Nichtschritthalten mit den Flugzeugen und der elektrischen Ortung unserer Gegner hat uns in diese Lage gebracht. Die Anstrengungen des Führers und des Reichsmarschalls werden auch diese Krise überwinden. Die ersten Ansätze und Auswirkungen sind da. Der großen und starken Bewaffnung der viermotorigen Bomber werden wir die Schnelligkeit und die vernichtende Waffenwirkung auf weite Entfernungen neben anderen technischen Erfindungen gegenüberstellen. Unsere Gegner haben diese Gefahr erkannt und versuchen, ihr durch die Zerstörung der Produktionsstätten zu begegnen. Es genügt, wenn die feindlichen Geschwader mit absoluter Sicherheit bei allen Tages- und Nachtangriffen 10–12% der eingesetzten Flugzeuge verlieren. Das können sie vielleicht materiell ersetzen, aber personell nicht; und vor allem hält die Moral der in der Masse ideenlos und bei den Amerikanern vorwiegend materiell eingestellten Besatzungen dieser Belastung nicht stand. Ich bin fest überzeugt, daß die geschlossenen Geschwaderflüge, die allein durch ihre Bombenteppiche eine so vernichtende Wirkung erzielen konnten, dank unserer neuen Waffen und technischen Fortschritte ihrem Ende entgegengehen werden.

Die größten Hoffnungen aber hatte die militärische Führung und das deutsche Volk auf den *U-Boot-Krieg* gesetzt; und das mit Recht, denn im Rahmen der allgemeinen großen strategischen Defensive, in die wir durch die Entwicklung der Kriegslage mit dem allmählichen Wirksamwerden des überlegenen Kriegspotentials unserer Gegner gezwungen worden sind, ist der U-Boot-Krieg als einziger offensiver Sektor der deutschen Kriegführung anzusehen. Auch in seiner Kampftätigkeit sind in den letzten Monaten harte Rückschläge eingetreten, die dazu geführt haben, daß die Erfolge des Tonnage-Krieges die Höhe des feindlichen Handelsschiffsneubaues nicht mehr erreichen konnten. Der Grund für das Absinken der U-Boot-Erfolge ist die mit äußerster Kraft vom Gegner vorwärts getriebene U-Boot-Abwehr, die sich vor allem durch einen sehr starken Luftwaffeneinsatz mit neuartigen, leistungsfähigen Ortungsgeräten und sehr wirksamen Bomben mit Unterwasserwaffen auswirkt. Die gegenwärtige Krise im deutschen U-Boot-Krieg ist daher eine Folge der feindlichen Luftherrschaft über dem Atlantik. Diese Krise wird und muß überwunden werden. Die außerordentliche Bedeutung des Tonnage-Krieges steht nach wie vor außer jeder Frage. Er ist in der Vergangenheit das größte Hemmnis für alle feindlichen Operationspläne gewesen und bleibt weiterhin die stärkste Bedrohung für die zukünftige Entwicklung, da die laufenden starken Personal- und Material-Transporte für die angelsächsische Kriegführung und die gesamte Versorgung der in Europa eingesetzten Armeen sowie des britischen Mutterlandes allein über See geleitet werden müssen. Der Fortfall der Bedrohung durch den Tonnage-Krieg würde mit Sicherheit ein nicht übersehbares Kriegspotential beim Gegner für den Einsatz an anderen Stellen frei machen.

Die eigenen Maßnahmen, um die feindliche Abwehr zu brechen und die Kampfmöglichkeiten des U-Bootes von Grund auf zu verbessern, sind eingeleitet oder in der Entwicklung und werden mit größter Entschlossenheit beschleunigt vorwärts getrieben. Es steht zu erwarten, daß sie in absehbarer Zeit zum Erfolg und damit zu einer Überwindung der augenblicklichen Schwäche des U-Boot-Krieges führen werden. [...]

Wenn ich zum Schluß meiner Ausführungen unsere Gesamtlage nun nochmals zusammenfassend charakterisieren soll, so muß ich sie in aller Offenheit als schwierig bezeichnen und möchte auch keineswegs verschweigen, daß ich durchaus mit der Möglichkeit weiterer schwerer Krisen rechne. Meine grundsätzliche Haltung diesen Ansichten gegenüber darf ich zunächst mit dem Wort Fontanes kennzeichnen:

»Große Zeit ist immer nur, wenn's beinah schiefgeht, wenn man jeden Augenblick fürchten muß: Jetzt ist alles vorbei. Da zeigt sich's. Courage ist gut, aber Ausdauer ist besser. Ausdauer, das ist die Hauptsache.«

Im besonderen aber baut sich unsere Zuversicht auch auf eine Reihe sachlich darzulegender Gesichtspunkte auf. An der Spitze steht die ethische und moralische Grundlage unseres Kampfes, die der Gesamteinstellung des deutschen Volkes das Gepräge gibt und unsere Wehrmacht zu einem unbedingt zuverlässigen Instrument in der Hand ihrer Führung macht. Die Kraft der revolutionären Idee hat nicht nur eine Reihe unvergleichlicher Erfolge ermöglicht, sondern läßt unsere tapferen Truppen auch in der Abwehr wie im planmäßigen Rückzug Leistungen vollbringen, wie sie höchstens noch der Russe, aber sonst kein anderes Volk zuwege brächte und die jede Hoffnung unserer Gegner auf einen militärischen Zusammenbruch in das Gebiet der Utopie verweisen.

Demgegenüber sind die moralischen, politischen und militärischen Tendenzen unserer Gegner keineswegs in sich geschlossen und einheitlich gerichtet. Am deutlichsten kommt dies in der kämpferischen Haltung der Engländer und Amerikaner zum Ausdruck, deren Erfolge in Afrika, auf Sizilien und in Italien nur der Schwäche und dem Verrat unserer italienischen Bundesgenossen zuzuschreiben sind. Wo sie in Kampfberührung mit deutschen Kräften kamen, haben sie sich durchweg unterlegen gezeigt und nur durch vielfaches Übergewicht der Zahl Vorteile zu erringen vermocht. Ganz besonders deutlich kommt dies führungsmäßig zum Ausdruck, denn nach unseren Begriffen ist es völlig unverständlich, daß die Anglo-Amerikaner die seit über zwei Jahren von den russischen Bundesgenossen geforderte Bildung einer zweiten Front im Westen vermieden und aus ihren Chancen im Mittelmeer keineswegs das herausgeholt haben, was nach der wirklichen Lage der Dinge nach deutschen Aktivitäts-Begriffen herauszuholen war.

Was nun auch kommen möge, so wird jeder weitere Angriff unserer Gegner – sei es im Norden oder Westen, in Italien oder auf dem Balkan – die Einsatzbereitschaft unserer Gegner auf eine schwere Probe stellen. Wir selbst wissen ein Lied von den Versorgungsschwierigkeiten und den damit verbundenen Opfern aus dem Kampf in Nordafrika zu singen. Und eindeutige Nachrichten verschiedenster Art aus dem Lager unseres Gegners beweisen, wie schwer die Umkehr dieser Bedingungen vom Gegner bereits heute empfunden wird.

Meine tiefste Zuversicht gründet sich aber darauf, daß an der Spitze Deutschlands ein Mann steht, der nach seiner ganzen Entwicklung, seinem Wollen und Streben vom Schicksal nur dazu ausersehen sein kann, unser Volk in eine hellere Zukunft zu führen. Allen gegenteiligen Meinungen zum Trotz muß ich hier zum Ausdruck bringen, daß er die Seele nicht nur der politischen, sondern auch der militärischen Kriegführung ist und daß die Kraft seines Willens wie der schöpferische Reichtum seiner Gedanken in strategischer, organisatorischer und rüstungstechnischer Beziehung die ganze deutsche Wehrmacht durchpulst und zusammenhält. Ebenso ist die so wichtige Einheit von politischer und militärischer Führung bei ihm in einer Weise verkörpert, wie es seit Friedrich dem Großen nicht mehr der Fall gewesen war.

Daß keine Führung frei von Fehlern ist, hat der Führer selbst des öfteren ausgesprochen, wie die Kriegsgeschichte – um ein Wort von Schlieffen zu benutzen – überhaupt nur in der Aneinanderreihung von Fehlern besteht und jede Kriegslage naturgemäß nur das Produkt von Fehlern sein kann.

Worauf es ankommt, das ist die stetige Tatbereitschaft, der

Wille, sich nie unterkriegen zu lassen und dem Gegner ständig an der Klinge zu bleiben. Daß dem so ist, vermag ich aus vollem Herzen zu versichern. –

Was nun die Rolle seiner Mitarbeiter betrifft, so bewahrheitet sich heute wie einst ein wenig bekanntes Wort von Clausewitz: »Der vollkommenste Generalstab mit den richtigsten Ansichten und Grundsätzen bedingt noch nicht die ausgezeichnete Führung einer Armee, wenn die Seele eines großen Feldherrn fehlt.«

An uns allen ist es nun, jeden Kleinmut in uns niederzuringen und damit in uns selbst die Grundlage des Vertrauens zu schaffen, aus der allein der Sieg erwachsen kann. Der andere fürchtet sich immer noch ein Stückchen mehr, und ein Krieg ist nur dann verloren, wenn man ihn selbst verlorengibt.

Wie dieser Krieg einmal enden wird, das kann kein Mensch vorhersagen. Was sich in ihm noch alles ereignet an Unsagbarem, wie viele Hoffnungen enttäuscht und wie viele Sorgen sich ins Gegenteil verkehren werden, liegt im Dunkel der Zukunft verborgen. Sicher ist nur, daß wir nie aufhören werden zu kämpfen, denn durch die Weltgeschichte zieht wie ein ehernes Gesetz der Fortschritt und der Aufstieg. In ihm hat Europa geführt und an seiner Spitze Deutschland. Ein Europa unter der Knute amerikanischer Juden oder bolschewistischer Kommissare ist undenkbar.

Ich möchte in dieser Stunde nicht mit dem Munde, sondern aus tiefstem Herzen bekennen,

daß unser Vertrauen und unser Glaube an den Führer ein grenzenloser ist,

daß es für uns kein höheres Gesetz gibt und keine heiligere Pflicht, als bis zum letzten Atemzuge für die Freiheit unseres Volkes zu kämpfen,

daß wir alles Weiche und Pflichtvergessene abstoßen wollen,

daß uns alle Drohungen unserer Gegner nur noch härter und entschlossener machen werden,

daß wir uns keiner feigen Hoffnung hingeben, als könnten uns andere vor dem Bolschewismus retten, der alles hinwegfegen wird, wenn Deutschland fällt,

daß wir selbst die Trümmer unserer Heimat bis zur letzten

Patrone verteidigen würden, weil es in ihnen tausendmal besser zu leben ist als in der Knechtschaft,

daß wir siegen werden, weil wir siegen müssen, denn sonst hätte die Weltgeschichte ihren Sinn verloren.

DOKUMENT 91

Aus dem Erfahrungsbericht des Polizeipräsidenten Kassel

Kassel, 7. Dezember 1943

Bericht des Polizeipräsidenten über den britischen Luftangriff vom 22. Oktober 1943, der den Lebensnerv der Stadt traf. Es wird dargelegt, welche Gründe zu den hohen Menschenverlusten in Kassel geführt haben.

Der schwere Terrorangriff vom 22.10.43 war der 12. Luftangriff auf den LO Kassel seit Kriegsbeginn, der 6. schwere überhaupt und der 4. Angriff in diesem Jahr; ihm waren vorausgegangen: 6 leichte Angriffe 1940 bis 1941, je ein schwerer Nachtangriff im Herbst 1941, 1942 und 1943 (8.9.41, 28.8.42, 3.10.43), die beiden schweren Tagesangriffe vom 28. u. 30.7.43 und eine Überschwemmung als Folge des Luftangriffes auf die Edertalsperre am 17.5.43. Trotzdem sich die Schadenswirkung dieser Luftangriffe von einem zum anderen Mal gesteigert hat, kann man sagen, daß alle vorhergegangenen Angriffe nur Teilschäden verursachten, die durch die Schadensbekämpfung als solche und durch die Wiederaufbaumaßnahmen in durchaus erträglichen Grenzen gehalten wurden.

Der schwere Terrorangriff vom 22.10.43 hingegen traf den Lebensnerv der Stadt Kassel. Er vernichtete etwa 80% des bebauten Geländes mit der Altstadt und der gesamten Innenstadt. Damit wurde die in 1000 Jahren gewachsene, an Bauten von geschichtlich und kulturell bedeutungsvoller Tradition besonders reiche Gauhauptstadt Kurhessens innerhalb weniger Stunden zu einem Trümmerfeld, dessen Ruinen als anklagende Zeugen der sinnlosen Zerstörungswut anglo-amerikanischer Luftkriegsmethoden gen Himmel ragen. Wenn das Leben der Stadt Kassel trotz dieses schweren Schocks in dem gegebenen Rahmen weitergeht, so ist dies ein Beweis für den unbeugsamen Lebens- u. Siegeswillen der in ihr verbliebenen Bewohner. [...]

Wie konnte es zu der hohen Zahl von bisher über 5 800 *Gefallenen kommen?*

Um diese Frage zu beantworten, muß zunächst dargestellt werden, auf welche verschiedenen Arten die Gefallenen ums Leben gekommen sind. Als Todesursache wurde festgestellt: Bei 70% Tod durch Erstickung, bei 15% durch äußere Gewalteinwirkung, 15% sind verkohlt geborgen, so daß die eigentliche Todesursache nicht mehr feststellbar war. [...]

Wesentlich für die Beantwortung der oben gestellten Frage ist allein der hohe Prozentsatz der durch Erstickung umgekommenen Gefallenen.

Diese Gefallenen haben einen sanften Tod erlitten; sie sind infolge des durch den Feuersturm eingetretenen Sauerstoffmangels, z. T. auch durch die Einwirkung von Kohlenoxydgas, im Schutzraum ermüdet bezw. ohnmächtig geworden und schließlich ohne Kampf in den Tod hinübergeglitten.

Wie haben sich diese Menschen verhalten und wie hätten sie sich verhalten müssen?

Hier sind 3 Möglichkeiten zu unterscheiden:

1.) Die weitaus meisten dieser Gefallenen haben sich *im Schutzraum sicher gefühlt* (entsprechend dem 5 Jahre lang eingehämmerten Grundsatz: »Im Schutzraum bist Du am sichersten aufgehoben«) auch dann noch, als das eigene Haus und dessen gesamte Umgebung bereits in hellen Flammen stand. Die seit etwa 1/2 Jahr gelehrte Pflicht zum rechtzeitigen Verlassen der LS-Räume war der Bevölkerung noch nicht so in Fleisch und Blut übergegangen. Da gerade im Altstadtgebiet die meisten Schutzräume unter Erdgleiche gelegen sind, also nicht so rasch von der Strahlungshitze durchzogen werden konnten, erschien der Aufenthalt im Schutzraum auch dann noch erträglich, als ein Betreten der Straße kaum mehr möglich war. Infolgedessen sind viele Menschen im Schutzraum verblieben, obwohl ihnen gesagt worden war, daß sie bei Großbrandgefahr den Schutzraum rechtzeitig zu verlassen haben. Zu diesen Personen, die infolge der noch kühlen Schutzräume zögerten, den gewagten und gefährdeten Fluchtweg anzutreten, gehören auch leider einige von den Männern, die es nach eingehender Belehrung in Luftschutzbesprechungen usw. hätten besser wissen müssen. Es sind Fälle bekannt geworden, daß Menschen den Schutzraum zu verlassen suchten, von anderen jedoch daran gehindert wurden mit dem Hinweis auf die angebliche Sinnlosigkeit dieses Versuchs. Insbesondere Fronturlauber, die mit den neuesten Maßnahmen des Luftschutzes naturgemäß nicht so vertraut sein können, haben das Verbleiben im Schutzraum vertreten. Ehemänner brachten es andererseits in vielen Fällen weder mit Bitten noch durch Gewalt fertig, ihre Frauen zum Verlassen des Schutzraumes zu bewegen. Größere Kinder haben den LS.-Raum verlassen, Mütter sind im Schutzraum verblieben und erstickt. Die Ermüdung durch schlechte Luft und vielleicht eingetretene Atemnot haben dazu beigetragen, daß viele Menschen nicht mehr den Entschluß zur Tat fassen konnten.

2.) Ein anderer Teil dieser Gefallenen hat *versucht*, entsprechend den gegebenen Weisungen *den Schutzraum zu verlassen*, um sich auf Fluchtwegen in Sicherheit zu bringen. Zunächst wurde dies auf dem Wege durch die Mauerdurchbrüche versucht. Da das Altstadtgebiet von Mauerdurchbrüchen und Stollen blockweise durchzogen war, sind geradezu Wanderungen unter den Häusern auf der Suche nach einem besseren Luftschutzraum oder besseren Ausgang angetreten worden. Dabei ist es zu Ansammlungen bis zu Hunderten von Menschen gekommen. Nur so erklärt sich die Tatsache, daß Gefallene nicht in ihren eigenen, sondern in ganz fremden Schutzräumen des betreffenden Häuserblocks geborgen wurden [...]

3.) Ein weiterer Teil dieser Gefallenen hat die Flucht aus dem Schutzraum auf die Straße angetreten, jedoch etwas zu spät, so daß Feuersturm und Strahlungshitze, vielleicht auch durch Brandtrümmer versperrte Straßen, wieder zum Unterschlupf in einen anderen auf dem Fluchtweg gelegenen Schutzraum nötigten. Hierbei wurde vielfach einer der bei der Bevölkerung bekannten gut ausgebauten ÖLSR. aufgesucht, wodurch es wiederum zu erklären ist, dass in diesen ÖLSR. mehrere hundert Menschen vorgefunden wurden [...]

Diese Menschen hätten ihre Schutzräume zu einem früheren Zeitpunkt verlassen müssen, nämlich dann, als die Brände noch nicht die ganzen Häuser erfaßt hatten, die Straßen und Gassen der Altstadt also noch passierbar waren. Dieser Zeitpunkt lag allerdings mitten in der Angriffszeit, nämlich etwa 3/4 Stunden nach Beginn des Angriffs. Es ist erklärlich, wenn viele Menschen, insbesondere Frauen und Kinder, bei dem in Gang befindlichen Bombardement des Angriffs nicht den Mut fanden, zu diesem Zeitpunkt den Schutzraum zu verlassen. [...]

DOKUMENT 92

Erlaß des Heerespersonalamtes

5. Januar 1944

Der Chef des Heerespersonalamtes, Generalleutnant Rudolf Schmundt, weist das faschistische Offizierskorps darauf hin, daß die »Gefahr der Zersetzung der Wehrkraft« von vielen Offizieren noch nicht voll erkannt worden sei. Das Todesurteil gegen sieben Offiziere, die sich antifaschistisch betätigt hatten, wird zum Anlaß genommen, die Kommandeure der Wehrmacht zu verpflichten, sich um eine noch stärkere Ausrichtung des Offizierskorps im faschistischen Geist zu bemühen.

[...] Die fanatische Kampfentschlossenheit und die Beharrlichkeit des Glaubens an den Sieg liegt in unserer nationalsozialistischen Weltanschauung begründet.

Bei der engen Bindung der Heere mit dem ganzen Volk findet der Wille des Soldaten zum Durchhalten und seine Siegeszuversicht den stärksten Widerhall im ganzen Volke. Der Einfluß des Soldaten ist mitentscheidend für die Gesamthaltung der Heimat.

Der Offizier ist in besonderem Maße durch einen Eid an den Führer und dessen Staatsidee gebunden. Er ist damit ein ebenso tragendes Element des Staates wie die Hoheitsträger der Partei.

Ein Offizier, der die entscheidenden Werte unseres völkischen und politischen Lebens nicht erkennt, hat seine Eignung als Offizier verwirkt.

Der Führer hat am 20. 11. 1943 vor 20 000 Oberfähnrichen zum Ausdruck gebracht, daß es gerade in den bittersten Stunden der Prüfung darauf ankomme, daß die zur Führung berufenen Männer ihren Glauben an den Sieg aus ihrer Weltanschauung schöpfen und diesen Glauben durch ihr Vorbild und ihre Haltung auf ihre Gefolgschaft zu übertragen verstehen.

Die kompromißlose Bereitschaft zu einem Leben, das erfüllt ist von der nationalsozialistischen Idee, die Treue um der Sache selbst willen, die Treue gegenüber Führer und Volk, sind die höchste Erfüllung dessen, was dem Offizier zu allen Zeiten der Begriff Ehre bedeutete.

Die Gefahr der Zersetzung der Wehrkraft unseres Volkes ist trotz der bitteren Erfahrungen eines Jahres 1918 von vielen Offizieren in ihrer ganzen Tragweite noch nicht erkannt. Klar verurteilt wird allenthalben jede aktive, vorsätzliche Betätigung zum Schaden des Reiches. Verkannt werden jedoch noch oft die Gefahren, die auch schon fahrlässige Äußerungen und Handlungen in sich bergen.

Je länger der Krieg dauert, um so schärfer muß eine verantwortliche Staatsführung gegen jeden vorgehen, der durch sein Verhalten den Kampfeswillen und die Widerstandskraft des deutschen Volkes gefährdet oder lähmt und damit sich zum Werkzeug des Feindes macht. »Der Soldat stirbt an der Front in der Erfüllung seiner harten Pflicht; er kann fordern, daß derjenige, der den Krieg sabotiert oder gefährdet, den Tod erleidet.« (Artikel 21 der Kriegsartikel für das deutsche Volk)

Diesem Grundsatz tragen sieben vollstreckte Todesurteile gegen Offiziere, die der Führer im Interesse der Staatsraison bestätigt hat, Rechnung.

Diese Offiziere haben sich in der Öffentlichkeit schwerwiegende Verfehlungen der Zersetzung der Wehrkraft zuschulden kommen lassen.

Die Tatbestände dieser sieben Fälle bewegten sich auf folgenden Gebieten:

1. Unterstützung des bolschewistischen Gegners durch kommunistische Betätigung

2. Sabotage der Widerstandskraft des deutschen Volkes durch gewissenlose, mit Vorbedacht gesprochene zersetzende Äußerungen

3. Bruch der im Ehreneid gegenüber dem Führer geschworenen Treueverpflichtung durch Verleumdung, Verächtlichmachung und Beschimpfung seiner Person.

Solange an der Front Idealisten fallen, ist jede Schonung eines treulosen Saboteurs und jedes Verräters am Führer und seinem Werk unangebracht. Sie schließen sich selbst aus der Volksgemeinschaft aus. Jeder Offizier muß von der Notwendigkeit härtester Ahndung im Interesse der Staatsraison durchdrungen sein.

Die Erziehung durch Vorgesetzte und Kameraden ist das unentbehrliche Mittel, die Einheitlichkeit der Auffassungen im Sinne unserer Weltanschauung sicherzustellen.

Die Divisionskommandeure sowie die gleichgestellten Kommandeure und Dienststellenleiter veranlassen die Bekanntgabe vorstehender Verfügung an alle Offiziere. Sie sind ferner verantwortlich für ihre erzieherische Auswertung.

Bei künftigen Verfehlungen oder politischer Zersetzung ist zu prüfen, ob ein Versagen von Vorgesetzten hinsichtlich der Dienstaufsicht auf dem Gebiet der nationalsozialistischen Führung und weltanschaulichen Erziehung vorliegt. [...]

DOKUMENT 93

Bericht des Amtes Ausland/Abwehr

11. Januar 1944

Bericht über den Besuch des japanischen Militärattachés, Generalmajor Komatsu, beim Chef des Generalstabes des Heeres, Generaloberst Kurt Zeitzler, am 6. Januar 1944. Komatsu informiert über die japanische Kriegführung in China. Zeitzler wünscht eine stete Bedrohung des sowjetischen Fernostgebietes durch Japan.

A. *Vortrag Generalmajor Komatsu über Lage Japans.*

I. *China.*

Tschungkings Kampfkraft und Kampfwillen ist weiter schwächer geworden, trotzdem wird der Widerstand mit Hilfe der Anglo-Amerikaner fortgesetzt. Dieses wird japanischerseits bedauert, da hierdurch jap. Hauptkräfte gebunden.

Merkmale jap. Operationen in China:

1. Der chinesische Raum kann seiner Größe wegen nicht vollständig besetzt werden, aber alle *wichtigen* Gebiete sind besetzt und gesichert. Wo Tschungking Kräfte konzentriert, wird mit bereitgehaltenen starken Reserven sofort angegriffen. So ist durch einen derartigen Angriff bei Honan vor kurzem verhindert worden, daß nennenswerte chinesische Kräfte nach Burma abgingen.

2. *Wo ist die USA-Luftwaffe?* Diese hat Tendenz, sich immer mehr nach Osten zum Angriff auf jap. Mutterland vorzuschieben.

   Neuerdings Angriff auf Formosa und Hanoi. Stärke der USA-Luftwaffe in China Ende November 43 = 230 Bomber, monatlicher Zufluß 70–80 Bomber. Im Dezember 43 schossen Japaner 211 ab.

   Jap. Tendenz ist, USA-Flugbasis so weit wie möglich nach Westen zu drängen. Genaue Überwachung, um Vorschieben festzustellen, dann sofort mit starken Luftstreitkräften Angriff dagegen [...]

Abschließend führte General Komatsu aus, daß sich aus der oben dargelegten Lageschilderung ergibt, daß Japan nicht in der Lage ist, »nach Norden oder nach Westen« anzugreifen. Wenn es aber hier angegriffen wird, so ist es zu Gegenangriffen jederzeit in der Lage. Bedauerlich sei, daß in Neuguinea und auf den Salomonen keine große jap. Offensive *zu Lande* unternommen werden könne, da überall Urwald sei; Angriffe gegen den gelandeten Feind seien im wesentlichen nur von See aus möglich.

B. Chef Genstab unterrichtete anschließend über die Lage an der Ostfront.

General Komatsu fragte abschließend, ob Chef Genstab besondere Wünsche an den jap. Genstab habe.

Antwort: Uns liegt sehr viel daran, daß der Russe im Fernen Osten voll gebunden bleibt. Es ist für die Gesamtlage sehr wichtig, daß der Russe dort laufend in Sorge vor einem jap. Angriff schwebt (auch luftwaffenmäßig). Der Russe zieht schon viel aus dem Fernen Osten an seine Westfront heran durch Verlegung von Kräften. Weniger durch Verschieben von geschlossenen Verbänden als durch Abgabe jüngerer Jahrgänge nach Westen, die in Fern-Ost durch ältere, weniger kampfkräftige Leute ersetzt werden.

Chef Genstab bat anschließend General Komatsu, seinem Chef des Genstabes zu melden, daß der Russe im Fernen Osten nie das Gefühl haben dürfe, er brauche hier vor Japan keine Sorge zu haben. Im Gegenteil!

DOKUMENT 94

Gefechtsmeldung des Oberbefehlshabers
der 2. Ukrainischen Front
an den Obersten Befehlshaber

17. Februar 1944

Armeegeneral I. S. Konew meldet J. W. Stalin die Vernichtung der bei Korsun-Schewtschenkowski eingeschlossenen deutschen Divisionen. Er informiert über den Ausbruchsversuch einer deutschen Kräftegruppe.

Ich melde:

1. Zur Erfüllung Ihres Befehls haben die Truppen der Front die eingekreiste gegnerische Gruppierung, die einen Bestand von neun Infanteriedivisionen, einer Panzerdivision und einer mot. Brigade hatte, am 17. Februar 1944 vollständig vernichtet, zerschlagen und teilweise gefangengenommen.

2. Alle von außen in Richtung der eingekreisten Gruppierung vorgetragenen gegnerischen Angriffe wurden von unseren Truppen bei hohen Verlusten des Gegners an Menschen und Material erfolgreich abgeschlagen.

3. Mit seinen Restkräften in Stärke von etwa 8000–10000 Mann, ca. 5–7 Artilleriebatterien und 12–15 Panzern der eingekreisten Gruppierung hat der Gegner in der Zeit von drei bis sechs Uhr am 17. Februar 1944 begonnen, im Verteidigungsabschnitt der 180. Schützendivision der 27. Armee an der Front Komarowka–Chilka auszubrechen und nach Westen und Südwesten in den Richtungen Dshurshenzy und Potschapinzy vorzudringen. Nach Gefangenenaussagen sind an der Spitze der ausbrechenden gegnerischen Kolonnen die 72. und die 112. Infanteriedivision eingesetzt.

4. Die Truppen der Front – 52. Armee, 4. Gardearmee, 27. Armee, Teile der 5. Gardepanzerarmee und des 5. Gardekavalleriekorps – haben den Angriff weiterentwickelt. Der in die Tiefe unserer Aufstellung eingebrochene Gegner wurde dadurch in einzelne Gruppen aufgespalten, vernichtet und teilweise gefangengenommen. [...]

Der Gegner hat seine gesamte Technik und Ausrüstung zurückgelassen. Die erbeuteten Güter und die Verluste des Gegners werden ermittelt, darüber erfolgt eine besondere Meldung.

DOKUMENT 95

Aus der Aufzeichnung
über eine Besprechung auf dem Gefechtsstand
der 1. Panzerarmee

20. Februar 1944

Abstimmung der Auffassungen der an der Schlacht bei Korsun-Schewtschenkowski beteiligten hohen faschistischen Kommandeure für einen Vortrag im Hauptquartier vor Hitler über die Operationen von Ende Januar (Beginn der

Einschließung) bis Mitte Februar. Es wird eingestanden, daß das Ziel der Gesamt-operation gescheitert ist, angeblich auf Grund der ungünstigen Gelände- und Wegeverhältnisse. Die Tätigkeit des Nationalkomitees »Freies Deutschland« ver-anlaßt zur Forderung nach Gegenmaßnahmen gegen dessen Wirken. Eine eigene Sprachregelung wird festgelegt: Zugabe der Materialverluste, Leugnung der Menschenverluste und der Ausmaße der schweren Niederlage.

[...] *Angriff der 1. Pz. Armee:*

O. B. 1. Pz. Armee beginnt, daß das *Ziel der Gesamtoperation* weit gesteckt war; sie sollte neben dem Entsatz der Gruppe Stemmer-mann die Verbindung zwischen 1. Pz. Armee und 8. Armee im Einschließungsraum herstellen, dadurch namhafte Feindkräfte abschneiden und durch ihre Vernichtung die Voraussetzung für weitere Operationen schaffen. »Eigene Kräfte standen für eine solche Operation genügend zur Verfügung.«

Der erste Ansatz war gut geglückt. Beachtliche Anfangser-folge waren erzielt. Dann begann jedoch eine Schlammperiode größtmöglichen Ausmaßes. Bei der Änderung der Lage, den schwierigen Gelände- und Wegeverhältnissen war es nicht mehr möglich, die Operationsrichtung beizubehalten. 1. Pz. Armee wurde gezwungen, nach SO umzugliedern, um mit zusammen-gefaßten Kräften möglichst rasch zum Entsatz der Gruppe Stemmermann anzutreten. Auch dieser Angriff schlug zunächst gegen überraschten Feind gut durch. Schon am ersten Tage konnten drei Brückenköpfe über den Gniloi Tikitsch gewonnen werden. Die Wegeverhältnisse wurden jedoch immer schlim-mer, »das Ganze eine kraftfahrzeug-mordende Unterneh-mung«.

Der weitere Vorstoß führte in die Versammlung starker ge-panzerter Feindkräfte, die den Vorteil vollzogener Versamm-lung hatten und daher nicht so starke Wegeschwierigkeiten. Die Verzögerung des Angriffstempos und die immer schwieriger werdende Lage im Kessel ließen nur noch eine Tendenz zu: auf schnellstem und kürzestem Wege die Verbindung mit Gruppe Stemmermann herzustellen und ihr den Ausbruch freizukämp-fen. Das panzerungünstige Gelände ließ aber in der letzten Phase des eigenen Angriffs die schon geschwächten Panzer-kräfte nur teilweise zur Auswirkung kommen, so daß schließlich nur der gewaltsame Ausbruch der Gruppe Stemmermann möglich blieb...

2) *Psychologische Fragen:*

O.B. 1.Pz.Armee betont die außerordentlichen Leistungen einzelner Kämpfer der Gruppe Stemmermann, weist jedoch darauf hin, daß infolge der körperlichen und seelischen Überanstrengungen und der allgemeinen Schockwirkung für diese Truppe eine Ruhepause notwendig sei. Besonders schwerwiegend werde vermutlich die Tatsache des Zurücklassens vieler Schwerverwundeter in seiner Auswirkung auf die Verfassung des einzelnen sein.

Feindpropaganda:

O.B. 1.Pz.Armee betont, daß auch die Briefe der Generale v. Seydlitz, Korfes und Daniels, von denen die Truppe durch massenweisen Flugblattabwurf Kenntnis erhalten habe, nicht ohne Einwirkung gewesen sein könne.

Gen.Lt. Lieb bestätigt dies: Ein gewisses Mißtrauen gegen ihre militärischen Führer sei sicher bei manchen Leuten aufgetaucht (»wie kommen unsere höheren Führer dazu, mit den Russen zu korrespondieren?«). Im ganzen aber sei die Propaganda ohne größere Wirkung geblieben, doch müßten richtige Gegenmaßnahmen für die Zukunft getroffen werden.

Chef Generalstab 8.Armee weist auf die jetzige Tendenz der Feindpropaganda hin: In Stalingrad seien alle höheren Führer im Kessel geblieben. Diesmal hätten sich die meisten höheren Offiziere durch Flugzeuge gerettet. Diese Propaganda-Tendenz war zwar für die Soldaten der Gruppe Stemmermann ohne Wirkung, da sie das Gegenteil erlebten; doch sei sie – auf die ganze Ostfront gesehen – vielleicht auch für die Heimat nicht ungefährlich. Daher Gegenmaßnahmen notwendig, vor allem Herausstellen der hier beispielhaften Kampfgemeinschaft Offizier—Mann.

O.B.1.Pz.Armee betont, daß der Hauptzweck des Führervortrags das Absprechen eigener Gegenmaßnahmen gegen die verlogene russische Propaganda sei. Die zum Führervortrag befohlenen Offiziere würden wahrscheinlich in diesem Propaganda-Feldzug eingespannt werden. Es erscheine notwendig, den Geräteverlust zuzugeben, die von Feindseite bekanntgegebenen riesigen Verlustzahlen aber auf drastische Weise zu dementieren. [...]

DOKUMENT 96

Denkschrift des Beauftragten des Reichsministers des Auswärtigen bei Hitler für den Generalstabschef der Luftwaffe

Berlin, 17. Februar 1944

Walther Hewel empfiehlt General der Flieger Günther Korten, die Wirkung der Luftangriffe auf London dadurch zu steigern, indem die Angriffe auf das Regierungsviertel, das »Zeitungsviertel« und jene Wohngegenden konzentriert werden, in denen die herrschenden Schichten wohnen.

Ich versprach, Ihnen meine *persönliche* Auffassung über die Luftangriffe auf *London* zu schreiben [...]

Im gegenwärtigen Augenblick interessiert natürlich hauptsächlich die *außenpolitische Wirkung* unserer Angriffe, d.h. ihre Rückwirkung nicht nur auf die Engländer selbst, sondern auch auf unsere Verbündeten und auf die Neutralen, denen wir den Beweis erbringen müssen, daß die deutsche Luftwaffe nicht tot ist, sondern im Gegenteil heftig zuschlagen kann. Es ist nicht übertrieben zu sagen, daß die Schlagkraft unserer Luftwaffe von entscheidender Bedeutung für die Haltung der europäischen Nationen ist [...]

Man muß sich nun fragen, wo man den Engländer treffen muß, damit die Wirkung unserer Schläge möglichst sichtbar in Erscheinung tritt und von der englischen Regierung, die ein äußerst scharfes Zensur-System hat, nicht abgeleugnet werden kann. Die Antwort darauf ist, daß man ihnen zunächst »das Schaufenster« kaputtschlagen muß und anschließend »den Laden«. Was im Hinterhof passiert, kann der Brite völlig verschweigen, da dort niemand hinkommt.

Das »Schaufenster« des britischen Empires aber ist das eng begrenzte Regierungsviertel. [...] Es enthält neben sämtlichen Ministerien die Symbole des Empires, die für die ganze Welt Begriffe sind. Hierzu gehört das Parlament, Whitehall, die Westminster-Abtei, in deren Krypta das Unterhaus tagt, Downing Street und zahllose andere Bauten. Da es sich hierbei um würdige ältere Bauten handelt, wird man mit einer Mischung von Spreng- und Brandbomben arbeiten können, wobei die ersteren den Zweck haben, das in dieser Gegend besonders gut organisierte Feuerwehrsystem zu behindern.

Als zweites Ziel, das vor der Welt auf dem Präsentierteller liegt, möchte ich das große Zeitungsviertel um die Fleet Street herum bezeichnen (auf der Karte blau 2). Hier arbeitet die gesamte internationale Journaille mit allem, was dazu gehört. Was hier geschieht, trifft die Nervenstränge des Empires und ist weder abzusperren noch zu verheimlichen. Das Viertel besteht vornehmlich aus soliden, modernen Betongebäuden, die nur durch schwerste Sprengbomben zu zerstören sind.

Als drittes Ziel möchte ich die leicht zu umgrenzenden Wohnviertel aller derer bezeichnen, die in England etwas zu sagen haben (Karte grün 3). Hier wohnen alle, arm und reich, In- und Ausländer, die am politischen, kulturellen, militärischen, wirtschaftlichen und gesellschaftlichen Leben Englands Anteil haben, sofern sie nicht aus London hinausgezogen sind. Fast jede Straße ist weltbekannt, hat ihren Ruf und ihren Charakter. Was hier vernichtet wird, erfährt in Kürze jeder Londoner und damit auch jeder Engländer in der Welt. Darin inbegriffen sind die maßgebenden Londoner Geschäftsviertel mit ihren großen Kaufhäusern [...]

Zum Schluß möchte ich noch meiner Auffassung Ausdruck geben, daß die größte Wirkung immer durch eine völlige Zerstörung erzielt wird. Es wirkt meines Erachtens stärker, eine kleine Stadt völlig zu vernichten als irgendeinen Stadtteil einer Großstadt [...]

DOKUMENT 97

Operationsbefehl
des Oberkommandos des Heeres Nr. 7

2. April 1944

Befehl Hitlers, den Zusammenhang der unter den Schlägen der sowjetischen Truppen zerrissenen Front wiederherzustellen und begrenzte Gegenschläge zu führen, um die sowjetische Offensive an der Linie Dnestr–Iaşi–Karpaten–Tarnopol–Brody zum Stehen zu bringen und zu versuchen, die Lage an der deutsch-sowjetischen Front zu stabilisieren.

1.) Die russ. Offensive im Süden der Ostfront hat ihren Höhepunkt überschritten. Der Russe hat seine Verbände abgenutzt und auseinandergezweigt.

Es ist jetzt der Zeitpunkt gekommen, das russ. Vorgehen endgültig zum Stehen zu bringen.

Dafür habe ich die verschiedensten Maßnahmen eingeleitet. Es ist nunmehr unter Festhalten der Krim folgende Linie unbedingt zu halten bzw. wiederzugewinnen:

Dnestr bis nordostw. Kischinew–Jassy–Targul Neamt–Ostausgänge der Karpaten zwischen Targul Neamt und Kolomea–Tarnopol–Brody–Kowel.

2.) *Heeresgruppe A* hat vorläufig die Linie Tiligulskij Liman–Dnestr bei Dubosari zu halten, bis die Voraussetzungen für eine Versorgung der Krim unabhängig von Odessa geschaffen sind. Die Zurücknahme auf den Dnestr ist lediglich vorzubereiten. Nach Schließung der zwischen 8. Armee und den Karpaten bestehenden Lücke sind beschleunigt möglichst starke Kräfte des rechten Flügels auf den linken Flügel der Heeresgr. zu verschieben. Die Ostausgänge der Karpaten sind zu sperren. Der Aufmarsch der mobilgemachten rumän. Kräfte muß auch von uns aus mit allen Mitteln vorwärtsgetrieben werden.

Die Eingliederung der rumän. Kräfte hat entsprechend dem Gelände zu erfolgen, so daß an panzergefährdeten Abschnitten in erster Linie deutsche Truppen stehen.

Besonders wichtig ist es, daß die den Rumänen von mir zur

Verfügung gestellten schw.Pak. so schnell wie möglich herankommen und an die gefährdetsten Stellen gebracht werden. Sie müssen deutsche Besatzungen haben. Es kann hier auf jede Stunde ankommen. Die Heeresgr. ist hierfür voll verantwortlich und hat einen besonderen Stab dafür einzusetzen.

3.) Die vornehmlichste Aufgabe der *Heeresgruppe Süd* ist das Freikämpfen der 1.Pz.Armee aus ihrer Umschließung. Die 1.Pz.Armee hat ihren Durchbruch weiter in nordwestl. Richtung vorzutreiben.

Aus den vorhandenen und neu eintreffenden Verbänden ist eine starke durchschlagkräftige Angriffsgruppe im Raum südostw. Lemberg zu bilden, die zum frühestmöglichen Zeitpunkt mit scharf zusammengefaßten Kräften in südostw. Richtung anzutreten hat, um die durchgebrochene Feindgruppe im Raum Stanislau zu vernichten und die Verbindung mit 1.Pz.Armee wiederherzustellen. Ich bin mit dem Vorschlag des Feldmarschalls von Manstein im großen einverstanden.

Nach Zusammentreffen mit 1.Pz.Armee ist durch örtliche Vorstöße die anfangs befohlene Linie endgültig zu gewinnen, der Anschluß an Heeresgr. Mitte südl. Kowel herzustellen und eine geschlossene Front aufzubauen. Die aus Ungarn mobilgemachten ungar. Kräfte werden Heeresgr. Süd unterstellt. Auch hier ist es wichtig, sie mit deutschen Verbänden, die ihnen einen Rückhalt geben sollen, zusammen einzusetzen. Scharfe Befehle sind hier notwendig.

4.) Bei *Heeresgruppe Mitte* bin ich mit der scharfen Schwerpunktbildung bei Brest voll einverstanden.

Erste Aufgabe der Heeresgr. Mitte ist Freikämpfen von Kowel und Verbindungsaufnahme mit Heeresgr.Süd.

Befehl des Oberkommandos der Wehrmacht

16. Mai 1944

Befehl von Generalfeldmarschall Wilhelm Keitel, daß Großbritannien ab Mitte Juni mit unbemannten Flugkörpern (V 1) beschossen werden soll, mit denen man hofft, die britische Zivilbevölkerung terrorisieren und demoralisieren zu können. Hauptziel ist London.

Der Führer hat befohlen:

1. Das *Fernfeuer gegen England ist Mitte Juni* zu eröffnen. Den *genauen Zeitpunkt* befiehlt Ob. West, der auch mit Hilfe des Gen.-Kdo. LXV. AK. und der Luftflotte 3 das Fernfeuer leitet.

2. Es wirken mit:

a) Fzg. 76,

b) Fzg. 76 durch Abwurf von He 111,

c) Fernkampfartillerie,

d) Kampfverbände der Luftflotte 3.

3. *Durchführung:*

a) Gegen *Hauptziel London*

Nach schlagartiger Feuereröffnung in der Nacht durch Fzg. 76, deren Geräte zusammen mit Bomben (in der Masse Brandbomben) der Kampfverbände im Ziel ankommen, und durch Feuerüberfälle der Fernkampfartillerie auf Städte im Wirkungsbereich ist zu einem ununterbrochenen nächtlichen Störungsfeuer auf London überzugehen. Bei einer Wetterlage, die feindliche Flugtätigkeit ausschließt, wird auch unter Tags geschossen werden können. Das Störungsfeuer, durchmischt mit Feuerschlägen von wechselnder Dauer und Stärke, muß so bemessen sein, daß der Munitionsbestand immer den Anschluß an die Fertigung und die Zuführung behält. Darüber hinaus sind 600 Geräte Fzg. 76 als OKW-Sperrbestand anzusehen, die nur mit Genehmigung OKW verschossen werden dürfen.

b) Der *Übergang auf andere* Ziele wird zeitgerecht befohlen.

4.) Die *Mitwirkung der Kampfverbände der Luftwaffe* ist unter Zurückstellung anderer Aufgaben wenigstens zu Beginn des

Schießens vorzusehen. Der Jagd- und Flakschutz über den Feuerstellungen und Versorgungsanlagen muß bei Beginn des Feuers aufgebaut und organisiert sein. Alle Vorbereitungen müssen darauf abgestellt sein, daß die Verkehrsverbindungen zu den Feuerstellungen in stärkstem Maße durch den Gegner angegriffen und zerstört werden. [...]

DOKUMENT 99

Aus dem Memorandum
des stellvertretenden Leiters
des Office of Strategic Services
an das State Department

Washington, 17. Mai 1944

Brigadegeneral John Magruder erstattet Bericht über die Verhandlungen der Berner Agentur vom OSS mit Vertretern des reaktionären Flügels der Bewegung vom 20. Juli 1944. Die Verschwörer würden die Besetzung Deutschlands durch die Rote Armee vereiteln wollen, sie schlagen den Westmächten eine Reihe militärischer Aktionen vor.

[...] 1. Seit Anfang 1944 sind die Vertreter von OSS in Bern regelmäßig von zwei Abgesandten einer deutschen Gruppe aufgesucht worden, die beabsichtigte, das Naziregime zu stürzen. Der Gruppe gehören Leuschner, sozialistischer Führer und früherer Innenminister von Hessen, Oster, General, früher die rechte Hand von Canaris, nach seiner Entlassung unter Beobachtung gestellt und kürzlich offiziell seiner Funktionen von Keitel enthoben, Goerdeler, ehemaliger Oberbürgermeister von Leipzig, und General Beck an. Die letzten beiden Männer sind den Vertretern von OSS als die Führer der Gruppe bezeichnet worden, in deren Auftrag die beiden Abgesandten die Vorschläge unterbreiteten.

2. Anfang April unterbreiteten die beiden Abgesandten den Vertretern von OSS die Anregung über ein Abkommen zwi-

schen der deutschen Oppositionsgruppe und den westlichen Alliierten. Die Gruppe drückte ihren Willen und ihre Bereitschaft aus, zu versuchen, Hitler und die Nazis zu beseitigen. Sie versicherten, daß die Zeit, in welcher eine erfolgreiche Aktion durchgeführt werden könne, sich sehr verkürzt habe. Sie sagten, sie wären die einzige Gruppe in Deutschland, die aus ihrem persönlichen Zutritt zu Hitler und zu anderen Nazigrößen Nutzen ziehen könne, und sei die einzige, die über genug Waffen und über genügend Einfluß in der Wehrmacht verfüge, um die Nazis stürzen zu können. Die Gruppe erklärte, daß die deutschen Generale, die nun im Westen kommandierten – besonders Rundstedt und Falkenhausen –, bereit wären, den Widerstand einzustellen und die alliierten Anlandungen zu unterstützen, wenn die Nazis beseitigt wären. Sie nehmen an, daß ähnliche Vereinbarungen für den Empfang alliierter Luftlandekräfte an strategischen Punkten in Deutschland getroffen werden können. Obwohl sie bereit sind, einen Schlag zu führen, könnte die Gruppe nicht für den Erfolg garantieren.

3. Die Bedingung, unter der die Gruppe bereit ist zu handeln, besteht darin, daß sie direkt und ausschließlich mit den Westmächten nach dem Sturz des Hitlerregimes verhandeln wird. Als Präzedenzfall, um die UdSSR von allen Verhandlungen auszuschalten, beriefen sie sich auf das jüngste Beispiel Finnlands, das nach ihren Worten ganz allein mit Moskau verhandele. Diese Bedingung der Gruppe ergibt sich aus dem konservativen Charakter ihrer Mitglieder und Träger. Dennoch erklärt die Gruppe ihre Bereitschaft, mit allen linken Kräften zusammenzuarbeiten mit Ausnahme der Kommunisten. Im Februar bezeichnete sie Leuschner als akzeptable Führungspersönlichkeit einer Übergangsregierung, vorausgesetzt, daß weder die Militärs noch die Kommunisten während der Übergangsperiode vorherrschen. Die Gruppe fürchtet das politische und ideologische Übergewicht des Bolschewismus in Zentraleuropa mit dem Ersetzen des Nazitotalitarismus durch den Totalitarismus der radikalen Linken, der begleitet ist vom Versinken der Demokratie und der christlichen Kultur. Sie erklärten, daß, wenn die Kapitulation in erster Linie gegenüber der Sowjetunion erfolgte, dies von einer anderen Gruppe in Deutschland durchgeführt werden müsse. [...]

5. Im Mai 1944, ungefähr einen Monat nach dem Besuch der Abgesandten bei den Vertretern von OSS, erhielten sie eine mündliche Nachricht von einem Kurier der Oppositionsgruppe. Nun wurden als Mitglieder auch Halder, Zeitzler, Heusinger (Chef der Operationsgruppe bei Zeitzler), Olbricht (Chef des Allgemeinen Heeresamtes), Falkenhausen und Rundstedt genannt. Die Gruppe teilte mit, daß sie bereit wäre, den Alliierten Verbänden zu helfen, nach Deutschland einzudringen, wenn die Alliierten zustimmten, daß die Wehrmacht weiterhin die Ostfront hält. Im einzelnen schlug sie vor: (1) Drei alliierte Luftlandedivisionen sollten mit Hilfe deutscher Wehrmachtbefehlshaber im Raum Berlin landen; (2) Große amphibische Landungen sollten in oder bei Bremen und Hamburg erfolgen; (3) Landungen in Frankreich sollten folgen, obwohl nicht auf die Mithilfe Rommels gezählt werden kann; (4) Zuverlässige deutsche Einheiten im Raum München würden Hitler und andere hohe Nazis bei Berchtesgaden isolieren. Von der Oppositionsgruppe wird berichtet, daß sie den Krieg für Deutschland verlorengibt und daß die einzige Chance, ein kommunistisches Deutschland zu verhindern, darin besteht, die Besetzung eines möglichst großen Teiles Europas durch die anglo-amerikanischen Streitkräfte zu erleichtern, bevor die Ostfront zusammenbricht. [...]

7. [...] Die Vertreter von OSS in Bern sind von der Aufrichtigkeit dieser Vermittlung überzeugt auf Grund eigener Nachforschungen und Erfahrungen mit ihr. Ihr Vertreter ist der Meinung, daß es einige deutsche Generale gibt, die ihre Verantwortung am Kriege liquidieren wollen, indem sie an der Errichtung eines anglo-amerikanischen Bollwerkes gegen den Druck der UdSSR auf Europa mitarbeiten wollen, und er ist davon überzeugt, daß die beiden Abgesandten in Kontakt mit einer solchen Gruppe stehen. [...]

Aus der Unterredung Hitlers
mit dem japanischen Botschafter Oshima

Berchtesgaden, 27. Mai 1944

Hitler erwartet die Invasion in Westeuropa und von dieser eine Entscheidung im Kampf mit den Westmächten. Nach der Abwehr der Invasion sollen starke deutsche Kräfte in die Sowjetunion verlegt werden, um dort die Initiative zu ergreifen. Hiroshi Oshima erklärt den Südpazifik zum Hauptkriegsschauplatz in der Auseinandersetzung zwischen Japan und den USA, deren Industriekraft Japan unterschätzt habe. Die japanische Flotte bereite sich auf einen großen Schlag gegen die amerikanischen Seestreitkräfte vor.

Einleitend erinnerte der Führer den Botschafter Oshima daran, daß er das letzte Mal vor einem Jahr und schon früher einmal vor der Einnahme von Singapur auf dem Berghof gewesen sei.

Der Führer führte dann aus, daß wir die Invasion erwarteten und darauf vorbereitet seien. Der Angriff in Italien sei nur erfolgt, um uns zu veranlassen, Reserven aus jenen Gebieten abzuziehen, die später Gegenstand der eigentlichen Invasion sein würden. Wir würden uns aber im Westen auf keinen Fall schwächen, da die Entscheidung dort fallen werde. Im Westen befänden sich unsere U-Boot-Stützpunkte, und dies sei der entscheidende Kriegsschauplatz. Es sei uns möglich gewesen, dort verhältnismäßig große Reserven anzusammeln, obwohl wir im Laufe des Winters 7 starke Panzerdivisionen nach dem Osten gezogen hätten. Leider seien unsere Panzer für die Verhältnisse im Osten ungeeignet. Dies hinge zum Teil auch mit den Rohstoffverhältnissen zusammen, da die Russen bei ihrer Produktion mehr Nickel und Molybdän als wir verwenden könnten. Zweifellos seien wir aber den Russen in der Luft überlegen, und unser Jägerprogramm würde am Ende dieses Jahres eine Monatsproduktion von 6000 Maschinen erreichen. Auch würden in 6 Monaten alle Produktionsstätten der Luftwaffe verbunkert und unter die Erde gelegt sein. Wir hätten z. Zt. 5 Panzer- und 10 Infanteriedivisionen zu einer größeren Operation im Osten zusammen-gezogen, infolge des Regens aber sei dieser Stoß vollkommen verpufft, da unsere Panzer einfach im Schlamm steckengeblie-ben seien, während der russische T 34 auch im Schlamm fahre. Im Gegensatz zu den russischen Panzern sei aber die russische Infanterie »miserabel schlecht«, wenn man von einigen jugend-lichen Brigaden und NKWD-Verbänden absehe. Allerdings läge es dem Russen, sich zäh zu verteidigen und beim Angriff große Massen von Panzern einzusetzen. Jetzt hätten wir endlich den »Panter« (Panzer 5) fertig, den wir zwar schon eingesetzt hätten, bevor er endgültig ausprobiert worden sei, der aber lau-fend verbessert worden sei, so daß er jetzt wirklich einen erst-klassigen Panzer darstelle. Um Panzer richtig einsetzen zu kön-nen, brauche man auch ausgebildete Fahrer.

Im Westen stünden zur Zeit etwa 1 Dutzend Panzerdivisio-nen mit besten Panzern hinter der Front bereit, darüber hinaus noch eine Eingreifreserve; insgesamt hätten wir im Westen ca. 60 Divisionen. Dem Feind sei es mit seiner Luftwaffe nur gelun-gen, Feldstellungen zu zerstören, den wirklichen Befestigungen hätte er nichts anhaben können.

Eine Frage Oshimas, ob die Engländer zur Invasion fertig seien, bejahte der Führer. Die Engländer hätten auf ihrer Insel etwa 80 Divisionen, von denen allerdings nur ein Teil Kriegs-erfahrung habe. Für den Invasionsfall hielten wir auch Luftwaf-fenreserven bereit, die wir trotz des harten Kampfes in Italien dort nicht einsetzten. Unsere Vorbereitungen zur Beschießung Londons und der südenglischen Städte liefen weiter. Trotz der schweren täglichen Luftangriffe seien unsere Menschenverluste an der ganzen Front von über 2 000 km im Westen außerordent-lich gering; wir hätten höchstens 10–15 Tote bei einem Angriff zu beklagen. Unlängst sei aber, und zwar nur durch den verbre-cherischen Leichtsinn eines Transportführers, ein größerer Unfall passiert, wobei wir 140 Leute verloren hätten. Auch ir-gendwelche Geschützstellungen wären im Westen nicht emp-findlich getroffen worden, da wir uns angewöhnt hätten, für je-des Geschütz 3–4 Stände zu bauen.

Einmal würden die Engländer im Westen angreifen müssen, denn wenn die Invasion nicht käme, würden wir zu orgeln beginnen, und dann bliebe wohl den Engländern nichts anderes übrig als anzugreifen.

Im Osten sei es uns gelungen, nunmehr, nachdem in Ungarn Ordnung geschaffen worden sei, die Rumänen und Ungarn zum Einsatz zu zwingen. Beide Völker hätten je 16–17 Divisionen an der Ostfront. Wir hätten diese Divisionen mit panzerbrechenden Waffen und viel Artillerie ausgestattet und deutsche Verbände dazwischengeschoben, so daß diese Einheiten einen gewissen Kampfwert hätten. Jetzt verstünden die Ungarn und Rumänen, was ihnen der Führer immer gesagt habe: daß es besser gewesen wäre, wenn sie ihre Truppen eingesetzt hätten, solange die Frontlinie am Don verlaufen sei.

Auf die Frage Oshimas, ob wir eines Tages in Rußland wieder offensiv würden, erwiderte der Führer, daß, wenn die Verbündeten unsere Flanken geschützt hätten, Stalingrad zu einem anderen Ergebnis geführt hätte und wir heute in Mesopotamien stünden.

Oshima warf hier ein, daß dann die Verbindung zu Japan hergestellt worden wäre.

Der Führer erklärte fortfahrend, daß es das unverrückbare Ziel des Polen- und auch des Westfeldzuges gewesen sei, die feindlichen Armeen zu vernichten. Dieses Ziel hätten wir auch in Rußland verfolgt, aber infolge des unglaublich harten Winters 1942 nicht erreichen können, da damals innerhalb von 5 Tagen Tausende von Zugmaschinen und 80 000 Kraftfahrzeuge im Schlamm eingefroren und damit für uns verloren gewesen seien.

Oshima meinte, daß man etwa hinter den Pripjetsümpfen oder sonstwo eine Panzerarmee versammeln und zu einem vernichtenden Schlag ausholen müsse.

Der Führer erwiderte, daß hierzu die Invasion die Voraussetzung sei, da ein Teil der Westverbände im Osten eingesetzt werden müßte. Wir bemühten uns aber jetzt schon, durch Steigerung der Sturmgeschützproduktion, die jetzt bereits 1800 Sturmgeschütze pro Monat betrage, unsere Infanteriedivisionen wieder panzerfest zu machen. Jede Division solle am Ende dieses Jahres 36 Sturmgeschütze haben. Außerdem sollen 54 Sturmgeschütz-Brigaden aufgestellt werden. Heute müßten die Panzerdivisionen zur Panzerabwehr der Infanterie beigegeben werden;

dadurch würden unsere Panzer ihrer eigentlichen Aufgabe als Angriffswaffe entzogen. Wir hätten jetzt 47 Panzerdivisionen und außerdem 8 Panzerdivisionen der Waffen-SS, zu denen noch 4 in Aufstellung begriffene Panzer-Divisionen kämen. Wenn diese durch Neubewaffnung der Infanteriedivisionen wieder ihrer eigentlichen Aufgabe zugeführt werden könnten, stünden nunmehr 45 Divisionen bereit, um im Osten einen Schlag auszuführen.

Auf die Frage Oshimas nach den russischen operativen Reserven meinte der Führer, daß die Russen 6–7 Divisionen aus der Front herausgezogen hätten, sie hätten aber noch etwa 200 Divisionen außerhalb der Front in Reserve. Nach einer Invasion könnten wir 30–35 Divisionen aus dem Westen nach dem Osten ziehen, und dann hätten wir mit den in Rußland vorhandenen Reserven insgesamt etwa 80 Divisionen für Operationen bereit. Durch den Verrat Italiens seien in Rußland 45 Divisionen ausgefallen, und auf dem Balkan und in Italien hätten wir weitere 45 deutsche Divisionen einsetzen müssen, so daß uns der Ausfall Italiens zusammen 90 Divisionen gekostet hätte.

Als Oshima sich nach unseren Absichten in Italien erkundigte, meinte der Führer, daß wir Rom unter allen Umständen halten würden. An Hand einer Karte zeigte der Führer, daß wir uns auf eine Linie südlich Rom, die am Fuße des Gran Sasso verlaufende sogenannte »C-Stellung«, zurückziehen würden. Diese Stellung sei zum Teil schon gut ausgebaut. Im großen gesehen sei es völlig gleichgültig, ob wir etwas weiter südlich in Italien stünden oder nicht.

Die Invasion erwarte der Führer in der Bretagne und Normandie, während die anderen Stöße am Kanal, vielleicht auch Dänemark und Südnorwegen nur als Ablenkungsmanöver zu werten seien. An den Hauptbrennpunkten stünden auch 4 Fallschirmregimenter bereit, um Fallschirmaktionen der Engländer sofort entgegentreten zu können. Ferner sei es möglich, daß mit Panzerwagen ein Unternehmen in der Gegend von Bordeaux versucht werde, und schließlich seien mögliche Landestellen der Feinde noch Marseille von Algier aus oder weiter südlich im Raume von Genua. Sollten die Feinde versuchen, ins Skagerak einzulaufen, würden wir dieses hinter ihnen mit Druckminen sperren. Diese Minen hätten allerdings den Nachteil, daß wir sie selbst nicht mehr räumen könnten.

Es zeige sich, daß die Engländer nur ungern große Blutopfer brächten, da sie nicht wüßten, was nach einem Kampf mit Deutschland kommen werde.

Auf Rußland übergehend, bemerkte der Führer, daß er dort das Luftkorps »Meister« aufgebaut habe. Aufgabe dieser Einheit sei es, alle Bahnhöfe hinter der russischen Front anzugreifen und völlig auszulöschen. Den Hauptstoß erwarte der Führer in der Richtung gegen Warschau und gegen die Donaumündung. Den Russen stünden insgesamt 700 Divisionen zur Verfügung, doch hätten manche dieser Divisionen nur 2 500 Mann oder seien reine Panzerdivisionen mit 50 Panzern; einige schließlich bestünden nur aus Artillerie.

Entscheidend sei es, daß wir unsere Panzerwaffe wieder in Ordnung brächten, die für den Osten bisher nicht genügt habe. Unser »Panter« sei jetzt verbessert worden; er hätte einen besseren Motor erhalten, würde aber jetzt laufend mit einem noch stärkeren Dieselmotor ausgestattet.

Der Führer bemerkte, daß unser Volkswagen heute hervorragend laufe, und riet Oshima, sich auch den neuen Motor einbauen zu lassen. Der Reichsaußenminister warf hier ein, daß er für den Neueinbau des Motors sorgen wolle.

Botschafter Oshima führte hierauf aus, er habe zwar keine offiziellen Nachrichten, aber er glaube, daß für die Japaner der südliche Kriegsschauplatz im Pazifik der wichtigste sei. Dort gebe es Schwierigkeiten, da die Amerikaner ziemlich stark angriffen und leider durch Besetzung der Insel Nadke die Verbindung nach Neu-Guinea unterbrochen hätten. Er hielte es deshalb für möglich, daß man sich auf eine mehr im Innern gelegene Linie zurückziehen werde, bis im Sommer durch Auffüllung der japanischen Schiffstonnage und durch weitere Luftausrüstung der entscheidende Kampf gegen die Amerikaner aufgenommen werden könne. Es sei ihm offiziell und nicht etwa zu Propagandazwecken von zu Hause mitgeteilt worden, daß man den Entscheidungskampf mit den Amerikanern suchen werde. Er müsse zugeben, daß man die amerikanische Industriekraft unterschätzt habe und daß man nach Pearl Harbour vergessen habe, den

Helm fester zu binden. Nun aber habe man diesen Fehler erkannt und werfe sich mit ganzer Kraft auf den Schiffsbau und den Ausbau der Luftwaffe. Es sei möglich, daß die Amerikaner von Australien aus angreifen würden; es werde aber auf diesem Wege lange dauern, bis sie zu einem Erfolg kommen. Andererseits würden sie dort die japanische Rohstoffbasis gefährden. Vielleicht würden sie versuchen, direkt die Hauptinseln anzugreifen. Auch von den Aleuten aus seien die Amerikaner aktiv, aber dem messe man keine große Bedeutung bei. Die Japaner seien sich darüber im klaren, daß die amerikanische Marine einen großen Schlag bekommen müsse.

In China habe Japan einen großen militärischen Erfolg erzielt. Zwar wisse Oshima nicht, was eigentlich beabsichtigt sei. Gewiß sei Tschungking dadurch in eine schwierige Lage gekommen; vielleicht habe man auch den Amerikanern dadurch Flugplätze weggenommen, aber ein politischer Kompromiß mit Chiang-kei-shek sei sehr schwer zu erzielen, da er auf den amerikanischen Sieg baue.

Eine große Schwäche sei der Holzbau der japanischen Städte, die also Bombenangriffen gegenüber außerordentlich empfindlich seien.

Der Führer riet Oshima, die Japaner sollten jeden amerikanischen Terrorflieger aufhängen, nicht erschießen, dann würden sich die Amerikaner solche Angriffe überlegen.

Oshima erklärte weiter, daß ein Drittel der japanischen Armee in China, ein Drittel in Mandschukuo und das letzte Drittel im Süden eingesetzt sei. In Burma hätte man beinahe Imphal genommen, leider sei aber der letzte Erfolg den Japanern versagt geblieben. Das entscheidende sei aber der Kriegsschauplatz gegen die Amerikaner, und Oshima sei fest davon überzeugt, daß einmal ein großer Zusammenstoß der beiden Flotten kommen würde. Amerika müsse aus eigener Kraft besiegt werden. [...]

Aus der Weisung des Hauptquartiers des Oberkommandos an die 1. Baltische sowie 1., 2. und 3. Belorussische Front

31. Mai 1944

J. W. Stalin und G. K. Shukow befehlen Armeegeneral I. Ch. Bagramjan, Armeegeneral K. K. Rokossowski, Generaloberst I. E. Petrow und Generaloberst I. D. Tschernjachowski die Belorussische Operation vorzubereiten. Der 1. Baltischen Front wird die Aufgabe übertragen, die gegnerische Gruppierung bei Witebsk – Lepel, der 1. Belorussischen Front die bei Bobruisk, der 2. Belorussischen Front die bei Mogiljow und der 3. Belorussischen Front die bei Witebsk – Orscha zu zerschlagen sowie Beresina und Dnepr zu forcieren.

Oberbefehlshaber der 1. Baltischen Front

Das Hauptquartier des Oberkommandos befiehlt:

1. Eine Operation mit dem Ziel vorzubereiten und durchzuführen, um im Zusammenwirken mit der 3. Belorussischen Front die gegnerische Gruppierung von Witebsk – Lepel zu zerschlagen und im Raum Tschaschniki – Lepel das Südufer der Westlichen Dwina zu erreichen. Zu diesem Zweck ist mit den Kräften der 6. Gardearmee und der 43. Armee die Verteidigung des Gegners im Raum südwestlich Gorodok durch die Führung eines allgemeinen Schlages in Richtung Beschenkowitschi – Tschaschniki zu durchbrechen.

Nächste Aufgabe: Forcierung der Westlichen Dwina und Einnahme des Raumes Beschenkowitschi. Mit Teilkräften ist im Zusammenwirken mit dem rechten Flügel der 3. Belorussischen Front die Witebsker Gruppierung des Gegners zu zerschlagen und Witebsk einzunehmen. Im weiteren ist der Angriff in der allgemeinen Richtung auf Lepel zu entwickeln, wobei die Hauptgruppierung der Front von der Polozker Richtung her zuverlässig zu sichern ist.

Das Hauptquartier des Oberkommandos befiehlt:

1. Eine Operation mit dem Ziel vorzubereiten und durchzuführen, um die Bobruisker Gruppierung des Gegners zu zerschlagen und mit den Hauptkräften den Raum Ossipowitschi – Puchowitschi – Sluzk zu erreichen. Zu diesem Zweck ist die gegnerische Verteidigung durch die Führung von zwei Schlägen zu durchbrechen: eines Schlages mit den Kräften der 3. und der 48. Armee aus dem Raum Rogatschow heraus in der allgemeinen Richtung auf Bobruisk – Ossipowitschi und eines weiteren Schlages mit den Kräften der 65. und der 28. Armee aus dem Raum Unterlauf der Beresina–Osaritschi in der allgemeinen Richtung auf Star. Dorogi – Sluzk.

Nächste Aufgabe: Zerschlagung der Bobruisker Gruppierung des Gegners und Einnahme des Raumes Bobruisk – Gluscha – Glusk, wobei mit Teilkräften an der eigenen Flanke die Truppen der 2. Belorussischen Front bei der Zerschlagung der Mogiljower Gruppierung des Gegners zu unterstützen sind. Im weiteren ist der Angriff mit dem Ziel zu entwickeln, den Raum Puchowitschi – Sluzk – Ossipowitschi zu erreichen.

Das Hauptquartier des Oberkommandos befiehlt:

1. Eine Operation mit dem Ziel vorzubereiten und durchzuführen, um im Zusammenwirken mit dem linken Flügel der 3. Belorussischen Front und dem rechten Flügel der 1. Belorussischen Front die Mogiljower Gruppierung des Gegners zu zerschlagen und die Beresina zu erreichen. Zu diesem Zweck ist mit den Kräften von mindestens 11–12 Schützendivisionen mit Verstärkungsmitteln die gegnerische Verteidigung durch die Führung eines allgemeinen Schlages aus dem Raum Dribin – Dednja – Rjasna in der allgemeinen Richtung auf Mogiljow – Belynitschi zu durchbrechen.

Nächste Aufgabe: Erreichung des Dnepr und Bildung eines Brückenkopfes an seinem Westufer. Im weiteren ist mit den

Hauptkräften der Dnepr zu forcieren, Mogiljow einzunehmen und der Angriff in der allgemeinen Richtung Beresino – Smilowitschi zu entwickeln.

Oberbefehlshaber der 3. Belorussischen Front

Das Hauptquartier des Oberkommandos befiehlt:

1. Eine Operation mit dem Ziel vorzubereiten und durchzuführen, um im Zusammenwirken mit dem linken Flügel der 1. Baltischen Front und mit der 2. Belorussischen Front die gegnerische Gruppierung von Witebsk – Orscha zu zerschlagen und die Beresina zu erreichen. Zu diesem Zweck ist die gegnerische Verteidigung durch die Führung von zwei Schlägen zu durchbrechen:

a) eines Schlages mit den Kräften der 39. und der 5. Armee aus dem Raum westlich Liosno heraus in der allgemeinen Richtung m. Boguschewskoje – Senno; mit Teilkräften dieser Gruppierung ist unter Umgehung von Witebsk von Südwesten her in nordwestlicher Richtung mit dem Ziel anzugreifen, im Zusammenwirken mit dem linken Flügel der 1. Baltischen Front die Witebsker Gruppierung des Gegners zu zerschlagen und Witebsk einzunehmen;

b) eines weiteren Schlages mit den Kräften der 11. Gardearmee und der 31. Armee entlang der Minsker Fernverkehrsstraße in der allgemeinen Richtung auf Borissow, mit Teilkräften dieser Gruppierung ist durch einen Schlag von Norden her Orscha einzunehmen.

2. Nächste Aufgabe der Front – Einnahme des Abschnitts Senno – Orscha. Im weiteren ist der Angriff auf Borissow mit der Aufgabe zu entwickeln, im Zusammenwirken mit der 2. Belorussischen Front die Borissower Gruppierung des Gegners zu zerschlagen und im Raum Borissow das Westufer der Beresina zu erreichen.

Bericht des Joint Intelligence Subcommittee über die Lage in Nordfrankreich

3. Juni 1944

Das Vereinte Aufklärungskomitee der britischen und amerikanischen Streitkräfte unterrichtet die politische und militärische Führung Großbritanniens drei Tage vor Beginn der Invasion über die Lage im künftigen Landungsraum. Obgleich der Gegner jederzeit mit Beginn der Operation rechne, liegen keinerlei Erkenntnisse darüber vor, daß er präzise Vorstellungen vom Landungsort besitzt.

Angriffsgebiet

In der vergangenen Woche hat es keinerlei Informationen gegeben, die vermuten lassen, daß der Gegner das Gebiet genau bestimmt hat, in dem unser Hauptstoß erfolgen soll. Er scheint mehrere Landungen zwischen dem Pas de Calais und Cherbourg zu erwarten.

2. Die defensive Verlegung von Seeminen wurde in annähernd dem gleichen Umfang fortgesetzt und erfolgte in Gebieten von der belgischen Küste bis hin zur Gironde.

3. Vorbereitungen zur defensiven Minenlegung durch Flugzeuge erfolgen gegenwärtig für die gesamte Nord- und Westküste Frankreichs.

4. Bisher sind keine speziellen U-Boot-Patrouillen der westlichen Zugänge zum Kanal und des Golfs von Biscaya festgestellt worden.

Angiffsumfang

5. Es gibt Anhaltspunkte dafür, daß der Gegner die Stärke der wahrscheinlich zum Einsatz kommenden Streitkräfte der Alliierten überschätzt, nicht nur die der ersten Welle, sondern auch die in den Operationen insgesamt.

Zeitplan

6. Es gibt keinen weiteren Nachweis dafür, daß wir unsere Ansicht ändern müßten, wonach der Gegner die Vorbereitungen der Alliierten für so weit fortgeschritten hält, daß die Operationen jetzt jederzeit beginnen könnten.

Nebenoperationen gegen Frankreich

7. Der Gegner rechnet immer noch mit der Möglichkeit von Ablenkungsoperationen im Golf von Biscaya und der Wahrscheinlichkeit von Amphibienoperationen in Südfrankreich oder im Golf von Genua.

Ablenkungsangriffe in anderen Gebieten

8. Es werden Ablenkungsoperationen gegen die norwegische Küste erwartet.

DOKUMENT 103

Maßnahmenkatalog
der 2. SS-Panzerdivision »Das Reich«
zur Bekämpfung der Résistance

5. Juni 1944

SS-Brigadeführer Heinz Lammerding empfiehlt dem LVIII. Panzerkorps, bis zum 15. Juni 1944 durch drakonische Maßnahmen gegen die Résistance den Raum Cahors – Aurillac – Tulle zu »befrieden«.

Der Umschwung in der Bandenlage des Raumes Cahors – Aurillac – Tulle bedeutet eine Gefahr, die im Invasionsfall operative Auswirkungen haben kann.

Die Masse der Terroristen verfolgt kommunistische und destruktive Ziele. Sie erhalten deshalb von der Bevölkerung (insbes. den besitzenden und beamteten Teilen) nur durch Zwang Unterstützung. Die bisherigen Gegenmaßnahmen gegen die Terroristen blieben ohne nachhaltigen Erfolg, weil die Terroristen den abziehenden Truppen ungehindert wieder folgen konnten. Tatsächlich wünscht die Bevölkerung die Beseitigung der kommunistischen Banden.

Eine Fortsetzung der Gegenmaßnahmen in Form von verst. Spähtrupps aus dem derzeitigen U-Raum heraus führt nicht zum Ziel. Abgesehen davon kostet dieser Einsatz wertvolle Ausbildungszeit und deutsche Reifen.

Die Division hält nachfolgendes Zusammenwirken von Maßnahmen für notwendig und allein erfolgversprechend:

1. Schlagartig einsetzende *Gegenpropaganda* und *Diskriminierung* der Terroristen als kommunistische Unruhestifter mit dem Ziel, die Zivilbevölkerung gegen die Terroristen aufzubringen. Diese Aktion muß von den zuständigen höchsten Stellen möglichst gleichzeitig auf dem deutschen und franz. Weg gesteuert werden. Die Hilfe der deutschen Truppe in der Beseitigung der Banden bedarf besonders nachdrücklicher Erwähnung.

2. Belegung der Orte CAHORS, FIGEAC und BRIVE durch schnell bewegliche Verbände, die im Zusammenwirken mit den dort zu errichtenden arbeitsfähigen SD-Außenstellen die aktive Bandenbekämpfung durchführen. Die Truppe betreibt weiterhin ihre Ausbildung, setzt jedoch täglich mehrere kampfkräftige Spähtrupps zur Überwachung des Verkehrs usw. an. Nach Aufklärungs- und Vernehmungsergebnissen sind von Fall zu Fall bestimmte kleine Geländeabschnitte zu durchkämmen. Zusammenziehung der 3 Verbände kann sich dafür zuweilen empfehlen. Als Reserve bei größeren Aktionen muß der unterstellte Panzer-Zug und ein Btl. (mot. od. gp.) bereitgehalten werden. Gemeinsame Führung aller eingesetzten Teile durch die 2. SS-Panzer-Division »Das Reich«.

3. *Aufbringung von 5000 verdächtigen Männern* aus dem Raum CAHORS – AURILLAC – BRIVE bis zum 15. 6. 44 und deren Abschub ins Reich. Die Terroristen heben z. Zt. in diesem Raum nach Angabe der Zivilbevölkerung die Jahrgänge 1925 und 1926 aus. Mit der Evakuierung dieser Zahl von Männern ist der Terrororganisation der Boden für großangelegte Aktionen entzogen.

4. *Sicherstellung von mindestens 200 Lkw. und 400 Pkw.* aus dem Raum CAHORS – AURILLAC – BRIVE bis zum 15. 6. 44. Im Invasionsfalle werden sich die Terroristen und luftgelandeter Feind aller Kfz. bemächtigen und beweglichen Krieg mit empfindlicher Nachwirkung auf unsere Lage führen. Durch Beschlagnahme aller nicht unbedingt für die Wirtschaft erforderlichen und aller abgestellten Kfz. verliert der Feind einen weiteren wesentlichen Teil seiner Kampfkraft. Bedenken des Ob. West (O. Qu.) können dagegen nicht bestehen, da aus

diesem Raum Kfz. für übergeordnete Interessen im Invasionsfall nicht mehr beigetrieben oder – auch bei gutem Willen der Franzosen – gestellt werden können.

5. *Freilassung eines kriegsgefangenen Familienangehörigen oder Bekannten* als Gegenleistung für Angaben, die zur Sicherstellung größerer Waffenlager oder Festnahme von Terroristenführern oder mehr als 10 Terroristen geführt haben. Das Aussetzen von Prämien empfiehlt sich bei der Ehrliebe der Franzosen nicht, sondern fördert nur die üblen Denunzianten, die meist auf beiden Schultern tragen. Die Division stellt sicher, daß an Stelle jedes freigelassenen Kriegsgefangenen 10 arbeitskräftige Männer in das Reich abtransportiert werden.

6. *Ankündigung und Durchführung, daß für jeden verwundeten Deutschen 3, für jeden Gefallenen 10 Terroristen* aufgehängt (nicht erschossen) werden. Strafvollzug durch Erhängen ist in der franz. Justiz nicht üblich. Durch Anwendung auf die Terroristen werden diese diskriminiert und außerhalb der franz. Volksgemeinschaft gestellt.

7. *Verstärkte Verkehrsüberwachung* durch alle bodenständigen Dienststellen in und an der Grenze des Raumes.

Die Division ist der Überzeugung, daß durch diese Maßnahmen bei sofortiger geschlossener Einleitung das Gebiet bis 15. 6. 44 so befriedet ist, daß operative Auswirkungen im Falle der Invasion nicht mehr bestehen. [...]

DOKUMENT 104

Eintragungen aus dem Kriegstagebuch der Marinegruppe West

6. Juni 1944

Schilderung des Beginns der Invasion aus der Sicht der Marine in Nordfrankreich.

Am 5. 6. erteilt AOK 15 für dortigen Armeebereich Stichwort »Vorwarnung« ab 23.00 Uhr. Anhalte für Begründung dieser Maßnahme liegen bei der Gruppe nicht vor.

Gegen 0.50 Uhr: Ob.West meldet, daß während des 5.6. erstmalige vom engl. Rundfunk, z. T. für French Section, den Invasionsbeginn kurzfristig ankündigende Meldungen durchgegeben worden sind.

Wenn auch nicht anzunehmen ist, daß die Invasion selbst vorher durch Radio bekanntgegeben wird, so wird doch damit gerechnet, daß diese Ankündigungen den Invasionsfall vorbereitende Sabotageakte bezügl. des Verkehrs und Nachrichtennetzes, u. U. auch Aufstandsbewegungen auslösen sollen. Die Beurteilung Ic Ob.West geht dahin, daß Invasion zu diesem Zeitpunkt nicht besonders wahrscheinlich ist. Eine besondere Wertung erhält diese Nachricht bei Gruppe West nicht, weil ähnliche Meldungen in der zurückliegenden Zeit mehrfach eingegangen sind, ohne daß sich daraufhin etwas ereignete.

Gegen 1.30 Uhr: Adm. Kanalküste meldet, daß bei HKB 2/ 1261 und im Bereich der 711. I.D. (ostwärts Orne) und 716. I.D. (Raum Berneville bis Auberville) Fallschirmabsprünge in größerer Zahl stattfinden.

Obwohl es sich nach hiesigen Vermutungen um keine feindl. Großlandung handelt – Ob.West und Lfl. 3 beurteilen die Lage wie Gruppe West – wird Sofortbereitschaft für BSW – und F.d. Schn.-Streitkräfte befohlen. In dem betroffenen Gebiet ist Alarmstufe II ausgelöst.

Verschärfte Vorfeldüberwachung in Seine-Bucht wird wegen ungünstiger Tidenverhältnisse sowohl beim Aus- wie Einlaufen (erst nach Hellwerden möglich) und wegen Wetterlage nicht befohlen. Die ungünstigen Tide- und Wetterverhältnisse waren ebenfalls der Grund dafür, daß in der Nacht 5./6. 6. keine Vorpostenpositionen besetzt waren. Außerdem keine weiteren Anzeichen für Feindlandung.

Nach Meldungen Admiral Kanalküste ergibt sich: Als Schwerpunkt der feindlichen Luftlandetätigkeit zeichnet sich etwa der Raum Caen ab. Fallschirmspringer stellen sich zum Teil als Strohpuppen heraus. Weitere Luftlandungen werden von verschiedenen Orten gemeldet.

Diese Meldungen werden sofort an Ob.West weitergegeben. Ob.West nimmt auch jetzt noch keine größeren Operationen an. [...]

Als Schwerpunkt der Luftlandung zeichnet sich nunmehr das Gebiet um St. Vaast und westlich der Orne bei Riva Bella und Lion ab. Das Kreuzen der Kanalinseln durch Lastensegler löste vorübergehend Vermutung über Einbeziehen der Inseln in den Landungsraum aus, die sich jedoch nicht bestätigen.

Die eigentlichen Landungen treten etwa bei Niedrigwasser und nach Hellwerden ein unter gleichzeitigem starkem Seezielbeschuß der betroffenen Küstenstriche. Während der Anlandungsoperation nebeln gegnerische Flugzeuge Verband und einzelne Küstenstriche ein. [...]

Während bei der Gruppe – wenn auch nach anfänglichem Zögern bis Auftreten klarer Funkortungsergebnisse – der Eindruck einer Großlandung in der Seine-Bucht besteht, zögert Ob. West und anscheinend auch Heeresgr. B im Ansatz von Gegenmaßnahmen in Ungewißheit darüber, wieweit es sich bei bisheriger Feindlandung um eine Scheinlandung, Diversionsbewegung oder Hauptlandung handelt.

Erst um 07.30 Uhr gibt Ob. West folgende Beurteilung ab: Die bisherige Feindlandung wendet sich gegen die Ostseite Cotentin bis einschl. Seine-Südufer, also gegen linken Flügel der 15. Armee und das Generalkommando roem. 84. A.K. Bei Hellwerden ist Schwerpunkt zwischen Orne und Vire-Mündung erkannt, wo sich starke Landungskräfte sammeln. [...]

Der engl. Rundfunk hat gegen 10.00 Uhr den Beginn der Invasion in großer Aufmachung bekanntgegeben. Dabei wird die Meldung als erster Bericht des Hauptquartiers Eisenhower bezeichnet. Nicht ganz verständlich ist die gleichfalls von London an die Bevölkerung Frankreichs erteilte Weisung, sich klar zu halten, aber keine Unüberlegtheiten zu begehen.

Dem Gegner ist zweifellos eine gewisse Überraschung des gesamten deutschen Verteidigungsapparates gelungen, nicht zuletzt auf Grund der geschickten Auswahl des Landungstermines bezüglich der ungünstig scheinenden, aber sich ständig bessernden Wetterlage. Auch in der Wahl des Landungsraumes ist der Gegner glücklich gewesen, denn die Besetzung mit Küstenbatterien in diesem Abschnitt ist schwach – entgegen der seit jeher von Gruppe vertretenen Auffassung – weiterhin konnten Vorstrandhindernisse nur in geringem Umfang zur Auslegung kommen wegen des flachen, felsigen Vorgeländes. [...]

DOKUMENT 105

Erfahrungsbericht des Oberbefehlshabers West für das Oberkommando der Wehrmacht

20. Juni 1944

Generalfeldmarschall Gerd v. Rundstedt informiert über die wesentlichen Erfahrungen der faschistischen Truppenführung, die sie aus den Kämpfen mit den anglo-amerikanischen Streitkräften, die nach mehrjähriger Verzögerung in der Normandie gelandet sind, gezogen hat. Rundstedt behandelt vor allem Fragen des Luftlandeeinsatzes, des Ablaufs der Seelandung und der Auswirkungen der anglo-amerikanischen Luftherrschaft auf die Kampfhandlungen.

1. Erfahrungen erfüllen nur dann ihren Zweck, wenn sie schnell und kurz an die Truppe gelangen. Dies geschieht von Zeit zu Zeit durch Einzelfernschreiben.

2. Nachstehende Erfahrungen fassen Bisheriges zusammen. Es bleibt den im Verteiler genannten Dienststellen die Auswertung bzw. Ergänzung nach eigenem Ermessen überlassen.

B.

Die nachstehenden neuesten Kampferfahrungen bestätigen in groben Zügen alle die Erfahrungen, die von Sizilien, Salerno, Nettuno und den weiteren schweren Abwehrkämpfen in Italien schon bekanntgegeben wurden.

Die Nähe des engl. Mutterlandes und damit der gesamten Absprung- und Versorgungsbasen gestatteten dem Angelsachsen bei seinem ersten Großlandeangriff gegen die westliche Seinebucht und die Halbinsel Cotentin den bisher größten *Aufwand an Menschen, Material und technischen Mitteln.* Systematisch, beinahe wissenschaftlich betriebene Vorbereitungen auf allen Gebieten für diesen Angriff wurde dem Feinde durch ein weitmaschiges Agentennetz im besetzten Westgebiet in jeder Weise erleichtert. Die Befehle für Vorbereitung und Durchführung der Landung sind *Bücher* mit zahlreichen Anlagen (siehe Beutebefehl).

Die *nachstehenden wichtigsten Kampferfahrungen* sind zum Gegenstand der Belehrung und Übung in allen nicht angegriffenen Fronten, zur Beachtung durch Truppe und Kommando-Behörden im Kampfraum und zur Unterrichtung aller Dienststellen, Sicherungskräfte usw. im gesamten Sicherungsgebiet weiterzugeben.

I. *4 Tatsachen müssen hervorgehoben werden:*

1) Völlige Luftherrschaft des Feindes.

2) Gewandter und großzügiger Einsatz feindlicher Fallschirm- und Luftlandetruppen.

3) Wendige, gut geleitete Unterstützung der Landtruppe durch die Schiffs-Artillerie starker englischer Flottenverbände – vom Schlachtschiff bis zum Gun-Boot.

4) Vorübung der feindlichen Landeverbände für ihre Aufgabe, genaueste Kenntnis der Küste, ihrer Sperren und Verteidigungsanlagen, schnelle Herstellung zahlenmäßiger und materieller Überlegenheit im Landekopf bereits nach wenigen Tagen . . .

II. *Das feindliche Anlandeverfahren in großen Zügen:* . . .

a) Beginn der *Luft*landungen an westl. Seinebucht und in Cotentin am 6. 6. gegen 01.00 Uhr morgens bei wolkigem, trübem Wetter mit stärkerem Wind, teilweise Schauer und Seegang bis zu 4. *Gleichzeitig* an verschiedenen Frontabschnitten starke Überflüge mit Bombenangriffen im Hinterland. Feind wollte hierdurch Fliegeralarm und Aufsuchen der Deckungen erreichen, um seine Fallschirmtruppen möglichst unbemerkt abwerfen zu können. An mehreren Stellen stellten sich abgeworfene Fallschirmspringer als Strohpuppen (mit in Holzkästen befindlichen Sprengkörpern) heraus. Zweck: Zersplitterung der örtlichen Reserven, Abziehen von entscheidender Stelle, dadurch

Zeitverlust für den Verteidiger. Die Luftlandetruppen in zahlreichen Lastenseglern verschiedener Größe wurden nach genau ausgearbeitetem Plan schon über See oder an ganz anderer Stelle über Land ausgeklinkt und fanden im allgemeinen zielsicher ihre Landepunkte.

Eine *Überraschung* bedeuteten diese Luftlandungen trotzdem *nicht*, da eigene Führung und Truppe darauf seit Wochen eingestellt und auch bereitgestellt waren. So erlitten die feindlichen Fallschirm- und Luftlandetruppen schwere, teilweise sogar äußerst schwere blutige Verluste und wurden an den meisten Stellen im Verlauf der Kämpfe vernichtet. *Ein Aufbrechen der Küstenverteidigung von rückwärts her gelang ihnen nicht!* Lediglich im amerikanischen Landekopf nördl. Carentan wurden die feindlichen Luftlandetruppen – aber durch eigenen Angriff von 3 Seiten – in Richtung auf die Küstenverteidigung in zähen tagelangen Kämpfen zusammengedrückt und konnten dort Verbindung mit eigenen, bereits eingebrochenen Landekräften und *dadurch* Verstärkung und Entsatz bekommen. Technik und Taktik der feindlichen Luftlandekräfte sind hoch entwickelt, Ausbildung auch für den Kampf auf hoher Stufe, zähe, geländegewandte Kämpfer!

Es ist damit zu rechnen, daß neben den zum eigentlichen Kampf abgesetzten Fallschirmspringern *besondere Truppe mit Sonderaufträgen* (Erkundung und Meldung über Gefechtsstände, Mun.-Lager, rückwärtige Verbindungen usw., Zerstörungen, Unterbrechungen, Überfälle) abgesetzt werden oder sich aus den luftgelandeten Kräften abzweigen. Diese Trupps verhalten sich völlig ruhig, um nicht aufzufallen oder in den Kampf verwickelt zu werden. Mit genauer Ortskenntnis und Hilfsmitteln jeder Art ist zu rechnen.

b) Eigentliche *Anlandung von Seeseite her* begann 4–5 Stunden *nach* den Luftlandungen! Feind hatte sein bisher von uns für wahrscheinlich gehaltenes Anlandeverfahren: bei anlaufender Flut – auf Grund der von ihm erkannten starken Vorstrandsperren geändert und auf Niedrigwasser umgestellt. Dies wurde schon einige Wochen vor erfolgter Anlandung an Übungen in England erkannt. Feind konnte auf diese Weise Lücken in den Vorstrandsperren erkennen, sie mit Panzern umfahren, im übrigen die Vorstrandsperren durch eigene Spezialtrupps zum Teil (Gassen!) öffnen und überwinden.

Wo Vorstrandsperren nicht erkannt wurden und unter Wasser standen, entstanden schwere Feindverluste an Landungsschiffen und Menschen. Eine Verzögerung im Tempo der Anlandung und dadurch Erhöhung der Feindverluste im eigenen Feuer ist aber auch bei den trockenliegenden Vorstrandsperren festzustellen.

Zeit der Anlandung von See her:

Ab 06.00 Uhr morgens, also bei *voller Sicht.*

Der Anlandung ging ½ stündiges Luft- und See-Bombardement von außergewöhnlicher Stärke und mit allen Kalibern voraus. Dies bewirkte, daß feldmäßige Anlagen mehr oder minder eingedeckt und »umgepflügt« wurden, so daß in der Hauptsache nur die festungsmäßigen Anlagen erhalten blieben. Durch die Zwischenräume sickerte Feind durch, ohne zunächst sich mit der angriffsweisen Bekämpfung der festungsmäßigen Anlagen und großen Stützpunkte zu befassen.

Diese Stützpunkte hielten vielfach noch über eine Woche lang und zersplitterten dadurch feindliche Kräfte. Sie haben durch ihr Aushalten bis zum Letzten wesentlich beigetragen, für die Maßnahmen der eigenen Führung Zeit zu gewinnen und einen Feinddurchbruch aus dem Landekopf heraus zu verhindern.

c) *Die feindliche Luftwaffe:*

Sie beherrscht zahlenmäßig, in ihrer Reichweite fast unbegrenzt, nicht allein das Hauptkampffeld, sondern auch die Anmarsch- und Nachschubstraßen auf eine Tiefe von rund 150 bis 200 km. Darüber hinaus führt der Feind mit *operativen Kampfverbänden* den Kampf bis in das Heimatkriegsgebiet zur Zerstörung der großen rückwärtigen Bahnverbindungen, insbesondere Eisenbahnknotenpunkte, Verschiebebahnhöfe, Lok.-Werkstätten, Brücken, wichtiger mit der Kriegführung zusammenhängender Werke usw.

Trotz des im Westen hochentwickelten Eisenbahnnetzes und der zahllosen guten Straßen und Nebenwege ist es dem Feind gelungen, durch den *Massen-* und *Dauer*einsatz seiner Luftwaffe den eigenen Nachschub und die Versorgung so empfindlich zu stören und dabei so hohe Ausfälle an rollendem Material und Kfz. zu bewirken, daß Nachschub und Versorgung zu einem ernsten Problem wurden.

Je näher dem Kampfraum, desto stärker treten zur »*Straßenjagd*« eingesetzte Jäger und Schlachtflieger in Erscheinung. Sie unterbinden bei gutem Wetter am Tage und unter Einsatz von Leuchtbomben bei Nacht durch ihre Angriffe alle größeren Bewegungen. Vorerst lag in der Tiefe des Kampfraumes der Schwerpunkt der fdl. Luftangriffe auf den Hauptstraßen. Er erfaßt jetzt aber in einer mindestens 20 km tiefen Zone hinter der HKL *jede* Bewegung, sowohl auf Nebenwegen als auch im Gelände. Wo Bereitstellungen vom Feind erkannt werden, folgt binnen kurzem der Bombenangriff von Kampfverbänden. Für das Einhalten *großer* Abstände der Kfz. innerhalb von mot. Kolonnen muß grundsätzlich gesorgt werden!

Gefechtsstände werden durch ihre Funkstellen verraten. Die Funkstellen müssen daher räumlich *so weit abgesetzt* vom Gefechtsstand sein, daß Bombenteppiche oder Reihenwürfe den Gefechtsstand nicht mit zudecken. Wo keine festungsmäßigen Gefechtsstände vorhanden sind, müssen die Gefechtsstände häufig gewechselt werden. Vorausschauende Erkundung daher nötig, ebenso Bekanntgabe an die zuständigen Kdo.-Behörden, damit der betreffende Gefechtsstand gefunden wird.

In 2½ *Tagen* wurden bei einer Breite des feindl. Landekopfes von rund 100 km *29 000 Einflüge* gezählt; hiervon entfallen pro Tag rd. 2 300 auf Flugzeuge, die im *Tiefangriff* jede Bewegung auf der Erde mit Bomben und Bordwaffen – selbst den einzelnen Soldaten – bekämpfen. [...]

Fernschreiben des Oberbefehlshabers
im Heimatkriegsgebiet

Berlin, 20. Juli 1944

Das von Oberst Claus Graf Schenk von Stauffenberg unterzeichnete Fernschreiben an die Kommandierenden Generale aller Wehrkreise wurde zwischen 18.30 bis 21.22 Uhr herausgegeben. Es ging von der Fiktion des Todes Hitlers, der Übernahme der Vollziehenden Gewalt durch die Wehrmacht aus und ordnete die militärische Sicherung aller Nachrichtenanlagen, Sender und Telegrafenämter, die Verhaftung maßgeblicher Nazifunktionäre, die Besetzung der Konzentrationslager und die Neutralisierung von Waffen-SS, Gestapo und Sicherheitsdienst an.

I. Auf Grund der mir vom O.Befehlshaber der Wehrmacht erteilten Ermächtigung übertrage ich die Vollziehende Gewalt in den Wehrkrs. den Stellv.Kd.Generalen und Wehrkrs.Befehlshabern.

Mit der Vollziehenden Gewalt gehen auf die Wehrkrs.-Befehlshaber die Befugnisse der Reichsverteidigungskommissare über.

II. Folgende Sofortmaßnahmen sind zu treffen:

a) Nachrichtenanlagen: Die wichtigen Gebäude und Anlagen des Post-Wehrmachtnachrichtennetzes (einschl. Funkanlagen) sind planmäßig militärisch zu sichern. Die hierzu eingesetzten Kräfte sind so stark zu bemessen, daß unbefugte Eingriffe und gewaltsame Zerstörungen verhindert werden. Wichtige nachrichtentechnische Anlagen sind mit Offizieren zu besetzen. Insbesondere sind zu sichern:
Verstärkerämter, Durchgangsvermittlungen des Heeresführungsnetzes sowie Großfunkstellen (Rundfunksender), Fernsprech- und Telegrafenämter, soweit wichtige Fernsprechleitungen durchlaufen, Verstärker- und Batterieräume, Antennen-, Sende- und Notstromanlagen sowie Betriebsräume. Das Fernmeldenetz der Reichsbahn ist im Einvernehmen mit den Transport-

dienststellen zu schützen. Funknetz ist aus eigenen Mitteln zu schaffen.

b) Verhaftungen: Ohne Verzug ihres Amtes zu entheben und in besonders gesicherte Einzelhaft zu nehmen sind: Sämtliche Gauleiter, Reichsstatthalter, Minister, Oberpräsidenten, Polizeipräsidenten, Höheren SS- und Polizeiführer, Gestapoleiter und Leiter der SS-Dienststellen, Leiter der Propagandaämter und Kreisleiter.

Ausnahmen befehle ich.

c) Konzentrationslager: Die Konzentrationslager sind beschleunigt zu besetzen, die Lagerkommandanten zu verhaften, die Wachmannschaften zu entwaffnen und zu kasernieren. Den politischen Häftlingen ist zu eröffnen, daß sie sich bis zu ihrer Entlassung aller Kundgebungen und Einzelaktionen zu enthalten haben.

d) Waffen-SS: Bestehen Zweifel am Gehorsam von Führern der Verbände der Waffen-SS oder der Standortältesten der Waffen-SS oder erscheinen sie ungeeignet, sind sie in Schutzhaft zu nehmen und durch Offiziere des Heeres zu ersetzen.

Verbände der Waffen-SS, deren uneingeschränkte Unterordnung zweifelhaft ist, sind rücksichtslos zu entwaffnen. Dabei energisches Zugreifen mit überlegenen Kräften, damit stärkeres Blutvergießen vermieden wird.

e) Polizei: Die Dienststellen der Gestapo und des SD sind zu besetzen.

Im übrigen ist die Ordnungspolizei zur Entlastung der Wehrmacht weitgehend einzusetzen. Befehl ergeht durch den Chef der Deutschen Polizei auf dem polizeilichen Kommandowege. [...]

V. Bei Ausübung der Vollziehenden Gewalt dürfen keine Willkür- und Racheakte geduldet werden. Die Bevölkerung muß sich des Abstandes zu den willkürlichen Methoden der bisherigen Machthaber bewußt werden.

Erlaß des Reichsministers
für Rüstung und Kriegsproduktion

Berlin, 26. Juli 1944

Albert Speer weist alle Ausschüsse und Ringe, das technische Amt, das Produk-
tionsamt/Rohstoffamt, die Rüstungskommissionen Danzig, Königsberg, General-
gouvernement, Protektorat, die Produktionsausschüsse und das Rüstungsamt Ar-
beit E an, daß angesichts des raschen Vorstoßes der sowjetischen Truppen an die
deutschen Grenzen eine planmäßige Verlagerung von Betrieben nicht mehr ge-
währleistet ist. Er ordnet deshalb an, Rückverlagerungen, Lähmungen oder Zer-
störungen in das eigene Ermessen der zuständigen Wirtschaftsbehörden zu stellen,
und erläutert die Grundsätze, nach denen eine Rückverlagerung aus dem Osten er-
folgen soll, die darauf abzielen, der vordringenden Roten Armee nur eine tote Zone
zu überlassen.

1. Die Lage im Osten läßt vielfach die Innehaltung der für die
Verlagerung von Betrieben erlassenen Bestimmungen nicht
mehr zu. Infolgedessen übertrage ich für alle die Fälle, in denen
eine Gefahr im Verzuge ist oder sich, auf kurze Sicht gesehen,
abzeichnet, für alle Rückverlagerungen, Lähmungen oder gar
Zerstörungen von Betrieben notwendigen Anordnungen dem
zuständigen Rüstungskommissionsvorsitzenden bzw. Inspek-
teur, der die engste Fühlung mit den oberen militärischen Kommandostellen zu halten hat. Über alle selbständig vorgenomme-
nen Rückverlagerungen usw. ist kurz fernmündlich an das Rüstungsamt zu berichten.

2. Für *vorsorgliche* Rückverlagerung aus den Ostgebieten kommen nur Fertigungen in Betracht, die einzigartig oder besondere
Engpässe sind.

3. Die sonstigen Betriebe haben ihre Produktion bis auf weitere Weisung in vollem Umfang aufrechtzuerhalten. Vorsorgliche Verlegungsanträge über diese Betriebe werde ich vorläufig
nicht berücksichtigen, um einmal die Transportlage nicht zusätzlich zu belasten, zum anderen keine Einbrüche in die laufende Produktion zu erhalten. Dagegen verlange ich von diesen

Betrieben, daß sie die fertigen Erzeugnisse nicht im Betrieb stapeln, sondern auf schnellstem Wege an die Besteller abtransportieren. Rohstoffvorräte sind auf ein Mindestmaß zu beschränken.

4. Soweit die Ausschüsse, Ringe und Produktionsausschüsse eine Verlagerung nach Ziff. 2) für notwendig halten, sind die Anträge nach Abstimmung mit dem für die Fertigung zuständigen Amt beim Rüstungsamt einzureichen. Das Rüstungsamt hat allein die gesamte Verlagerung zu steuern und zu lenken. Selbständige Anordnungen von Ausschüssen, Ringen und Produktionsausschüssen sind verboten.

5. Erläuterungen für den Begriff der Räumung, Lähmung und Zerstörung von Betrieben siehe Anlage...

Als zu ergreifende notwendige Maßnahmen sind zu betrachten:

a) *Räumung der Betriebe*

Räumung hat in der Reihenfolge der Wichtigkeit der Fertigungseinrichtungen (Engpaßmaschinen) und nach der jeweiligen Transportlage zu erfolgen. Mit den Fertigungseinrichtungen sind die Lagerbestände zu bergen. Im allgemeinen erfolgt die Räumung zum Stammwerk der Firma. Soweit diese nicht möglich, sind geeignete Aufnahmeräume von den Rü In sofort festzustellen.

b) *Lähmung der Betriebe*

Die Lähmung soll durch Ausbau wichtiger Teile bei Fertigungseinrichtungen diese für den Feind unbenutzbar machen. Es ist darauf zu achten, daß jede Lähmungsmaßnahme vom Feind bei zur Verfügung stehender Zeit beseitigt werden kann. Lähmung hat daher nur einen Sinn, wenn damit gerechnet werden muß, daß die Feindbesetzung nur kurzfristig ist. Festlegung hat deshalb von der Rü In im Einvernehmen mit dem Wehrm. Befh. zu erfolgen. Die Durchführung hat unter Heranziehung von Fachleuten zu geschehen.

Gleichzeitig ist dafür zu sorgen, daß die ausgebauten Teile mit deutlicher Kennzeichnung an die Sammellager übersandt werden, damit sie später greifbar sind.

c) *Zerstörung der Betriebe*

Soweit a) und b) nicht durchgeführt werden kann, sind die Betriebe mit ihren Betriebseinrichtungen zu zerstören. Es genügt dabei nicht, daß die Gebäude gesprengt werden, sondern es muß jede Fertigungseinrichtung so nachhaltig zerstört werden, daß eine Wiederingangsetzung unmöglich ist. Auch hier ist die Einschaltung von Fachleuten notwendig.

d) In allen Fällen sind die Arbeiter in der Reihenfolge ihrer Qualität zurückzuführen. [...]

DOKUMENT 108

Aus dem Bericht des Kriegstagebuchführers der Heeresgruppe Mitte

August 1944

Einschätzung der Lage im Bereich der Heeresgruppe Mitte im Juni 1944. Die faschistische Führung spekuliert über die voraussichtliche Hauptstoßrichtung der sowjetischen Sommeroperationen. Der Verlauf der sowjetischen Operationen zur Zerschlagung der Heeresgruppe Mitte. Die Einschätzung des Kampfverfahrens der sowjetischen Streitkräfte durch die faschistischen Militärs und das Eingeständnis der Unvermeidlichkeit weiterer schwerer Niederlagen.

[...] Das Feindbild zeigte auch nach Abschluß der Kämpfe im Raum südwestlich Kowel (Ende April) in der nächsten Folgezeit eine besondere Schwerpunktbildung des Feindes vor der H.Gr. Nordukraine und den inneren Flügeln der beiden Heeresgruppen. Die Heeresleitung nahm Anfang Mai die Bildung einer Reservearmee hinter der H.Gr. Naht in Aussicht; hierzu wurde die Verlegung der letzten noch an der Ostfront der H.Gr. Mitte stehenden 20. Pz.Div. z V. OKH zuerst nach Brest, dann am 20. 5. nach Cholm befohlen. Die Bildung der Reservearmee kam nicht zustande. Dagegen wurde auf Grund eines Vorschlages des damaligen Ob. der H.Gr. Nordukraine, G.F.M. Model, die Lage im Raum südlich Kowel durch einen Angriffsschlag zu bereinigen, am 29. 5. die Unterstellung des LVI. PzK. unter die H.Gr. Nordukraine befohlen. Mit dieser Abgabe trat für die H.Gr. Mitte ein entscheidender Kräfteentzug ein (fast sämtliche Panzer, bis zu $\frac{1}{3}$ der Heerestruppen einschl. Sturm-gesch.-Brigaden). Die Heeresgruppe erklärte deshalb auch so-fort, daß ihr damit die Möglichkeit genommen wäre, nach dem in den Winterkämpfen bewährten Verfahren durch rechtzeiti-ges Verschieben von Kräften einer feindlichen Schwerpunktbil-dung an anderer Stelle der H.Gr.-Front vorzuhalten. Von seiten des OKH wurde demgegenüber wiederholt, zuletzt durch den Chef GenStdH am 31. 5., versichert, daß es sich nur um eine »vorübergehende« Maßnahme handeln sollte. Die Heeres-gruppe glaubte sich zu diesem Zeitpunkt mit der »vorüber-gehenden Maßnahme« abfinden zu können, als mit Ausnahme des Raumes von Kowel starke Feindschwerpunkte nicht erkenn-bar waren. In der Feindbeurteilung vom 4. 6. wurde jedoch dar-auf hingewiesen, daß die örtlichen Kräftezusammenziehungen vor der Ostfront jederzeit durch die Verschiebung der namhaf-ten Feindreserven vermehrt werden könnten. Es müsse damit gerechnet werden, daß der Feind sein Verfahren des Winters fortsetzen und an zahlreichen Stellen der Ostfront Angriffe mit wechselndem Schwerpunkt zu dem Zweck der Fesselung der deutschen Kräfte führen würde.

Diese Beurteilung der Feindabsichten erfuhr im Laufe des Juni eine grundlegende Änderung: Auf Grund der von der Luftauf-klärung erfaßten starken Zuführungen aus der Tiefe, besonders vor der Front der 9. Armee, aber auch im Bereich der Autobahn und südostwärts Witebsk, sowie des Einschiebens der 35. Garde-Armee bei Rjassna, der 11. Garde-Armee an der Autobahn und des V. Gde. Schtz. K. an der Suchodrowka-Front und schließ-lich einer Meldung über die Anwesenheit der 5. Gde. Pz.-Armee im Raum von Smolensk mußte nunmehr über das Ziel von Fesselungsangriffen hinaus mit erheblich weiterreichenden Operationsabsichten der russischen Führung gerechnet werden. Auch die schlagartige Vermehrung der russischen Luftwaffe vor der Front der H.Gr. auf etwa 4500 Flugzeuge ließ erkennen, daß der Feind durch gleichzeitige starke Angriffe auf Bobruisk, Mogilew, Orscha und möglicherweise nordwestlich Witebsk den weit nach Osten vorspringenden Bogen zum Einsturz zu bringen beabsichtigte. Allerdings wurde nach dem erkannten Kräftebild noch nicht auf ein so weitgestecktes operatives Ziel wie Minsk geschlossen (Feindbeurteilung vom 19. 6.). Diese Feindbeurteilung unterschied sich nicht unerheblich von den Auffassungen, wie sie an höherer Stelle vertreten wurden. Bei der Besprechung der H.Gr. u. Armeechefs im OKH am 14. 6. wurde durch den Chef Gen.St. und den Chef Op.Abt. zum Ausdruck gebracht, daß die Hauptoperation des Feindes nach wie vor bei der H.Gr. Nordukraine zu erwarten sei, wo nunmehr »zum ersten Mal Schwerpunkt gegen Schwerpunkt« stände, und daß den Angriffen gegen die H.Gr. Südukraine und Mitte nur der Charakter von Einleitungs- bzw. Nebenoperationen zukäme. Noch am 20. 6. erklärte G. F. M. Keitel in einem Vortrag über die Gesamtlage auf der NSFO-Tagung in Sonthofen, daß der Russe erst angreifen würde, wenn die Westmächte in Frankreich größere Erfolge errungen hätten; der Schwerpunkt wäre dann im Süden der Ostfront zu erwarten und nicht bei der H.Gr. Mitte. [...]

Die H.Gr. nahm die Schlacht in der festen Zuversicht an, daß es dem in den schweren Winterschlachten bewährten Kampfverfahren und der Standfestigkeit des deutschen Grenadiers gelingen würde, den Ansturm des Feindes erneut zum Stehen zu bringen. Sie verband damit die Hoffnung, daß ihr von der Heeresleitung für die Kampfführung eine gewisse Freiheit gegeben würde, wenn es die Verhältnisse erzwingen sollten. Es soll nicht verschwiegen werden, daß sich die deutsche Führung, auch die der H.Gr. Mitte, sowohl hinsichtlich der Durchschlagskraft der russischen, gegen die H.Gr. Mitte gerichteten Operationen als auch ihrer weitgesteckten Zielsetzung im berechtigten Vertrauen auf die oft gezeigte Stärke der eigenen Abwehr einer gewissen Unterschätzung hingegeben hat.

Die russische Offensive gegen die Ostfront der Heeresgruppe begann mit geringer zeitlicher Staffelung am 22. 6. an den bereits erkannten Schwerpunkten: bei 9. Armee gegen das XXXXI.Pz.K. südl. der Beresina und gegen das XXXV. A.K. nördlich Rogatschew; bei 4. Armee gegen das XXXIX.Pz.K. beiderseits der Straße Rjassna–Mogilew und gegen das XXVII. A.K. im Bereich der Autobahn; bei 3. Pz.Armee gegen das VI. A.K. am Suchodrowka-Abschnitt und gegen das IX. A.K. beiderseits des Obol-Flusses nordwestl. Witebsk. Eine operative

Überraschung bildete für die Führung der H.Gr. nur der sehr starke Feindschwerpunkt nordwestl. Witebsk, wo die russischen Angriffsvorbereitungen nicht in dem tatsächlichen Ausmaß erkannt worden waren.

Der Kampfverlauf der ersten Tage der Schlacht war gekennzeichnet durch die Überlegenheit des Feindes an Einsatz von Artillerie, Panzern und Schlachtfliegern. Besonders hemmend für die deutsche Abwehr war die absolute Luftüberlegenheit des Feindes, die ihm durch Masseneinsatz von Schlachtfliegern eine weitgehende Ausschaltung der Hauptstütze der deutschen Verteidigung, der Artillerie, ermöglichte. Die Luftflotte 6 verfügte demgegenüber zu Beginn der Schlacht nur über 40 einsatzbereite Jäger. Die Pz.-Verbände wurden vom Feind so lange zurückgehalten, bis durch den infanteristischen Angriff tiefe Breschen in die deutsche Front geschlagen waren; dann aber traten sie massiert, wendig geführt und mit weitreichenden Operationszielen angesetzt in Erscheinung.

Am ersten Tage der Schlacht (22.6.) ergaben sich bereits erhebliche Spannungen bei der 3. Pz. Armee. Der Feind erzielte südostwärts Witebsk tiefe Einbrüche in der Front des VI. A.K., zu dessen Abriegelung die Masse der 95. Div. freigegeben wurde. Nordwestlich Witebsk wurde die weit gespannte Front des IX. A.K. beiderseits des Obol aufgerissen. Hier standen außer einer Rgt.-Gruppe der 95. Div. keine Reserven zur Verfügung. Auf Antrag der Heeresgruppe stellte das OKH die bei Polozk liegende 24. Div. zur Verfügung, die über Obol herangeführt wurde. Die an diesem Tage gegen die Front der 4. Armee geführten Vorangriffe wurden abgewiesen. Bei der 9. Armee verhielt sich der Feind noch ruhig.

Der 23.6. brachte die Ausweitung der Großoffensive auf die Front der 4. Armee, während bei der 9. Armee die russischen Vorangriffe einsetzten. Der Feind erzielte bei der 4. Armee Einbrüche an den erkannten Schwerpunkten beiderseits der Straße Rjassna–Mogilew und nördlich der Autobahn, die abgeriegelt werden konnten. Ostwärts Mogilew wurde die Pz.Gren.Div. »Feldherrnhalle« zur Besetzung der Dnepr-Schutzstellung freigegeben; nördlich der Autobahn erfolgte der Einsatz eines Rgt. der 14. Div. Die Masse dieser Div. wurde von Orscha nach Norden an den rechten Flügel der 3. Pz. Armee herangezogen, wo die Lage beiderseits Witebsk eine erhebliche Zuspitzung erfuhr. Der Russe erweiterte sowohl südostw. Witebsk über die Lutschessa nach Westen als auch nordwestlich der Stadt über Sirotino seine Einbrüche des Vortages zum Durchbruch und gewann operative Bewegungsfreiheit. Da der Feind mit den inneren Flügeln eindrehte, zeichnete sich die Einschließung der um Witebsk stehenden Verbände des LIII. AK. bereits ab. [...]

Die große Schlacht in Weißrußland trat am 3.7. mit dem Verlust von Minsk in das Endstadium. Der Feind durchbrach die südostw. und ostw. Minsk noch haltenden schwachen Sicherungen und drang von Süden und Osten mit Panzern in Minsk ein. Damit wurde der Ring um die noch beiderseits der Beresina sich zurückkämpfenden Teile der 4. Armee geschlossen. Durch den Einsatz der drei der Heeresgruppe zur Verfügung stehenden Pz. Diven. wurde über den Njemen bei Stolpce und im Zuge der von Minsk auf Molodeczno führenden Verkehrswege das Abfließen der im Raum um und südl. Minsk stehenden Kräfte der 9. und 4. Armee sowie vieler Tausender von Versprengten ermöglicht. Eine geschlossene Gruppe der in Bobruisk eingeschlossenen Verbände der 9. Armee unter Führung des Div. Kdrs. 20. Pz. Div. erreichte nord-westl. Stolpce das Westufer des Njemen.

Während sich in den folgenden Tagen die schwachen, noch am Feind befindlichen Sicherungen aus dem Raum von Minsk vor dem überlegenen Druck in die Linie Baranowicze–Molodeczno absetzten, wo unter Einsatz neu herangeführter Kräfte das Schlachtgeschehen von neuem mit großer Heftigkeit entbrannte, setzten die abgeschnittenen Verbände der 4. Armee den Marsch nach Westen fort, um sich südlich an Minsk vorbei den Weg freizukämpfen. Die Kampfgruppen des XII. und XXVII. A.K. bewahrten hierbei, wie sich aus den Meldungen der Luftaufklärung ergab, den taktischen Zusammenhalt. Die Heeresgruppe vermochte den heldenhaften Versuch einer Selbstbefreiung dieser Teile der 4. Armee nur durch Luftversorgung zu unterstützen, die für das XII. A.K. zuletzt am 5.7. im Raum von Smilowitschi südostw. Minsk gegeben wurde. Nach russischen Meldungen stellte der stellv. Kdr.Gen. des XII. A.K. am 8.7. den Widerstand ein, nachdem die Kampffähigkeit der bei ihm befindlichen Truppen und Versprengten fast vollständig aufgehört hatte und wegen weiter Entfernung der Front der Heeresgruppe ein weiterer Kampf aussichtslos geworden war.

Die von der Heeresgruppe vor Beginn der russischen Sommeroffensive gegebene Feindbeurteilung wurde durch den Verlauf der Kampfhandlungen im wesentlichen bestätigt. Sowohl die feindlichen Schwerpunkte und Stoßrichtungen als auch der voraussichtliche Kräfteeinsatz waren richtig erkannt worden. Eine Ausnahme bestand nur hinsichtlich der russ. Kräftezusammenfassung und Angriffsrichtung im Raum nordwestlich Witebsk, wo auch auf Grund der Feindbeurteilung der H.Gr.Nord eher mit einem Angriff nach Westen auf Polozk gerechnet worden war. Da die deutsche Front hier besonders dünn besetzt war und einer artilleristischen Verstärkung und fast jeglicher Reserven entbehrte, waren die Folgen für die Entwicklung der Lage im Raum von Witebsk schwerwiegend.

Eine Überraschung bedeutete dagegen das neue russ. Angriffsverfahren und seine taktische Durchschlagskraft. Offenbar hatte sich der Feind auf Grund der Erfahrungen der Winterschlachten rasch umgestellt. Das Angriffsverfahren war gekennzeichnet durch mehrstündige trommelfeuerartige Artillerievorbereitung und eng und tief massierten Infanterieeinsatz. Nach erfolgtem Einbruch wurde sofort angestrebt, die Lücke durch Aufrollen nach beiden Seiten zu erweitern; hierbei wurden die stehengebliebenen eigenen Widerstandsnester durch einen neuartigen wendigen Artillerieeinsatz ausgeschaltet. Die Panzer wurden während des Infanterieangriffs zurückgehalten und erst nach gelungenem Einbruch massiert zum Durchbruch in die Tiefe angesetzt. Weitgesteckte operative Ziele und die Koppelung mit mech. und Kav.Verbänden zeigten das Vorbild der deutschen Panzertaktik. Nach englischamerikanischem Beispiel setzte der Feind seine große Luftüberlegenheit ein, um durch massierte Schlachtfliegerangriffe die deutsche Artillerie, das Rückgrat der Verteidigung bei der schwachen infanteristischen Gefechtskraft, mit Angriffsbeginn

völlig niederzuhalten und auch die Bewegungen auf dem Gefechtsfelde zu unterbinden. Zahlreiche Jäger verwehrten außerdem der deutschen Luftaufklärung den Einblick in die Tiefe
des feindlichen Raumes. Die Frage, ob gegenüber dieser An-
griffstaktik, deren Durchschlagskraft sich besonders durch die
Ausschaltung der eigenen Artillerie vom ersten Tage an zeigte,
eine andere Form der Abwehr (Freimachen der vorderen
Gräben vor Angriffsbeginn, größere Staffelung der Verteidigung in die Tiefe u. a. m.) größere Erfolgsaussichten gehabt
hätte, läßt sich schwer beantworten. Es sei aber darauf hingewiesen, daß dem Feinde auch später bei der H. Gr. Nordukraine, wo die Abwehr auf Grund der Erfahrungen bereits umgestellt worden war, operative Durchbrüche nicht verwehrt
werden konnten. [...]

DOKUMENT 109

Befehl des Wehrmachtführungsstabes

2. August 1944

*Auf Grund der schwierigen Lage der faschistischen Wehrmacht an der deutsch-so-
wjetischen Front wird Heinrich Himmler von Hitler ermächtigt, weitere grundlegende Reformen im Zuge der totalen Mobilisierung in der Führung und Organisation der bewaffneten Kräfte des faschistischen Deutschlands durchzuführen. Ihr
Ziel besteht in der Einsparung von Menschen im Hinterland, die benötigt werden,
um in größerer Anzahl Soldaten zur Neuaufstellung von Verbänden rekrutieren
zu können.*

Die Lage an der Ostfront fordert schärfste Kräftezusammenfassung innerhalb des Heeres, um den kämpfenden Verbänden beschleunigt die notwendigen Verstärkungen in Gestalt neu
aufgestellter Truppen oder als Personalersatz zuzuführen. Die
Möglichkeiten der Mentscheneinsparung nach den bisherigen
Methoden versprechen keine wesentlichen Ergebnisse mehr.
Nur durch grundlegende Reformen, die nach neuen Gesichts-

punkten die Organisation und Verwaltung mit radikalen Mitteln unter Beseitigung aller irgendwie entbehrlichen Aufgaben umstellen und vereinfachen, können Menschen für die Front in größerer Zahl gewonnen werden. Ich ordne daher an:

1. Der Reichsführer SS wird im Rahmen meines Erlasses vom 20. 7. 44 beauftragt, zum Zwecke der Menscheneinsparung die gesamten Organisations- und Verwaltungsgrundlagen des Heeres, der Waffen-SS, der Polizei und der OT zu überprüfen und zu vereinfachen. Er kann zu diesem Zweck

a) Einrichtungen des Heeres, der Waffen-SS und der Polizei zusammenfassen;

b) Soldaten und Beamte des Heeres, der Waffen-SS und der Polizei sowie deren Gefolge über die zuständigen Personalstellen austauschen;

c) minderkriegswichtige Aufgaben stillegen oder einschränken bzw. an andere Dienststellen oder zivile Organisationen übertragen. Die gleichen Befugnisse nach a) bis c) stehen auf Vorschlag des Reichsministers für Rüstung und Kriegsproduktion für die Organisation Todt zu.

Für den Bereich des Feldheeres stellt Reichsführer SS dazu das Einvernehmen mit dem Chef des Generalstabes her.

Der Reichsführer SS kann sich zur Durchführung dieser Aufgaben aller im Heer, Waffen-SS, Polizei und OT vorhandenen oder für solche Zwecke geschaffenen Stäbe bedienen, die zur Zeit auf den Gebieten der organisatorischen und verwaltungsmäßigen Vereinfachung tätig sind. Die Einsetzung weiterer Beauftragter ist ihm freigestellt.

2. Die Durchführung entsprechender Maßnahmen bei Luftwaffe und Kriegsmarine schlägt Reichsführer SS den Oberbefehlshabern dieser Wehrmachtteile vor, die ihrerseits die notwendigen Anordnungen geben. Maßnahmen zur Vereinfachung und Personaleinsparung, deren Erfolg nur bei einheitlicher Durchführung in allen Wehrmachtteilen eintritt, werden dem Chef des Oberkommandos der Wehrmacht und den Oberbefehlshabern der Luftwaffe und der Kriegsmarine zu gemeinsamer Durchführung übermittelt. Notfalls ist meine Entscheidung einzuholen.

3. Reformen von grundlegender Auswirkung im Bereich des

Heeres sind mir zur Entscheidung vorzulegen. Von meiner Entscheidung sind die Oberbefehlshaber der Luftwaffe und der Kriegsmarine sowie Gen.d.Art. Ziegler zu unterrichten. [...]

DOKUMENT 110

Erlaß des Heerespersonalamtes

2. August 1944

Generalleutnant Wilhelm Burgdorf gesteht die bislang geleugnete Existenz des Nationalkomitees »Freies Deutschland« ein und gibt das in Abwesenheit gefällte Todesurteil des Reichskriegsgerichtes gegen den Präsidenten des »Bundes Deutscher Offiziere«, General der Artillerie Walther v. Seydlitz bekannt.

Die sowjetische Propaganda ist seit über einem Jahr besonders darauf abgestellt, das Vertrauen der Wehrmacht zur Führung zu untergraben und Gegensätze zwischen dem Führer und seinem militärischen Führerkorps zu unterstellen.

Zur Durchführung dieser Propaganda bedient sich der Bolschewismus einer Reihe kriegsgefangener deutscher Soldaten, die er im sogenannten Nationalkomitee »Freies Deutschland« und in dem einige Zeit später in der Sowjetunion gegründeten »Bund deutscher Offiziere« zusammenfaßt.

Während die deutsche Führung es zunächst für unmöglich hielt, daß deutsche Offiziere sich eines verbrecherischen Verrats am eigenen Volke schuldig machen könnten, mußte es Anfang dieses Jahres auf Grund eindeutiger Unterlagen zur bitteren Gewißheit werden, daß eine Anzahl deutscher Offiziere unter Führung des ehemaligen General der Artillerie von Seydlitz, der als Haupt des sogenannten Nationalkomitees »Freies Deutschland« fungiert, der auf sie einwirkenden sowjetrussischen Propaganda erlegen sind und nun, von Moskau geleitet, versuchen, eine planmäßige Zersetzung der Wehrmacht und der Heimat zu betreiben.

Der ehemalige General der Artillerie von Seydlitz wurde

durch das Reichskriegsgericht in Abwesenheit zum Tode, zur Wehrunwürdigkeit und zum Entzug des Vermögens verurteilt. Gegen die weiter belasteten Soldaten wird das Verfahren ebenfalls beschleunigt durchgeführt.

Alle Soldaten sind eingehend und wiederholt unter Bekanntgabe der Vorgänge zu belehren, daß jeder Soldat, der sich in den Dienst des Feindes stellt, sein und seiner Familie Leben verwirkt hat.

Der schnöde Verrat dieser deutschen Generale und Offiziere an Führer, Volk und Vaterland, dem auch einige Soldaten zum Opfer gefallen sind, unterstreicht mit aller Deutlichkeit die Notwendigkeit, alle Soldaten noch mehr als bisher in der nationalsozialistischen Lehre und Anschauungswelt zu erziehen und in der nationalsozialistischen Kampfführung zu fanatisieren. Nur der in diesem Sinne politisch geschulte und kämpferisch erzogene Soldat wird auch in Krisenlagen und selbst bei unvermeidlicher Gefangennahme zu seinem Treueeide, Führer, Volk und Vaterland gegenüber stehen. [...]

DOKUMENT 111

Befehl der Heeresgruppe B

23. August 1944

Generalfeldmarschall Hans Günter v. Kluge übermittelt dem Wehrmachtbefehlshaber Groß-Paris, dem Militärbefehlshaber Frankreich, der Marine-Gruppe West/Führungsstab, dem Luftflottenkommando 3 und dem Oberquartiermeister West den Befehl Hitlers, Paris unter allen Umständen zu verteidigen. Gegen alle Aufstände in Paris sei mit schärfsten Mitteln einzuschreiten. Die Stadt sei überhaupt nicht oder nur als Trümmerfeld zu übergeben.

Gemäß Bezug hat der Führer befohlen:

»Die Verteidigung des Brückenkopfes Paris ist von entscheidender militärischer u. politischer Bedeutung. Sein Verlust reißt die gesamte Küstenfront nördlich der Seine auf und nimmt uns die Basis für den Fernkampf gegen England.

In der Geschichte bedeutete der Verlust von Paris aber auch bisher immer den Fall von ganz Frankreich.

Der Führer wiederholt daher seinen Befehl, daß Paris im Sperrgürtel vorwärts der Stadt verteidigt werden muß, und verweist dazu auf die für Ob. West angekündigten Verstärkungen.

Innerhalb der Stadt muß gegen erste Anzeichen von Aufruhr mit schärfsten Mitteln eingeschritten werden, z. B. Sprengung von Häuserblocks, öffentliche Exekutierung der Rädelsführer, Evakuierung des betroffenen Stadtteils, da hierdurch eine weitere Ausbreitung am besten verhindert wird.

Die Seine-Brücken sind zur Sprengung vorzubereiten. Paris darf nicht oder nur als Trümmerfeld in die Hand des Feindes fallen.«

DOKUMENT 112

Weisung der 21. britischen Armeegruppe

26. August 1944

General Bernard L. Montgomery befiehlt den Oberbefehlshabern der 2. britischen und der 1. kanadischen Armee, die in Frankreich geschlagenen deutschen Truppen mit größter Beschleunigung zu verfolgen, um den Krieg und den Fernbombenbeschuß Großbritanniens rasch zu beenden.

1. Der Gegner ist nunmehr bis auf einige Plätze hinter die Seine zurückgeworfen worden. Unsere Truppen haben Paris besetzt. Die Truppen des Gegners sind verstreut und desorganisiert. Sie sind in keiner ausreichenden Verfassung, uns aufzuhalten und zu bekämpfen.

2. Damit haben wir die Möglichkeit erhalten, unsere weiteren Ziele schneller zu erreichen und dem Gegner weitere schwere Schläge zuzufügen, die seine Macht, diesen Krieg fortzusetzen, lahmlegen werden.

3. Die Aufgabe, die nun vor der 21. Armeegruppe steht, ist folgende:

a) In Richtung Norden zu operieren und die gegnerischen Kräfte in Nordfrankreich und Belgien zu vernichten;

b) das Pas de Calais und die Flugplätze in Belgien zu sichern;

c) Antwerpen als Basis zu sichern.

4. Sind diese Aufgaben erfüllt, besteht die schließliche Aufgabe der Armeegruppe darin, ostwärts in das Ruhrgebiet vorzustoßen.

5. Schnelligkeit der Handlung und der Bewegung sind nunmehr lebenswichtig. Ich kann dies nicht nachdrücklich genug empfehlen. Jeder Offizier und Soldat muß begreifen, daß wir nun durch eine erstaunliche Anstrengung nicht nur das Ende des Krieges beschleunigen können, sondern daß wir darüber hinaus unseren Familien und Freunden in England eine rasche Hilfe durch das Überrennen der Abschußbasen der fliegenden Bomben im Pas de Calais bringen können. [...]

24. Der Gegner hat keine Truppen mehr, um starke Stellungen beziehen zu können.

Nun besteht die richtige Taktik darin, daß gepanzerte und bewegliche Abteilungen die gegnerischen Widerstandszentren umgehen und kühn tief vorstoßen, um Alarm und Mutlosigkeit im rückwärtigen Raum des Gegners hervorzurufen.

Der umgangenen gegnerischen Widerstandszentren sollte sich die Infanterie annehmen, die später nachkommt.

25. Ich verlasse mich auf die Kommandeure jedes Ranges und jeden Grades, daß sie mit der größten Energie vorwärtsstoßen. Jede Tendenz, bedächtig und vorsichtig zu sein, muß rücksichtslos aus dem Weg geräumt werden.

DOKUMENT 113

Fernschreiben der 9. Armee an die Heeresgruppe Mitte

29. August 1944

General Nikolaus v. Vormann stimmt der Meldung des SS-Obergruppenführers Erich v. d. Bach-Zelewski zu, daß mit einer Niederwerfung des Warschauer Aufstandes in den nächsten Wochen nicht zu rechnen ist.

ObGr.Fhr. v. d. Bach meldet:

»Die zum Angriff in Warschau einsetzbaren eigenen Verbände sind sehr abgekämpft und müde. Die Verluste seit dem 1. 8. betragen 91 Offiziere, 3770 Uffz. und Mannschaften, davon gefallen 28 Offiziere und 629 Mann. Das Rgt. Kaminski mußte als ungeeignet herausgezogen werden.

Der Gegner verstärkt sich laufend aus dem flachen Lande und wird aus der Luft versorgt.

Wenn nicht auf Grund irgendwelcher politischer Ereignisse die Kampfkraft der Aufständischen plötzlich zusammenbrechen oder sehr erheblich nachlassen sollte, so ist nicht damit zu rechnen, daß Warschau mit den heute zur Verfügung stehenden Verbänden in den nächsten Wochen zu erobern ist. Irgendwelche Anzeichen für ein Nachlassen der polnischen Kampfkraft sind bisher nicht vorhanden. Der Pole kämpft fanatisch, die Gefangenen sind absolut siegesgewiß, sie erwarten zuversichtlich baldigen Entsatz durch die Russen und verstärkte Hilfe durch die Alliierten auf dem Luftwege.«

gez. v. d. Bach

Ich trete der Auffassung des Ob.Gr.Fhr. v. d. Bach vollinhaltlich bei. Die Zuführung von Verstärkungen durch die Armee ist nicht möglich.

v. Vormann

Fernschreiben der Heeresgruppe Nordukraine
an die Armeegruppe Heinrici

30. August 1944

*Der Chef des Generalstabes der Heeresgruppe Nordukraine, Generalmajor Wolf-
dietrich v. Xylander, teilt die Bereitstellung starker Kräfte zur Niederwerfung des
Slowakischen Nationalaufstandes mit. Bewaffnete Zivilpersonen und slowakische
Soldaten sollen sofort »niedergemacht« werden.*

1.) Stu.Rgt.Pz.AOK 1 (verstärkt durch 2 le.F.H.Bttrn. (RSO)
18. SS-Pz.Gren.Div. und 1 Pa.Spähzug 24.Pz.Div.) versam-
melt bis 30. 8. abends im Raum Neu-Sandez und erhält Auftrag,
in der Nacht 30./31. 8. die slow. Grenze zu überschreiten, über
Käsmark in den Raum Poprad vorzustoßen, diesen zu befrieden
und an der Westgrenze des Op.Gebietes gegen von Westen her
vordringende Banden zu sichern.

Stu.Rgt.Pz.AOK 1 wird mit Überschreiten der slow. Grenze
Armeegruppe Heinrici unterstellt.

2.) Für Durchführung der Befriedung gilt folgendes:

a) bewaffnete Zivilpersonen sind auf der Stelle niederzumachen, gleichgültig, ob sie Widerstand leisten oder nicht.

In den mit Volksdeutschen besiedelten Teilen der Slowakei
sind Volksdeutsche zum Selbstschutz eingesetzt und zum Teil
bewaffnet. Es ist unter allen Umständen zu verhindern, daß hier
Verwechslungen mit Banditen vorkommen.

b) Slow. Soldaten, die ihre Waffen gegen deutsche Truppen
gebrauchen, sind sofort niederzumachen.

c) Slow. Soldaten, die in den von Banden besetzten Gebieten
untergebracht sind und nicht nachweislich die Banden bekämpft
haben, sind zu entwaffnen und zu internieren. [.∴.]

DOKUMENT 115

Weisung des Hauptquartiers des Oberkommandos an den Volkskommissar der Seekriegsflotte, den Oberbefehlshaber der 3. Ukrainischen Front und den Befehlshaber der Schwarzmeerflotte

Moskau, 9. September 1944

J. W. Stalin und A. I. Antonow befehlen um 19.00 Uhr Admiral N. G. Kusnezow, Armeegeneral F. I. Tolbuchin und Admiral F. S. Oktjabrski, die Operationen gegen Bulgarien bis 22.00 Uhr einzustellen, da Bulgarien Deutschland den Krieg erklärt und Waffenstillstandsverhandlungen eingeleitet hat.

[...] Da die bulgarische Regierung die Beziehungen zu den Deutschen abgebrochen und Deutschland den Krieg erklärt hat und die Sowjetunion ersucht, Waffenstillstandsverhandlungen einzuleiten, befiehlt das Hauptquartier des Kommandos des Obersten Befehlshabers entsprechend den Weisungen des Staatlichen Verteidigungskomitees:

Bis 21.00 Uhr am 9. 9. 44 sind die Operationen zur Einnahme der vom Plan festgelegten Ortschaften zu beenden und ab 22.00 Uhr am 9. 9. 44 die Kriegshandlungen in Bulgarien einzustellen, wobei sich unsere Truppen in dem von ihnen eingenommenen Streifen Bulgariens festzusetzen haben. [...]

DOKUMENT 116

Befehl des Chefs des Oberkommandos der Wehrmacht

23. September 1944

Generalfeldmarschall Wilhelm Keitel befiehlt in einem an alle Heeresgruppen und Feldarmeen gerichteten Befehl, mit härtesten Maßnahmen gegen jegliche Auflösungserscheinungen der an allen Fronten zurückweichenden Truppe vorzugehen.

An einzelnen Stellen der Fronten und im Verlauf von Absetzbewegungen ist es vorübergehend zu Auflösungserscheinungen gekommen. Um das für die Zukunft von vornherein im Keime zu ersticken, wird *auf besondere Weisung des Führers*, unter Zusammenfassung und Ergänzung der bisher ergangenen Anordnungen und Befehle, bestimmt:

I.

1.) Gegen haltlose Elemente, die durch Verletzung ihrer Dienstpflicht oder durch andere Straftaten die Kampfmoral der Truppe gefährden, Auflösungserscheinungen herbeiführen oder begünstigen, ist unverzüglich und mit äußerster Schärfe an Ort und Stelle, bei Gefahr im Verzuge auch durch sofortige Waffenanwendung, durchzugreifen. Das gilt insbesondere gegenüber Führern und Unterführern, die der Feigheit schuldig sind, die ihre Pflicht als Truppenführer schwer verletzen, anvertrautes Wehrmachtgut im Stich lassen, in ihrer soldatischen Haltung versagen, oder sonst das Ansehen der Wehrmacht schwer schädigen. Mit derselben Schärfe ist, gegebenenfalls auch durch sofortigen Waffengebrauch, vorzugehen, wenn Soldaten Gewehre oder andere leichte Waffen liegen lassen, ablegen oder ohne Befehl Kampfmittel zerstören.

2.) Gerichtsherren und Standgerichtsherren haben das ausdrückliche Recht, bei solchen Straftaten Todesurteile gegen jedermann, auch gegen Offiziere jeden Ranges, unmittelbar zu bestätigen, wenn die sofortige Vollstreckung der Todesstrafe zur Aufrechterhaltung der Manneszucht und aus Gründen der Abschreckung geboten ist.

3.) Von Standgerichten ist stets Gebrauch zu machen, wenn Gefahr im Verzuge ist oder wenn ein Aufschub des Verfahrens die Minderung der Beweismittel (Zeugen) oder die Verschleierung des Tatbestandes befürchten läßt.

4.) Die Todesurteile sind unverzüglich im Angesicht der Truppe zu vollstrecken.

II.

Die Befehlshaber und Standgerichtsherren der Feldjäger-Kommandos können die Befugnisse des Abschnittes I. gegenüber allen Angehörigen der Wehrmacht, Waffen-SS, Polizei und ihres Gefolges ausüben.

III.

Todesurteile gegen Offiziere sind dem Führer auf dem bisherigen Wege zu melden, auch wenn sie bereits vollstreckt sind.

DOKUMENT 117

Fernschreiben der Heeresgruppe Mitte
an die 9. Armee

29. September 1944

Der erste Generalstabsoffizier der Heeresgruppe, Oberst Worgitzky, teilt der Armee mit, daß sich die Luftflotte 6 außerstande sieht, die sowjetischen Luftversorgungseinsätze für die Aufständischen in Warschau zu unterbinden.

Luftflotte 6 teilt auf Anfrage wegen Bekämpfung der Versorgungsflugplätze bei Nacht durch Bombenwurf mit, daß sich hierzu bei der geringen Ausdehnung der noch vorhandenen Feindkessel im Stadtgebiet Flugzeuge nicht mehr eignen. Es besteht die Gefahr, daß die Besatzungen, durch Brände an anderen Stellen getäuscht, die Bomben in eigene Reihen werfen.

Die gegen die Bandenversorger eingesetzten Nachtjagdflugzeuge haben wiederholt festgestellt, daß die russischen Flugzeuge derart tief fliegen, daß Nachtjagd nicht mehr erfolgversprechend durchgeführt werden kann.

Die günstigste Bekämpfungsmöglichkeit liegt derzeit bei den lei. Flakwaffen und im zusammengefaßten INF.- und MG.-Feuer. Daneben wird vorgeschlagen, durch Anlegen zahlreicher gleichgearteter Abwurffeuer den Feind über den tatsächlichen Abwurfplatz zu täuschen, um entweder Fehlabwurf der Versorgung oder ihr Abbrechen zu erreichen. Derartige Täuschungsmaßnahmen haben wiederholt zu besten Erfolgen geführt. [...]

Meldung des Oberbefehlshabers der 1. Belorussischen Front an den Obersten Befehlshaber

2. Oktober 1944

Marschall K. K. Rokossowski unterrichtet J. W. Stalin über Ausmaß und Ergeb-nis der von sowjetischen Luftstreitkräften vom 13. September bis zum 1. Oktober 1944 geflogenen Unterstützung zugunsten der Aufständischen in Warschau.

[...] Zur Unterstützung der Aufständischen in Warschau haben die Fliegerkräfte der Front vom 13.9. bis zum 1.10.44 4821 Flugzeugstarts ausgeführt, darunter: 2435 zum Abwerfen von Gütern, 100 zur Niederhaltung der gegnerischen Luftabwehr-mittel in Warschau und im Abwurfraum von Gütern, 1361 zur Bombardierung der gegnerischen Truppen in Warschau und zur Führung von Tieffliegerangriffen gegen diese auf Anforderung der Aufständischen, 925 zur Deckung der von den Aufständi-schen bezogenen Räume und zur Aufklärung des Gegners im Interesse der Aufständischen.

In dieser Zeit wurden von den Fliegerkräften der Front für die Aufständischen in Warschau abgeworfen: 1 45-mm-Geschütz, 1478 Maschinenpistolen, 156 50-mm-Granatwerfer, 505 Pan-zerbüchsen, 170 russische Gewehre, 350 deutsche Gewehre, 669 Karabiner, 300 45-mm-Granaten, 37216 50-mm-Wurfgra-naten, 57640 Patronen für Panzerbüchsen, 1312600 Gewehr-patronen, 1360984 TT-Patronen, 260600 Mauserpatronen, 312760 Parabellumpatronen, 18428 Handgranaten, 18270 deutsche Handgranaten, 515 kg Medikamente, 10 Fernsprech-apparate, 1 Fernsprechvermittlung, 10 Fernsprechelemente, 22 Bleianodenbatterien, 9600 m Fernsprechkabel und 131221 kg verschiedener Lebensmittel.

Weiterhin führte die Artillerie der polnischen 1. Armee das Feuer zur Niederhaltung von Feuermitteln und Kräften des Gegners im Interesse der Aufständischen, während die Flak-artillerie der polnischen 1. Armee und der 24. Flakartilleriedivi-sion der Reserve des Oberkommandos durch ihr Feuer die

Räume der Aufständischen vor Angriffen der feindlichen Fliegerkräfte deckte.

Zur Unterstützung der Aufständischen des Stadtteils Zoli-
borz bei ihrer Evakuierung auf das Ostufer der Weichsel wurden
am 1. 10. 44 etwa 100 Boote an das Westufer der Weichsel verlegt
und die entsprechende Feuersicherung der Evakuierung vorbereitet. [...]

DOKUMENT 119

Weisung des Oberbefehlshabers der 20. Gebirgsarmee
an das XIX. Gebirgskorps

4. Oktober 1944

*Generaloberst Lothar Rendulic befiehlt dem XIX. Gebirgskorps, die Zerstörung
der im finnischen Petsamogebiet gelegenen militärischen und wirtschaftlichen Anlagen vorzubereiten.*

Im gegebenen Falle sind alle im ehemals finnischen Petsamogebiet gelegenen militärischen Anlagen, Industrieanlagen, Kunstbauten usw. zu zerstören. Dieser Raum ist zu verwüsten. Vorbereitungen hierzu durch Erkundungen, Bereitstellen von
Sprengmunition (dabei von Bomben usw. Gebrauch machen)
und Organisation entsprechender Zerstörungs- und Sperrkräfte
vorzubereiten.

Raffinierte Verminungen (Marschsperren) erschweren und
verzögern Feindbewegungen erheblich.

Für norwegischen Raum sind gleiche Maßnahmen zu erkun-
den und zu planen. Auch dort ist mit Auslösen von Zerstörungen wie im finnischen Petsamo-Gebiet zu rechnen.

DOKUMENT 120

Fernspruch des Gouverneurs
des Distrikts Warschau
an den Generalgouverneur
für die besetzten polnischen Gebiete,
die nicht in das faschistische Deutschland
eingegliedert worden waren

Warschau, 11. Oktober 1944

Information Ludwig Fischers für Hans Frank über ein Gespräch mit SS-Ober-gruppenführer Erich v. d. Bach-Zelewski, der im Auftrage Heinrich Himmlers mitteilt, daß Warschau noch während des Krieges dem Erdboden gleichzumachen sei.

[...] Auf Grund des Besuches des SS-Obergruppenführers von dem Bach beim Reichsführer SS teile ich folgendes mit. –

1. General Bor hat erklärt, daß er für die Dauer des Krieges jede politische Tätigkeit einstellen wird und daß er sich lediglich als Kriegsgefangener betrachtet. – Auf Grund dieser Erklärung ist es zu einem Empfang des Gen. Bor beim Reichsführer SS nicht mehr gekommen.

2. Obergruppenführer von dem Bach hat den neuen Auftrag erhalten, Warschau zu pazifizieren, d. h. Warschau noch während des Krieges dem Erdboden gleichzumachen, soweit nicht militärische Belange des Festungsbaues entgegenstehen. Vor dem Ab(brech)en sollen aus Warschau alle Rohstoffe, alle Textilien [...] geräumt werden. Die Hauptaufgabe fällt der Zivilverwaltung zu.

Ich gebe hiervon Kenntnis, da dieser neue Führerbefehl über die Niederlegung Warschaus für die weitere neue Polenpolitik von größter Bedeutung ist.

DOKUMENT 121

Fernschreiben
des Chefs des Wehrmachtführungsstabes

28. Oktober 1944

Generaloberst Alfred Jodl weist das Gebirgsarmeeoberkommando 20, den Wehr-machtbefehlshaber Norwegen, den Reichskommissar für die besetzten norwegischen Gebiete, das Oberkommando der Kriegsmarine/Seekriegsleitung und den Oberbe-fehlshaber Nordfinnland an, die gesamte norwegische Bevölkerung ostwärts des Lyngenfjords zwangsweise zu evakuieren und ihre Wohnstätten niederzubrennen und zu zerstören, um den vordringenden sowjetischen Truppen und der norwegi-schen Partisanenbewegung nur eine tote Zone zu überlassen.

Auf Grund der geringen Bereitwilligkeit der nordnorwe-gischen Bevölkerung zur freiwilligen Evakuierung hat der Führer den Vorschlägen des Reichskommissars für die besetz-ten norwegischen Gebiete zugestimmt und befohlen, daß die gesamte norwegische Bevölkerung ostwärts des Lyngenfjords im Interesse ihrer eigenen Sicherheit *zwangsweise* zu evaku-ieren und alle Wohnstätten niederzubrennen bezw. zu zerstören sind.

Ob. Nordfinnland ist dafür verantwortlich, daß der Führer-befehl rücksichtslos durchgeführt wird. Hierdurch allein kann vermieden werden, daß der Russe mit starken Kräften, gestützt auf die Wohnstätten und die ortskundige Bevölkerung, unseren Absetzbewegungen noch im Winter folgt und in Kürze vor der Lyngenstellung erscheint. Mitleid mit der Zivilbevölkerung ist nicht am Platze.

Der ausführenden Truppe muß klargemacht werden, daß die Norweger in wenigen Monaten dankbar dafür sein werden, daß man sie vor dem Bolschewismus gerettet hat und daß die bar-barischen Methoden des Luftkrieges gegen die deutsche Heimat und ihre Kulturstätten ein Tausendfaches an Leid über unser Volk gebracht haben gegenüber den humanen Methoden einer Evakuierung und Zerstörung der Wohnstätten in Nordnorwe-gen, die für unsere Kriegführung notwendig sind und die, wenn sie unterlassen werden, mit dem Blut deutscher Soldaten bezahlt werden müssen.

Die Fischerbevölkerung in Nordnorwegen verfügt zudem über genügend Schiffsraum, um mit der Masse über Wasser ausweichen zu können. Ein großer Teil des norwegischen Kleinschiffraums, der z. Zt. versteckt gehalten wird, kann hierdurch ausgenutzt und später für eigene Transportbedürfnisse verwandt werden.

Die Gefahr einer norwegischen Bandenbildung scheint, sobald sich die Banden während des Winters auf keine Behausungen mehr stützen können, nicht gegeben. [...]

DOKUMENT 122

Bericht eines amerikanischen Geheimagenten an das State Department

7. November 1944

Bericht über die Sitzungen deutscher Industrieller am 10. August 1944 in Strasbourg, in deren Verlauf Pläne erörtert wurden, nach dem verlorenen Krieg die Beziehungen zu amerikanischen Konzernen auszunutzen, Kapital ins neutrale Ausland zu exportieren, eine Nachkriegshandelsoffensive vorzubereiten, getarnte Forschungsbüros zur Weiterentwicklung von Waffen zu unterhalten und faschistischen Parteifunktionären Unterschlupf in der Industrie zu gewähren.

1. Ein Treffen der wichtigsten deutschen Industriellen, die in Frankreich Interessen haben, fand am 10. August 1944 im Hotel Rotes Haus in Strasbourg (Frankreich) statt. Anwesend waren unter anderem:

Dr. Scheid, der den Vorsitz führte, SS-Obergruppenführer und Direktor der Hese (Hermansdorff & Schenburg Gesellschaft)

Dr. Kaspar, der Krupp vertrat,

Dr. Tolle, der Röchling vertrat,

Dr. Sinceren, der Messerschmitt vertrat,

Dr. Kopp, Vier und Beerwanger, die Rheinmetall vertraten,

Hauptmann Haberkorn und Dr. Rube, die Büssing vertraten,

Dr. Ellenmayer und Kandos, die die Volkswagenwerke vertraten,

die Ingenieure Drose, Yanchew und Koppsheim, die verschiedene Fabriken in Posen (Polen) vertraten (Drose, Yanshew & Co, Brown-Boveri, Herkuleswerke, Boschwerke und Stadtwerke),

Hauptmann Dornbusch, Leiter der Rüstungsinspektion Posen,

Dr. Meyer, Vertreter der deutschen Seekriegsleitung in Paris,

Dr. Strassner, Vertreter des Reichsministeriums für Rüstung und Kriegsproduktion in Paris.

2. Dr. Scheid stellte fest, daß das gesamte Industriematerial sofort nach Deutschland verlagert werden müsse. Die Schlacht um Frankreich sei für Deutschland verlorengegangen. Die Verteidigung des Westwalles sei jetzt das Hauptproblem. Von nun an müsse die deutsche Industrie erkennen, daß der Krieg nicht mehr gewonnen werden könne und daß Schritte für die Vorbereitung einer Nachkriegskampagne unternommen werden müssen. Jeder Industrielle müsse Kontakte und Verbindungen zu ausländischen Firmen aufnehmen, doch müsse das individuell geschehen, ohne Verdacht zu erregen. Außerdem müsse der Boden finanziell vorbereitet werden, um nach dem Kriege beträchtliche Summen aus dem Ausland zu entleihen. Als Beispiele für die Art der Durchdringung, die sich in der Vergangenheit als sehr nützlich erwiesen hat, wertete Dr. Scheid die Tatsache, daß Patente für nichtrostenden Stahl gemeinsam der Chemical Foundation Inc., New York, und dem deutschen Krupp-Konzern gehören, daß die United States Steel Corp., Carnegie Illinois, American Steel & Wire, National Tube usw. dadurch verpflichtet wären, mit dem Krupp-Konzern zusammenzuarbeiten. Er erwähnte auch Zeiß, Leica und die Hamburg–Amerika–Linie als Firmen, die besonders wirksam deutsche Interessen im Ausland vertreten hätten, und gab ihre New-Yorker Adressen den in der Sitzung anwesenden Industriellen.

3. Nach dieser Sitzung fand eine zweite statt, die von Dr. Bosse vom Reichsministerium für Rüstung und Kriegspro-

duktion geleitet wurde und an der nur Vertreter von Heco, Krupp und Röchling teilnahmen. In der zweiten Sitzung wurde festgestellt, daß der Krieg praktisch verloren sei, aber daß er fortgesetzt werden solle, bis eine Garantie der Einheit Deutschlands erlangt werde. Deutschlands Industrielle, so wurde gesagt, müßten durch ihre Exporte die Stärke Deutschlands vergrößern.

Sie müßten sich ebenfalls darauf vorbereiten, die Nazipartei zu finanzieren, wenn sie in Gebirgsverteidigungsstellungen gehen müsse. Von nun an werde die Regierung den Industriellen große Summen zuweisen, so daß jeder sich eine sichere Nachkriegsbasis im Ausland schaffen könne. Die bestehenden Finanzreserven im Ausland müßten zur Verfügung der Partei gehalten werden, so daß ein starkes deutsches Reich nach der Niederlage geschaffen werden könne. Es ist ebenfalls dringend erforderlich, daß die großen Werke in Deutschland kleine technische Dienststellen und Büros aufbauen, die völlig unabhängig erscheinen und in keiner ersichtlichen Beziehung zum Werk stehen. Diese Büros werden Pläne und Pausen von neuen Waffen erhalten, ebenfalls alle Unterlagen, die sie benötigen, um ihre Forschungen fortzusetzen. Sie dürfen dem Feind auf keinen Fall in die Hände fallen. Die Büros sind in großen Städten zu errichten, wo sie leicht verborgen werden können, oder in kleinen Städten in der Nähe von Elektrizitätswerken, wo sie vorgeben können, sie beschäftigten sich mit der Ausnutzung von Wasserenergien. Die Existenz dieser Büros ist nur einem ganz kleinen Kreis von Industriellen und den Führern der Nazipartei bekannt. Jedes Büro hat einen Verbindungsmann zur Partei. Sobald die Partei stark genug ist, die Macht in Deutschland wieder zu übernehmen, würden die Industriellen für ihre Anstrengungen und Zusammenarbeit durch Konzessionen und Vorrechte bezahlt werden.

4. Die Sitzungen scheinen anzudeuten, daß das Verbot, Kapital zu exportieren, das bisher strikt befolgt worden war, nun völlig zurückgezogen worden ist und an seine Stelle eine neue Nazipolitik getreten ist, die die Industriellen mit Regierungsunterstützung so viel Kapital als möglich ins Ausland exportieren läßt. Bisher wurde Kapital deutscher Industrieller ins neutrale Ausland heimlich und durch besondere Beziehungen exportiert.

Nun stellt sich die Nazipartei hinter die Industriellen und drängt sie, damit sie sich selbst retten, ihr Kapital im Ausland anzulegen, womit die Partei gleichzeitig ihre Pläne für ihre Nachkriegsoperationen fördert. Die Freiheit, die den Industriellen gegeben worden ist, zementiert ihre Beziehungen zur Partei weiter, indem sie ihr eine Art Schutz gewährt.

5. Die deutschen Industriellen kaufen sich nicht nur in die deutsche Landwirtschaft ein, sondern legen ihr Kapital auch im Ausland an, besonders in neutralen Ländern. Zwei Hauptbanken, über die der Kapitalexport abgewickelt wird, sind die Baseler Handelsbank und die Schweizerische Kreditanstalt in Zürich. Daneben gibt es eine Reihe Schweizer Firmen, die für eine fünfprozentige Provision Eigentum in der Schweiz aufkaufen unter schweizerischem Deckmantel.

6. Nach der Niederlage Deutschlands rechnet die Nazipartei damit, daß ihre bekanntesten Führer als Kriegsverbrecher verurteilt werden. Dennoch bringt sie eine Reihe weniger bekannter, aber sehr wichtiger Mitglieder in Zusammenarbeit mit den Industriellen als technische Spezialisten oder als Angehörige von Forschungs- und Entwicklungsbüros in verschiedenen Fabriken Deutschlands unter. [...]

DOKUMENT 123

Aufmarschbefehl
des Oberkommandos der Wehrmacht
(Wacht am Rhein)

10. November 1944

Hitler befiehlt dem Oberbefehlshaber West, eine Operation in den Ardennen vorzubereiten, mit der eine entscheidende Wende im Verlauf der Kampfhandlungen an der Westfront herbeigeführt werden soll. Die faschistische Führung spekuliert überdies darauf, mit der Ardennenoffensive die Antihitlerkoalition spalten zu können. Festlegung der Ziele der am Angriff beteiligten Armeen. Ablauf des Aufmarsches.

[. . .] 1. *Ziel der Operation* ist, durch Vernichtung der feindlichen Kräfte nördlich der Linie Antwerpen–Brüssel–Luxemburg eine entscheidende Wendung des Westfeldzuges und damit vielleicht sogar des ganzen Krieges herbeizuführen. Ich bin entschlossen, an der Durchführung der Operation unter Inkaufnahme des größten Risikos auch dann festzuhalten, wenn der feindliche Angriff beiderseits Metz und der bevorstehende Stoß auf das Ruhrgebiet zu großen Gelände- und Stellungsverlusten führen sollten.

2. *Ob. West* durchbricht am x-Tag mit Heeresgruppe B (15., 6. Pz., 5. Pz., 7. Armee) unter Ausnutzung einer Schlechtwetterlage die zur Zeit schwache Front der 1. amerikanischen Armee zwischen Monschau und Wasserbillig nach etwa einstündiger Feuervorbereitung. Heeresgruppe B gewinnt in kühnem und rücksichtslosem Durchstoßen die Maasübergänge zwischen Lüttich und Dinant unter Abschirmung der Flanken durch rückwärtige Staffeln. Ihr weiteres Ziel ist, durch Vorstoß bis Antwerpen und das Westufer der Scheldemündung die gesamten englischen Kräfte und den Nordflügel der 1. amerikanischen Armee von ihren rückwärtigen Verbindungen abzuschneiden und sie im Zusammenwirken mit Heeresgruppe H zu vernichten.

3. *Aufgaben der Armeen:*

a) *6. Panzer-Armee* durchbricht die feindliche Front nördlich der Schnee-Eifel und stürzt sich ohne jede Rücksicht auf ihre Nordflanke mit ihren schnellen Divisionen auf die Maasübergänge beiderseits Lüttich, um diese im Zusammenwirken mit dem Unternehmen *Greif* unzerstört zu gewinnen und im Anschluß daran an den Albertkanal zwischen Maastricht und Antwerpen (einschließlich) vorzustoßen.

In Anlehnung an die Weser (Vesdre) beiderseits Eupen und die ostwärtigen Befestigungen von Lüttich ist mit der Masse der Inf. Divisionen und starker Artillerie eine feste Abwehrflanke nach Norden aufzubauen und zunächst mit äußerster Entschlossenheit zu verteidigen. Diese Abwehrflanke ist der 15. Armee zu unterstellen, sobald die schnellen Verbände der 6. Pz. Armee den Maas-Übergang erzwungen haben.

354

b) *5. Panzer-Armee* durchbricht im nördlichsten Teil von Luxemburg die feindliche Front und stößt unter Ausnutzung der Straße Bastogne-Namur über die Maas zwischen Amay und Namur vor. Teile der Armee sind, falls es die Lage erfordert oder anbietet, über Dinant und die Sambre in den Raum Brüssel und westlich Antwerpen vorzuführen. Hier ist es Aufgabe der Armee, eine Einwirkung feindlicher Reserven über die Linie Antwerpen–Brüssel–Dinant gegen den Rücken der 6. Panzer-Armee zu verhindern. Dazu muß die Armee sich mit ihren Spitzen mindestens auf gleicher Höhe wie die 6. Pz. Armee halten und unbekümmert um ihre tiefe Flanke so schnell als möglich den Raum Antwerpen–Brüssel gewinnen.

c) Der *7. Armee* fällt der Flankenschutz der Operation nach Süden und Südwesten zu. Sie durchbricht hierzu die feindliche Stellung unter Ausnutzung der Brückenköpfe zwischen Echternach und Grevenmacher und baut an der Maas südlich Dinant, am Semois und in der Gegend beiderseits Luxemburg eine Abwehrflanke auf.

Die Armee hat mit ihrem rechten Flügel den Anschluß an die 5. Panzer-Armee zu halten und durch energisches Vorstoßen nach Süden und Südwesten den Raum und die Zeit zu gewinnen, um dahinter eine feste Verteidigungsfront aufzubauen und vor ihr umfangreiche Zerstörungen und Verminungen durchzuführen.

d) *15. Armee* übernimmt zunächst von der 6. Pz. Armee die Sperrfront zwischen Ruhr und Maas und schützt dadurch den Maas-Übergang der 6. Pz. Armee in Nordflanke und Rücken. Ihre weitere Aufgabe ist es, die starken feindlichen Kräfte in dem Raum südlich Roermond–Lüttich–ostwärts Eupen durch zahlreiche Einzelangriffe von Norden, Westen und Süden zu fesseln, um sie letzten Endes, nachdem die Masse der Heeresartillerie und der Werfer-Brigaden aus dem Durchbruchsraum der 6. und 5. Panzer-Armee und die am 30. 11. in der Heimat transportbereiten 3 Volks-Artillerie-Korps 408 bis 410 und die Volks-Werfer-Brigade 18 herangeführt sind, durch einen Großangriff zu durchbrechen und zu vernichten.

In diesem Abschnitt darf der Feind vorher durch Teilangriffe nicht gewarnt werden. [...]

5. *Aufmarsch:*

Der bereits im Gang befindliche Aufmarsch ist nach den Richtlinien des »Befehls für Täuschung und Geheimhaltung« so zu vollenden, daß bis zum 27. 11. die bis dahin aufgestellten oder aus der Front gezogenen Verbände im linksrheinischen Raum zwischen Krefeld und der Linie Bad Kreuznach–Merzig eingetroffen sind. Hierbei sind – sofort beginnend – alle Volks-Werfer-Brig., die in der Abwehrschlacht wegen beschränkter Munitionsausstattung nicht einzusetzen sind, in den Raum zwischen Euskirchen und der Mosel heranzuziehen. [...]

DOKUMENT 124

Auszug aus dem Operationsbefehl für das Unternehmen »Greif«

14. Dezember 1944

Mitteilung des Feldjäger-Kommandos z.b.V. an den Chef des Generalstabes des LVIII. Panzerkorps über den geplanten Diversionseinsatz von Fallschirmjägertruppen in amerikanischen Uniformen nach Beginn der Operation in den Ardennen.

1.) Zur Durchführung des Unternehmens »Greif« ist das *Feldersatz-Btl./13. Fallschirmjäger-Div.* (Führer: SS-Obersturmbannführer Solar) der 6. SS-Panzer-Armee unterstellt.

   2.) *Auftrag:*

Das Btl. schert nach dem vollendeten Durchbruch durch die Feindfront – günstige Kampfsituationen nützend – aus dem Verband der eigenen Kräfte aus, gewinnt in Ausnützung der Tarnlist (USA-Uniformen und USA-Kfz.) den eigenen Panzerspitzen vorauseilend die *Maas* zwischen *Lüttich und Huy* (einschl.), nimmt im Handstreich mindestens 1 Brücke und hält diese für den Übergang der Armee offen.

Sind die Brücken in diesem Abschnitt zerstört, hat das Btl. die

Übergänge zwischen *Huy und Namur* zu nehmen und für die 5. Panzer-Armee offenzuhalten.

3.) Beabsichtigter Marschweg im Abschnitt der 5. Panzer-Armee wie durch Karte an LXVI. A.K. weitergegeben.

4.) *Erkennungszeichen:*

a) Innerhalb des Btl. –

am Tage   orangefarbenes Bändchen am Mantel bezw.   Windjacke,

in der Nacht leuchtfarbenes Bändchen, blaurotes Licht,

b) mit deutschen Einheiten:

Stahlhelm ab, blaurotes Licht, Hakenkreuztuchzeichen, weiße Leuchtkugeln, teilweise Kopfverband.

DOKUMENT 125

Vortragsnotiz
des Wehrmachtführungsstabes/Qu 2 (Nord)
für den stellvertretenden Chef
des Wehrmachtführungsstabes

5. Januar 1945

Erneuter Vorschlag, Schweden durch den Bau einer Anzahl von Abschußrampen für V 1 und V 2, die gegen Stockholm gerichtet sind, zu bedrohen und einzuschüchtern.

Der vom Militärattaché Stockholm gegebene Lagebericht vom 13. 12. 44 weist eindringlich und wohl begründet darauf hin, daß die Gefahr eines Kriegseintritts Schwedens gegen Deutschland im Verlaufe des Jahres 1944, vor allem seit Ablösung des Generals Thörnell durch General Jung, erheblich näher gerückt ist.

Diese Tatsache gibt Veranlassung, einen bereits früher von Qu. vorgetragenen Vorschlag erneut aufzugreifen: Bau von einer geringen Anzahl von Abschußrampen für V 1 und V 2 so, daß deren Richtung auf Stockholm hinweist.

Es wird angenommen, daß eine derartige Maßnahme für die Schweden außerordentlich abschreckend wirken wird, da sie ihnen die drohende Gefahr wirksamer Gegenschläge, die hohe personelle und materielle Verluste fordern, deutlich vor Augen rückt; hiergegen dürften die Schweden, die sicherlich nicht geneigt sind, ein starkes – besonders materielles – Risiko einzugehen, empfindlich sein. Eine Bestückung der Abschußrampen oder eine Bekanntgabe des Zweckes gegenüber irgendeiner Stelle ist nicht erforderlich.

Es kann damit gerechnet werden, daß der Bau an sich den Schweden sehr bald bekannt wird.

Bei etwaigen diplomatischen Anfragen kann unschwer eine Erklärung gegeben werden, die offiziell genügen muß, jedoch die Beunruhigung in Schweden weiter bestehen läßt, z. B.: Rampen nur für Übungszwecke, Reichweite der Geschosse niemals ausreichend, um schwedisches Gebiet zu bekämpfen.

Es wird um Entscheidung gebeten, ob dieser Vorschlag weiter verfolgt werden soll.

DOKUMENT 126

Befehl des Oberkommandos der Wehrmacht

14. Januar 1945

Das Oberkommando der Wehrmacht übermittelt den Kommandeuren eine am 19. November 1944 von Wilhelm Keitel im Auftrag Hitlers erlassene Weisung, die Repressalien gegen Überläufer und ihre Familien vorsieht. Auf Überläufer soll das Feuer eröffnet und durch Gerichtsverfahren das Todesurteil verhängt werden. Durch Sippenhaftung sollen die Familien ebenfalls zur Verantwortung gezogen werden.

Die Gefährdung der kämpfenden Kameraden und der Kriegsanstrengungen von Front und Heimat durch einige Überläufer, die sich dem Kampf entziehen und ihr Leben in Sicherheit zu bringen versucht haben, erfordert rücksichtsloses Vorgehen gegen Überläufer und ihre Sippe.

Chef OKW hat daher am 19. November 1944 auf Grund der Weisungen des Führers befohlen:

daß auf Soldaten, die nach einwandfreier Beobachtung zum Feind überlaufen, sofort das Feuer zu eröffnen ist,

daß gegen Soldaten, die im Verdacht stehen, zum Feind übergelaufen zu sein, sofort an Ort und Stelle ein Standgerichts- oder Kriegsgerichtsverfahren anzuberaumen ist, die Ermittlungen unverzüglich durchzuführen und bei Vorliegen eindeutiger Beweise für den Übergang zum Feind Todesurteil zu erfolgen hat, das zu bestätigen ist,

daß die Sippe rechtskräftig zum Tode verurteilter Überläufer für das Verbrechen des Verurteilten mit Vermögen, Freiheit oder Leben nach Maßgabe der von Reichsführer SS und Chef der deutschen Polizei im Einzelfall zu treffenden Bestimmungen haftet.

Der Befehl ist den Untergebenen mündlich unverzüglich bekanntzugeben und bei jeder gebotenen Gelegenheit zum Gegenstand eingehender Belehrungen zu machen.

DOKUMENT 127

Denkschrift
des stellvertretenden Chefs
des Wehrmachtführungsstabes

19. Januar 1945

Der »vollkommene und im größten Stile gelungene operative Durchbruch« der So-wjetarmee in der Weichsel-Oder-Operation leitet den völligen militärischen Zusammenbruch der faschistischen Wehrmacht ein. Der rasche sowjetische Vorstoß bedroht entscheidende Zentren des faschistischen Kriegspotentials. General der Ge-birgstruppen August Winter schlägt Generaloberst Alfred Jodl deshalb vor, im Westen völlig in die Defensive zu gehen, alle verfügbaren Kräfte an die deutsch-so-wjetische Front zu werfen, um von Schlesien–Westpolen und von Südungarn aus Gegenstöße zu führen. Auch Luftwaffe und Kriegsmarine sollten ihre Hauptkräfte an die deutsch-sowjetische Front werfen.

Die sowjetrussische Offensive hat ein Ausmaß angenommen und bisher Erfolge gezeitigt, die ernste Sorge für die weitere Kriegführung bereiten.

Ich halte mich deshalb für verpflichtet, die nachstehenden Gedankengänge vorzutragen und zur Erwägung zu stellen, ob diese durch Sie, Herr Generaloberst, dem Führer in geeigneter Form übermittelt werden sollen.

Der sowjetrussische Kräfteansatz ist aus den zutreffenden Bearbeitungen der Abt. Fremde Heere Ost bekannt. Die sowj.-russ., mit einer das bisher Erlebte weit überschreitenden Kräftekonzentration geführte Operation hat ohne jeden Zweifel das Ziel der Kriegsentscheidung, bevor die anglo-amerik. Alliierten ihrerseits entscheidende Erfolge gegenüber dem gemeinsamen Feind, Deutschland, erzielt haben. Der vollkommene und im größten Stile gelungene operative Durchbruch durch die H.Gr.A wird den Willen der sowjetruss. Führung weiter beflügeln. Die sich bisher abzeichnende Hauptstoßrichtung läßt die Annahme berechtigt erscheinen, daß Sowjetrußland die Entscheidung durch unaufhaltsames Vordringen in das Herz des Reiches (Berlin) unter rücksichtsloser Ausschöpfung der in diesem Ausmaße wahrscheinlich niemals mehr möglichen Kräfteanspannung erzwingen will.

Wenn diese Auffassung zutrifft, so muß festgestellt werden, daß sich zur Zeit das Schwergewicht der alliierten Kriegführung gegen das Reich eindeutig auf den Ostkriegsschauplatz verlagert hat.

Wenn es nicht gelingt, den Massenansturm aus dem Osten zum Stehen zu bringen und *darüber hinaus die latente Gefahr radikal zu beseitigen*, werden für die weitere Kriegführung des Reiches entscheidende Faktoren ausfallen, die durch nichts ersetzt oder ausgeglichen werden können, und zwar:

a) auf dem Rüstungssektor infolge Wegfalls des oberschlesischen Industriegebiets, insbesondere seiner Kohle, als Schlüsselkraft des Verkehrs und der Industrie,

b) auf dem Ernährungssektor durch Wegfall der fruchtbarsten Überschußgebiete Schlesiens, des Warthegaus und Ostpreußens,

c) auf dem politischen Sektor durch eine außerordentliche

Einbuße des Prestiges nicht nur bei den wenigen noch neutralen Ländern, sondern auch bei dem einzigen noch als Machtfaktor zählenden verbündeten Japan,

d) auf dem bevölkerungspolitischen Sektor durch Wegfall der Arbeitskraft von Millionen und die drohende Vernichtung unersetzlichen deutschen Blutes,

e) auf dem Sektor der reinen Kriegführung durch Wegfall von Rüstungsbetrieben des Heeres und der Luftwaffe, durch endgültigen Ausfall mehrerer großer Hydrierwerke, durch Wegfall der Danziger Bucht mit ihren einschneidenden Folgen für die U-Boot-Kriegführung,

f) auf dem Sektor der Menschenführung durch schwerste psychologische Auswirkungen.

Die bisher getroffenen Gegenmaßnahmen, zwangsläufig bedingt durch die Lage auf den anderen Kriegsschauplätzen und in ihrem Ausmaße begrenzt durch die Transportmöglichkeiten und den Zeitdruck, genügen auch bei tatkräftigster Führung bestenfalls, um eine Ausweitung des operativen Durchbruches nach Süden und Norden zu verhindern und die feindlichen Durchbruchsarmeen unter Ausnutzung des zweifellos nach einiger Zeit eintretenden Schwächemoments zeitlich begrenzt aufzuhalten. Eine Entlastung der Gesamtkriegführung durch die nicht zu hoch einzuschätzende Gefahr aus dem Osten ist jedoch nur möglich, wenn es gelingt, erhebliche Teile des Feindes *entscheidend* zu schlagen, dadurch verlorene, für die Kriegführung unersetzliche Gebiete zurückzugewinnen, das übersteigerte sowj.-russ. Kriegspotential hierdurch für längere Zeit seiner Offensivmöglichkeiten zu berauben und hiermit die unnatürliche feindliche Allianz politisch auf das stärkste zu belasten.

Ich sehe somit bei Auswertung aller bisherigen Erkenntnisse der sowj.-russ. Großoffensive und auf Grund der Lageentwicklung bis zum 19. Januar 1945 einschließlich die Rettung (ich wähle absichtlich dieses starke Wort) und überhaupt die Voraussetzung für eine weitere erfolgreiche Fortführung des Krieges einzig und allein darin, daß ein wesentlicher Teil des sowj.-russ. Heeres sobald als möglich vernichtend geschlagen wird.

Ich bin daher der Auffassung, daß nunmehr die im Osten entstandene Not dazu zwingt, auf Kosten aller anderen Kriegsschauplätze und unter bewußter Inkaufnahme des damit auf dem Westkriegsschauplatz verbundenen schwerwiegenden Risikos ein Höchstmaß an Kräften für die große Entscheidungsschlacht auf dem Ostkriegsschauplatz zusammenzuziehen und darüber hinaus die Führung auf allen Kriegsschauplätzen und bei allen Wehrmachtteilen demselben Gedanken einzuordnen.

Das Kernproblem ist die möglichst baldige Versammlung stärkster Angriffskräfte des Heeres im Osten, und zwar in einem Raum, in dem diese Versammlung mit Wahrscheinlichkeit auch ohne unmittelbare Feindeinwirkung durchgeführt werden kann.

Ich stelle Ihnen, Herrn Generaloberst, daher folgende Vorschläge zur Erwägung:

1. *Heer:*

a) Versammlung der 6. Pz. Armee mit I. und II. SS-Pz. Korps und einem weiteren Pz. Gen. Kdo. aus dem Westen mit unterstellter 1., 2., 9., 12. SS-Pz. Div., Führer-Begleit-Brig., Führer-Gren. Brig., 11. Pz. Div., 10. SS-Pz. Gren. Div., ferner eines Gen. Kdos. aus dem Westen oder Norden (Gen. Kdo. XVIII. Geb. A. K.?) mit 163. I. D., 169. I. D., 7. Fsch.-Div., ferner starker Heerestruppen (mindestens 2 Volks-Artl. Korps und 2 Werfer-Brig.) westlich der allgemeinen Linie Hirschberg–Liegnitz–Posen–Bromberg als Angriffsarmee.

Unter der Voraussetzung, daß die hierfür zu treffenden Maßnahmen unverzüglich befohlen und eingeleitet werden, kann nach vorläufiger und flüchtiger Berechnung ein derartiger Aufmarsch bis etwa Ende Februar abgeschlossen sein. Bis dorthin muß es gelingen, durch die getroffenen Aushilfen den feindlichen Durchbruch über die genannte Linie durch Vorlegen, Abriegeln und Gegenangriffe von Teilkräften, die jedoch nicht der 6. Pz. Armee entnommen werden dürfen, abzustoppen. Hierfür müssen vor allem alle bei der bisherigen H. Gr. Nord in Kurland irgendwie frei zu machenden Kräfte herangezogen werden.

b) Zeitlich unabhängig anzusetzende konzentrische Offensive gegen Südungarn. Hierzu

aa) Ansatz der H. Gr. Süd nach Bereinigung der Lage um Budapest mit möglichst starken Kräften westlich oder noch besser rittlings der Donau nach Süden,

bb) Versammlung möglichst starker Kräfte des Ob.Südost im Raum Vukovar, Esseg-Brod zum Stoß über die Drau nach Norden bei gleichzeitigem Ansatz der 2.Pz.Armee in ostwärtiger Richtung.

Eine solche Schwerpunktbildung im Bereich des Ob.Südost (mindestens 4 verstärkte Divisionen) erfordert, daß die Herzegowina und Südbosnien aufgegeben werden und daß man sich in Kroatien im großen mit dem Besitz des Zwischenstromlandes und des Raumes von Bihac begnügt.

c) Infolge des Vorschlags a) kann eine operative Initiative auf dem westlichen Kriegsschauplatz nicht mehr aufrechterhalten werden. Die hieraus entstehenden großen Gefahren sind mir klar und vom Führer wiederholt betont. Bekennt man sich jedoch zu der These, daß die Kriegsentscheidung zur Zeit und in den nächsten Wochen im Osten fällt, so müssen hieraus die Folgerungen für den Westen gezogen werden. Hierbei ist eine Conditio sine qua non, daß das Ruhrgebiet und Holland voll in unserer Hand bleiben. Im großen gesehen, wird somit im Westen voll in die Abwehr zu fallen sein und, um Reserven zu schaffen, gegebenenfalls die Verteidigung in den Westwall gelegt werden müssen, in dem sodann um die Entscheidung gerungen wird.

d) Ob und wieweit die 20.Geb.Armee noch zusätzliche Kräfte abgeben muß, ist zunächst aus Transportgründen nicht spruchreif.

2. *Luftwaffe:*

Die Luftverteidigung der Verkehrswege und der entscheidenden Schlüsselpunkte der Rüstung muß nunmehr m.E. für die nächste Zeit ausschließlich der Flakartl. übertragen werden. Sämtliche fliegenden Verbände sind schwerpunktmäßig anzusetzen, um

a) die russ. Durchbruchsgruppen zu bekämpfen und abzustoppen,

b) den Aufmarsch der 6.Pz.Armee zu schützen,

c) den Gegenangriff der 6.Pz.Armee mit höchster Einsatzstärke zu unterstützen.

Lediglich die schnellsten modernen Jagdflugzeuge und Blitzbomber bleiben im Einsatz auf dem westlichen Kriegsschauplatz. Sie dienen dort gleichzeitig der Heimatluftverteidigung.

Dementsprechend ist über den verfügbaren Betriebstoff zu disponieren.

Die Luftkriegführung auf allen anderen Kriegsschauplätzen spielt demgegenüber keine nennenswerte Rolle.

3. *Kriegsmarine:*

a) Alle an der Nord- und Ostseeküste kurzfristig frei zu machenden und behelfsmäßig beweglichen Landeinheiten (Artl.!) der Kriegsmarine sind unverzüglich zur Stärkung der Abwehrkraft der H.Gr.Nord (bisher Mitte) mit Front nach Osten einzusetzen.

b) Die Intensivierung des U-Boot-Krieges muß mit allen denkbaren Mitteln beschleunigt werden, um die Tonnagenot und insbesondere die Betriebstoffversorgung (Tanker!) der Angloamerikaner sobald wie irgend möglich zu vergrößern bzw. zu beeinflussen und hierdurch Offensivpläne des Gegners auf dem westlichen Kriegsschauplatz zu verzögern.

c) Im gleichen Sinne sind die Kleinkampfmittel der Kriegsmarine wie bisher schwerpunktmäßig vor der Scheldemündung zusammenzufassen.

d) Eine möglichst große Aktivität der Atlantikfestungen in der entscheidenden Phase des Krieges während der nächsten 8 Wochen muß gefordert werden, um feindliche Kräfte zu binden.

Sollte ein Entschluß des Führers in Richtung auf die vorstehenden Vorschläge überhaupt in Frage kommen, so ist eine baldige Mitteilung an den Generalquartiermeister des Heeres notwendig, um die Auffrischung der Verbände der 6.Pz.Armee nach Art und örtlicher Auslagerung des Auffrischungsgutes der Verwendung im Osten anzupassen. Ferner müßte unverzüglich eine Vorwarnung an den Wehrmachttransportchef für die Disposition des Leermaterials ergehen.

Von vorstehenden Gedankengängen haben außer mir nur die Chefs der Operationsabteilung Heer und Kriegsmarine des Wehrmachtführungsstabes Kenntnis. Der Chef der Operationsabteilung Luftwaffe des Wehrmachtführungsstabes erhält, da bei Abfassung nicht zugegen, nachträglich Kenntnis.

Die Geheimhaltungsbestimmungen sind im Verteiler beachtet.

DOKUMENT 128

Information 190 des Reichsjustizministers für Hitler

Berlin, 12. Februar 1945

Otto Georg Thierack informiert Hitler über das Vorgehen des OKW gegen Wehrmachtangehörige, die im Nationalkomitee »Freies Deutschland« oder im Bund Deutscher Offiziere tätig sind sowie über das Schicksal von in Lagern untergebrachten deutschen Soldaten, sogenannter Rückkehrer.

Das Oberkommando der Wehrmacht hat mir im Dezember 1944 Akten über bisher 32 Wehrmachtangehörige übersandt, denen vorgeworfen wurde, in der Sowjetunion im »Nationalkomitee« und im »Bund Deutscher Offiziere« tätig zu sein. Die Vorgänge wurden dem Oberreichsanwalt zugeleitet. Die Sichtung des Materials hat ergeben, daß der Durchführung von Hauptverhandlungen gegen eine Reihe Beschuldigte noch Schwierigkeiten entgegenstehen. Gegen das erfaßte russische Beweismaterial (Flugblätter, Flugschriften und Lichtbilder) besteht der Verdacht, daß es in erheblichem Umfang mit Fälschungen arbeitet, bei einer Reihe von Lichtbildern sind Fotomontagen bereits festgestellt. Der Beweiswert der in einigen Sachen erstatteten Schriftgutachten, die Verurteilungen zunächst mit einiger Sicherheit zu gewährleisten schienen, ist fortgefallen, nachdem der herangezogene Schriftsachverständige des RKPA. ein von einem Schriftkünstler hergestelltes Falschschreiben als zweifellos von einem der Beschuldigten herrührend bezeichnet hat.

Demgemäß bleiben zur Überführung vor allem die Aussagen der sogenannten »Rückkehrer«. Es steht aber zur Zeit nicht fest, in welchem Umfange diese als Zeugen zur Verfügung stehen. Ein Teil der Rückkehrer wurde zu Truppenteilen entlassen, ein zweiter Teil war in einem Lager bei Graudenz untergebracht, wo er verblieben ist, konnte bisher nicht festgestellt werden. Ein dritter Teil der Rückkehrer wurde in einem Lager bei Lissa verwahrt, infolge der Kriegsereignisse sollen nach Auskunft des Reichssicherheitshauptamtes Insassen dieses Lagers erschossen worden sein, um zu verhindern, daß sie in russische Hände kamen. Beschleunigte Feststellungen, welche Rückkehrer noch als Zeugen zur Verfügung stehen, sind eingeleitet.

In einigen Strafsachen, in denen Verurteilungen bereits auf das zur Verfügung stehende Beweismaterial gestützt werden können, habe ich alsbaldige Anklageerhebung angeordnet, die Hauptverhandlungen werden in der kommenden Woche beginnen. In den übrigen Sachen wird auf beschleunigten Abschluß der Materialsichtung Bedacht genommen.

DOKUMENT 129

Fernschreiben des Oberbefehlshabers der 19. Armee an die ihm unterstellten Korps

27. Februar 1945

General der Infanterie Hermann Foertsch gibt einen Befehl des Oberbefehlshabers der Heeresgruppe G, Generaloberst der Waffen-SS Paul Hausser, bekannt, der für alle aufgegriffenen versprengten Soldaten standrechtliche Erschießung anordnet.

Nachstehend wird ein Befehl des Oberbefehlshabers der Heeresgruppe G, SS-Oberstgruppenführer und Generaloberst der Waffen-SS Hausser, bekanntgegeben:

»Die Durchführung aller Maßnahmen im Osten bedingt Halten der Westfront. Es gibt auch hier kein Paktieren. Der Vernichtungswille des Amerikaners ist derselbe.

Dagegen ist Härte der Führung und Standhaftigkeit jedes

Kämpfers zu fordern. Wer den Kampf aufgibt, ist nicht nur ein Feigling, er verrät unsere Frauen und Kinder.

Jeder Versprengte schließt sich sofort der nächsten kämpfenden Truppe an. Beim Troß hat er nichts zu suchen. Ausreden werden nicht angenommen.

Ab 3. 3. sind alle Soldaten, die abseits eines Truppenteils auf Straßen, in Ortschaften, bei Trossen angetroffen werden und angeben, versprengt zu sein, standrechtlich zu erschießen.«[...]

DOKUMENT 130

Aktenvermerk
des Leiters der faschistischen Parteikanzlei

28. Februar 1945

Martin Bormann schlägt vor, daß zur Verstärkung der faschistischen Truppen 6000 16jährige mobilisiert sowie probeweise ein Frauenbataillon aufgestellt werden soll, dem weitere folgen sollen.

1. RFSS Himmler sagte mir am gestrigen Abend, der Führer habe genehmigt, daß er 6000 Jungens des Jahrgangs 1929 zur Verstärkung seiner hintersten Verteidigungslinie heranzöge.

2. Außerdem habe der Führer, wie mir ja genau bekannt sei, inzwischen die probeweise Aufstellung eines Frauen-Bataillons genehmigt.

Die Frauen sollen so rasch wie möglich tadellos ausgebildet werden.

Aufstellung des Frauenbataillons in Verbindung mit der Reichsfrauenführung.

Bewährt sich dieses Frauenbataillon, sollen sofort weitere aufgestellt werden.

DOKUMENT 131

Grundsätzlicher Befehl
des Befehlshabers des Bereiches Berlin

Berlin-Grunewald, 9. März 1945

Festlegung des Auftrages und der Kampfführung im Falle eines sowjetischen Angriffs auf Berlin durch Generalleutnant Hellmuth Reymann mit der Forderung, bis zum letzten Mann und bis zur letzten Patrone zu kämpfen.

[...]

A. *Allgemeines.*

1.) *Feind.*

Bei einem Feindangriff auf die Reichshauptstadt ist mit *folgenden Angriffsmöglichkeiten* zu rechnen:

a) *Überraschender Vorstoß (Handstreich) durchgebrochener Feindteile* (Panzerspitzen) *mit* oder *ohne* aufgesessener oder auf anderen Kraftfahrzeugen mitgeführter *Infanterie.*

b) *Planmäßiges, systematisches Heranarbeiten mit Panzern und Schützenverbänden* auf breiter Front, voraussichtlich in enger Zusammenarbeit mit starken Luftwaffenverbänden (Terrorangriffe).

c) Beiderseitige *Umfassung und Einschließung der Reichshauptstadt.*

d) *Gleichzeitiger Einsatz feindlicher Luftlandetruppen* (Fallschirmspringer, Lastensegler).

Angriffe gemäß a), b), c) und d) sind bei Tage und auch bei Nacht möglich.

2.) *Auftrag.*

Die Reichshauptstadt *wird bis zum letzten Mann und bis zur letzten Patrone verteidigt.*

3.) *Kampfweise.*

Mit den zur unmittelbaren Verteidigung der Reichshauptstadt zur Verfügung stehenden Kräften wird der Kampf um

Berlin nicht in offener Feldschlacht ausgetragen, sondern im wesentlichen als *Straßen- und Häuserkampf.* Er muß mit

Fanatismus,
Fantasie,
mit allen Mitteln
der Täuschung,
der List,
und Hinterlist,
mit vorbereiteten
und aus der Not des Augenblicks geborenen
Aushilfen aller Art
auf,
über und
unter der Erde
geführt werden.

Hierbei kommt es darauf an, die *Vorteile des eigenen Landes* und die voraussichtliche Scheu der meisten Russen vor dem ihnen fremden Häusermeer restlos auszunutzen. Die genauen Orts-kenntnisse, die Nutzbarmachung der U-Bahn und des unterirdi-schen Kanalisationsnetzes, die vorhandenen Nachrichtenver-bindungen, die vorzüglichen Kampf- und Tarnmöglichkeiten in den Häusern, der festungsmäßige Ausbau von Häuserblocks – insbesondere von Eisenbetonhäusern – zu Stützpunkten machen den Verteidiger auch bei zahlenmäßiger und materieller Unter-legenheit *gegenüber jedem Feinde unüberwindlich!*

Der Feind, dem keine Minute Ruhe zu gönnen ist, muß sich in dem engmaschigen Netz der Widerstandsnester, Stützpunkte und Verteidigungsblocks verzehren und verbluten. Jedes ver-lorene Haus oder jeder verlorengegangene Stützpunkt sind *sofort im Gegenstoß wieder zu nehmen.* Hierbei sind Stoßtrupps unter Ausnutzung der unterirdischen Gänge unbemerkt auch in den Rücken des Feindes zu führen, um ihn überraschend von rück-wärts zu vernichten.

Voraussetzung für eine erfolgreiche Verteidigung Berlins ist jedoch, daß

jeder Häuserblock,
jedes Haus,

jedes Stockwerk,
  jede Hecke,
  jeder Granattrichter
bis zum äußersten verteidigt wird!

Es kommt gar nicht darauf an, daß jeder Verteidiger der Reichshauptstadt die Technik des Waffenhandwerks bis ins einzelne gut beherrscht, sondern *vielmehr darauf*, daß

jeder Kämpfer

vom *fanatischen Willen* zum
KÄMPFEN-WOLLEN
beseelt und durchdrungen ist,
daß er weiß, daß die Welt mit angehaltenem Atem diesem Kampf zusieht und daß der Kampf um Berlin die Kriegsentscheidung bringen kann.
[...]

DOKUMENT 132

Aufruf 50 ostpreußischer Bauern
an Angehörige der Wehrmacht

Labagienen, 12. März 1945

Schilderung der Erlebnisse deutscher Bauern während der sowjetischen Ostpreußenoperation, über ihre Flucht übers Eis aus Labagienen und ihre Rückkehr ins Dorf; über das Leben unter der sowjetischen Besatzungsmacht. Sie fordern die deutschen Soldaten auf, den verderblichen Krieg zu beenden.

Wir, Unterzeichnete, Bewohner von Labagienen, Kreis Labiau, wenden uns an Euch mit einem Brief, daß Ihr die Wahrheit über unser Leben erfahrt, daß Ihr endlich erkennt, wie gemein uns die Nazi-Partei belogen hat. Als die Russen von der Memel angriffen, versicherten uns alle, daß sie nicht durchkommen. Bis zum letzten Tag haben uns diese »Brüder«, der Ortsgruppenführer Fischer, der Bauernführer Jost und der Nazischurke

Schneider, versprochen, daß wir im Falle eines russischen Durchbruches evakuiert werden. Bald darauf erfuhren wir, daß unsere Nazilumpen Fischer, Jost und Schneider schon bei Morgengrauen ihre Familien auf Funkautos nach Königsberg abtransportiert hatten. Was sich darauf im Dorfe abspielte, können wir Euch schwer wiedergeben. Eine Panik entstand. Da hieß es, wir sollen packen, die Autos werden uns abholen. Am Abend hieß es dann, jeder rette sich, wer kann. Wohin wir aber gehen sollten, sagte uns niemand.

In großer Hast sind wir mit 8 Schlitten auf dem Eise losgefahren bis Postnicken. Bei Nacht fuhren wir weiter nach Sand, wo wir drei Tage geblieben sind. Dann ging es weiter nach Sorkau, wo wir uns acht Tage aufhielten. Inzwischen kamen die russischen Truppen von Memel 'runter nach Cranz. Wir befanden uns zwischen zwei Feuern. Wir wußten nicht, wo ein, wo aus. Nach Hause zurückkehren, hatten wir Angst. Doch bald verbreiteten sich Gerüchte darüber, daß die Russen der Zivilbevölkerung kein Leid antun. Frauen aus Cranz erzählten, daß sie selbst sahen, wie die Russen Kinder von Flüchtlingen mit Zukker beschenkten. Weil wir ahnten, daß hier bei Sorkau die Feuerlinie kommt, sind wir Sonnabend nachmittags übers Eis nach Hause gefahren und sind auch unbehelligt gelandet. Jetzt sind wir schon 7 Wochen unter russischer Besatzung zu Hause.

Zwei Tage nach unserer Rückkehr schlugen uns die Russen vor, einen Bürgermeister zu wählen. Wir wählten den Fischer Wilhelm Schmidtke. Am 23. Februar bekamen wir die Erlaubnis, uns mit Fischfang zu beschäftigen. Die Hälfte des Fanges liefern wir den Russen ab, die andere Hälfte behalten wir uns zur Ernährung der Bevölkerung von Labagienen und den bei uns befindlichen Flüchtlingen. Ein Teil unserer Jugend arbeitet in Labiau bei der Säuberung der Stadt von Schutt und Schotter. Einige Mädchen arbeiten im Gut Rothöfen (Rüdlanken). Für die Flüchtlinge organisierten die Russen die Verpflegung. Außer Fisch bekommen sie täglich Brot, Kartoffeln und die Kinder Milch. Die Flüchtlinge wurden in Häusern untergebracht, deren Besitzer noch nicht zurückgekehrt sind.

Die Schule ist durch das Gefecht vom 23. Januar abgebrannt. Die Russen sagten uns aber, daß die Kinder von der Schule nicht fernbleiben dürfen, und machten uns den Vorschlag, das Haus des geflüchteten Fischermeisters, des Nazis Torner, als Schule zu benutzen. Unsere Lehrer sind noch nicht zurückgekehrt, aber hier sind zwei Lehrer aus Cranz, die den Wunsch äußerten, in unserer Schule zu bleiben.

Wie sehr wir durch die Nazi-Partei belogen und irregeführt wurden, sind wir uns erst jetzt in vollem Maße bewußt. Die Rote Armee hat mehr Verantwortungsgefühl dem Leben gegenüber gezeigt als diese Partei und ihre Führung.

Liebe Soldaten!

Wir sind in großer Aufregung über Euer Schicksal. Wozu der weitere Kampf, wenn wir den Krieg sowieso schon verloren haben. Es ist höchste Zeit, diesen verderblichen Krieg zu beenden.

DOKUMENT 133

Bericht des
Beauftragten des Wehrmachtführungsstabes
über seine Inspektionsreise
im Bereich des Oberbefehlshabers West

17. März 1945

*Oberstleutnant Kleyer i.G. hebt in seinem Inspektionsbericht bei der 1. Fall-
schirmjäger- und der 5. Panzerarmee vom 7. bis 12. März 1945 besonders die
durch desertierte Soldaten und Zwangsarbeiter instabile Lage im rückwärtigen
Raum hervor und geht auf Lebensbedingungen, Stimmung und Haltung namentlich der Bevölkerung im Ruhrgebiet ein.*

[...] Die Lage im rückwärtigen Gebiet ist dadurch gekennzeichnet, daß im Gegensatz zu dem Raum unmittelbar hinter der
Front zahlreiche Soldaten einzeln oder in kleinen Trupps und
ebenso Kolonnen und aufgelöste Trupps ausländischer Zivilarbeiter und Kriegsgefangene das Land durchziehen. [...]

Die reinen Drückeberger lassen sich nicht mehr sehen. Sie sitzen vermutlich in den unübersichtlichen Großstädten des Ruhrgebietes – möglicherweise teilweise verborgen durch unsichere Bevölkerung – oder in dem stark aufgelockerten Raum nördlich des Ruhrgebietes. Die Masse dieser Menschen ist über den Rhein abgeflossen, als die ersten Krisen westlich des Rheins sich abzeichneten. Das lichtscheue Gesindel hat dafür ein bemerkenswert feines Gefühl. Zu diesem Zeitpunkt steht aber noch keine Auffang-Organisation bereit. Sie wird erst in dem erforderlichen Umfange und in der nötigen Härte eingesetzt, wenn der Hauptstrom dieser Leute abgeflossen ist. Es ist daher notwendig, daß die Auffang-Organisation bereits steht und mit allen Mitteln durchgreift, wenn die ersten Anzeichen einer Auflockerung sich ergeben.

Durchgreifende Maßnahmen zur planmäßigen Durchkämmung der Städte des Ruhrgebietes und der aufgelockerten Ortschaften sind in enger Zusammenarbeit zwischen den militärischen Dienststellen und der Partei befohlen. [...]

Von Offizieren der Wehrmachtstreifen und Feldj.Kdos. wurde wiederholt darauf hingewiesen, daß noch zur Zeit der Kämpfe westlich des Rheins häufiger kleine Gruppen von Soldaten unter geschlossener Führung mit schriftlichem Marschbefehl ihrer Kommandeure den Rhein nach Osten überschritten hätten. Es muß daher angenommen werden, daß sich viele Divisionen oder sogar Regimenter meist ohne Wissen ihrer vorgesetzten Dienststellen nach der Praxis des Ostens weiter rückwärts ihre »Stützpunkte« errichtet haben und dort eine gewisse Kampfkraft für spätere Bevorratung deponierten. Es wird interessant sein, die Unterschiede der Kampfstärken zwischen den Kämpfen westlich des Rheins und dem Einsatz in der Rheinverteidigung festzustellen.

b) Besonders auffallend waren im gesamten Raum ostwärts des Rheins die zahlreichen Kolonnen ausländischer Arbeiter und Kriegsgefangener, die zum Teil aus dem linksrheinischen Gebiet, zum Teil aus stillgelegten Betrieben ostwärts des Rheins neuer Verwendung zugeführt werden sollten. Teilweise von zahlenmäßig und wertmäßig völlig unzureichendem Werkschutz (alte müde Leute ohne jede Waffe) geführt und beaufsichtigt, lockern sich diese Kolonnen bei längeren Märschen stark nach der Tiefe auf. Dieselbe Feststellung war mehrfach bei Kgf.-Kolonnen zu machen. Die Möglichkeit des Ausbrechens und Ausweichens in Wälder oder in die Trümmerhaufen der Großstädte ist jederzeit gegeben. Schon wurden häufig Trupps verdächtiger Zivilisten (auch Russen mit Weibern und Kindern) – zum Teil reine Verbrechertypen – ohne Bewachung festgestellt. Wird hier nicht energisch durchgegriffen, besteht die Gefahr der Bildung von Partisanen und Banden im eigenen Gebiet. Örtliche Polizeiorgane (Beamtentyp, verbraucht und ohne jeden Schwung) erklärten sich außerstande, einzugreifen. Sie waren dazu auch zahlenmäßig nicht in der Lage. [...]

c) *Evakuierung:*

Die Evakuierung im Kampfgebiet am Rhein ist bisher nicht durchgeführt. Die Zivilbevölkerung wohnt zum Teil in der Masse noch bis dicht an die Hauptkampflinie heran. Untragbare Verhältnisse sind die Folge. Ebenso wie es für den Soldaten in den Kämpfen westlich des Rheins eine starke Belastung war, aus Kellern zu kämpfen, in denen neben ihm Frauen und Kinder der feindlichen Waffenwirkung ausgesetzt waren, ist die Anwesenheit der Zivilbevölkerung für die im Aufbau begriffene Rheinverteidigung eine in ihren Auswirkungen vielleicht größere Gefahr.

Da von seiten der Partei bisher nichts geschehen ist, greift die Truppe zur Selbsthilfe und evakuiert die Zivilbevölkerung aus dem Hauptkampffeld, auch aus den Großstädten, meist gegen den Willen der Zivilisten. (In Kaiserswerth soll die Bevölkerung bei der zwangsweisen Evakuierung durch die Truppe gerufen haben: »Hängt die Bonzen!«). [...]

Bemerkenswert waren die Urteile der Truppe über das Verhalten der Zivilbevölkerung westlich des Rheins:

Übereinstimmend wurde von allen Bfh. und Gen.St.Offz. der Kommandobehörden und Truppenführern auf den mangelhaften Widerstandswillen dieses Teils der Bevölkerung und ihre oft unverhüllte Einstellung gegen den Kampf hingewiesen. Weiße Fahnen in Köln, Krefeld und München-Gladbach, zum Teil als die eigenen Truppen noch um die Stadt kämpften (der Feind konnte dadurch klar erkennen, in welchem Haus noch

Soldaten kämpften). Wiederholte Aufforderungen der Zivilbevölkerung, vor allem des weiblichen Teils, an Soldaten, bei ihnen im Keller zu bleiben, sie bekämen dort Zivil und würden verborgen. [...]

DOKUMENT 134

Schreiben des Wehrmachtführungsstabes an den Reichsführer SS

27. März 1945

Der Wehrmachtführungsstab wendet sich aufgrund der Kritik des Sonderbeauftragten der faschistischen Parteikanzlei über das Versagen der Zivilbevölkerung im Westen mit der Forderung an Heinrich Himmler, dagegen einzuschreiten.

In einem Bericht des Sonderbeauftragten des Leiters der Parteikanzlei wird über das Verhalten der deutschen Zivilbevölkerung im Westen u. a. ausgeführt:

»Gegen das Heraushängen weißer Tücher und ähnliche Erscheinungen, das Öffnen bereits geschlossener Pz-Sperren, Nichtantreten zum Volkssturm usw. muß mit drakonischen Maßnahmen angegangen werden. M. E. können diese Maßnahmen, soweit negativer Art, nicht von der Partei, die auch nicht über die Exekutivkräfte verfügt, durchgeführt werden, die Durchführung entsprechender Maßnahmen muß die Wehrmacht übernehmen. Ich könnte mir, nach der Unterhaltung mit verschiedenen Parteigenossen aus dem Westen vorstellen, daß z. B. das Haus, auf dem eine weiße Fahne aufgezogen wird, sofort eingeäschert wird und alle männlichen Personen in diesem Haus erschossen werden.«

Reichsführer SS wird als die zur Wahrnehmung der Exekutive im Innern berufene oberste Dienststelle gebeten, im unmittelbaren Einvernehmen mit dem Leiter der Parteikanzlei die polizeilichen Maßnahmen zu treffen, die die versagenden Teile der Bevölkerung am Zeigen weißer Tücher und an Sabotage von Befestigungsanlagen hindern.

DOKUMENT 135

Befehl des Reichsführers SS

29. März 1945

Heinrich Himmler ordnet an, mit härtesten Maßnahmen gegen alle diejenigen Deutschen vorzugehen, die nicht mehr bereit sind, den faschistischen Krieg weiter hinschleppen zu helfen.

1.) Im jetzigen Zeitpunkt des Krieges kommt es einzig und allein auf den sturen und unnachgiebigen Willen zum Durchhalten an.

2.) Gegen das Heraushängen weißer Tücher, das Öffnen bereits geschlossener Panzersperren, das Nichtantreten zum Volkssturm und ähnliche Erscheinungen ist mit härtesten Maßnahmen durchzugreifen.

3.) Aus einem Haus, aus dem eine weiße Fahne erscheint, sind alle männlichen Personen zu erschießen. Es darf bei diesen Maßnahmen keinen Augenblick gezögert werden.

DOKUMENT 136

Geheimerlaß
des Oberbefehlshabers der Kriegsmarine

7. April 1945

Durchhaltebefehl von Großadmiral Karl Dönitz, der jedem Zweifelnden droht, ihn aufhängen zu lassen.

[...] Wir Soldaten der Kriegsmarine wissen, wie wir zu handeln haben. Unsere militärische Pflicht, die wir unbeirrbar erfüllen, was auch links und rechts und um uns herum geschehen mag, läßt uns wie ein Fels des Widerstandes kühn, hart und treu stehen. Ein Hundsfott, wer nicht so handelt, man muß ihn aufhängen und ihm ein Schild umbinden: »Hier hängt ein Verräter, der aus niedriger Feigheit dazu beigetragen hat, daß deutsche Frauen und Kinder sterben, statt als Mann sie zu schützen.«[...]

DOKUMENT 137

Gefechtsmeldung des Stabes der 1. Belorussischen Front an das Hauptquartier des Oberkommandos

17. April 1945

Die von Marschall G. K. Shukow, dem Mitglied des Kriegsrates Generalleutnant K. F. Telegin und dem Chef des Stabes Generaloberst M. S. Malinin unterzeichnete Gefechtsmeldung informiert J. W. Stalin über die Ergebnisse des ersten Angriffstages der Berliner Operation im Gefechtsstreifen der 1. Belorussischen Front am 16. April 1945.

1. Der Gegner hat, wie jetzt endgültig festgestellt wurde, im Verlauf von mehr als 2 Monaten die zu beziehenden Verteidigungsstellungen, besonders vor unseren Brückenköpfen auf dem Westufer der Oder, befestigt und sie auf eine bedeutende Tiefe entwickelt. Sein Verteidigungssystem setzt sich aus einer ganzen Reihe von Streifen mit 2–4 Gräben und einem breit entfalteten Netz von Pioniersperren zusammen, die in der Hauptsache aus Minenfeldern, Drahtsperren, Panzerhindernissen und einem System versumpfter Kanäle bestehen.

Der Gegner, der sich auf diese Verteidigungsstellungen stützt, leistete im Verlauf des 16. 04. den angreifenden Truppen der Front hartnäckigen Widerstand, wobei er bestrebt war, keinen Durchbruch durch die eigene Verteidigung zuzulassen.

Die Luftwaffe des Gegners führte mit einzelnen Flugzeugen Aufklärung entlang der Frontlinie und in der Tiefe des rückwärtigen Raumes der Armeen. Mit 5 Gruppen zu 6 – 18 – 20 Flugzeugen bombardierte sie Gefechtsordnungen unserer Truppen in den Räumen Lebus, Wiesenau und Lossow. Nach vorläufigen Angaben wurden in 24 Stunden 231 Einflüge, davon 92 nachts, festgestellt.

2. Die Truppen der Front gingen nach einer sorgfältigen und allseitigen Vorbereitung am 16.04.45 an die Erfüllung der von Ihnen gestellten Aufgabe. Unter Berücksichtigung, daß der Gegner am Morgen seine Infanterie aus dem 1. in den 2. und 3. Graben zurückzieht, wurde von mir eine Artillerievorbereitung bei Nacht mit einer großen Feuerdichte und einer Dauer von 30 Minuten unter Verwendung von Scheinwerfern zur Blendung des Gegners und zur Beleuchtung des Geländes vor den angreifenden Truppen der Front durchgeführt.

Nach Aussagen von Gefangenen war das Artilleriefeuer so unerwartet und niederschmetternd, daß der Gegner nicht dazu kam, sich aus dem 1. Graben zurückzuziehen, und der 2. und 3. Graben sich ständig unter starkem Feuer unserer Artillerie befanden. Dadurch erlitten die Teile des Gegners, die sich im 1. Verteidigungsstreifen befanden, starke Verluste.

Nach der erfolgreich durchgeführten Artillerievorbereitung gingen die Truppen der Front am 16.04.1945, 05.30 Uhr, zum allgemeinen Angriff über. Die angreifenden Truppenteile brachen den zunächst schwachen, aber dann wachsenden Widerstand aller Feuerarten, überwanden die Sperren, schlugen zahlreiche Gegenangriffe zurück und durchbrachen den 1. Verteidigungsstreifen des Gegners. Auf einzelnen Abschnitten keilten sie sich in den 2. Streifen ein, fügten dem Gegner schwere Verluste zu, nahmen 3823 Soldaten und Offiziere gefangen und drangen bis zu 10 km vor. [...]

DOKUMENT 138

Gefechtsmeldung des Stabes der 2. Belorussischen Front an das Hauptquartier des Oberkommandos

20. April 1945

Die von Marschall K. K. Rokossowski, dem Mitglied des Kriegsrates Generalleutnant N. J. Subbotin und dem Chef des Stabes Generaloberst A. N. Bogoljubow unterzeichnete Gefechtsmeldung informiert J. W. Stalin über die Ergebnisse des

1. Die Truppen der Front führten im Verlaufe des 20. 04. 45 hartnäckige Kämpfe zum Durchbrechen der Verteidigung des Gegners auf dem Westufer der Westoder, forcierten den Fluß, bildeten eine Reihe von Brückenköpfen und drangen in einzelnen Richtungen etwa 2 km vor. Sie besetzten die großen Stützpunkte Schillersdorf und Unter-Schöningen. An den übrigen Frontabschnitten behaupteten sie die besetzten Abschnitte und führten eine Teilumgruppierung durch.

2. Der Gegner, der sich auf eine stark befestigte Stellung mit zahlreichen Pioniersperren, Infanterie- und Panzerhindernissen stützt, leistete dem Angriff unserer Truppen erbitterten Widerstand. Um einen Durchbruch durch die Verteidigung und eine Ausweitung der von unseren Truppen gebildeten Brückenköpfe zu verhindern, unternahm er 25 Gegenangriffe mit Infanterie in Stärke zwischen einer Kompanie und einem Regiment bei Unterstützung durch 3–15 Panzer und SFL sowie 8 Schützenpanzerwagen. An vielen Abschnitten gingen die Kämpfe in den gegnerischen Gräben in Nahkämpfe über. Die Artillerie des Gegners führte starke Feuerüberfälle gegen die Gefechtsordnungen unserer Truppen durch und unterstützte die Handlungen der Infanterie bei Gegenangriffen. Insgesamt feuerten im Angriffsabschnitt 59 Artillerie- und Granatwerferbatterien.

Der Gegner setzte Treibminen ein, die er mit dem Ziel, unsere Übersetzstellen zu sprengen, in oberhalb liegenden Teilen der Oder zu Wasser ließ.

Die gegnerischen Fliegerkräfte unternahmen Aufklärungsflüge und bombardierten in Gruppen von 5 bis 8 Flugzeugen unsere Truppen. Insgesamt wurden 65 Überflüge festgestellt; die Flakartillerie schoß 3 Flugzeuge ab.

Durch Luftaufklärung wurde festgestellt: In den Gefechtsordnungen der gegnerischen Truppen befinden sich im Abschnitt Stettin–Schwedt etwa 100 Panzer und SFL sowie 98 Artillerie- und Granatwerferbatterien; auf frontnahen Flugplätzen sind über 200 Flugzeuge stationiert, davon im Raum südwestlich Swinemünde 60 Flugzeuge, bei Prenzlau 65 Flugzeuge. [...]

Grundlegender Befehl Hitlers
an den Oberbefehlshaber der Heeresgruppe Weichsel

21. April 1945

Hitler befiehlt Generaloberst Gotthard Heinrici in einer seiner letzten operativen Weisungen, den aussichtslosen Versuch zu unternehmen, eine durchgehende Frontlinie herzustellen, um den von Süden geführten Vorstoß der 1. Ukrainischen Front auf Berlin zum Stehen zu bringen, und alle verfügbaren Kräfte für die Verteidigung Berlins einzusetzen.

Die um die Reichshauptstadt entstandene kritische Lage kann nur durch äußerste Entschlossenheit und Standhaftigkeit von Führung und Truppe gemeistert werden. Die erfolgreichen Angriffe am Nordflügel der Heeresgruppe Mitte müssen zur baldigen Bereinigung der Lage bei Spremberg führen. Hierzu ist unbedingt erforderlich, daß die Eckpfeiler um Cottbus wieder genommen und unter allen Umständen gehalten werden.

Im übrigen ist der Kampf wie folgt zu führen:

9. Armee verdichtet ihre Abriegelungsfront von Königswusterhausen bis Cottbus und führt aus ihr mit scharf zusammengefaßten Kräften immer wieder Angriffe gegen die tiefe Flanke des die Südfront von Berlin angreifenden Gegners. Die Armee hält die bisherige Front von Cottbus bis Fürstenberg und biegt ihren Nordflügel in Linie Fürstenberg–Müllrose–Fürstenwalde zurück, um beschleunigte Kräfte zum Schließen der Frontlücke südöstlich des Großen Müggelsees frei zu machen.

Armeegruppe Steiner hat ihren Angriff mit aller Energie fortzusetzen. Das Ziel des Angriffs muß es sein, eine Abwehrfront im Zuge der Autobahn wiederherzustellen.

3. Panzerarmee hat auch die letzten Brückenköpfe des Feindes über die Oder zu beseitigen und dann weitere Kräfte frei zu machen, die für einen Angriff am rechten Armeeflügel nach Süden bereitzustellen sind.

Der Verteidigungsbereich Berlin ist dem Oberst Kaether mit

der Masse des bisherigen Stabes zu unterstellen; er tritt unter unmittelbaren Befehl des Führers.

Generalleutnant Reymann hat mit einem behelfsmäßig zusammengestellten Stab ausschließlich die Südfront von Berlin zu führen. Er bleibt für diese Aufgabe der Heeresgruppe Weichsel unterstellt. Sobald größere taktische Verbände im Verteidigungsbereich Berlin eingesetzt werden, ist die Unterstellung so vorzubereiten, daß die bisherigen taktischen Stellen dann den Befehl über bestimmte Abschnitte des Verteidigungsbereiches übernehmen.

DOKUMENT 140

Stellungnahme des persönlichen Beraters des amerikanischen Präsidenten

23. April 1945

Harry L. Hopkins, engster politischer Berater Franklin D. Roosevelts, wendet sich gegen die in der amerikanischen Presse verbreitete Behauptung, die US-Armee habe der Roten Armee Berlin überlassen. Hopkins betont, die amerikanische Entschlossenheit sei vorhanden, Berlin einzunehmen, wenn es möglich ist.

Dieser Bericht von Drew Pearson – siehe beiliegenden Zeitungsausschnitt – ist völlig unwahr. In Jalta wurde keinerlei Abkommen darüber getroffen, daß die Russen als erste in Berlin einmarschieren. Tatsächlich gab es auch keinerlei Diskussion darüber. Die Stabschefs hatten mit den russischen Stabschefs und Stalin die allgemeine Strategie vereinbart, die darin bestand, daß wir uns beide so stark vorwärtskämpfen würden, wie wir könnten.

Es ist genauso unwahr, General Bradley sei auf Bitten der Russen an der Elbe stehengeblieben, so daß die Russen als erste nach Berlin durchbrechen konnten. Bradley brachte tatsächlich eine Division ein gutes Stück in Richtung Potsdam voran, aber sie stieß viel zu weit vor; der Nachschub war völlig unzureichend, und jeder, der überhaupt etwas davon versteht, weiß, wir hätten Berlin eingenommen, wenn wir es gekonnt hätten. Das wäre ein besonderes Ruhmesblatt für die Armee gewesen, wenn aber Drew Pearson jetzt sagt, der Präsident sei einverstanden gewesen, daß die Russen Berlin einnehmen, so ist das totaler Unsinn.

DOKUMENT 141

Bericht des Heeresarztes
im Oberkommando des Heeres

26. April 1945

Statistik der personellen Ausfälle des faschistischen Feldheeres vom 1. September 1939 bis zum 20. April 1945.

Personelle Ausfälle des Feldheeres ( ) = davon Offz.

	In der Berichtszeit vom 11. bis 20. April 1945		Im ganzen vom 1. 9. 1939 bis 20. 4. 1945	
Gefallene:				
Feldheer insgesamt davon	9272	(353)	1211222	(40982)
a) Osten	7587	(286)	1005413	(33336)
b) Geb. AOK 20	–		16395	(515)
c) Westen	577	(18)	109046	(4268)
d) Ob. Südwest	953	(39)	48750	(1738)
e) Ob. Südost	155	(10)	22370	(720)
Verwundete:				
Feldheer insgesamt davon	41160	(1101)	4708977	(120416)
a) Osten	35414	(908)	3992062	(100994)
b) Geb. AOK 20	–		60515	(1435)
c) Westen	1951	(68)	382776	(10802)
d) Ob. Südwest	2835	(112)	174734	(4751)
e) Ob. Südost	960	(13)	70064	(1841)

Vermißte:

Feldheer insgesamt davon	300610	(8271)	2394751	(44244)
a) Osten	25823	(434)	1369174	(23388)
b) Geb. AOK 20	–		6852	(142)
c) Westen	268229	(7742)	772460	(14809)
d) Ob. Südwest	4619	(83)	215525	(5496)
e) Ob. Südost	1939	(12)	24620	(321)

Insgesamt:

Feldheer insgesamt davon	351042	(9725)	8314950	(205642)
a) Osten	68824	(1628)	6366649	(157718)
b) Geb. AOK 20	–		83762	(2092)
c) Westen	270757	(7828)	1264282	(29879)
d) Ob. Südwest	8407	(234)	439009	(11985)
e) Ob. Südost	3054	(35)	117054	(2864)

Bei den Zugängen unter den Vermißten im Westen sind 250000 (7500) geschätzte Vermißte der Heeresgruppe 3 (Ruhrkessel) enthalten. Die Schätzung erfolgte auf Grund der Ist-Stärke vom 10.3. 1945.

DOKUMENT 142

Tagesbefehl des Oberbefehlshabers der 12. amerikanischen Armeegruppe

27. April 1945

Generalleutnant Omar N. Bradley würdigt zwei Tage nach dem Zusammentreffen amerikanischer und sowjetischer Truppen bei Torgau dieses historische Ereignis in einem Tagesbefehl an die ihm unterstellten Truppen.

Soldaten der 1., 3., 9. und 15. amerikanischen Armee!

Am 25. April 1945 um 16.40 Uhr, im neunundzwanzigsten Monat unseres Landkrieges gegen die deutsche Regierung, vereinigten sich amerikanische Truppen der 12. Armeegruppe mit sowjetischen Soldaten von Marschall Konews 1. Ukrainischer Armeegruppe.

Diese Armeen sind aus den Ruinen von Stalingrad und Sewastopol – durch die verbrannten Städte der Ukraine hindurch – zu euch gekommen. In zwei Jahren sind sie 1 400 Meilen durch die deutschen Armeen hindurchgebrochen, haben den Feind aus Rußland vertrieben und ihn bis zur Elbe verfolgt.

Ihre Leistungen – die einem Volke, das nicht besiegt werden wollte, Unsterblichkeit verliehen haben – werden durch eure eigenen Taten noch bedeutungsvoller.

Über 3 800 Meilen Nachschubwege über den Ozean hinweg habt ihr eine Küste erstürmt, die der Feind jahrelang gegen euch ausgebaut hatte. Innerhalb von vier Monaten nach der Landung habt ihr ganze Armeen vernichtet, Paris eingenommen, Frankreich befreit und der Welt ein Symbol der Freiheit geschenkt. Als der Feind eine neue Armee aufstellte und sie in die Winterschlacht der Ardennen warf, habt ihr sie zerschlagen und ihre Reste zurückgeworfen.

Ihr habt seine mächtige Siegfriedlinie zerschlagen und zerbrochen. Ihr habt den Rhein bei eurem Vordringen überschritten und die Ruhr eingekreist und ihre Kraft gebrochen.

Neue Lektionen in beweglicher Kriegführung demonstrierend, habt ihr ganze deutsche Armeegruppen im Westen auf deren eigenen deutschen Boden aufgerieben. In zehn Monaten habt ihr euch 700 Meilen von den Küsten her durchgekämpft. Diese Leistungen wurden durch euren Mut, eure Wendigkeit und eure Kameraden erzielt, die starben, damit sie vollbracht würden.

Ihr habt Anteil an der Befreiung von vier Nationen, habt weiteren Hoffnung gegeben und halb Deutschland erobert.

Das Volk von Amerika, das euch bewaffnet hat, hat großes Vertrauen in euch gesetzt. Ihr habt dieses Vertrauen so gerechtfertigt, wie ihr es auch in den kommenden Schlachten tun werdet.

Funkspruch der Heeresgruppe Weichsel
an die 21. Armee und 12. Armee,

2. Mai 1945

Generaloberst Kurt Student befiehlt der 21. und 12. Armee, sofort Kontakt mit britischen bzw. amerikanischen Truppen aufzunehmen und mit ihnen über die Einstellung der Kampfhandlungen unter der Bedingung zu verhandeln, daß dies die Fortsetzung des Krieges gegen die sowjetischen Truppen nicht einschränke.

1) Anglo-amerikanische Kräfte im Vorgehen nach Nordwest haben 11.30 Uhr allgemeine Linie Schwerin-Süd–Gadebusch erreicht.

2) Armee stellt durch sofortige Parlamentär-Rückfrage bei anglo-amerikanischen Kräften fest, ob Vorgehen sowjetischer Unterstützung durch Kampf oder lediglich Raumgewinnung für spätere Interessenregelung dient. Im letzteren Fall haben Feindseligkeiten mit Anglo-Amerikaner zu unterbleiben, bei Forderung unsererseits, daß eigener Führungsapparat für Fortsetzung des Kampfes gegen Bolschewismus bestehen bleibt. Bei Ablehnung dieser Forderung oder falls erkennbar, daß anglo-amerikanisches Vorgehen unmittelbar sowjetischer Unterstützung dient, ist Kampf gegen Anglo-Amerikaner in gleicher Weise zu führen wie gegen die Sowjets.

3) Eigner Parlamentär-Rückfrage ist zu Grunde zu legen, daß deutscherseits kein Interesse an Kampfführung gegen Anglo-Amerikaner besteht, sondern möglichst ausschließlich Fortführung gegen Bolschewismus angestrebt wird.

4) Erfolgte Verbindungsaufnahme und Ergebnis laufend melden.

5) He. Gr. Gefechtsstand demnächst Gegend südlich Parchim.

DOKUMENT 144

Blitzfunkspruch
des Kommandierenden Admirals Deutsche Bucht
an den Oberbefehlshaber der Marine

4. Mai 1945

Vizeadmiral Kleikamp unterrichtet Generaladmiral Hans-Georg v. Friedeburg über die sich rapide verschlechternde Stimmung und Haltung der Truppe und der Zivilbevölkerung in seinem Kommandobereich.

1.) Allgemeine Stimmung Bevölkerung und in steigendem Maße auch Truppe verschlechtert sich rapide weiter.

2.) Seeko Elbe–Weser meldet, daß aus Wesermünde an Front geworfene Einheiten nur mit Mühe dazu gebracht. Gefahr Zerfalles an Front infolge unzureichender Ausrüstung und Ausbildung für solchen Kampf und Zweifel an Sinn weiteren Kampfes bei Truppe liegt auf der Hand.

3.) Nach Meldungen Zahl vermißter Wehrmachtsteile, wahrscheinlich übergelaufene, sehr hoch. Nicht-Vorhandensein festen Gefüges bei Truppe damit erwiesen.

4.) Bei Hafenschutzflott. Cuxhaven auf 2 Booten Fall Gehorsamsverweigerung und Desertation festgestellt. Gegenmaßnahmen eingeleitet.

5.) Bei geschilderter Lage, Auflösung Truppe und damit zu befürchten, daß Kampf von Truppe selbständig eingestellt wird und damit verbundene Zerrissenheit zwischen Truppe und Bevölkerung einerseits und Truppenführung andererseits mit all ihren Folgen unvermeidbar.

DOKUMENT 145

Fernschreiben des Chefs der Seekriegsleitung

4. Mai 1945

Konteradmiral Wilhelm Meisel übermittelt in einer Lageunterrichtung den Kommandostellen der Kriegsmarine die Strategie des Hitlernachfolgers Karl Dönitz: Fortsetzung der Kampfhandlungen an allen Fronten, um politischen Zeitgewinn zu erzielen.

Ziel Großadmirals, möglichst viele deutsche Menschen Zugriff Bolschewismus zu entziehen. Da Westgegner Unterstützung Sowjets fortsetzen, geht Kampf auch gegen Anglo-Amerikaner gem. Befehl Großadm. weiter. Zweck dieses Kampfes, der Staatsführung Raum und Zeit für Maßnahmen auf politischem Gebiet zu erhalten. Wenn Führung angesichts Material – oder Personallage kampflose Übergabe bestimmter bisheriger Festungen zur Vermeidung unnötiger Menschenverluste befiehlt, ist daraus nicht auf Gesamtkapitulation zu schließen. Vorzeitige Vernichtung Waffen, Munition bzw. Versenkung muß unterbleiben um in befohlenen Stellungen kampffähig zu bleiben und Ordnung aufrechtzuerhalten.

Verteidigung an KW-Kanal-Linie ohne Sprengung Hochbrücken befehlen. Gegner bisher nur mit einzelnen Panzern bis Gegend Kanal vorgefühlt.

Teilweise erhebliche Auflösungserscheinungen bei Truppe, denen mit allen Mitteln zu begegnen ist.

Urkunde der bedingungslosen Kapitulation der faschistischen deutschen Wehrmacht

Berlin-Karlshorst, 8. Mai 1945

Erklärung der bedingungslosen Übergabe der faschistischen Streitkräfte. Einstellung aller Kampfhandlungen zum 8. Mai 1945.

1. Wir, die hier Unterzeichneten, die wir im Auftrage des Oberkommandos der Deutschen Wehrmacht handeln, übergeben hiermit bedingungslos dem Obersten Befehlshaber der Alliierten Expeditionsstreitkräfte und gleichzeitig dem Oberkommando der Roten Armee alle gegenwärtig unter deutschem Befehl stehenden Streitkräfte zu Lande, zu Wasser und in der Luft.

2. Das Oberkommando der Deutschen Wehrmacht wird unverzüglich allen deutschen Land-, See- und Luftstreitkräften und allen unter deutschem Befehl stehenden Streitkräften den Befehl geben, die Kampfhandlungen um 23.01 Uhr mitteleuropäischer Zeit am 8. Mai 1945 einzustellen, in den Stellungen zu verbleiben, die sie in diesem Zeitpunkt innehaben, und sich vollständig zu entwaffnen, indem sie ihre Waffen und Ausrüstung den örtlichen alliierten Befehlshabern oder den von den Vertretern der obersten alliierten Militärführungen bestimmten Offizieren übergeben. Kein Schiff, Seefahrzeug oder Flugzeug irgendeiner Art darf zerstört werden, noch dürfen Schiffsrümpfe, maschinelle Einrichtungen oder Geräte, Maschinen irgendwelcher Art, Waffen, Apparaturen und alle technischen Mittel zur Fortsetzung des Krieges im allgemeinen beschädigt werden.

3. Das Oberkommando der Deutschen Wehrmacht wird unverzüglich den zuständigen Befehlshabern alle von dem Obersten Befehlshaber der Alliierten Expeditionsstreitkräfte und dem Oberkommando der Roten Armee erlassenen zusätzlichen Befehle weitergeben und deren Durchführung sicherstellen.

4. Die Kapitulationserklärung stellt kein Präjudiz für an ihre Stelle tretende allgemeine Kapitulationsbestimmungen dar, die durch die Vereinten Nationen oder in deren Namen festgesetzt

werden und Deutschland und die Deutsche Wehrmacht als Ganzes betreffen werden.

5. Im Falle, daß das Oberkommando der Deutschen Wehrmacht oder irgendwelche unter seinem Befehl stehende Streitkräfte es versäumen sollten, sich gemäß den Bestimmungen dieser Kapitulationserklärung zu verhalten, werden der Oberste Befehlshaber der Alliierten Expeditionsstreitkräfte und das Oberkommando der Roten Armee alle diejenigen Straf- und anderen Maßnahmen ergreifen, die sie als zweckmäßig erachten.

6. Diese Erklärung ist in englischer, russischer und deutscher Sprache aufgesetzt. Allein maßgebend sind die englische und russische Fassung.

Unterzeichnet zu Berlin, am 8. Mai 1945.

gez. v. Friedeburg gez. Keitel gez. Stumpff
Für das Oberkommando der Deutschen Wehrmacht.
In Gegenwart von:
Für den Obersten Befehlshaber der Alliierten Expeditionsstreitkräfte
gez. A. W. Tedder
Für das Oberkommando der Roten Armee
gez. G. Shukow
Bei der Unterzeichnung waren als Zeugen auch zugegen: General, Oberstkommandierender der Ersten Französischen Armee
J. de Lattre-Tassigny
Kommandierender General der Strategischen Luftstreitkräfte der Vereinigten Staaten Carl Spaatz

Bericht des Kommandeurs der Division z. b. V. 172 an den Kommandierenden General des Ems-Korps

Cadenberge, 11. Juli 1945

General der Panzertruppen Graf Gerhard Detleff von Schwerin unterrichtet sei-nen Dienstvorgesetzten über die Stimmung der Soldaten in seiner Division, die in der britischen Zone zwar interniert, aber nach wie vor der Befehlsgewalt des alten Offizierskorps unterworfen sind. In den Mittelpunkt stellt er seine Befürchtung über eine mögliche Hinwendung der Soldaten zum Kommunismus.

In dem Bestreben, noch im letzten Augenblick einen erheb-lichen Stimmungswechsel der Truppe zum Kommunismus hin zu verhindern, bringe ich nachstehend die wichtigsten Punkte zur Sprache, von denen die Stimmung der Truppe und die Hal-tung der Männer im wesentlichen abhängt. [...]
4.) Nachdem die Soldaten jetzt einige Wochen feststellen konn-ten, welcher Prozentsatz von ihnen entlassen wurde, so rechnen sie sich natürlich die weitere Dauer des Bestehenbleibens der Truppenteile leicht aus und müssen dabei zu dem Ergebnis kommen, daß die *Truppenteile auch im Herbst und Winter noch in diesem Raum liegen*. [...]

Die *Nichtzahlung des Wehrsoldes* wird als reine Schikane angese-hen. Nach fernmündlicher Mitteilung des Korps-Intendanten war am 30. Juni der Wehrsold genehmigt. Hinterher mußte er nochmals schriftlich angefordert werden. Vor vier Tagen ist er-neut ein Termin gesetzt worden, um den Wehrsold bis ins klein-ste berechnet nochmals anzufordern. Es ist auch von seiten der Vorgesetzten nicht möglich, den Männern irgend einen glaub-haften Grund für diese Verzögerung zu erklären. [...]

Die vorstehenden Punkte sind die wichtigsten, über die die Leute nachdenken und die die Stimmung beeinflussen.

Auf der anderen Seite hören die Männer nach wie vor die Rundfunknachrichten aus Moskau und Berlin, wo von Aufbau, Lebensmittelversorgung, Fürsorge für Kinder evakuierter Eltern und Eröffnung von Theatern und Kinos die Rede ist. Es ist nicht zu vermeiden, daß die Männer diese Nachrichten mit dem, was sie hier erleben, immer wieder vergleichen. Das hat an einigen Stellen schon zu einem erheblichen Stimmungsumschwung geführt und wird sich in kurzer Zeit noch mehr in Richtung auf den Bolschewismus auswirken.

Da der Deutsche dazu neigt, bei Unzufriedenheit immer gegen die jeweilige Obrigkeit Stellung zu nehmen, ist schon eine nicht unerhebliche Hetze gegen die Offiziere zu beobachten. Hierin sehe ich die Hauptgefahr der Entwicklung. Wenn die hiesigen Verhältnisse dazu führen, daß die Masse der Soldaten sich gegen die Offiziere stellt, ist ein Zusammenhalt der Truppe nicht mehr zu wahren.

In einem endgültigen Stimmungsumschwung der Soldaten gegen die Offiziere sehe ich allgemein auch für die Zukunft Deutschlands eine besonders große Gefahr. Die Besatzungsmächte begründen ihren Kampf gegen den Nationalsozialismus zum Teil damit, daß das deutsche Volk damit geknechtet und unterdrückt wurde. Wenn das in Zukunft verhindert werden soll, so müssen alle führenden Stellen in der Verwaltung und Wirtschaft von Deutschen besetzt werden, die unter interalliierter Kontrolle ihre Ämter ausfüllen. Eine vollkommene Regierung und Verwaltung durch die Besatzungsmächte – die auch wohl nicht beabsichtigt ist – würde vom deutschen Volk erst recht als Unterdrückung angesehen werden. Nach den Verlusten des Krieges und nach der Ausschaltung der Parteiangehörigen bleibt meiner Ansicht nach zur Besetzung dieser führenden Stellen nur das Offizierskorps übrig. Es ist gerade in der Zukunft zum Führen des Volkes besonders geeignet, da es von jeher unpolitisch erzogen ist, und da es, von außerhalb der Partei und von Anfang an von der Partei mißtrauisch betrachtet und behandelt, am besten befähigt war, Wert oder Unwert des nationalsozialistischen Regimes zu beobachten und zu erkennen.

Dasselbe gilt für die älteren Berufs-Unteroffiziere. Wenn aber durch die derzeitigen hiesigen Verhältnisse ein Zwiespalt zwischen Offizier und Mann entsteht, so wird dadurch später die Führung des Volkes und die Aufrechterhaltung der Einheit des Volksganzen erschwert, wenn nicht unmöglich gemacht.

Die Hetze gegen die Offiziere geht nach meinen Beobachtungen zum Teil auch von der Zivilbevölkerung aus, die bisher vom Kriege wenig gemerkt hat und nun durch die lange und sehr starke Belegung mit Truppen unzufrieden wird.

Die enge Belegung ist sowohl für die Bevölkerung wie auch für die Soldaten eine sehr große Belastung. Der Zuwachs an neuen Truppenteilen in den letzten Tagen hat diese Belastung natürlich noch erhöht. Die Truppe sieht die Notwendigkeit der Aufnahme dieser Truppenteile durchaus ein und empfindet es dankbar, daß die Männer durch die Engländer nicht an die Russen übergeben, sondern hier abtransportiert wurden. [...]

Ein radikaler Stimmungsumschwung wird meiner Ansicht nach durch die vom Radio Hamburg am 7.7.1945 verbreitete Nachricht eintreten, daß in Kürze Sonderlager für die Nazigegner unter den deutschen Kriegsgefangenen eingerichtet werden. Wenn diese Absicht durchgeführt wird, erleben wir ein Denunziantentum und eine Hetze gegen die Offiziere und unter den Kameraden, wie sie noch nie dagewesen ist. Die jetzt sich schon zum Teil in der Truppe bemerkbar machenden Kommunisten sind wahrscheinlich zum geringsten Teil wirklich kommunistisch eingestellt gewesen. Sie geben sich jetzt als Kommunisten aus, um sich bei Besetzung von Zivilstellen der Besatzungsmacht gegenüber ein Alibi als Nazigegner zu schaffen und vielleicht sogar, um in dem vielfach erwarteten weiteren Vorrücken der Russen auf der richtigen Seite zu stehen. Diese Leute würden sich bei einem Suchen nach Nazigegnern in der Truppe lawinenartig vermehren.

Ich betone ausdrücklich, daß Offiziere wie auch Mannschaften sich unserer Lage vollkommen bewußt sind, und es ist allen klar, daß die Besatzungsmacht mit uns machen kann, was sie will. Die Offiziere bieten wirklich in vorbildlicher Weise ihr ganzes Führertum auf, um die Männer als anständige Soldaten in Disziplin zusammenzuhalten, und die Soldaten haben bisher stillschweigend alle uns auferlegten Bedingungen als selbstverständlich erfüllt.

Daß eine Bolschewisierung unserer Soldaten das Unglück Deutschlands noch wesentlich vergrößern würde, ist selbstverständlich. Ich kann mir aber auch nicht denken, daß die Besatzungsmacht ein Interesse an einer derartigen Entwicklung haben sollte. Sie tritt ein, wenn wir nicht mehr Verständnis bei der Besatzungsmacht finden, und wenn unsere Männer, deren Nerven durch den langen Krieg und sein unglückliches Ende bis zum äußersten angespannt sind, letzten Endes zur Verzweifelung getrieben werden.

DOKUMENT 148

Direktive des amtierenden Generalstabschefs der US-Armee an den Oberbefehlshaber der United States Strategic Air Forces

Washington, 25. Juli 1945

General T. T. Handy befiehlt General Carl Spaatz, bis zum 3. August 1945 alle Vorbereitungen zum Abwurf der ersten Atombombe auf Hiroshima, Kokura, Niigata bzw. Nagasaki abgeschlossen zu haben.

1. Die 509. Zusammengesetzte Gruppe der 20. Air Force wird ihre erste Spezialbombe, sobald das Wetter Sichtbombardierung gestattet, nach dem 3. August 1945 auf eines dieser Ziele werfen: Hiroshima, Kokura, Niigata oder Nagasaki. Zur Beförderung des militärischen und zivilen wissenschaftlichen Personals des Kriegsministeriums, um die Auswirkungen der Explosion der Bombe zu beobachten und aufzuzeichnen, wird ein zusätzliches Flugzeug die Maschine begleiten, die die Bombe trägt. Das Beobachtungsflugzeug wird mehrere Meilen entfernt vom Punkt des Bombenabwurfs bleiben.

2. Weitere Bomben werden auf die oben genannten Ziele abgeworfen werden, sobald sie vom Projektstab fertiggestellt worden sind. Zusätzliche Instruktionen betreffend anderer Ziele, als in der Liste oben genannt sind, werden folgen.

3. Die Verbreitung irgendwelcher Informationen, gleich welcher Art, bezüglich der Verwendung der Waffe gegen Japan sind dem Kriegsminister und dem Präsidenten der Vereinig-

ten Staaten vorbehalten. Von den Kommandeuren im Feld wird ohne vorherige spezifische Ermächtigung kein Kommuniqué über diese Angelegenheit oder eine Freigabe von Informationen erfolgen. Jede neue Geschichte wird dem Kriegsministerium zur speziellen Klärung übersandt.

4. Die vorstehende Direktive ist für Sie auf Anweisung und mit Billigung des Kriegsministers und des Chef des Stabes der USA herausgegeben worden. Es ist erwünscht, daß Sie persönlich ein Exemplar dieser Direktive General MacArthur und ein Exemplar Admiral Nimitz zur Kenntnisnahme übergeben.

DOKUMENT 149

Urkunde der bedingungslosen Kapitulation der japanischen Streitkräfte

2. September 1945

Erklärung der bedingungslosen Übergabe der japanischen und ihnen unterstellter Streitkräfte. Sofortige Einstellung aller Kampfhandlungen zu Lande, zu Wasser und in der Luft.

Artikel 1: Auf Befehl und im Namen des Kaisers von Japan und des Kaiserlich Japanischen Hauptquartiers nehmen wir mit der vorliegenden Urkunde die Bedingungen der Erklärung an, die von den Regierungschefs der Vereinigten Staaten, Chinas und Großbritanniens am 26. Juli in Potsdam veröffentlicht wurde und der sich die Union der Sozialistischen Sowjetrepubliken in der Folge anschloß, wobei diese vier Mächte die Alliierten Mächte darstellen, von denen in der vorliegenden Urkunde im folgenden die Rede ist.

Artikel 2: Hierdurch erklären wir die bedingungslose Kapitulation des japanischen Generalstabes, aller bewaffneten japanischen Streitkräfte und aller Japan unterstellten bewaffneten Streitkräfte, gleich, wo sie sich befinden.

Artikel 3: Hierdurch befehlen wir allen japanischen Kräften, gleich, wo sie sich befinden, und dem japanischen Volk, die Feindseligkeiten unverzüglich einzustellen, um Kriegsschiffe, Flugzeuge, militärische und zivile Güter nicht länger den Kriegsgefahren auszusetzen; wir erklären, daß wir alle Bedingungen des Oberkommandos der Alliierten Mächte annehmen.

Artikel 4: Hierdurch befehlen wir dem Kaiserlichen Hauptquartier, unverzüglich den Führern der japanischen bewaffneten Streitkräfte und allen ihnen unterstellten Streitkräften die notwendigen Anweisungen zur bedingungslosen Kapitulation zu geben.

Artikel 5: Alle Stellen des Heeres und der Marine müssen die Proklamationen und Befehle ausführen, die das Oberkommando der Alliierten Mächte für notwendig hält, um die Kapitulation wirksam werden zu lassen. Wir befehlen allen Stellen, soweit sie nicht ausdrücklich vom Obersten Befehlshaber oder seinen Vertretern ihres Amtes enthoben sind, auf ihrem Posten zu bleiben und weiterhin ihre Funktionen auszuführen.

Artikel 6: Hierdurch verpflichten wir uns im Namen der gegenwärtigen japanischen Regierung oder ihrer Nachfolger, nach bestem Wissen und Gewissen die Bedingungen der Erklärung von Potsdam durchzuführen, die Befehle zu geben und alles auszuführen, was durch den Obersten Befehlshaber der Alliierten Streitkräfte oder die von ihm bezeichneten Vertreter zur Ausführung der Bestimmungen dieser Erklärung befohlen wird.

Artikel 7: Hierdurch befehlen wir der japanischen Regierung und dem Kaiserlich Japanischen Hauptquartier, unverzüglich alle alliierten Kriegsgefangenen und alle alliierten Zivilinternierten, die gegenwärtig in japanischer Gewalt sind, freizulassen und Vorkehrungen für ihren Schutz, ihren Unterhalt und ihre unverzügliche Beförderung zu den anderweits angegebenen Stellen zu treffen.

Artikel 8: Die Autorität des Kaisers und der japanischen Regierung untersteht in der Leitung des Staates der Autorität des Obersten Befehlshabers der Alliierten Mächte. Dieser Oberste Befehlshaber wird die Maßnahmen treffen, die ihm geeignet erscheinen, um die Kapitulationsbedingungen in die Tat umzusetzen.

Chronik der
wichtigsten Ereignisse

zusammengestellt von Dorothea Schmidt

1939

August

31. 8.   Das OKW erläßt die »Weisung Nr. 1 für die Kriegführung«, in der der Angriff auf Polen auf den 1. September 1939 um 4.45 Uhr festgesetzt wird

September

1. 9.   Überfall des faschistischen Deutschlands auf Polen; Beginn des zweiten Weltkrieges

Erlaß des Obersten Sowjets der UdSSR über die allgemeine Wehrpflicht

2. 9.   Beratung von Mitgliedern der Führung der KPD in Moskau; Festlegung der neuen Aufgaben nach Ausbruch des Krieges; Erklärung, daß die KPD für die Beendigung des Krieges und die Lösung aller Streitfragen auf internationalen Konferenzen kämpft

3. 9.   Faschistische deutsche Truppen besetzen Radomsko und Częstochowa

Ohne Warnung versenkt das U-Boot U 30 den britischen Passagierdampfer »Athenia« mit 1 102 Passagieren an Bord

Kriegserklärung Großbritanniens, Frankreichs, Indiens, Australiens und Neuseelands an Deutschland

Die im Sekretariat des ZK der KPD in Paris tätigen Mitglieder der Parteiführung veröffentlichen eine Erklärung, in der auf die Schaffung der Aktionseinheit und eine breite antifaschistische Front orientiert wird

4. 9.   Erklärung der japanischen Regierung über die Nichteinmischung Japans in den europäischen Krieg

der Westgrenze der Sowjetunion (»Curzon-linie«)

29. 9.	Nach heroischer Verteidigung durch polnische Patrioten wird die Festung Modlin übergeben
30. 9.	General Sikorski wird Ministerpräsident der in Angers (Frankreich) gebildeten polnischen Exilregierung (ab 1940 in London)
September	Die antifaschistische Flugschrift »Die Stimme des Volkes« wird an Einwohner Stuttgarts versandt
September/ Oktober	Klebezettel-Aktion von Breslauer Antifaschisten

Oktober

2. 10.	Kapitulation der polnischen Einheiten auf dem Flottenstützpunkt Hel
3. 10.	Verkündung des Beschlusses der Panamerikanischen Konferenz über die Schaffung einer 300-Meilen-Sicherheitszone entlang der Küste des amerikanischen Kontinents südlich von Kanada
5. 10.	Unterzeichnung eines Beistandspaktes zwischen der UdSSR und Lettland
6. 10.	Mit der Kapitulation polnischer Truppen bei Kock und Lublin erlischt der organisierte Widerstand der polnischen Armee
	Hitler macht in einer Rede vor dem Reichstag Großbritannien und Frankreich ein »letztes Friedensangebot«
8. 10.	Beratung der Führung der KPD über die Anleitung der illegalen Organisationen der KPD in Deutschland und in der Emigration
8. und 12. 10	Die westlichen Provinzen Polens werden in einem beispiellosen Raubzug vom faschistischen Deutschland annektiert; Bildung des »Generalgouvernements für die besetzten polnischen Gebiete«
9. 10.	Weisung Nr. 6 des OKW zur Vorbereitung des Überfalls auf Frankreich unter Verletzung der luxemburgischen, belgischen und niederländischen Neutralität (Fall »Gelb«)
10. 10.	Unterzeichnung eines Beistandspaktes zwischen der UdSSR und Litauen
12. 10.	Angebot der Regierung der UdSSR an die Regie-

rung Finnlands, einen Beistandspakt abzuschließen

14. 10.	In der Bucht von Scapa Flow versenkt das U-Boot U 47 das britische Schlachtschiff »Royal Oak«
	Memorandum des faschistischen Marinekommandoamtes über Kolonialpläne in Afrika und in der Südsee
16./17. 10.	Erste Angriffe der faschistischen deutschen Luftwaffe auf Schiffsziele im Firth of Forth und Scapa Flow
19. 10.	Unterzeichnung eines britisch-französisch-türkischen Beistandspaktes in Ankara
	Verhandlungen zwischen Hermann Göring und James D. Mooney, Präsident der General Motors Overseas Corporation, über Verständigungsmöglichkeiten, die imperialistischen Gegensätze auf Kosten der UdSSR zu lösen
21. 10.	Brief der Parteiführung der KPD an die Leitungen und Funktionäre der KPD im Lande über die Aufgaben der Partei
28. 10.	Antifaschistische Demonstrationen in Prag, Brno, Ostrava, Kladno und anderen Städten der Tschechoslowakei anläßlich des 21. Jahrestages der Tschechoslowakischen Republik

November

4. 11.	Annahme eines Zusatzes zum Neutralitätsgesetz durch den Kongreß der USA, der das Waffenausfuhrverbot aufhebt (»cash-and-carry«-Klausel)
	Beratung der Führung der KPD über die Tätigkeit der Partei in Berlin nach Kriegsbeginn
15. 11.	Direktive der Führung der KPD, über Rosa Thälmann Verbindung zu Ernst Thälmann aufzunehmen und Informationen an die Parteiführung zu geben
17. 11.	Bestätigung des alliierten Aufmarschplans »Dyle« durch den Alliierten Obersten Kriegsrat, der bei einem deutschen Angriff den sofortigen Vormarsch bis zur Linie Maas–Namur und Dyle–Antwerpen vorsieht
21. bis 27. 11.	Vorstoß der Schlachtschiffe »Gneisenau« und

	»Scharnhorst« gegen die britischen Seeverbindungen im Nordatlantik
23. 11.	Bericht Wilhelm Piecks und Karl Mewis' vor dem Sekretariat des EKKI über die Lage in Deutschland und den Kampf der illegalen Parteiorganisationen
30. 11. bis 12. 3. 1940	Bewaffneter Konflikt zwischen Finnland und der Sowjetunion
Ende November	Teilnahme Wilhelm Piecks an den Beratungen einer Kommission des Sekretariats des EKKI über die Arbeit der KPD, der Kommunistischen Partei Österreichs und der Kommunistischen Partei der Tschechoslowakei

Dezember

13. 12.	Seegefecht vor der La-Plata-Mündung; Selbstversenkung des dabei schwer beschädigten deutschen Panzerschiffes »Admiral Graf Spee« am 17. 12. im Hafen von Montevideo
14. 12.	Bildung eines Planungsstabes im OKW zur Ausarbeitung der Operationsstudien gegen Norwegen
16. 12.	Denkschrift Winston S. Churchills über eine Operation gegen Narvik
30. 12.	Abschluß der Ausarbeitung der »Politischen Plattform der Kommunistischen Partei Deutschlands«, in der die taktische Linie der Partei für den antifaschistischen Kampf nach der Entfesselung des Krieges präzisiert wird
Ende Dezember	Flugblattaktion von Berliner Jungkommunisten unter Hanno Günther
1939/1940	Durch den Zusammenschluß von verschiedenen Parteigruppen und Betriebszellen entsteht die illegale Parteiorganisation Sachsen der KPD, die von Georg Schumann u. a. geleitet wird

1940

Februar

5. 2.	Beschluß des Alliierten Obersten Kriegsrates über den Einmarsch in Norwegen und Schweden
11. bis 23. 2.	Durchbruch der sowjetischen Truppen durch den

400

16. 2.	Der britische Zerstörer »Cossack« entert in norwegischen Hoheitsgewässern das deutsche Marinetroßschiff »Altmark« und befreit 303 gefangene britische Soldaten
18. bis 20. 2.	Unternehmen »Nordmark« gegen den Geleitzugverkehr zwischen Großbritannien und Skandinavien bleibt ergebnislos
22./23. 2.	Irrtümliche Angriffe der deutschen Luftwaffe auf fünf deutsche Zerstörer, bei denen zwei Zerstörer verlorengehen
24. 2.	Erlaß der endgültigen Aufmarschanweisung »Gelb« durch das OKH für den Angriff im Westen
25. 2. bis 21. 3.	Reise des stellvertretenden Außenministers der USA, Sumner Welles, nach Rom, Berlin, Paris und London als Versuch einer Friedensvermittlung mit antisowjetischer Tendenz
28. bis 29. 2.	Durchbruch sowjetischer Truppen durch den zweiten Verteidigungsstreifen der Mannerheimlinie

März

1. 3.	Erlaß der Weisung »Fall Weserübung« für den Überfall auf Dänemark und Norwegen
1. bis 30. 3.	U-Boote versenken in der Nordsee und im Atlantik 23 alliierte Handelsschiffe
12. 3.	Unterzeichnung des Friedensvertrages zwischen der UdSSR und Finnland
20. 3.	Nach dem Rücktritt der Regierung Edouard Daladier Bildung einer neuen französischen Regierung unter Paul Reynaud (21. 3. bis 16. 6.)
28. 3.	Beschluß des Alliierten Obersten Kriegsrates, die norwegischen Hoheitsgewässer zu verminen

April

8. 4.	Eine Gruppe von Funktionären der Sozialdemokratie und der Gewerkschaften erörtert in Kopenhagen die Denkschrift »Aufgaben zum Neuaufbau eines demokratischen Deutschlands nach dem Sturze Hitlers«

9. 4.	Überfall des faschistischen Deutschlands auf Dänemark und Norwegen
	Beschluß des Alliierten Obersten Kriegsrates, Streitkräfte nach Norwegen zu entsenden
10. 4.	Aufruf des Politbüros der Kommunistischen Partei Norwegens zum aktiven Kampf gegen die faschistischen Eroberer und ihre Quislinge
15. 4.	Aufruf des ZK der Kommunistischen Partei Dänemarks zur Bildung einer breiten nationalen Front des Widerstandes gegen die Okkupanten
	Stellungnahme der Berliner Parteiorganisation der KPD gegen die Unterdrückung des norwegischen Volkes
15. und 18. 4.	Landung britischer und französischer Truppen in Norwegen bei Namsos und Åndalsnes
20. 4.	Erklärung des sozialdemokratischen Emigrantenvorstandes gegen den Überfall der faschistischen Wehrmacht auf Dänemark und Norwegen
28. 4.	Britische Truppen besetzen Narvik (3. bis 8. 6. Evakuierung der Verbände)
Frühjahr	Beginn der Herausbildung des Kreisauer Kreises von Gruppen bürgerlicher Hitlergegner um Helmuth Graf von Moltke und Peter Graf Yorck von Wartenburg

Mai

10. 5.	Beginn der faschistischen Aggression im Westen mit dem Überfall auf Frankreich, die Niederlande, Belgien und Luxemburg
	Britische Streitkräfte besetzen Island
	Ein Angriff der faschistischen Luftwaffe auf Freiburg i. B. liefert einen propagandistischen Vorwand für die terroristische Bombenkriegführung
	Rücktritt der Regierung Houston Stewart Chamberlain und Bildung der Koalitionsregierung Winston S. Churchill in Großbritannien
11. 5.	Die britische Regierung beschließt den strategischen Bombenkrieg gegen Deutschland
12. 5.	In einer Erklärung verurteilt das ZK der KPD die Überfälle des deutschen Imperialismus auf

	Dänemark, Norwegen, Frankreich, Belgien, Luxemburg und die Niederlande und bekundet die feste Verbundenheit der deutschen Kommunisten mit der Arbeiterklasse und den anderen Werktätigen dieser Länder
13.5.	Truppen der faschistischen Wehrmacht überschreiten die Maas bei Dinant und Sedan – Einnahme von Lüttich
14.5.	Barbarischer Bombenangriff der faschistischen Luftwaffe auf Den Haag und Rotterdam
	Schaffung der zivilen Selbstverteidigung (Home Guard) in Großbritannien
15.5.	Kapitulation der niederländischen Streitkräfte
16.5.	Angriff britischer Bombenflugzeuge auf das Ruhrgebiet, insbesondere gegen Hamm und Dortmund
17. und 18.5.	Besetzung Brüssels und Antwerpens durch Truppen der faschistischen Wehrmacht
18.5.	Erlaß Hitlers über die Angliederung der belgischen Gebiete Eupen, Malmedy und Moresnet an Deutschland
19.5.	Ernennung von General Maxime Weygand zum Oberkommandierenden der Alliierten Streitkräfte in Frankreich
20.5.	Faschistische deutsche Truppen erreichen die Kanalküste bei Abbéville und schneiden die alliierten Verbände in Nordfrankreich und Belgien ab
21. bis 22.5.	Britisch-französischer Gegenangriff im Raum Arras
24.5.	Der sogenannte Haltebefehl Hitlers stoppt vorübergehend den Angriff der faschistischen Panzerverbände vor Dünkirchen (bis 26.5.)
26.5. bis 4.6.	Operation »Dynamo« zur Evakuierung der bei Dünkirchen eingeschlossenen britischen Streitkräfte
28.5.	Kapitulation der belgischen Streitkräfte
31.5.	Aufmarschanweisung »Rot« des OKH

Juni

| 1.6. | Angriff der faschistischen deutschen Luftwaffe auf Marseille, bei dem der britische Passagierdampfer »Ortford« versenkt wird |

3. und 4. 6.	Mit schweren Bombenangriffen der faschistischen Luftwaffe auf Paris und Umgebung beginnt die zweite Phase der Kampfhandlungen in Westeuropa
4. 6.	Einnahme von Dünkirchen durch Truppen der faschistischen Wehrmacht
5. 6.	Fortsetzung der Offensive der faschistischen deutschen Truppen in Frankreich (Fall »Rot«) gegen die Somme und die untere Aisne (Weygandlinie)
6. 6.	Appell des ZK der Französischen Kommunistischen Partei an die Regierung, einen Unabhängigkeitskrieg und Freiheitskrieg gegen das Hitlerregime zu führen und ein Volksaufgebot aufzurufen
8. 6.	Versenkung des britischen Flugzeugträgers »Glorious« bei Jan Mayen
10. 6.	Kapitulation der Reste des norwegischen Heeres Kriegserklärung des faschistischen Italiens an Großbritannien und Frankreich
11./12. 6.	Erster Bombenangriff der RAF gegen Turin und Genua
14. 6.	Einmarsch deutscher Truppen in Paris
16. 6.	Rücktritt der Regierung Paul Reynaud in Frankreich und Bildung eines Kabinetts unter Marschall Henri Philippe Pétain
17. 6.	Angebot der französischen Regierung zur Vermittlung eines Waffenstillstands mit Hitlerdeutschland Tagung von Vertretern der Reichsgruppe Industrie, die das Kriegsprogramm des faschistischen deutschen Imperialismus unter die Losung »Neuordnung der europäischen Wirtschaft« stellt
18. 6.	Aufruf von General Charles de Gaulle über Radio London an alle auf britischem Territorium befindlichen Franzosen, sich um ihn zum Widerstand gegen die deutschen Faschisten zu sammeln
18. und 20. 6.	Faschistische deutsche Truppen erobern Cherbourg und Brest
21. 6.	Beginn des italienischen Angriffs an der Alpenfront gegen Frankreich

22.6.	Deutsch-französischer Waffenstillstand von Compiègne
24.6.	Italienisch-französischer Waffenstillstand
28.6.	Beschluß der britischen Regierung über die Anerkennung General Charles de Gaulles als Führer der Bewegung »Freies Frankreich«
28. bis 30.6.	Sowjetisch-rumänische Vereinbarung über die Rückgabe Bessarabiens und der nördlichen Bukowina an die UdSSR
29.6.	Erklärung des japanischen Außenministers Hachiro Arita über die Ausdehnung der »großasiatischen Wohlstandssphäre« auf Südostasien
30.6.	Als erster Beauftragter des ZK der KPD trifft nach Kriegsbeginn Rudolf Hallmeyer in Berlin ein
Juni und Oktober	Aufrufe des ZK der Kommunistischen Partei Italiens an das italienische Volk für den gemeinsamen antifaschistischen Kampf aller Parteien, Organisationen und politischen Gruppen

Juli

1.7.	Übersiedlung der französischen Regierung unter Marschall Pétain nach Vichy
2.7.	Aufforderung des OKW an das Heer, die Kriegsmarine und die Luftwaffe, die Möglichkeiten einer gemeinsamen Operation zur Landung in Großbritannien zu prüfen
3.7.	Angriff eines britischen Flottenverbands auf Teile der französischen Flotte bei Mers-el-Kebir
4.7.	Die französische Regierung Pétain bricht die diplomatischen Beziehungen zu Großbritannien ab
6. bis 10.7.	Seegefecht zwischen der italienischen Flotte und der britischen Mittelmeerflotte vor der kalabrischen Küste bei Punta Ştilo
10.7.	Aufruf des ZK der Französischen Kommunistischen Partei an das französische Volk, die Vichy-Regierung zu stürzen und eine Regierung der nationalen Wiedergeburt zu schaffen
16.7.	Weisung Nr. 16 des OKW zur Vorbereitung der Invasion gegen Großbritannien (Unternehmen »Seelöwe«)
17.7.	Anordnung der britischen Regierung zur Sper-

rung der Burma-Straße und Hongkongs für den Warentransit nach China

19. 7.	Hitler richtet in einer Reichstagsrede ein »letztes Friedensangebot« an Großbritannien; die britische Regierung lehnt am 22. 7. den Erpressungsversuch ab
21. bis 22. 7.	Wiedererrichtung der Sowjetmacht in Litauen, Lettland und Estland; Bildung der Litauischen, Lettischen und Estnischen Sozialistischen Sowjetrepubliken
21. bis 30. 7.	Konferenz der Außenminister der USA und der lateinamerikanischen Länder in Havanna; Annahme einer Erklärung, die es verbot, den Kolonialbesitz einer europäischen Macht auf eine andere europäische Macht zu übertragen
22. 7.	Das OKH erhält den Auftrag, eine Operationsstudie für die Aggression gegen die UdSSR vorzubereiten
24. 7.	Denkschrift der IG Farbenindustrie AG über die »Notwendigkeit, in die europäische Wirtschaft ordnend einzugreifen«
Juli	Die Berliner Widerstandsgruppe junger Kommunisten unter Hanno Günther beginnt mit der Herausgabe der Flugschrift »Das freie Wort«

August

1. 8.	Weisung Nr. 17 des OKW für den verschärften Luft- und Seekrieg gegen Großbritannien
1. 8. bis 2. 12.	Militärische Niederlage der faschistischen Luftwaffe über England: Verlust von 3094 Flugzeugen
2. 8.	Bildung der Moldauischen Sozialistischen Sowjetrepublik
4. bis 18. 8.	Italienische Truppen besetzen Britisch-Somaliland
5. 8.	Fertigstellung des Kriegsplans gegen die UdSSR (»Operationsentwurf Ost«), die dem OKH vorgelegt wird
9. 8.	Weisung des OKW über »Aufbau Ost«: Vorbereitung des Aufmarschraumes für den Überfall auf die UdSSR

406

13. 8.	Beginn des verschärften Luftkrieges gegen England (»Adlertag«)
17. 8.	Das OKW erklärt die totale Blockade für ein »Operationsgebiet« bei den britischen Inseln
18. 8.	Abkommen von Ogdensburg: USA und Kanada beschließen gemeinsame Verteidigungsmaßnahmen
24. 8.	Erster Terrorangriff der faschistischen deutschen Luftwaffe auf das Stadtgebiet von London
25./26. 8.	Erster Angriff britischer Bombenflugzeuge vom Typ »Hampden« und »Wellington« auf Berlin
30. 8.	Im sogenannten 2. Wiener Schiedsspruch wird Rumänien vom deutschen und italienischen Imperialismus gezwungen, einen Teil von Transsylvanien an Ungarn und einen Teil der Dobrudscha an Bulgarien abzutreten – bei gleichzeitigen Versprechungen sowjetischer Gebiete, die gemeinsam erobert werden sollen
August	Arthur Emmerlich, Alfred Grünberg und Kurt Steffelbauer üben die Funktion der operativen Leitung der KPD und des antifaschistischen Kampfes in Deutschland aus
Spätsommer	Robert Uhrig, John Sieg und Wilhelm Guddorf bilden die Leitung der illegalen Bezirksorganisation Berlin der KPD

September	
2. 9.	Übergabe der britischen Flotten- und Flugzeugstützpunkte in Westindien und auf Neufundland an die USA im Austausch gegen 50 amerikanische Zerstörer
4. 9.	Errichtung der faschistischen Diktatur unter Marschall Ion Antonescu in Rumänien
7. 9. bis 13. 11.	Nachtangriffe der faschistischen Luftwaffe auf London, bei denen insgesamt 13651 Tonnen Sprengbomben und 12586 Brandbombenkanister abgeworfen werden
13. 9.	Beginn des Einfalls der italienischen Armee in Ägypten
15. 9.	Großangriff der faschistischen Luftwaffe auf London mit über 200 Bombenflugzeugen, von denen 54 abgeschossen werden

16.9.	Einführung der allgemeinen Wehrpflicht in den USA
17.9.	Das OKW veranlaßt, die Landungsoperation »Seelöwe« auf unbestimmte Zeit zu verschieben
20. bis 23.9.	Unternehmen »Menace«: Angriff britischer Seestreitkräfte gegen Dakar
21. bis 22.9.	Fünf deutsche U-Boote versenken 12 britische Schiffe mit 77863 BRT
22.9.	Japanische Truppen überfallen Indochina; die Völker Indochinas beginnen den Kampf gegen die japanische Besetzung
23.9.	Die französische Regierung Pétain gestattet den Einmarsch japanischer Truppen in die französische Kolonie Indochina
23./24.9.	Angriff britischer Fernfliegerkräfte auf Berlin
27.9.	Unterzeichnung des Dreimächtepaktes Deutschland–Italien–Japan in Berlin
Herbst	In Hamburg kommen die kommunistischen Funktionäre Bernhard Bästlein, Franz Jacob, Robert Abshagen und Gustav Bruhn überein, eine Widerstandsorganisation aufzubauen, die ihre Basis in den Betrieben haben soll

Oktober

3.10.	Sitzung der Reichsgruppe Industrie zur Herstellung einer einheitlichen Linie in den »Neuordnungsplanungen« des deutschen Imperialismus
4.10.	Besprechungen zwischen Hitler und Mussolini über die Koordinierung der deutsch-italienischen Kriegführung
7./8.10.	Angriff britischer Bombenflugzeuge auf Berlin
11.10.	Angriff der faschistischen Luftwaffe auf Liverpool
12.10.	Einmarsch von Truppen der faschistischen Wehrmacht in Rumänien – Beginn des Aufmarsches im Südosten
16./17.10.	Nachtangriffe britischer Bombenflugzeuge auf Bremen, Cuxhaven, Hamburg und Kiel
16. bis 20.10.	Acht deutsche U-Boote versenken 30 britische Schiffe mit 151849 BRT im Seegebiet westlich Schottlands

408

21. und 24. 10.	Besprechungen zwischen Hitler–Laval und Hitler–Pétain in Montoire über die Einbeziehung Frankreichs in den faschistischen Kriegsblock
23. 10.	Unterredung zwischen Hitler und Franco in Hendaye über den Kriegseintritt Spaniens
26. 10.	In Vorbereitung des Überfalls auf die UdSSR tritt eine Neugliederung des faschistischen Feldheeres in Kraft
28. 10.	Streitkräfte des faschistischen Italiens überfallen Griechenland
31. 10.	Landung britischer Truppen auf Kreta
Oktober	Die erste Nummer der wieder in Berlin herausgegebenen »Roten Fahne« erscheint (es folgen die Ausgaben 2/3 im März 1941 und 4/5 im Mai 1941)

November

2. 11.	Aufruf der Kommunistischen Partei Griechenlands zum bewaffneten Widerstand gegen den italienischen Faschismus
5. 11.	Franklin D. Roosevelt wird zum dritten Mal Präsident der USA
11. 11.	Studentendemonstration in Paris
11. bis 12. 11.	Britischer Trägerflugzeugangriff gegen die italienische Flotte im Hafen von Tarent; drei italienische Schlachtschiffe werden außer Gefecht gesetzt
12. 11.	Weisung Nr. 18 des OKW: Plan zur Vorbereitung der Eroberung von Gibraltar und der Aktivierung der Kriegführung im Mittelmeer (Unternehmen »Felix«)
12./13. 11.	Verhandlungen des sowjetischen Außenministers W. M. Molotow in Berlin
14./15. 11.	Barbarischer Angriff der faschistischen Luftwaffe auf Coventry; eine Stadt »coventrieren« hieß von nun an, sie dem Erdboden gleichzumachen und ihr Leben auszulöschen
19./20. 11.	Terrorangriff der faschistischen Luftwaffe auf Birmingham
20. bis 24. 11.	Beitritt Ungarns, Rumäniens (23. 11.) und der Slowakei (24. 11.) zum faschistischen Dreimächtepakt

29.11. und 3.12. und 7.12.	Planspiele des OKH zur Überprüfung der Operationsplanung für die Aggression gegen die UdSSR

Dezember

1. bis 2.12.	Sieben deutsche U-Boote versenken 10 britische Schiffe mit 74373 BRT im Nordatlantik
9.12.	Beginn einer Offensive britischer Truppen in Nordafrika (bis 10.2.1941)
10.12.	Weisung Nr. 19 des OKW zum Einmarsch in den unbesetzten Teil Frankreichs (Unternehmen »Attila«)
13.12.	Weisung Nr. 20 des OKW zur Aggression gegen Griechenland (Unternehmen »Marita«)
16./17.12.	Schwerer Angriff britischer Bombenflugzeuge auf Mannheim
18.12.	Weisung Nr. 21 des OKW zum Überfall auf die UdSSR (Fall »Barbarossa«)

1941

Januar

10./11.1.	Angriff der faschistischen Luftwaffe auf den Hafen von Portsmouth
11.1.	Weisung Nr. 22 des OKW zur Entsendung deutscher Truppen nach Nordafrika
11. und 12.1.	Tagung des von Gewerkschafts- und Genossenschaftsverbänden einberufenen Volkskongresses in London mit der Forderung nach Frieden auf der Grundlage von Gleichberechtigung und Freundschaft zwischen den Völkern
14.1.	Zustimmung des rumänischen Diktators Ion Antonescu zur Teilnahme Rumäniens an der Aggression gegen die UdSSR
15. bis 18.5.	Offensive britischer Truppen in Ostafrika
19. und 20.1.	Besprechungen zwischen Hitler und Mussolini; Unterstützung der Aggression gegen die UdSSR durch den Einsatz eines italienischen Hilfskorps
20.1.	Einmarsch britischer Truppen in Eritrea und in Italienisch-Somaliland (24.1.)

21.1.	Aufhebung des »moralischen Embargos« für den Handel mit der Sowjetunion durch die USA
22.1.	Britische Truppen besetzen Tobruk
29.1.	Beginn geheimer Generalstabsbesprechungen zwischen den USA und Großbritannien
30.1.	Beginn der Absprachen des OKH mit dem finnischen Generalstab über die Teilnahme Finnlands am Überfall auf die UdSSR
31.1.	Erste Aufmarschanweisung des OKH über die strategische Konzentration und die Entfaltung der Truppen zum Überfall auf die UdSSR

Februar

6.2.	Weisung Nr. 23 des OKW: »Richtlinien für die Kriegführung gegen die englische Wehrwirtschaft«
6. bis 11.2.	Angriff britischer Seestreitkräfte gegen den italienischen Flottenstützpunkt Genua
10.2.	Großbritannien bricht die diplomatischen Beziehungen zu Rumänien ab
10./11.2.	Angriff britischer Bombenflugzeuge auf Hannover
11.2.	Erste Einheiten des faschistischen deutschen Afrikakorps unter General Erwin Rommel treffen in Tripolis ein
13.2.	Denkschrift des Wehrwirtschafts- und Rüstungsamtes des OKW über Rohstoffe, Erzeugnisse und das industrielle Potential durch die Okkupation des europäischen Teils der UdSSR
15. bis 20.2.	XVIII. Parteikonferenz der KPdSU (B), die die Aufgaben der Parteiorganisationen in der Industrie und im Verkehrswesen festlegt sowie den Plan zur Entwicklung der sowjetischen Volkswirtschaft im Jahre 1941 erörtert
25./26.2.	Antifaschistischer Massenstreik in Amsterdam und in anderen Städten der Niederlande
28.2.	Neukonstituierung einer Landesgruppe deutscher Gewerkschafter in London, der Vertreter aller sozialdemokratischen Gruppen angehören

März

1.3.	Beitritt Bulgariens zum Dreimächtepakt; Einmarsch deutscher Truppen in Bulgarien

412

April

1.4. bis 31.5.	Aufstand im Irak unter Führung von Raschid Ali al-Gailani
3.4.	Weisung Nr. 26 des OKW über die »Zusammenarbeit mit den Verbündeten auf dem Balkan«
5.4.	Abschluß eines sowjetisch-jugoslawischen Freundschafts- und Nichtangriffspaktes
6.4.	Beginn der faschistischen Aggression gegen Jugoslawien und Griechenland
9.4.	Eroberung von Saloniki durch Truppen der faschistischen Wehrmacht
	Nach Absprachen mit Dänemark erhalten die USA Luftstützpunkte in Grönland
9./10.4.	Schwerer Angriff der faschistischen Luftwaffe auf Birmingham
10.4.	Beschluß des ZK der Kommunistischen Partei Jugoslawiens zur Unterstützung des Widerstandes gegen die Okkupanten; Bildung eines Militärkomitees für den bewaffneten Kampf
12.4.	Stellungnahme der Führung der KPD, in der der Überfall Hitlerdeutschlands auf Jugoslawien und Griechenland verurteilt wird
13.4.	Die UdSSR und Japan unterzeichnen in Moskau einen Neutralitätsvertrag
17.4.	Kapitulation der jugoslawischen Streitkräfte
	Angriff des RAF-Bomber-Command auf Berlin
19./20.4.	Terrorangriff der faschistischen Luftwaffe auf London
22. bis 26.4.	Militärbesprechungen in Singapur zwischen Vertretern der Niederlande, der USA und Großbritanniens
23.4.	Unterzeichnung der bedingungslosen Kapitulation der griechischen Streitkräfte
24. bis 29.4.	Operation »Demon«: Evakuierung britischer Truppen aus Griechenland nach Kreta und Ägypten
25.4.	Weisung Nr. 28 des OKW zur Besetzung der Insel Kreta (Unternehmen »Merkur«)
27.4.	Besetzung von Athen durch deutsche Truppen
	Auf Initiative und unter Führung der Kommunisten wird in Ljubljana die Befreiungsfront Sloweniens gebildet

Mai

Anfang Mai	Beschluß des ZK der Kommunistischen Partei Jugoslawiens über die Vorbereitung des bewaffneten Aufstands
10.5.	Rudolf Heß, Stellvertreter Hitlers, fliegt nach Schottland, um mit britischen Regierungskreisen Möglichkeiten einer Verständigung zwischen dem deutschen und dem britischen Imperialismus im Hinblick auf den bevorstehenden Krieg gegen die UdSSR zu besprechen.
	Streik von 100 000 belgischen Metallarbeitern im Gebiet von Liège
10./11.5.	Letzter schwerer Angriff der faschistischen Luftwaffe auf London, da das OKW immer mehr Bombenflugzeuge an die Grenzen der Sowjetunion verlegt
13.5.	Das OKW erläßt den »Barbarossa-Gerichtsbarkeitsbefehl«, der allen Wehrmachtangehörigen Straffreiheit für Kriegsverbrechen zusichert
	Der sowjetische Generalstab ordnet an, 28 Schützendivisionen und 4 Armeeführungen aus den inneren Militärbezirken in die grenznahen Militärbezirke zu verlegen
15.5.	Aufruf der Kommunistischen Partei Frankreichs zur Bildung einer breiten nationalen Front des Widerstandes
18.5.	Kapitulation des Hauptteils der italienischen Streitkräfte in Äthiopien
19.5. bis 21.6.	Deutsche Schiffe legen in der östlichen Ostsee Minensperren
20.5. bis 1.6.	Okkupation Kretas durch faschistische Truppen
	Kreuzerkrieg zwischen deutschen und britischen Einheiten im Atlantik, in dessen Verlauf am 24.5. das britische Schlachtschiff »Hood« und am 27.5. das deutsche Schlachtschiff »Bismarck« versenkt werden
25./26.5.	Besprechungen zwischen dem finnischen Generalstabschef Erik Heinrichs und dem OKW mit Festlegungen von Einzelheiten für den finnischen Aufmarsch gegen die Sowjetunion

414

27.5.	Proklamation des »unbeschränkten nationalen Notstands« in den USA
27.5. bis 9.6.	Streik von 100 000 französischen Bergarbeitern in den Départements Nord und Pas-de-Calais
28.5.	Beginn der Evakuierung britischer Truppen von der Insel Kreta
Mai	Gemeinsame illegale Zusammenkunft von Vertretern der Berliner Parteiorganisation der KPD (Robert Uhrig) und des Widerstandskreises um Josef Römer mit der Münchener Widerstandsorganisation zur Koordinierung des antifaschistischen Kampfes

Juni

Anfang Juni	Übereinkunft zwischen einem Vertreter der Parteiführung der KPD, einem Vertreter der Kommunistischen Partei der Tschechoslowakei, der Kommunistischen Partei Österreichs und des ZK der Französischen Kommunistischen Partei, die deutschsprechenden Emigranten aus verschiedenen Ländern in Frankreich zur »Travail Allemand« zusammenzufassen
	Der deutsche Kommunist Fritz Riedel teilt einem Mitglied der Kommunistischen Partei der Tschechoslowakei in Böhmen das genaue Datum des faschistischen Überfalls auf die UdSSR mit und bittet um weitere Übermittlung durch das ZK der Kommunistischen Partei der Tschechoslowakei
1./2.6.	Terrorangriff der faschistischen Luftwaffe auf Manchester
2.6.	Hitler informiert Mussolini über die Aggression gegen die UdSSR
6.6.	Erlaß des Kommissarbefehls, in dem die Ausrottung der Politarbeiter der Roten Armee befohlen wird
10.6.	Beginn des Aufmarsches der Verbände der faschistischen Luftwaffe für den Überfall auf die UdSSR
10.6. und 21.6.	Der Jungkommunist Rudolf Richter und der Soldat Alfred Liskow verlassen ihre Truppenteile und warnen die Rote Armee vor dem bevorste-

henden Überfall des faschistischen Deutschland auf die UdSSR

11.6.	Entwurf der Weisung Nr. 32 des OKW mit der Festlegung der weiteren strategischen Ziele nach der geplanten schnellen Niederwerfung der UdSSR
12.6.	Besprechungen zwischen Hitler und Antonescu über die gemeinsame Aggression gegen die UdSSR
12./13.6.	Schwere Luftangriffe britischer Bombenfliegerkräfte auf das Ruhrgebiet
16.6.	Schließung der deutschen und italienischen Konsulate in den USA
17.6.	Befehl Hitlers zum Beginn der Aggression gegen die UdSSR: 22.6., 3.30 Uhr
18.6.	Freundschafts- und Nichtangriffspakt Deutschland-Türkei
22.6.	Vertragsbrüchiger Überfall des faschistischen Deutschlands und seiner Verbündeten auf die UdSSR; Beginn des Großen Vaterländischen Krieges des Sowjetvolkes gegen die faschistischen Eindringlinge
	Das Präsidium des Obersten Sowjets der UdSSR beschließt die Erlasse »Über die Mobilmachung« in mehreren Militärbezirken, »Über die Verhängung des Kriegszustandes in einigen Gebieten der UdSSR«, »Über den Kriegszustand«; Umbildung der westlichen Militärbezirke in Fronten: des Baltischen Besonderen in die Nordwest-, des Westlichen Besonderen in die West- und des Kiewer Besonderen Militärbezirks in die Südwestfront
	Italien erklärt der UdSSR den Krieg
	Der britische Premierminister Winston S. Churchill erklärt die Bereitschaft Großbritanniens, mit der Sowjetunion gegen die faschistischen Aggressoren zu kämpfen
	Erweiterte Sitzung des Sekretariats des EKKI zur Festlegung der Aufgaben der kommunistischen Parteien im Zusammenhang mit dem Überfall des faschistischen Deutschlands auf die Sowjetunion

	Aufrufe der Zentralkomitees der Kommunistischen Parteien Frankreichs, Jugoslawiens und Bulgariens an die Völker ihrer Länder, den Kampf der Sowjetunion gegen den Faschismus zu unterstützen
22. bis 27. 6.	Erbitterte Kämpfe der sowjetischen Truppen im Raum Peremyschl
22. bis 29. 6.	Grenzschlachten der Sowjetarmee gegen die in das Gebiet der UdSSR eingedrungenen faschistischen deutschen Truppen
22. 6. bis 20. 7.	Heldenhafte Verteidigung der Festung Brest
23. 6.	Aufruf des ZK der Kommunistischen Partei Großbritanniens, die UdSSR im Kampf gegen den Faschismus allseitig zu unterstützen
23. bis 25. 6.	Gegenschläge der sowjetischen Truppen in den Richtungen Šiauliai und Grodno
23. bis 29. 6.	Panzerschlacht in der Ukraine im Raum Luzk-Radechow-Brody-Rowno
24. 6.	Sowjetische Truppen räumen Vilnius
	Umbildung des Leningrader Militärbezirks in die Nordfront
	Beschluß des Rates der Volkskommissare der UdSSR über die Verlagerung der Ausrüstung und der wichtigsten Kader der Flugzeugindustrie aus Leningrad, Riga, Tallinn, Mogiljow, Minsk und Dnepropetrowsk ins Hinterland
	Beratung des Politbüros des ZK der KPdSU (B) über die Schaffung der Panzerindustrie im Wolgagebiet und im Ural
	Aufruf des ZK der KPD anläßlich des faschistischen Überfalls auf die UdSSR, in dem auf die unvermeidliche Niederlage des faschistischen deutschen Imperialismus hingewiesen wird
	Beschluß des ZK der Bulgarischen Arbeiterpartei über die Vorbereitung des bewaffneten Kampfes
	Erklärung Präsident Roosevelts über die Bereitschaft der USA, der Sowjetunion im Krieg gegen das faschistische Deutschland zu helfen
	Erklärung des Führers der Bewegung »Freies Frankreich«, Charles de Gaulle, über die Unter-

	stützung des Sowjetvolkes im Kampf gegen das faschistische Deutschland
25. 6.	Direktive des Volkskommissars für Verteidigung über die Bildung der Südfront
26. 6.	Kriegserklärung Finnlands an die UdSSR
27. 6.	Kriegserklärung Horthy-Ungarns an die UdSSR
	Bildung des Hauptstabes der Volksbefreiungs-Partisanenabteilungen Jugoslawiens unter Führung von Josip Broz Tito
28. bis 29. 6.	Das ZK der Kommunistischen Partei der USA ruft auf einer außerordentlichen Plenartagung das amerikanische Volk zum Kampf gegen den deutschen Faschismus auf
28. 6. bis 10. 7.	Den bei Białystok und Minsk eingeschlossenen sowjetischen Truppen gelingt es, teilweise aus dem Kessel auszubrechen
29. 6.	Direktive des ZK der KPdSU (B) und des Rates der Volkskommissare der UdSSR an die Partei- und Sowjetorganisationen der Frontgebiete zur Organisierung der illegalen Tätigkeit und der Partisanenbewegung
29. 6. bis 1. 7.	Deutsche und finnische Truppen beginnen vom Territorium Finnlands aus ihre Offensive in den Richtungen Murmansk, Kandalakscha und Uchta
30. 6.	Sowjetische Truppen räumen Lwow
	Bildung des Staatlichen Verteidigungskomitees der UdSSR
Juni	Flugblattaktion der Organisationen der KPD und der Kommunistischen Partei Österreichs an die »Soldaten der Besatzungstruppen«
Juni bis Dezember	109 britische Luftangriffe vorwiegend auf Ziele im westdeutschen Raum; der Ausfall der Rüstungsproduktion im Ruhrgebiet bleibt unter einem Prozent

Juli

1. 7.	Veröffentlichung der vom ZK der Kommunistischen Partei Griechenlands erarbeiteten »Plattform des nationalen Befreiungskampfes«
2. 7.	Unterstützung der Heeresgruppe Süd durch den Angriff der 11. Armee von Rumänien aus

418

419

terzeichnen in London ein Abkommen über die Wiederaufnahme der diplomatischen Beziehungen, die gegenseitige Hilfe im Krieg gegen das faschistische Deutschland und die Schaffung einer polnischen Armee auf dem Territorium der UdSSR (14. 8.)

30. 7. bis 1. 8. Gespräche von Harry Hopkins, Berater des Präsidenten der USA, mit Vertretern der Sowjetregierung in Moskau zur Vereinbarung materieller Hilfeleistungen für die UdSSR

August

2./3. 8. RAF-Bombenangriff auf Kiel und Hamburg

5. 8. Wiederaufnahme der diplomatischen Beziehungen zwischen der UdSSR und Norwegen

5. 8. bis 16. 10. Heldenhafte Verteidigung von Odessa

7. 8. Angriff sowjetischer Bombenflugzeuge vom Typ DB-3F auf Berlin

Wiederaufnahme der diplomatischen Beziehungen zwischen der UdSSR und Belgien

7. bis 28. 8. Verteidigung Tallinns

8. 8. Ernennung J. W. Stalins zum Obersten Befehlshaber der Streitkräfte der UdSSR

12. 8. RAF-Bombenangriff auf Köln

14. 8. Veröffentlichung einer gemeinsamen Erklärung des Präsidenten der USA, Franklin D. Roosevelt, und des Premierministers Großbritanniens, Winston S. Churchill, über Kriegsziele und Prinzipien der Nachkriegsordnung (»Atlantik-Charta«)

14./15. 8. Angriff von 300 britischen Bombenflugzeugen auf Hannover, Braunschweig und Magdeburg

16. 8. Auf Beschluß des Hauptquartiers vom 14. 8. wird die Brjansker Front geschaffen

Unterzeichnung eines sowjetisch-britischen Abkommens in Moskau, in dem sich die britische Regierung zu Kriegsmateriallieferungen an die UdSSR verpflichtet

17. 8. Eroberung von Nikolajew durch Truppen der faschistischen Wehrmacht

17. 8. bis 8. 9. Angriffsoperation der sowjetischen Truppen der Reservefront bei Jelnja

19. 8.	In 231 Partisanenabteilungen Belorußlands sind 12 000 Kämpfer organisiert
21. 8. bis 27. 9.	Offensive von Truppen der faschistischen Wehrmacht am Südflügel der deutsch-sowjetischen Front
25. 8.	Eroberung von Dnepropetrowsk durch deutsche Truppen
	Beginn des Einmarsches britischer und sowjetischer Truppen in den Iran, um die Einbeziehung des Landes in den faschistischen Block zu verhindern
31. 8.	Ankunft des ersten britischen Konvois mit Kriegsmaterial in Archangelsk

September

1. 9.	Die Londoner Gruppe deutscher Sozialdemokraten um Hans Vogel und Erich Ollenhauer spricht sich erstmals offiziell für die Unterstützung und Hilfeleistungen für die UdSSR aus
6. 9.	Weisung Nr. 35 des OKW zur Vorbereitung des Angriffs auf Moskau
	Einbeziehung der UdSSR in das Leih- und Pachtsystem durch Großbritannien
7./8. 9.	Schwerer Angriff britischer Bombenflugzeuge auf Berlin
9. 9.	Beginn der heldenhaften Verteidigung Leningrads unter den Bedingungen der Blockade von Land her
10. 9.	Beginn der Sendungen des in der UdSSR stationierten »Deutschen Volkssenders«
11. 9.	Der Präsident der USA verkündet den »Schießbefehl« (shoot-on-sight-order) gegen deutsche und italienische Schiffe
14. bis 27. 9.	Einschließung und Vernichtung starker sowjetischer Kräfte im Raum Kiew
15./16. 9.	Angriff von RAF-Bombenflugzeugen auf Hamburg, Cuxhaven und Wilhelmshaven
16. 9.	Operationsbefehl des Oberkommandos der Heeresgruppe Mitte zur unmittelbaren Vorbereitung der Offensive auf Moskau (Operation »Taifun«)

19.9.	Eroberung von Kiew durch Truppen der faschistischen Wehrmacht
24.9.	Bildung des Nationalkomitees »Freies Frankreich« unter General Charles de Gaulle in London
	Zustimmung der UdSSR zu den Grundsätzen der Atlantik-Charta auf der Interalliierten Konferenz in London
27.9.	Anerkennung der Bewegung »Freies Frankreich« durch die UdSSR und Verpflichtung zu ihrer Unterstützung
	Gründung der Nationalen Befreiungsfront Griechenlands (Ethniko Apelefterotiko Metopo – EAM) als antifaschistische Massenorganisation zur Leitung des Widerstandskampfes
29.9. bis 1.10.	Dreimächtekonferenz in Moskau mit Festlegungen von Lieferungen Großbritanniens und der USA an die UdSSR
30.9.	Beginn der Schlacht von Moskau mit dem Angriff der Heeresgruppe Mitte gegen die Brjansker Front (bis 20.4.1942)
September	Die erste Nummer der antifaschistischen Zeitschrift »Der Vorbote«, herausgegeben von der illegalen Bezirksleitung Nordbaden-Pfalz der KPD, erscheint
	Auf Initiative des ZK der Kommunistischen Partei der Tschechoslowakei wird ein zentrales Nationales Revolutionskomitee gebildet
Herbst	Alfred Kowalke und Robert Uhrig üben die Funktion der operativen Leitung der KPD und des antifaschistischen Kampfes in Deutschland aus (Anfang 1942 mit Wilhelm Knöchel)
Oktober	
3.10.	Eroberung von Orjol durch Truppen der faschistischen Wehrmacht
	Der Erzbischof von Canterbury erklärt: »Die russische Schlacht ist unsere Schlacht«
6.10.	Das ZK der KPD erklärt in dem Aufruf »An das deutsche Volk und an das deutsche Heer«, daß der faschistische Überfall auf die UdSSR das schwerste Verbrechen gegen das deutsche Volk

423

und die Niederlage Hitlerdeutschlands im Krieg unvermeidbar ist

Antifaschistische Demonstration in Budapest

8. bis 10. 10.	Erste Beratung kriegsgefangener deutscher Soldaten in der UdSSR, auf der nach Aussprache mit Vertretern der KPD der »Appell an das deutsche Volk, unterzeichnet von 158 deutschen Soldaten«, beschlossen wird
13. 10.	Eroberung von Wjasma durch deutsche Truppen
14. 10.	Truppen der faschistischen Wehrmacht erobern Kalinin und Rshew
16. 10.	Beginn einer Offensive von Truppen der Heeresgruppe Nord in Richtung Tichwin
17. bis 27. 10.	Durchbruch faschistischer Truppen durch die Landenge von Perekop
19. 10.	Beschluß des Staatlichen Verteidigungskomitees der UdSSR über die Verhängung des Belagerungszustands in Moskau und in den zur Hauptstadt gehörenden Gebieten
25. 10.	Eroberung von Charkow durch deutsche Truppen
30. 10. bis 4. 7. 1942	Heldenhafte Verteidigung von Sewastopol
Oktober	Beginn des Einsatzes deutscher U-Boote gegen den britischen Nachschubverkehr von Alexandria nach Tobruk
	In der Ukraine operieren 738 Partisanenabteilungen
	Zusammenfassung der aktivsten Kräfte der italienischen Widerstandsbewegung im Aktionskomitee zur Vereinigung des italienischen Volkes

November

7. 11.	Einbeziehung der UdSSR in das Leih- und Pachtsystem durch die USA
7./8. 11.	Gleichzeitiger Luftangriff von 400 britischen Bombern auf Berlin, Mannheim, Köln und das Ruhrgebiet
8. 11.	Eroberung von Tichwin durch deutsche Truppen
	Gründung der Kommunistischen Partei Albaniens in Tirana
12. 11. bis 28. 12.	Gegenoffensive der sowjetischen Truppen bei Tichwin

424

13.11.	Angriff eines deutschen U-Bootes im Mittelmeer auf den britischen Flugzeugträger »Ark Royal« (gesunken am 14.11.)
15./16.11.	Beginn einer erneuten Offensive deutscher Truppen mit insgesamt 51 Divisionen, darunter 13 Panzer- und 7 motorisierte Divisionen, in Richtung Moskau
17.11.	Beginn der Gegenoffensive sowjetischer Truppen bei Rostow am Don (bis 2.12.)
18.11.	Beginn einer britischen Gegenoffensive in Nordafrika (bis Mitte Januar 1942)
19.11.	Der ehemalige Präsident der USA, Herbert C. Hoover, fordert Neutralität der USA, um dem deutschen Faschismus in Europa freie Hand zu lassen
25.11.	»10-Punkte-Note« der USA an Japan
	Erneuerung des Antikominternpaktes für weitere fünf Jahre
	Versenkung des britischen Schlachtschiffes »Barham« bei Es Sallum durch ein deutsches U-Boot
28.11.	Truppen der faschistischen Wehrmacht erreichen bei Dmitrow den Moskau-Wolga-Kanal
	Großbritannien fordert in einer Note an Finnland die Einstellung des Kampfes gegen die UdSSR
29.11.	Sowjetische Truppen befreien Rostow am Don
November	In Mexiko-City erscheint die erste Nummer der politisch-literarischen Monatsschrift »Freies Deutschland«, die im Sinne der Volksfrontpolitik der KPD die Einheit aller Hitlergegner im antifaschistischen Kampf propagiert

Dezember

Anfang Dezember	Bildung der Leitung der Bezirksorganisation Wasserkante der KPD
2.12.	Beginn des erneuten Versuchs von Teilen der Heeresgruppe Mitte, nach Moskau durchzubrechen
4.12.	Unterzeichnung einer Deklaration der Regierungen der UdSSR und Polens über Freundschaft und gegenseitige Hilfe
5.12.	Beginn der sowjetischen Gegenoffensive vor Mos-

kau mit Truppen der Kalininer Front, der Westfront und der Südwestfront (bis 7. 1. 1942)

6. 12.	Kriegserklärung Großbritanniens an Finnland, Rumänien und Ungarn
7. 12.	Japanischer Überfall auf den Flottenstützpunkt Pearl Harbor mit schweren amerikanischen Verlusten; Beginn des Krieges im Raum des Stillen Ozeans
	Befehl des OKW zur Verschleppung von Antifaschisten aus den besetzten Ländern (»Nacht-und-Nebel-Erlaß«)
8. 12.	Weisung Nr. 39 des OKW über den Übergang der deutschen Truppen zur strategischen Verteidigung an der gesamten deutsch-sowjetischen Front
	Landung japanischer Truppen bei Kota Bharu und Singora auf Malaya
	Kriegserklärung Japans an Großbritannien und die USA
	Kriegserklärung der USA und Großbritanniens an Japan
8. bis 12. 12.	Kriegserklärungen Australiens, Chinas, Kanadas, Kostarikas, Kubas, Neuseelands, der Niederlande, Nikaraguas, Panamas, El Salvadors, der Südafrikanischen Union, des Nationalkomitees »Freies Frankreich« und der polnischen Regierung an Japan, Deutschland und Italien
9. 12.	Truppen der Südwestfront befreien Jelez
	Befehl Nr. 14 des OKM: Uneingeschränkter Angriff auf alle Schiffe der USA
10. 12.	Die britische 8. Armee besetzt Tobruk
	Japanische Fliegerkräfte versenken an der Küste Malayas die britischen Schlachtschiffe »Prince of Wales« und »Repulse«
11. 12.	Besetzung von Guam durch japanische Streitkräfte
	Deutsch-italienische Kriegserklärung an die USA
	Unterzeichnung eines Kriegspaktes zwischen Deutschland, Italien und Japan als Ergänzung zum Dreimächtepakt
12. 12.	Truppen der Westfront befreien Stalinogorsk

	Kriegserklärung Ungarns, Rumäniens und Bulgariens an die USA
15. 12.	Befreiung von Klin durch Truppen der Westfront
16. 12.	Truppen der Kalininer Front befreien Kalinin
16. bis 20. 12.	Verhandlungen der sowjetischen Regierung mit dem britischen Außenminister Anthony Eden in Moskau über die Vertiefung der sowjetisch-britischen Zusammenarbeit
17. 12.	Beginn der Angriffe der deutschen Truppen auf die Festung Sewastopol (bis 31. 12.)
20. 12.	Truppen der Westfront befreien Wolokolamsk
22. 12. bis 14. 1. 1942	Erste Konferenz von Washington zwischen Franklin D. Roosevelt und Winston S. Churchill über die Koordinierung der militärischen Operationen beider Staaten (Arcadiakonferenz)
23. 12.	Besetzung von Wake durch japanische Streitkräfte
25. 12.	Kapitulation der britischen Garnison von Hongkong; Besetzung der Stadt durch japanische Verbände
26. 12.	Beginn der Landungsoperation sowjetischer Truppen bei Kertsch und Feodossija und Bildung von Brückenköpfen (bis 2. 1. 1942)
30. 12.	Befreiung von Kaluga durch Truppen der Westfront
Jahreswende 1941/1942	Erste Gespräche von Anhängern der Gruppe um Carl Goerdeler mit führenden Vertretern des Kreisauer Kreises über Fragen der künftigen Staatsform Deutschlands

1942

Januar

1. 1.	26 Staaten unterzeichnen in Washington die Deklaration der Vereinten Nationen über die bedingungslose Fortsetzung des Kampfes gegen den faschistischen Block
2. 1.	Truppen der Westfront befreien Malojaroslawez Japanische Truppen erobern Manila, die Hauptstadt der Philippinen
5. 1.	Gründung der Polnischen Arbeiterpartei (PPR)

8. 1. bis 20. 4.	Erfolgreiche Offensive der sowjetischen Streitkräfte an der gesamten deutsch-sowjetischen Front
11. 1.	Beschluß des ZK der Kommunistischen Partei Jugoslawiens und des Obersten Stabes zur Aufstellung einer Freiwilligenarmee
12. 1.	Beginn des Einsatzes von fünf U-Booten der faschistischen Kriegsmarine an der amerikanischen Ostküste zwischen Cape Hatteras und Cape Breton (Operation »Paukenschlag«)
15. 1.	Die Exilregierung Luxemburgs erklärt Hitlerdeutschland den Krieg
15. bis 28. 1.	Konferenz der Außenminister von 21 amerikanischen Staaten in Rio de Janeiro
17. 1.	Kapitulation der im Raum Sollum eingeschlossenen deutsch-italienischen Truppen
	Tagung des Sekretariats des EKKI gemeinsam mit leitenden Mitarbeitern der KPdSU (B), der KPD und anderen Bruderparteien über die politische Arbeit unter den Kriegsgefangenen
18. 1.	Unterzeichnung eines deutsch-italienisch-japanischen Militärabkommens über die territoriale Abgrenzung der militärischen Operationsgebiete
18. 1. bis 24. 4.	Einschließung von Verbänden der Heeresgruppe Nord im Raum Demjansk
20. 1.	Befreiung von Moshaisk durch Truppen der Westfront
21. 1.	Beginn einer Offensive der japanischen Armee gegen Burma
21. 1. bis 7. 2.	Offensive der deutsch-italienischen Truppen in Libyen
21./22. 1.	Luftangriff des RAF-Bomber Command auf Bremen und Emden
23. 1.	Besetzung des Bismarck-Archipels durch japanische Streitkräfte
25. 1.	Aufruf an das deutsche Volk, unterzeichnet von 60 deutschen kommunistischen Politikern, Gewerkschaftsfunktionären, Schriftstellern und Künstlern
	Verkündung der Mobilmachung in Australien

27. 1. bis 1. 2.	Landung von Teilen des sowjetischen 4. Luftlandekorps südlich von Wjasma
29. 1.	Truppen der Westfront befreien Suchinitschi
	Abschluß eines Bündnisvertrages zwischen der UdSSR, Großbritannien und dem Iran
Januar	765 Kriegsgefangene des Lagers Nr. 58 unterzeichnen den »Aufruf kriegsgefangener deutscher Soldaten an die Soldaten der deutschen Armee«
	Beschluß der Polnischen Arbeiterpartei über die Schaffung der Gwardia Ludowa, ihrer illegalen bewaffneten Organisation, die 1944 zum Kern der Volksarmee (Armia Ludowa) wird

Februar

1. 2.	Der norwegische Faschistenführer Vidkun Quisling übernimmt das Amt des Ministerpräsidenten
1. bis 21. 2.	Der »Deutsche Volkssender« strahlt 41 Sendungen mit 151 Beiträgen, vorwiegend mit Anweisungen für den antifaschistischen Kampf, aus
6. 2.	Bildung der Nationalen Antijapanischen Einheitsfront auf den Philippinen
12./13. 2.	Durchbruch der Schlachtschiffe »Scharnhorst« und »Gneisenau« und des schweren Kreuzers »Prinz Eugen« von Brest aus durch den Kanal in die Nordsee
14. 2.	Die Londoner Exilregierung bildet in Polen die Landesarmee (Armia Krajowa)
15. 2.	Einnahme der Festung Singapur durch japanische Truppen
16. 2.	Veröffentlichung der Gründungsproklamation der Volksbefreiungsarmee Griechenlands (Ellinikos Laikos Apeleftherotikos Stratos – ELAS) in Athen
16. 2. bis 23. 3.	Deutsch-italienische U-Boot-Operationen in der Karibischen See und im Golf von Mexiko
20. 2.	Besetzung von Timor durch japanische Streitkräfte

März

5. 3.	Befreiung von Juchnow durch Truppen der Westfront

7.3.	Japanische Truppen erobern Rangun, die Hauptstadt Burmas
9.3.	Kapitulation der niederländischen Streitkräfte sowie von 5000 Amerikanern, Briten und Australiern auf Java
15.3.	Antifaschistische Demonstration in Budapest
28./29.3.	Angriff britischer Fliegerkräfte auf Lübeck, mit dem die systematische Zerstörung deutscher Großstädte eingeleitet wird
30.3.	USA-Präsident Franklin D. Roosevelt bestätigt die Aufteilung des pazifischen Kriegsschauplatzes in den Südwestpazifischen Raum (Oberbefehlshaber Douglas MacArthur) und in den Pazifischen Raum (Oberbefehlshaber Chester W. Nimitz)
März	Gründung der antijapanischen Widerstandsarmee (Hukbalahab) auf Initiative der Kommunistischen Partei der Philippinen

April

1.4.	Bildung der Brjansker Front
1. bis 10.4.	Operation der japanischen Flotte im Indischen Ozean mit dem Ziel, britische Flotteneinheiten und Transportschiffe zu vernichten
2.4. bis 10.5.	Fliegerkräfte der Luftflotte 2 und italienische Bombenflugzeuge fliegen starke Angriffe gegen Malta
3.4.	Bericht Wilhelm Piecks an das EKKI über die Lage in Deutschland und Maßnahmen zur Verwirklichung der Einheits- und Volksfrontpolitik
4.4.	Aufstellung der 1. Belorussischen Partisanenbrigade unter dem Kommando von M.F. Schmyrjew
5.4.	Weisung Nr. 41 des OKW über die Vorbereitung einer neuen Offensive mit dem Ziel, den Kaukasus zu erobern und die Wolga bei Stalingrad zu erreichen
8. bis 14.4.	In britisch-amerikanischen Stabsbesprechungen in London wird die Eröffnung der zweiten Front in Nordfrankreich im Herbst 1942 bzw. im Frühjahr 1943 erwogen

430

9.4.	Luftangriffe des britischen Bomber Command auf Genua und Turin
18.4.	Angriff von Trägerflugzeugen der USA auf die japanischen Städte Tokio, Yokohama, Nagoya und Kobe
21.4.	Direktive des Hauptquartiers über die Bildung der Nordkaukasusrichtung mit Marschall der Sowjetunion S. M. Budjonny als Oberbefehlshaber
	Direktive des Hauptquartiers über die Vereinigung der Leningrader und der Wolchowfront zur Leningrader Front
23. bis 27.4.	Zerstörung der Rostocker Innenstadt durch vier Angriffe des britischen Bomber Command
25.4.	Landung amerikanischer Truppen auf Neukaledonien
28.4.	Direktive des Hauptquartiers über die Umbenennung des Transkaukasischen Militärbezirks in Transkaukasusfront
28.4. bis 23.5.	Murmansker Angriffsoperation der sowjetischen Truppen
29.4.	Landung amerikanischer Truppen an der Westküste von Mindanao; Eröffnung einer Luftbrücke von Assam (Indien) nach China durch die Alliierten
	Japanische Truppen besetzen die Stadt Lashio in Burma und unterbrechen damit die Landverbindung zwischen Burma und China
29./30.4.	Besprechungen zwischen Hitler und Mussolini über gemeinsame Angriffsoperationen im Mittelmeerraum
April	Antifaschistischer Streik der Arbeiter Belgiens
Mai	
1.5.	Im Lager Nr. 95 in Jelabuga bildet sich eine antifaschistische Gruppe von Offizieren
	Beratung des Sekretariats des EKKI über die Tätigkeit der KPD; Berichterstatter: Wilhelm Pieck
3. bis 20.5.	Angriffsoperation der sowjetischen Truppen im Raum Demjansk
4. und 7.5.	Angriff des britischen Bomber Command auf Stuttgart

4. bis 8. 5.	See-Luft-Schlacht zwischen Flottenkräften der USA und Japans in der Korallensee
6. 5.	Kapitulation der letzten amerikanisch-philippinischen Truppen auf Luzón
8. bis 20. 5.	Eroberung der Halbinsel Kertsch durch Truppen der Heeresgruppe Süd
10. 5.	Gründung des Verlages der Bewegung »Freies Deutschland« El Libro Libre (Das freie Buch) in Mexiko
12. bis 19. 5.	Offensive der Truppen der Südwestfront in Richtung Charkow
18. 5.	Mitglieder der von Herbert Baum geleiteten antifaschistischen Widerstandsgruppe legen einen Brand in der antisowjetischen Hetzausstellung in Berlin
19. 5.	Direktive des Hauptquartiers über die Bildung der Nordkaukasusfront
22. bis 25. 5.	In Besprechungen von Mitgliedern des Kreisauer Kreises wird eine Grundsatzerklärung ausgearbeitet
23. 5.	Massendemonstration Londoner Werktätiger für die Eröffnung der zweiten Front in Europa
26. 5.	Unterzeichnung des sowjetisch-britischen Bündnisvertrages in London
27. 5.	Attentat auf den Stellvertretenden Reichsprotektor von Böhmen und Mähren, Reinhard Heydrich
27. 5. bis 3. 7.	Offensive der deutsch-italienischen Streitkräfte in Libyen
28. 5.	Mexiko erklärt Hitlerdeutschland, Italien und Japan den Krieg
29. 5.	Weisung Nr. 42 des OKW: »Richtlinien für die Operationen gegen Restfrankreich bzw. Iberische Halbinsel (bisher ›Attila‹ bzw. ›Isabella‹)«
30. 5.	Bildung des Zentralen Stabes der sowjetischen Partisanenbewegung beim Hauptquartier des sowjetischen Oberkommandos
	Angliederung Luxemburgs an das faschistische Deutschland
30./31. 5.	Einsatz von 1046 Bombern des RAF Bomber Command gegen Köln
30. und 31. 5.	Eine Gruppe antifaschistisch gesinnter Offiziere

führt im Lager Nr. 95 in der UdSSR eine Beratung mit Kriegsgefangenen durch

Ende Mai · Eine Beratung der illegalen Organisation der KPD veröffentlicht unter der Tarnbezeichnung »Parteikonferenz der Parteiorganisationen der KPD vom Niederrhein und vom Ruhrgebiet« einen Aufruf an die Kommunisten, die antifaschistische Propaganda und Sabotage zu verstärken.

Juni

1./2. 6.	Britischer 1000-Bomber-Angriff auf Essen
3. bis 7. 6.	See-Luft-Schlacht zwischen Flottenkräften der USA und Japans bei den Midway-Inseln
6. 6.	Kriegserklärung der USA an Bulgarien, Ungarn und Rumänien
7. 6. bis 4. 7.	Dritter Angriff von Truppen der faschistischen Wehrmacht auf Sewastopol, das nach über 250tägiger heldenhafter Verteidigung fällt
7. und 12. 6.	Landung japanischer Truppen auf den Aleuteninseln Attu und Kiska
8. 6.	Direktive des Hauptquartiers über die Teilung der Leningrader Front in die Leningrader und in die Wolchowfront
9. 6.	Abschluß der Eroberung der Philippinen durch die japanischen Streitkräfte
10. 6.	Zerstörung des tschechischen Dorfes Lidice durch SS- und Gestapokommandos
10. bis 15. 6.	Vorstoß der 6. Armee in Richtung Woltschansk (Operation »Wilhelm«)
11. 6.	Abkommen über die Prinzipien der gegenseitigen Hilfeleistung zwischen der UdSSR und den USA
12. 6.	Veröffentlichung des sowjetisch-britischen und des sowjetisch-amerikanischen Kommuniqués über die Vereinbarung, im Jahre 1942 die zweite Front in Europa zu eröffnen
19. bis 25. 6.	Konferenz von Washington zwischen Franklin D. Roosevelt und Winston S. Churchill zur Koordinierung der strategischen Pläne; Abschluß eines Vertrages über die Vereinigung des amerikanischen und des britisch-kanadischen Projekts zur Schaffung der Atomwaffe

21.6.	Eroberung von Tobruk durch deutsch-italienische Truppen
22. bis 26.6.	Vorstoß der 6. Armee und der 1. Panzerarmee in Richtung Kupjansk (Operation »Fridericus II«)
25./26.6.	1000-Bomber-Angriff des britischen Bomber Command auf Bremen
28.6.	Beginn der Sommeroffensive 1942 der Heeresgruppe Süd im Südabschnitt der deutsch-sowjetischen Front
	Beginn des Angriffs von Truppen der faschistischen Wehrmacht in Richtung Woronesh; Durchbruch durch die operative Verteidigung der sowjetischen Truppen
	Antifaschistische Kundgebung von 1900 deutschen Kriegsgefangenen der Lager Nr. 27, 58 und 95 in der UdSSR (»Rundfunkkundgebung«)
Juni/Juli	Flugblattaktion der studentischen Widerstandsorganisation »Weiße Rose« in München

Juli

2.7.	Meeting der Solidarität mit der Sowjetunion im Madison Square Garden in New York
6.7.	Weisung des OKH an die 4. Panzer- und die 6. Armee aus dem Raum Woronesh nach Süden vorzustoßen und an die 1. Panzerarmee aus dem Raum Barwenkowo in nordöstlicher Richtung anzugreifen
7.7.	Direktive des Hauptquartiers über die Teilung der Brjansker Front in die Brjansker und die Woronesher Front
12.7.	Das sowjetische Oberkommando bildet die Stalingrader Front
13.7.	Umbenennung der Bewegung »Freies Frankreich« in »Kämpfendes Frankreich«
17.7.	Beginn der Schlacht an der Wolga mit Kämpfen im großen Donbogen
	Der in der UdSSR stationierte bulgarische Sender verkündet das unter Leitung von Georgi Dimitroff ausgearbeitete Programm der Vaterländischen Front Bulgariens
19.7.	Beschluß des deutschen Oberkommandos zur

	Verstärkung der U-Boot-Kriegführung im Atlantik
20. bis 25. 7.	Britisch-amerikanische Stabsbesprechungen in London, bei denen vereinbart wird, die Eröffnung der zweiten Front in Europa zu verschieben
23. 7.	Weisung Nr. 45 des OKW über die gleichzeitige Offensive der Heeresgruppe B gegen Stalingrad und der Heeresgruppe A in Richtung Kaukasus
24. 7.	Die sowjetischen Truppen räumen Rostow am Don
25. 7.	Faschistische Angriffsverbände eröffnen aus vier Brückenköpfen am Ostufer des Don zwischen Rostow und Zimljansk den Angriff in Richtung Kaukasus
26. 7.	Demonstration von 60 000 Einwohnern Londons auf dem Trafalgar Square mit der Forderung nach Eröffnung der zweiten Front in Europa
26. bis 28. 7.	Luftangriffe des britischen Bomber Command auf Hamburg
28. 7.	Der Volkskommissar für Verteidigung, J. W. Stalin, erläßt den Befehl Nr. 227: »Keinen Schritt zurück!«
30. 7.	Beginn einer Offensive sowjetischer Truppen bei Rshew gegen die Heeresgruppe Mitte

August

5. 8.	Direktive des Hauptquartiers über die Teilung der Stalingrader Front in zwei selbständige Fronten, in die Südostfront und die Stalingrader Front
	Der Kommunist Albert Hößler springt mit dem Fallschirm hinter der Frontlinie ab und leistet in Berlin der Schulze-Boysen/Harnack-Organisation wertvolle Dienste als Funker
6. 8.	Eroberung von Maikop durch deutsche Truppen
6. bis 17. 8.	In erbitterten Kämpfen wird von der 6. Armee das gesamte rechte Flußufer im Donbogen erobert
7. 8.	Landung eines US-Marinekorps auf der Salomonen-Insel Guadalcanal

9. 8.	Seeschlacht bei Savo zwischen Flottenkräften der USA und Japans
10. 8.	Beendigung des ersten dreimonatigen Lehrgangs an der Antifaschule im Lager in Oranki
12. bis 15. 8.	In Besprechungen mit J. W. Stalin in Moskau erklärt Winston S. Churchill, daß die zweite Front 1942 nicht mehr eröffnet werden kann
13. 8.	General Dwight D. Eisenhower wird zum Oberbefehlshaber der westalliierten Expeditionsstreitkräfte ernannt
17. 8.	Erster Angriff der 8. US-Bomberflotte auf Ziele in Frankreich
19. 8.	Mißerfolg des britisch-kanadischen Landungsversuchs bei Dieppe in Nordfrankreich
19. 8. bis 12. 9.	Kämpfe an den Zugängen von Stalingrad
20. bis 28. 8.	Mehrere Vorstöße der 63. und der 21. Armee sowie der 1. Gardearmee gegen die nördliche Flanke der zur Wolga durchgebrochenen deutschen Stoßgruppierung
22. 8.	Scheitern des Angriffs deutscher Truppen auf Suchumi
	Brasilien erklärt Hitlerdeutschland und Italien den Krieg
23. 8.	Die Angriffsspitzen der 6. Armee erreichen nördlich von Stalingrad die Wolga bei Rynok
23. bis 25. 8.	See-Luft-Schlacht östlich der Salomonen zwischen Flottenkräften der USA und Japans
26. 8.	Ernennung von Armeegeneral G. K. Shukow zum Stellvertreter des Obersten Befehlshabers
27. 8. bis 6. 10.	Die Sinjawinoer Angriffsoperation der sowjetischen Truppen vereitelt den vorbereiteten Angriff der Wehrmacht auf Leningrad
27. und 29. 8.	Angriffe des britischen Bomber Command auf Kassel und Nürnberg
27., 30. 8. und 10. 9.	Sowjetische Fernfliegerkräfte fliegen Angriffe gegen Berlin
30. 8.	Beginn eines mehrtägigen Generalstreiks in Luxemburg gegen die Angliederung an das faschistische Deutschland
31. 8. bis 2. 9.	Erfolgloser Durchbruchversuch deutscher Truppen bei El Alamein

436

September

3.9.	Vereinigung von Teilen der deutschen 6. Armee und der 4. Panzerarmee am Stadtrand von Stalingrad
10.9.	Eroberung großer Teile von Noworossisk durch Truppen der faschistischen Wehrmacht
13. bis 27.9.	Der Großangriff auf das Stadtgebiet von Stalingrad kostet den deutschen Truppen riesige Opfer
13.9. bis 18.11.	Verteidigungsoperation der sowjetischen Truppen zur Abwehr des gegnerischen Sturms auf Stalingrad
14.9.	Truppen der deutschen 4. Panzerarmee erreichen im Süden von Stalingrad die Wolga
16.9.	Gründung der Nationalen Befreiungsfront Albaniens als Kampforganisation des nationalen Widerstandes
28.9.	Umbenennung der Stalingrader Front in Donfront und der Südostfront in Stalingrader Front
29.9.	Beschluß zum Bau des sogenannten Atlantikwalls an der Kanalküste

Oktober

11./12.10.	Seeschlacht bei Cape Esperance (Guadalcanal) zwischen japanischen und amerikanischen Kreuzern
14.10.	Das OKH erläßt den Operationsbefehl Nr. 1 über den Übergang der Wehrmacht zur strategischen Verteidigung an der deutsch-sowjetischen Front
16.10.	Die Verluste der 6. Armee seit dem 21.8. betragen 40011 Mann, davon 1068 Offiziere
Mitte Oktober	Endgültiges Scheitern des erneuten Angriffs deutscher Truppen auf Tuapse
18.10.	OKW-Befehl an die deutschen Truppen, alle gefangengenommenen Angehörigen alliierter Spezialeinheiten zu töten (»Kommandobefehl«)
23.10.	Beginn der Offensive der britischen 8. Armee gegen die deutsch-italienischen Truppen bei El Alamein
26./27.10.	See-Luft-Schlacht bei den Santa Cruz-Inseln zwischen Flottenkräften der USA und Japans

26. 10. bis 29. 11.	Koordinierter Streifzug der beiden Partisanenverbände unter der Führung von S. A. Kowpak und A. N. Saburow durch das gegnerische Hinterland bis in die westliche Ukraine
Oktober	Der Kommunist Heinrich Koenen überbringt den illegalen Organisationen der KPD die Direktiven zur Führung des antifaschistischen Widerstandskampfes
	Der Hamburger Parteiorganisation der KPD ist es seit 1940 gelungen, in über 30 Betrieben und Werften illegale Widerstandsgruppen aufzubauen
Oktober/ November	Auf Initiative der Italienischen Kommunistischen Partei entwickelt sich in vielen Städten Italiens die Bewegung der Nationalen Befreiungskomitees

November

4. 11.	Durchbruch der britischen 8. Armee durch die Verteidigung der deutsch-italienischen Truppen im Raum El Alamein
6. 11.	Beschluß der KPD-Führung zur Verbesserung der Tätigkeit des »Deutschen Volkssenders«
7./8. 11.	Landung anglo-amerikanischer Truppen an der Küste Nordwest- und Nordafrikas bei Casablanca, Oran und Algier (Operation »Torch«)
	Landeskonferenz des Sozialdemokratischen Emigrantenvorstandes in London
11. 11.	Deutsche und italienische Truppen marschieren in den unbesetzten Teil Frankreichs ein
12. bis 15. 11.	Seegefechte bei Guadalcanal (Salomonen) zwischen Flottenkräften der USA und Japans
13. 11.	Vorausabteilungen der britischen 8. Armee erreichen Tobruk
19./20. 11.	Beginn der Gegenoffensive sowjetischer Truppen bei Stalingrad
20. 11.	Die britische 8. Armee nimmt Benghasi ein
23. 11.	Einschließung der Gruppierung der faschistischen deutschen Truppen durch die Sowjetarmee im Gebiet zwischen Wolga und Don
25. 11.	Vereinbarung zwischen der Französischen Kommunistischen Partei und der Bewegung »Kämp-

	fendes Frankreich« über ein gemeinsames Aktionsprogramm
25. 11. bis 20. 12.	Angriffsoperation von Rshew-Sytschewka der Truppen der Kalininer Front und der Westfront
25. 11. bis 20. 1. 1943	Angriffsoperation von Welikije Luki der Truppen der Kalininer Front
25./26. 11.	Griechische Freiheitskämpfer sprengen die Brücke von Gorgopotamos und unterbrechen damit zeitweise den Nachschub für die deutschen Truppen in Nordafrika
26. 11.	Beginn der Aufstellung der französischen Fliegerstaffel »Normandie« im Gebiet Iwanowo
26. und 27. 11.	Konstituierung des Antifaschistischen Rates der Volksbefreiung Jugoslawiens im befreiten Bihać
27. 11.	Selbstversenkung der französischen Flotte im Hafen von Toulon
November	Die im Atlantik operierenden deutschen U-Boot-Gruppen erreichen mit 658 907 BRT ihre höchste Versenkungsziffer; sechs U-Boote gingen verloren
	Beginn der Formierung der Volksbefreiungsarmee Jugoslawiens

Dezember

2. 12.	Dem Wissenschaftler Enrico Fermi gelingt in einem Reaktor zum ersten Mal die atomare Kettenreaktion (USA)
4. 12.	Bombenangriff amerikanischer Fliegerkräfte auf Neapel
6. 12.	Die Führung der KPD veröffentlicht das »Friedensmanifest an das deutsche Volk und an die deutsche Wehrmacht« und orientiert auf die Beendigung des Krieges durch den Sturz der Hitlerregierung und die Bildung einer nationalen demokratischen Regierung
11./12. 12.	Rückzug der deutsch-italienischen Panzerarmee aus der Marsa-el-Brega-Stellung in Nordafrika
12. bis 23. 12.	Vergeblicher Versuch von deutschen Truppen aus dem Raum Kotelnikowski, die eingeschlossene 6. Armee zu entsetzen
16. bis 30. 12.	Offensive der Truppen der Südwestfront und der Woronesher Front am mittleren Don

24. bis 30. 12.	Erfolgreiche Offensive der Truppen der Stalingrader Front in Richtung Kotelnikowski; endgültiges Scheitern aller Versuche, die zwischen Don und Wolga eingeschlossenen Truppen der faschistischen Wehrmacht zu entsetzen
28. 12.	Befehl des OKH zum Rückzug der Heeresgruppe A aus dem Nordkaukasus
29. 12.	Befreiung von Kotelnikowski durch Truppen der Stalingrader Front
Ende 1942	Bildung der antifaschistischen Kampforganisation »Antinazistische Deutsche Volksfront« (ADV) in München

1943

Januar

3. 1.	Truppen der Transkaukasusfront befreien die Städte Mosdok und Malgobek
	Beginn des Rückzugs deutscher Truppen aus Transkaukasien
8. 1.	Auf Weisung des OKH lehnt Generaloberst Friedrich Paulus das Kapitulationsangebot des Oberkommandos der Donfront an die eingeschlossene 6. Armee bei Stalingrad ab
10. 1. bis 2. 2.	Offensive der Truppen der Donfront zur Vernichtung der bei Stalingrad eingeschlossenen deutschen Truppengruppierung
11./12. 1.	Truppen der Transkaukasusfront befreien die Städte Pjatigorsk, Shelesnowodsk und Mineralnye Wody
12. bis 18. 1.	Truppen der Leningrader Front und der Wolchowfront durchbrechen die Blockade Leningrads
13. 1.	Beginn einer Offensive der Woronesher Front und Zerschlagung der ungarischen 2. und der italienischen 8. Armee bei Ostrogoshsk und Rossosch
14. bis 26. 1.	Konferenz der Regierungschefs Großbritanniens und der USA in Casablanca, auf der die Invasion in Nordfrankreich auf 1944 verschoben wird

	Nordküste Neuguineas durch amerikanische Truppen
	Resolution der Führung der Kommunistischen Partei der Tschechoslowakei »Über die politische Linie und die zukünftigen Aufgaben der Kommunistischen Partei der Tschechoslowakei«
Januar/Februar	Verbreitung antifaschistischer Flugblätter in München und anderen Städten Deutschlands durch die studentische Widerstandsorganisation »Weiße Rose«
Januar bis Mai	Niederlage der deutschen Heeresgruppe A an der deutsch-sowjetischen Front; Befreiung des größten Teils des Nordkaukasus durch die sowjetischen Truppen

Februar

1. bis 8. 2.	Rückzug der japanischen Truppen von der Insel Guadalcanal
2. 2.	Kapitulation der im nördlichen Kessel von Stalingrad eingeschlossenen faschistischen deutschen Truppen
2. 2. bis 6. 3.	Angriffsoperation der Truppen der Woronesher Front und des linken Flügels der Brjansker Front (später Zentralfront) in den Richtungen Kursk–Rylsk und Charkow–Poltawa
2. 2. bis 25. 5.	Streifzug des Partisanenverbandes unter Befehl von S. A. Kowpak durch die Gebiete Rowno, Shitomir und Kiew
3. 2.	Beratung des ZK der KPD über Probleme der Entwicklung in Deutschland nach dem Sturz des Faschismus und der Beendigung des Krieges
3. bis 6. 2.	Staatstrauer in Deutschland um die »Helden« von Stalingrad
8. 2.	Truppen der Woronesher Front befreien Kursk
9. 2. bis 16. 3.	Angriffsoperation von Krasnodar durch Truppen der Nordkaukasusfront
10. 2.	Beratung des Sekretariats des EKKI über die mit dem Sieg der Roten Armee bei Stalingrad entstandene neue Situation
12. 2.	Truppen der Nordkaukasusfront befreien im Zusammenwirken mit Partisanen die Stadt Krasnodar

12. 2. bis 21. 3.	Angriffsoperation von Truppen der Brjansker Front, der Zentralfront und des linken Flügels der Westfront in Richtung Orjol-Brjansk
13. 2.	Umbildung der faschistischen deutschen Heeresgruppe Don in die Heeresgruppe Süd
14. 2.	Befreiung von Woroschilowgrad und Rostow durch Truppen der Südwestfront bzw. der Südfront
14. bis 24. 2.	Erfolgloser Vorstoß deutsch-italienischer Panzerverbände im Raum Kassarine (Nordafrika)
15. bis 28. 2.	Rückzug faschistischer deutscher Truppen aus dem Brückenkopf von Demjansk; die Heeresgruppe Mitte ist gezwungen, das Gebiet von Rshew-Wjasma zu räumen
16. 2.	Befreiung von Charkow durch Truppen der Woronesher Front und Teile der Brjansker Front
19. 2. bis 23. 3.	Gegenoffensive der faschistischen deutschen Heeresgruppe Süd im Donezbecken und im Raum Charkow
20. 2.	Rückzug der deutsch-italienischen Panzerarmee in Nordafrika bis auf die Mareth-Linie
24. 2.	Generalstreik und Massendemonstration in Athen
28. 2.	Beratung des ZK der KPD über die Bildung von Arbeitsgruppen mit der Aufgabe, Vorschläge für die Verstärkung des antifaschistischen Kampfes auszuarbeiten
Februar	Das ZK der Bulgarischen Arbeiterpartei nimmt in einer Direktive Kurs auf den bewaffneten Aufstand zum Sturz der hitlerhörigen Regierung und zur Schaffung einer Volksregierung
	Zahlreiche Streiks in Kopenhagen und anderen Orten Dänemarks
Februar bis Juli	Unter dem Eindruck der militärischen Katastrophe an der deutsch-sowjetischen Front werden in der Gruppe um Generaloberst a. D. Ludwig Beck und Carl Goerdeler Pläne für einen Staatsstreich und die Beseitigung Hitlers ausgearbeitet

März

1. 3.	Schwerer Angriff britischer Bombenflugzeuge auf Berlin

	Die Polnische Arbeiterpartei (PPR) propagiert in der Deklaration »Wofür wir kämpfen« in zehn Punkten die politischen Ziele des nationalen Befreiungskampfes und der demokratischen Umgestaltung Polens
2. bis 5. 3.	Vernichtung eines japanischen Geleitzuges in der Bismarcksee durch amerikanische Seestreitkräfte
3. 3.	Truppen der Westfront befreien die Stadt Rshew
	Vertreter der Italienischen Kommunistischen Partei, der Italienischen Sozialistischen Partei und der Bewegung »Gerechtigkeit und Freiheit« unterzeichnen ein Abkommen über die Aktionseinheit
5. 3.	Mit einem Angriff auf Essen beginnt das britische Bomber Command die Fernfliegeroffensive gegen das Ruhrgebiet
	Massendemonstration in Athen gegen das faschistische Zwangsarbeitsgesetz
5. 3. bis 2. 4.	Größte Streiks der Kriegszeit in den Rüstungsbetrieben von Turin, Mailand und anderen Städten Norditaliens
6. 3.	Erneuter erfolgloser Angriff deutsch-italienischer Truppen durch die Mareth-Linie/Nordafrika
9. 3.	Beratung des ZK der KPD zum Aufruf »Hitler will Deutschland mit in seinen Untergang reißen«
16. 3.	Charkow wird erneut von faschistischen deutschen Truppen erobert
16. bis 20. 3.	38 deutsche U-Boote versenken in der größten Geleitzugschlacht des Krieges 21 westalliierte Schiffe mit 140 842 BRT und torpedieren 11 Schiffe
18. 3.	Belgorod wird von faschistischen deutschen Truppen erobert
20. 3.	Beginn einer alliierten Offensive in Nordafrika, die die faschistischen Kräfte zum Rückzug bis nach Nordtunesien zwingt
22. 3.	Angriff der 8. US-Luftflotte auf Wilhelmshaven
25./26. 3.	Die Mitte Februar begonnene deutsche Gegenoffensive aus dem Raum südlich Charkow wird

	von den sowjetischen Truppen zum Stehen gebracht
27./28. 3.	Angriff britischer Bombenfliegerkräfte auf Berlin
	Unternehmen »Gunnerside«: Sprengung der Schwerwasseranlage des Norsk-Hydro-Konzerns in Vermork (bei Rjukan) durch norwegische Widerstandskämpfer und britische Kommandotrupps
30. 3.	Angriff britischer Bombenfliegerkräfte auf Berlin
März	Erste Parteikonferenz der Kommunistischen Partei Albaniens in Labinoti
März/April	Massenstreiks der Werktätigen in Norditalien

April

4. 4. bis 7. 6.	Angriffsoperation der Truppen der Nordkaukasusfront in Richtung Krasnodar–Taman
7. 4.	Kriegserklärung Boliviens an Deutschland, Italien und Japan
15. 4.	Operationsbefehl Nr. 6 des OKH für die Offensive bei Kursk (Operation »Zitadelle«)
19. 4.	Rückzug der letzten Einheiten des aus deutschen und italienischen Verbänden gebildeten Afrikakorps in den auf der nordöstlichen Spitze Tunesiens gebildeten Brückenkopf
	Beratung des ZK der KPD über einen Aufruf zur Bildung von antifaschistischen Gruppen unter Soldaten und Offizieren
19. 4. bis 16. 5.	Heldenhafter Aufstand der Bewohner des Warschauer Ghettos
29. 4.	Beginn der Aufstellung der 1. Tschechoslowakischen Infanteriebrigade auf dem Territorium der UdSSR
April/Mai	Massenstreiks in den Niederlanden gegen die verschärfte Ausbeutung und Unterdrückung des Landes und die Zwangsmobilisierung
Frühjahr	Die leitenden KPD-Funktionäre aus Berlin (Anton Saefkow, Franz Jacob), Thüringen (Theodor Neubauer), Sachsen (Georg Schumann) und Magdeburg-Anhalt (Martin Schwantes) bilden durch ihre enge Zusammenarbeit und ihr einheitliches Vorgehen die Inlandsleitung der Partei (ab Januar 1944 mit Bernhard Bästlein)

1. 5.	Die Leitung der Berliner Organisation der KPD organisiert eine illegale Zusammenkunft am Samithsee bei Eberswalde
	Die Kommunistische Partei Ungarns fordert in dem Programm »Der Weg Ungarns zu Freiheit und Frieden« alle Bevölkerungsschichten auf, sich in einer nationalen Front zu vereinigen
6. 5.	Aufstellung der 1. polnischen Infanteriedivision »Tadeusz Kościuszko« in der UdSSR
7. 5.	Anglo-amerikanische Truppen nehmen die Städte Tunis und Bizerta ein
9. 5.	Amerikanischer Luftangriff auf Palermo
11. 5.	Anlandung amerikanischer Truppen auf der Insel Attu (Aleuten)
11. bis 29. 5.	Washingtoner Konferenz der Regierungschefs der USA und Großbritanniens (»Trident-Konferenz«)
13. 5.	Kapitulation der italienisch-deutschen Truppen in Tunesien; Ende der Kampfhandlungen in Nordafrika
14. und 19. 5.	Luftangriffe amerikanischer Bombenflugzeuge der 8. US-Luftflotte gegen Kiel
15. 5.	Vorschlag des Präsidiums des EKKI über die Auflösung der Komintern
16./17. 5.	Zerstörung der Möhne- und Edertalsperre durch britischen Bombenangriff
23./24. 5.	Angriff des britischen Bomber Command auf Dortmund
24. 5.	Nach schweren Verlusten werden die Gruppenoperationen der deutschen U-Boote im Nordatlantik abgebrochen
25./26. 5.	Angriff des britischen Bomber Command auf Düsseldorf
	Generalstreik in Marseille
27. 5.	Luftangriff des britischen Bomber Command gegen die Zeiss-Werke in Jena
	Vorschlag der Parteiführung der KPD zur Gründung eines nationalen Komitees »Freies Deutschland«
	Erste illegale Sitzung des neugebildeten Nationalrates der Widerstandsbewegung (CNR) in Paris

29./30. 5.	Schwerer Flächenangriff des britischen Bomber Command auf Wuppertal-Barmen
29. 5. bis 3. 6.	Konferenz in Algier zwischen Großbritannien und den USA über die Landung in Sizilien
Mai	Bildung des Generalhauptquartiers des Zentralkomitees der Volksbefreiungsarmee Griechenlands (ELAS)
Mai/Juni	Schwere Kämpfe sowjetischer Partisanen in den Brjansker Wäldern

Juni

Anfang Juni	Die Kommunistische Partei Dänemarks veröffentlicht den Aufruf »Zum gemeinsamen Kampf für die Niederlage des Nazismus, für Dänemarks Freiheit«
3. 6.	Bildung des Französischen Nationalen Befreiungskomitees (Comité Français de la Libération Nationale – CFLN) in Algier
5. 6.	Bildung des »Dänischen Gemeinschaftsrates«, des ersten einheitlichen Organs der Widerstandsbewegung (später »Freiheitsrat«)
10. 6.	Auflösung der Kommunistischen Internationale
	Beginn der auf der Konferenz von Casablanca beschlossenen »Combined Bomber Offensive« der Alliierten
11. 6.	Angriff amerikanischer Bombenflugzeuge auf Wilhelmshaven
11./12. 6.	Angriff des britischen Bomber Command auf Düsseldorf
11., 12. und 13. 6.	Kapitulation der Besatzungen der italienischen Inselfestungen Pantelleria und Lampedusa sowie Linosa, wodurch die anglo-amerikanischen Verbände Luft- und Seestützpunkte gewinnen
12. bis 14. 6.	Zusammenkunft von Mitgliedern des Kreisauer Kreises, in der Pläne für den Aufbau eines deutschen Nachkriegsstaates ausgearbeitet und diskutiert werden
12. bis 22. 6.	Luftoffensive der faschistischen deutschen Luftwaffe gegen das sowjetische Hinterland mit sieben Angriffen auf Gorki
12. bis 27. 6.	Acht Nachtangriffe der faschistischen deutschen Luftwaffe gegen Saratow

21. 6.	Anlandung von amerikanischen Truppen auf der Insel Neugeorgien (Salomonen)
21./22. 6.	Angriff des britischen Bomber Command auf Krefeld
22. 6.	Einsatz von Bombenflugzeugen der 8. US-Luftflotte gegen die zum IG-Farben-Konzern gehörenden Chemischen Werke Hüls
24./25. 6.	Angriff des britischen Bomber Command auf Elberfeld-Barmen
25. 6.	Protestdemonstration in Athen gegen die Hinrichtung von griechischen Patrioten
28./29. 6.	Angriff des britischen Bomber Command auf Köln
Juni	Die Kommunistische Partei Rumäniens veröffentlicht Thesen zur Bildung einer einheitlichen antifaschistischen Front

Juli

2. bis 8. 7.	Auslaufen der Truppentransporte aus Haifa, Alexandria, Port Said, Oran, Algier, Bizerta, Tunis und Sousse zur Vorbereitung der Anlandung westalliierter Truppen auf Sizilien
3./4. 7.	Angriff des britischen Bomber Command auf Köln
5. 7.	Unterzeichnung eines Abkommens zwischen dem britischen Hauptquartier Nahost und der ELAS über die Anerkennung der britischen Partisanenverbände als Bestandteil der Streitkräfte der Antihitlerkoalition und Bildung eines gemeinsamen Generalhauptquartiers
	Beschluß des ZK der KPD über die Bildung des Auslandsbüros der KPD mit Sitz in Moskau
5. bis 15. 7.	Verteidigungsoperation der Truppen der Zentralfront in der Orjol – Kursker Richtung
5. bis 23. 7.	Verteidigungsoperation der Truppen der Woronesher Front in der Belgorod – Kursker Richtung
5. 7. bis 23. 8.	Schlacht im Kursker Bogen
6. 7.	Verbände der sowjetischen 2. Luftarmee fliegen im Raum Kursk 892 Einsätze, führen 64 Luftkämpfe und schießen ca. 100 Flugzeuge des Gegners ab

9.7.	Direktive des Hauptquartiers über die Umbenennung des Steppenmilitärbezirks in die Steppenfront
10.7.	Anlandung anglo-amerikanischer Truppen an der Südostküste Siziliens
	Bildung des Generalstabes der Nationalen Befreiungsarmee Albaniens
12.7.	Beginn des Angriffs der Hauptkräfte der Brjansker Front und der Westfront gegen die faschistische deutsche 2. Panzerarmee
	Panzerbegegnungsschlacht bei Prochorowka; größte Panzerschlacht des zweiten Weltkrieges
	Einnahme von Syrakus durch alliierte Truppen
12./13.7.	In Krasnogorsk bei Moskau wird auf Initiative des ZK der KPD das Nationalkomitee »Freies Deutschland« gegründet
12.7. bis 18.8.	Orjoler Operation der Truppen des linken Flügels der Westfront, der Brjansker Front und der Zentralfront
15.7.	Vorlage eines Operationsentwurfes für die Invasion in Nordfrankreich (»Overlord«) und Südfrankreich (»Anvil«) durch den Vereinigten Planungsstab (COSSAC), die am 1. Mai 1944 beginnen soll
	Die Französische Kommunistische Partei schätzt in einer Erklärung die Bildung des Französischen Nationalen Befreiungskomitees (CFLN) als erste und wichtige Etappe auf dem Wege zur Vereinigung aller französischen Streitkräfte ein
19.7.	Erster alliierter Luftangriff auf Rom
	Treffen zwischen Hitler und Mussolini in Feltre, bei dem sich Mussolini bereit erklärt, die italienischen Einheiten der deutschen Befehlsführung zu unterstellen und Truppen nach Süditalien zu verlegen
	Beginn der Herausgabe der Wochenzeitung »Freies Deutschland«, Organ des NKFD
20.7.	Beginn der Sendungen des in der UdSSR stationierten Senders »Freies Deutschland«
25.7.	Sturz des faschistischen Regimes in Italien; Verhaftung Mussolinis; Bildung einer Regierung unter Marschall Badoglio (26.7.)

25. bis 30. 7.	Serie von Tagesangriffen amerikanischer Bombenflugzeuge auf Hamburg, Kiel, Kassel, Oschersleben, Warnemünde
25. 7. bis 2./3. 8.	Serie von schweren Luftangriffen anglo-amerikanischer Bombenflugzeuge auf Hamburg, die 44 000 Todesopfer fordern
26. 7.	Vorlage von Plänen einer Invasion auf dem italienischen Festland – Landung in Kalabrien (Plan »Buttress«) bzw. bei Salerno (Plan »Avalanche«)
26. bis 28. 7.	Generalstreik in Norditalien

August

3. 8.	Truppen der Woronesher Front und der Steppenfront gehen bei Belgorod – Charkow zur Gegenoffensive über (bis 23. 8.)
	Aufruf des »Freiheitssenders Österreich« zum verstärkten Kampf gegen den Hitlerfaschismus und zum bewaffneten Widerstand
3. 8. bis Mitte Sept.	Erste Etappe der von sowjetischen Partisanen geführten Operation »Schienenkrieg«
5. 8.	Befreiung von Orjol durch Truppen der Brjansker Front, der West- und der Zentralfront
	Befreiung von Belgorod durch Truppen der Steppenfront und der Woronesher Front
6. 8.	Einnahme von Catania durch britische Truppen
7. 8. bis 20. 10.	Smolensker Operation der Truppen der Kalininer und der Westfront
9. 8.	Die im Kreisauer Kreis um Helmuth J. Graf von Moltke vereinigten bürgerlich-demokratischen Kräfte entwickeln die »Grundsätze für die Neuordnung« und »Erste Weisung an die Landesverweser«
10. 8.	Bildung des Nationalkomitees der Vaterländischen Front Bulgariens als Basis der antifaschistischen Widerstandsbewegung
12. 8.	Befehl des faschistischen deutschen Oberkommandos zur »sofortigen Errichtung eines Ostwalls« (»Panther-Stellung«) am Dnepr und an der Desna
	Beginn geheimer Verhandlungen der Westmächte mit einer italienischen Militärmission in Lissa-

	bon über einen Waffenstillstand und den Übertritt Italiens zur Antihitlerkoalition
12. bis 16. 8.	Bombenangriffe der RAF auf Mailand
13. 8.	Beginn einer Offensive der Südwestfront und der Südfront zur Befreiung des Donezbeckens (bis 22. 9.)
	In London findet eine von der »Freien Tribüne« und der Freien Deutschen Jugend veranstaltete Informationsversammlung »Das Nationalkomitee ›Freies Deutschland‹ – Seine Männer und Ziele« statt
14. bis 24. 8.	Konferenz von Quebec zwischen den Regierungschefs der USA und Großbritanniens über die Fortsetzung der Kampfhandlungen im Mittelmeerraum und die Errichtung der zweiten Front
15. 8.	Landung amerikanischer Truppen auf der Insel Vella Lavella (Salomonen)
	Bildung der I. Stoßbrigade der Nationalen Befreiungsarmee Albaniens (Oktober/November II./III. Brigade)
	Die »Humanité« veröffentlicht den »Aufruf an die Nation« des CNR, in dem zur Vereinigung aller Widerstandsorganisationen aufgerufen wird
16. 8.	Amerikanische Truppen besetzen Messina
17. 8.	Sizilien ist von alliierten Truppen besetzt
17./18. 8.	Angriff britischer Bombenflugzeuge auf die Versuchsanstalt von Peenemünde, der die Entwicklung der Raketenwaffen verzögert
23. 8.	Befreiung von Charkow durch Truppen der Steppenfront, der Woronesher Front und der Südwestfront
23./24. 8. 31. 8./1. 9. 3./4. 9.	Angriffe des britischen Bomber Command auf Berlin
26. 8.	Sondierungsgespräch Himmlers mit einem Vertreter der Beck-Goerdeler-Gruppe über die Möglichkeit, einen Separatfrieden mit den Westmächten abzuschließen
	Die UdSSR erkennt das Französische Nationale Befreiungskomitee (CFLN) in Algier als Vertreter der staatlichen Interessen der Republik Frankreich an

26. 8. bis 1. 10.	Operation von Tschernigow-Pripjat der Truppen der Zentralfront
30. 8.	Befreiung von Taganrog durch Truppen der Südfront gemeinsam mit der Asowflottille
August	Am Züricher Schauspielhaus entsteht die erste Gruppe der Bewegung »Freies Deutschland« in der Schweiz
August/September	Anton Saefkow und Franz Jacob verfassen das Material Nr. 1 »Aktuelle Fragen unserer Arbeit« sowie das Material Nr. 2 »Zur Lage«, um den Kadern der KPD eine einheitliche politische Orientierung für den antifaschistischen Kampf zu geben

September

1. 9. bis 3. 10.	Brjansker Operation der Truppen der Brjansker Front
3. 9.	Landung britischer Truppen in Südkalabrien bei Reggio di Calabria (Operation »Baytown«)
	Abschluß des Waffenstillstandes der USA und Großbritanniens mit Italien (Bekanntgabe am 8. 9.)
8. 9.	Befreiung von Stalino (Donezk) durch Truppen der Südfront
9. 9.	Landung britischer und amerikanischer Truppen bei Salerno und Tarent
	Besetzung Roms durch deutsche Truppen (Fall »Achse«) und Entwaffnung der italienischen Truppen in Italien
	Die Badoglio-Regierung in Italien veröffentlicht das Waffenstillstandsabkommen mit den westlichen Alliierten
	Auf Initiative der Italienischen Kommunistischen Partei wird in Rom das »Komitee der nationalen Befreiung« gebildet
9. 9. bis 4. 10.	Befreiung der Insel Korsika durch Partisanen gemeinsam mit Einheiten der Bewegung »Kämpfendes Frankreich«
9. 9. bis 9. 10.	Operation von Noworossisk – Taman der Truppen der Nordkaukasusfront und der Schwarzmeerflotte
11./12. 9.	Gründungskonferenz des Bundes Deutscher Offiziere (BDO) in Lunjowo (Gebiet Moskau)

14.9.	Das NKFD stimmt auf seiner dritten Plenartagung dem Anschluß des Bundes Deutscher Offiziere an die Bewegung »Freies Deutschland« zu
15.9.	Befehl des faschistischen deutschen Oberkommandos über den allgemeinen Rückzug der Truppen der Heeresgruppe Süd auf die als »Ostwall« bezeichnete Verteidigungslinie
16.9.	Truppen der Nordkaukasusfront befreien Noworossisk
	Auf Initiative der Kommunistischen Partei Dänemarks wird der Dänische Freiheitsrat als nationales Zentrum der Widerstandsbewegung gegründet
17.9.	Befreiung von Brjansk und Beshiza durch Truppen der Brjansker Front
	Landung amerikanischer Truppen auf Sardinien
19.9. bis Dezember	Zweite Etappe der Operation »Schienenkrieg« der sowjetischen Partisanen
20.9.	Luigi Longo wird Kommandant des neugebildeten Generalkommandos der Garibaldi-Sturmbrigaden
21.9.	Truppen der Zentralfront befreien Tschernigow
22./23.9.	Luftangriff des britischen Bomber Command auf Hannover
22. bis 30.9.	Bildung von vorgeschobenen Brückenköpfen über den Dnepr durch Truppen der Woronesher Front, der Steppen- und der Südwestfront
23.9.	Befreiung von Poltawa durch Truppen der Steppenfront
23./24.9.	Luftangriff des britischen Bomber Command auf Mannheim-Ludwigshafen
25.9.	Truppen der Westfront befreien Smolensk und Roslawl
26.9.	Beginn der Befreiung Belorußlands
27./28.9.	Luftangriff des britischen Bomber Command auf Hannover
28.9.	Einheitsfrontabkommen zwischen der Italienischen Kommunistischen Partei und der Sozialistischen Partei Italiens
Ende September	Gründung der Bewegung »Freies Deutschland« für den Westen in Paris

Anfang Oktober	Deutsche Kommunisten, Sozialdemokraten, Demokraten und andere Antifaschisten bilden in Großbritannien das »Deutsche Flüchtlingskomitee – 7. November 1942«, das zur ersten gemeinsamen Solidaritätskundgebung für das Sowjetvolk aufruft
1. 10.	Alliierte Truppen besetzen das durch italienische Patrioten von den faschistischen deutschen Okkupanten befreite Neapel
3./4. 10.	Angriff britischer Bombenflugzeuge auf Kassel
8. bis 14. 10.	Bei Luftangriffen auf Bremen, Anklam, Marienburg und Schweinfurt verlieren die amerikanischen Fernfliegerkräfte 148 Bomber (»Schwarze Woche«)
9. 10.	Völlige Befreiung der Tamanhalbinsel; Abschluß der Schlacht um den Kaukasus
10. bis 14. 10.	Truppen der Südwestfront beseitigen den gegnerischen Brückenkopf auf dem linken Dneprufer und befreien die Stadt Saporoshje
12. 10.	Beginn einer Offensive durch die amerikanische 5. Armee in Italien nördlich des Volturno
12. 10. bis 23. 12.	Kiewer Angriffsoperation der Truppen der 1. Ukrainischen Front
13. 10.	Die italienische Regierung unter Marschall Badoglio tritt der Antihitlerkoalition bei und erklärt Deutschland den Krieg
15. 10. bis Dezember	Operation Kirowograd – Kriwoi Rog der Truppen der 2. und 3. Ukrainischen Front
19. bis 30. 10.	Konferenz der Außenminister der UdSSR, der USA und Großbritanniens in Moskau erklärt die Entschlossenheit der Staaten der Antihitlerkoalition, den Krieg gegen die faschistischen Mächte bis zur bedingungslosen Kapitulation fortzusetzen; Bildung der Europäischen Konsultativkommission (European Advisory Commission – EAC)
20. 10.	Umbenennung der Woronesher Front, der Steppenfront, der Südwestfront und der Südfront in 1., 2., 3. und 4. Ukrainische Front. Die Zentralfront wird in die Belorussische Front, die Kalini-

	ner Front und die Baltische Front werden in die 1. und 2. Baltische Front umbenannt
22./23. 10.	Luftangriff britischer Bombenflugzeuge auf Kassel
23. 10.	Truppen der 4. Ukrainischen Front befreien Melitopol
25. 10.	Truppen der 3. Ukrainischen Front befreien mit Unterstützung durch Truppen der 2. Ukrainischen Front Dnepropetrowsk und Dneprodsershinsk
26. 10.	Erste größere Zusammenkunft von etwa 30 Vertretern der verschiedenen politischen Richtungen deutscher Emigranten in Stockholm
31. 10.	Truppen der 4. Ukrainischen Front erreichen die Landenge von Perekop
31. 10. bis 11. 12.	Landungsoperation von Kertsch – Eltigen
Oktober	Beginn der Aufstellung von Garibaldi-Sturmbrigaden durch die Führung der Italienischen Kommunistischen Partei

November

1. 11.	Landung amerikanischer Truppen auf der Insel Bougainville (Salomonen)
	Antifaschistische Demonstrationen in Budapest
2. 11.	Angriff japanischer Seestreitkräfte auf die amerikanische Transportflotte in der Kaiserin-Augusta-Bucht
3./4. 11.	Angriff des britischen Bomber Command auf Düsseldorf
6. 11.	Befreiung von Kiew durch Truppen der 1. Ukrainischen Front
10. bis 30. 11.	Operation von Gomel – Retschitza der Truppen der Belorussischen Front
13. und 14. 11.	Erste Delegiertenkonferenz der Freien Deutschen Bewegung in Großbritannien
13. bis 25. 11.	Truppen der Heeresgruppe Süd dringen 35 bis 40 Kilometer in Richtung Kiew vor
18. 11.	Beginn der verstärkten Luftoffensive auf Berlin (Battle of Berlin); bis März 1944 16 Großangriffe und etwa 50 Nebenangriffe auf andere Städte

18.11. bis Ende November	Streik der Turiner Metallarbeiter gibt den Auftakt für die Streikbewegung in ganz Italien
20. bis 23.11.	Anlandung von amerikanischen Truppen auf den Gilbertinseln Makin und Tawara
22. bis 26.11.	1. Konferenz von Kairo zwischen Roosevelt, Churchill und Tschiang Kai-schek berät Pläne für die Kriegführung im Indischen Ozean
22./23. und 23.11.	Großangriffe des britischen Bomber Command auf Berlin
26.11.	Befreiung von Gomel durch Truppen der Belorussischen Front
28.11. bis 1.12.	Konferenz der Regierungschefs der UdSSR, der USA und Großbritanniens in Teheran; Beschluß über Landung anglo-amerikanischer Verbände in Nordfrankreich im Mai 1944 (Deckname »Overlord«)
29. und 30.11.	Zweite Tagung des Antifaschistischen Rates der Volksbefreiung Jugoslawiens; Bildung des Nationalkomitees der Befreiung Jugoslawiens
November	Die Polnische Arbeiterpartei veröffentlicht das Dokument »Wofür wir kämpfen«, das das Programm des neuen demokratischen und antiimperialistischen Volkspolens enthält
Ende November	Anton Saefkow und Franz Jacob verfassen das Dokument »Ergebnisse der Moskauer Konferenz«, das in den Parteiorganisationen der KPD Fragen über Charakter und Ziel der Bewegung »Freies Deutschland« klären hilft

Dezember

3.12.	Alliierter Luftangriff auf Leipzig
3. bis 6.12.	2. Konferenz von Kairo zwischen F. D. Roosevelt, W. S. Churchill und dem türkischen Präsidenten Ismet Inönü erreicht nicht den Kriegseintritt der Türkei gegen Deutschland
5.12.	Ernennung von General Dwight D. Eisenhower zum Oberbefehlshaber der britischen und amerikanischen Land-, Luft- und Seestreitkräfte in Europa
12.12.	Vertrag über Freundschaft, gegenseitige Hilfe und Zusammenarbeit nach dem Kriege zwischen der UdSSR und der tschechoslowakischen Exil-

	regierung in London unter Präsident Edvard Beneš
13. bis 31. 12.	Operation von Gorodok der Truppen der 1. Baltischen Front
14. 12.	Befreiung von Tscherkassy durch Truppen der 2. Ukrainischen Front
	Entsendung einer ständigen sowjetischen Militärmission beim Nationalkomitee zur Befreiung Jugoslawiens
15. 12.	Anlandung von amerikanischen Truppen auf der Insel Arawe (Neubritannien)
24. und 29. 12.	Großangriffe des britischen Bomber Command auf Berlin
24. 12. bis 15. 1. 1944	Angriffsoperation von Shitomir – Berditschew der Truppen der 1. Ukrainischen Front
26. 12.	Anlandung von US-Streitkräften bei Kap Gloucester am westlichen Ende von Neubritannien
	Das Schlachtschiff »Scharnhorst« wird von britischen Flotteneinheiten im Eismeer versenkt
31. 12.	Befreiung von Shitomir durch Truppen der 1. Ukrainischen Front
Ende des Jahres	Anton Saefkow und Franz Jacob beginnen in Übereinstimmung mit Theodor Neubauer mit der Ausarbeitung der Plattform »Wir Kommunisten und das Nationalkomitee ›Freies Deutschland‹«
Ende 1943/ Anfang 1944	Um Oberst Claus Graf Schenk von Stauffenberg sammelt sich eine Gruppe patriotisch gesinnter Offiziere, die zu der Einsicht gelangen, daß nicht nur Hitler, sondern das ganze Naziregime gestürzt werden müsse

1944

Anfang des Jahres	Die illegale Bezirksleitung der KPD Berlin-Brandenburg orientiert in dem »Merkblatt für die zur Wehrmacht eingezogenen Genossen« auf die Entfaltung des antifaschistischen Widerstandes in den Einheiten der Wehrmacht

1.1.	Bildung der »United States Strategic Air Force in Europe« (USSAF)
	In Polen konstituiert sich der Landesnationalrat (Krajowa Rada Narodowa – KRN); Beschluß zur Bildung der Volksarmee (Armia Ludowa)
2.1.	Amerikanische Truppen besetzen die Garnison Saidor. Damit befinden sich die Zufahrt zur Bismarcksee und der Bismarckarchipel mit den Admiralitätsinseln vollständig in alliierter Hand
2.1. und 3.1.	Großangriffe des britischen Bomber Command auf Berlin
5.1.	Truppen der 1. Ukrainischen Front befreien Berditschew
	6. Vollsitzung des NKFD, die Inhalt und Formen der Bewegung »Freies Deutschland« an der deutsch-sowjetischen Front mit der neuen Kriegslage und den neuen Erfordernissen des antifaschistischen Kampfes in Übereinstimmung bringt
5.1. bis 10.1.	Angriffsoperation von Kirowograd der Truppen der 2. Ukrainischen Front
5./6.1.	Ablenkungsangriff des britischen Bomber Command auf Stettin
8.1.	Befreiung von Kirowograd durch Truppen der 2. Ukrainischen Front
11.1.	Angriff amerikanischer Fernfliegerkräfte auf die Flugzeugwerke im Raum Oschersleben, Halberstadt und Braunschweig
12.1.	Beginn der Offensive der alliierten Truppen in Mittelitalien mit dem Ziel der Einnahme Roms
	Beginn der Kämpfe um den Ort und den Berg Monte Cassino, die sich als die verlustreichste und längste Schlacht erweisen, die sich die westlichen Alliierten bis dahin mit der faschistischen deutschen Wehrmacht geliefert haben
13.1.	Beratung zwischen Wilhelm Pieck und Georgi Dimitroff über die im künftigen Deutschland zu lösenden Hauptaufgaben
14.1.	Die Europäische Konsultativkommission mit Ver-

	tretern der UdSSR, der USA und Großbritanniens nimmt in London ihre Tätigkeit auf
14. 1. bis 1. 3.	Strategische Angriffsoperation der Truppen der Leningrader Front, der Wolchowfront und der 2. Baltischen Front gegen die Heeresgruppe Nord
14./15. 1.	Ablenkungsangriff des britischen Bomber Command auf Braunschweig
15. bis 20. 1.	Tagung des Nationalen Befreiungskomitees Italiens (Comitati di Liberazione Nazionale – CLN) in Rom
20. 1.	Befreiung von Nowgorod durch Truppen der Wolchowfront
	Großangriff des britischen Bomber Command auf Berlin
20./21. 1.	Wiederaufnahme des Bombenkrieges gegen Großbritannien durch die faschistische deutsche Luftwaffe mit einem Terrorangriff auf London
21./22. 1.	Ablenkungsangriff des britischen Bomber Command auf Magdeburg
22. 1.	Großlandung des 6. US-Korps im Raum Anzio – Nettuno im Rücken der Stellungen der faschistischen deutschen Truppen in Italien
24. 1. bis 17. 2.	Angriffsoperation der Truppen der 1. und 2. Ukrainischen Front; Einschließung und Vernichtung von etwa 10 faschistischen Divisionen im Raum von Korsun-Schewtschenkowski
27. 1.	Endgültige Befreiung Leningrads von der gegnerischen Blockade
	Beginn der Offensive der 1. Ukrainischen Front in Richtung Rowno und Luzk (bis 11. 2.)
27. 1., 29. und 30. 1.	Großangriffe des britischen Bomber Command auf Berlin
30. 1.	Beginn der Operation von Nikopol – Kriwoi Rog durch Truppen der 3. und 4. Ukrainischen Front (bis 29. 2.)
31. 1.	Beginn der Operation der amerikanischen Streitkräfte zur Einnahme der Marshallinseln (Kwajaleinatoll)
Januar	Das Oberste Hauptquartier der Alliierten Expeditionsstreitkräfte (SHAEF) wird in England stationiert

2.2.	Befreiung von Luzk und Rowno durch Truppen der 1. Ukrainischen Front
4.2.	Beginn der Offensive japanischer Streitkräfte von burmesischem Gebiet gegen die indische Provinz Assam
6.2.	Beschluß der Führung der KPD über die Arbeit des »Deutschen Volkssenders« als wichtigstem operativem politisch-organisatorischem Bindeglied des ZK der KPD zu den illegalen Parteiorganisationen in Deutschland
8.2.	Befreiung von Nikopol durch Truppen der 3. und 4. Ukrainischen Front
8. und 10.2.	Aktionen von Sonderbevollmächtigten des NKFD bei Korsun-Schewtschenkowski, um die von der Roten Armee eingeschlossenen deutschen Soldaten und Offiziere zur Einstellung der Kampfhandlungen und zur Annahme des sowjetischen Kapitulationsangebots aufzufordern
10. bis 17.2.	Zweite Offensive der alliierten Truppen in Mittelitalien
12.2.	Befreiung von Luga durch Truppen der Leningrader Front
14.2.	Truppen der 2. Ukrainischen Front befreien Korsun-Schewtschenkowski
15.2.	Großangriff des britischen Bomber Command auf Berlin
16.2.	Beginn des Gegenangriffs der faschistischen Wehrmacht auf den alliierten Brückenkopf bei Anzio – Nettuno
17.2.	Beginn des Rückzugs großer Teile der Heeresgruppe Nord auf die »Pantherstellung«
	Einnahme des Atolls Eniwetok (Marshallinseln) durch amerikanische Truppen
19./20.2.	Schwere Verluste des britischen Bomber Command beim Angriff auf Leipzig
20., 22. und 25.2.	Angriffe der 8. und 15. US-Luftflotte gegen 21 Flugzeugwerke bei Tutow, Posen, Braunschweig, Halberstadt, Oschersleben, Bernburg, Aschersleben, Leipzig, Gotha, Fürth, Augsburg, Regensburg und andere Städte (»Big Week«)

22. 2.	Befreiung von Kriwoi Rog durch Truppen der 3. Ukrainischen Front
26. und 27. 2.	Erste gemeinsame Landeskonferenz der Landesgruppe deutscher Gewerkschafter in Schweden in Stockholm
29. 2. bis Ende März	Einnahme der Admiralitätsinseln durch US-Streitkräfte; damit ist der japanische Luft- und Flottenstützpunkt Rabaul blockiert
Februar	Zusammenfassung aller bewaffneten Organisationen der französischen Widerstandsbewegung in den Französischen Inneren Streitkräften (Forces Françaises de l'Intérieur – FFI)

März

1. bis 8. 3.	Generalstreik im faschistisch besetzten Norditalien, an dem über eine Million Arbeiter teilnehmen
4. 3. bis 17. 4.	Angriffsoperation von Proskurow – Tschernowzy der Truppen der 1. Ukrainischen Front
5. 3.	Das NKFD veröffentlicht das programmatische Dokument »Das Nationalkomitee an Volk und Wehrmacht: 25 Artikel zur Beendigung des Krieges«
5. 3. bis 6. 5.	Operation von Uman – Botoşani der Truppen der 2. Ukrainischen Front
6. 3.	Schwerer Tagesgroßangriff amerikanischer strategischer Fliegerkräfte auf Berlin und Umgebung (Erkner, Genshagen)
	Erste Beratung der von der Führung der KPD berufenen Arbeitskommission zur Klärung einer »Reihe politischer Probleme des Kampfes für den Sturz Hitlers und der Gestaltung des neuen Deutschland« unter dem Vorsitz von Wilhelm Pieck
6. 3. bis 6. 5.	Operation von Nikolajew – Odessa der Truppen der 3. Ukrainischen Front
8. und 9. 3.	Angriffe der 8. US-Luftflotte gegen Rüstungsbetriebe im Raum Berlin
11. 3.	Gründung des Politischen Komitees der Nationalen Befreiung (Politiki Epitropi Ethnikis Apeleftherossis – PEEA) als Regierung des freien Griechenlands

461

462

	nistischen Partei zum Französischen Nationalen Befreiungskomitee
	Bildung einer neuen operativen Führung der Kommunistischen Partei Rumäniens, die zum Kampf gegen die deutschen Faschisten und die Antonescu-Clique aufruft
5.4.	Beginn systematischer britisch-amerikanischer Luftangriffe gegen das rumänische Erdölgebiet von Ploieşti
7.4.	Truppen der 3. Ukrainischen Front erreichen den Mündungssee des Dnestrs
7.4. und 14./15.5.	Kriegsspiele und -beratungen in der St. Pauls-Schule in London zur Vorbereitung der Landungsoperation amerikanischer und britischer Truppen in Frankreich
8.4. bis 12.5.	Angriffsoperation zur Befreiung der Krim durch die Truppen der 4. Ukrainischen Front, der Selbständigen Primorjearmee (Küstenarmee) und der Schwarzmeerflotte
10.4.	Odessa wird durch Truppen der 3. Ukrainischen Front befreit
13.4.	Befreiung von Simferopol durch Truppen der 4. Ukrainischen Front
14.4.	Truppen der 1. Ukrainischen Front befreien Ternopol
17.4.	Beginn einer Offensive japanischer Truppen in Südchina
19.4.	Offizielle Mitteilung der finnischen Regierung an die Regierung der UdSSR über die Ablehnung der sowjetischen Friedensbedingungen
21.4.	Landung amerikanischer Truppen bei Hollandia (Neuguinea)
	Bildung der ersten Regierung der Nationalen Einheit in Italien
April	Die illegale Landesleitung der KPD trifft erneut Maßnahmen zur Befreiung Ernst Thälmanns
Mai	
2.5.	Bildung des Council for a Democratic Germany in New York als politischer Zusammenschluß der deutschen antifaschistischen und antihitlerischen Emigration in den USA

463

8.5.	Sowjetisch-tschechoslowakisches Abkommen über die Beziehungen zwischen dem sowjetischen Oberkommando und den tschechoslowakischen Verwaltungsstellen nach dem Übertreten sowjetischer Truppen auf tschechoslowakisches Gebiet.
9.5.	Truppen der 4. Ukrainischen Front befreien Sewastopol
11.5.	Beginn der vierten Offensive der alliierten Streitkräfte auf Rom
12.5.	Mit der Gefangennahme von 21000 faschistischen Soldaten vollenden die sowjetischen Truppen die Befreiung der Krim
	Angriff amerikanischer Fernfliegerkräfte auf die Hydrierwerke bei Leuna, Böhlen, Lützkendorf, Zeitz und Brüx
13.5.	Aufforderung der Regierungen der UdSSR, Großbritanniens und der USA an Ungarn, Rumänien, Bulgarien und Finnland, die Zusammenarbeit mit Deutschland einzustellen und den Krieg an der Seite der Antihitlerkoalition fortzusetzen
20. und 21.5.	Erster Landeskongreß des »Freien Deutschen Kulturbundes« in Stockholm
23.5.	Ausbruch der amerikanischen Truppen aus dem Raum Anzio – Nettuno; Rückzug der faschistischen deutschen Truppen aus Süditalien
24. bis 28.5.	1. Antifaschistischer Nationaler Befreiungskongreß Albaniens; Wahl des Antifaschistischen Nationalen Befreiungsrats als oberstes legislatives und exekutives Organ
25.5.	Scheitern des Unternehmens »Rösselsprung«, durch das der oberste Stab der Volksbefreiungsarmee Jugoslawiens vernichtet und ihr Oberkommandierender, Josip Broz Tito, gefangengenommen werden sollte
27.5.	Beginn der Angriffsoperation von Hunan-Guilin der japanischen Truppen in China
28. und 29.5.	Angriff amerikanischer Bombenflugzeuge gegen Leuna, Lützkendorf und Zeitz sowie gegen Ruhland und Espenhain

Mai	Zur Verbreitung der Ziele der Bewegung »Freies Deutschland« in der Schweiz erscheinen regelmäßig die für die Presse bestimmten »FD Informationen«
	Auf Initiative der Kommunistischen Partei Ungarns entsteht die Ungarische Front (Magyar Front) aller antifaschistischen Kräfte

Juni

2.6.	Erste Pendelflugoperation von auf Flugplätzen Italiens stationierten US-Fliegerkräften, die bei Poltawa landen
	Bildung der Provisorischen Regierung der Französischen Republik mit General Charles de Gaulle an der Spitze
3. und 4. 6.	Zweite Delegiertenkonferenz der Freien Deutschen Bewegung in Großbritannien in London
4. 6.	Amerikanische Truppen rücken in Rom ein
6. 6.	Landung alliierter Truppen in der Normandie; Eröffnung der zweiten Front in Westeuropa (bis 24. 7.)
	Veröffentlichung eines Aufrufes des ZK der Französischen Kommunistischen Partei an die Werktätigen, den Kampf zur Befreiung des Landes von den Okkupanten zu verstärken
7. 6.	Der Dänische Freiheitsrat (Danmarks Frihedsraad) wendet sich in einem Aufruf an die Bevölkerung, den Widerstandskampf gegen die Okkupanten zu verstärken
10. 6.	Beginn der Offensive der Truppen der Leningrader Front auf der Karelischen Landenge
	Massenmord an der Bevölkerung im französischen Ort Oradour-sur-Glane durch SS-Verbände. Der Ort wird zerstört.
13. 6.	Abschuß der ersten Flugkörper Fi 103 (V1) auf London und Umgebung
13. 6.	Beratung von Vertretern der Kommunistischen Partei Rumäniens, patriotischen Offizieren und Abgesandten des Hofes über den Plan für den bewaffneten Aufstand

15.6.	Beginn der Landung amerikanischer Truppen auf den Marianen: Saipan (15.6.), Guam (21.7.), Tinian (24.7.)
17. bis 30.6.	Vernichtung der letzten Teile einiger deutscher Divisionen auf der Halbinsel Cotentin durch amerikanische Truppen
18. und 24.6.	Die letzten beiden Flugplätze auf der Insel Biak (westlich von Hollandia) werden von amerikanischen Streitkräften besetzt
19./20.6.	Seeschlacht bei den Marianen zwischen Flottenkräften der USA und Japans
	Aktion sowjetischer Partisanen im Hinterland der Heeresgruppe Mitte; mit 10 500 Sprengungen von Eisenbahnlinien werden die rückwärtigen Verbindungen unterbrochen
20.6.	Truppen der Leningrader Front befreien im Zusammenwirken mit der Baltischen Rotbannerflotte Wyborg
	Auf Initiative der Kommunistischen Partei Rumäniens wird der Nationaldemokratische Block (Blocul national-democratic) gebildet
22.6.	Erste Zusammenkunft von Funktionären der Landesleitung der KPD, Anton Saefkow und Franz Jacob, mit den Sozialdemokraten Julius Leber und Adolf Reichwein
22.6. bis 5.7.	Antifaschistische Aktionen in Kopenhagen und anderen Städten Dänemarks
23. bis 27.6.	Einschließung und Vernichtung von Teilen der deutschen Panzerarmee bei Witebsk durch Truppen der 1. Baltischen und der 3. Belorussischen Front
23.6. bis 29.8.	Belorussische Angriffsoperation der sowjetischen Truppen
25.6.	Beginn eines Großangriffs britischer Truppen bei Caen
26.6.	Truppen der 1. Baltischen Front und der 3. Belorussischen Front befreien Witebsk
	Amerikanische Truppen besetzen Cherbourg
28.6.	Befreiung von Petrosawodsk durch Truppen der Karelischen Front im Zusammenwirken mit der Onega-Kriegsflottille
29.6.	Truppen der 1. Belorussischen Front vernichten

| | die Bobruisker Gruppierung der faschistischen Truppen und befreien Bobruisk |
| 30. 6. | Die USA brechen die diplomatischen Beziehungen zu Finnland ab |

Juli

3. 7.	Truppen der 3. und der 1. Belorussischen Front befreien Minsk
4. 7.	Verhaftung der Mitglieder der illegalen Landesleitung der KPD in Deutschland Anton Saefkow und Franz Jacob; am 14. 7. werden auch Magnus Poser und Theodor Neubauer verhaftet
7. und 28. 7.	Bombenangriffe der 8. US-Luftflotte auf die Leunawerke
8. 7.	Unter Führung von Generalleutnant Vincenz Müller kapitulieren Teile der 4. Armee bei Minsk
9. 7.	Einnahme von Caen durch die britische 2. Armee
11. 7.	Sowjetische Truppen beenden die Vernichtung der östlich Minsk eingeschlossenen deutschen Truppengruppierung
	Das Französische Nationale Befreiungskomitee unter General Charles de Gaulle wird von den USA anerkannt
11., 12., 13., 16., 19. und 31. 7.	Bombenangriffe amerikanischer Fernfliegerkräfte auf München
11. bis 22. 7.	Konferenz von Bretton Woods (New Hampshire) verabschiedet eine Konvention über die »Internationale Bank für Wiederaufbau und Förderung der Wirtschaft«
13. 7.	Befreiung von Vilnius durch Truppen der 3. Belorussischen Front
13. 7. bis 29. 8.	Angriffsoperation der 1. Ukrainischen Front gegen die faschistische deutsche Heeresgruppe Nordukraine
15. 7.	Truppen der 3. Belorussischen Front sind auf den Neman vorgedrungen und haben ostwärts Alytus Brückenköpfe am Westufer des Flusses gebildet
17. 7.	Truppen der 1. Ukrainischen Front vollenden die Einschließung der Gruppierung der faschistischen deutschen Truppen bei Brody

18. 7.	Rücktritt der Regierung des japanischen Minister-präsidenten Hideki Tojo und Bildung eines Kabinetts unter Kuniaki Koiso
18./19. 7.	Einnahme des wichtigen Verkehrsknotenpunktes St.-Lô durch amerikanische Truppen
18. bis 21. 7.	Fehlschlag der Operation »Goodwood« (Gut Holz): Ausbruch von drei britischen Panzerdivisionen aus dem Raum Caen bis nach Falaise
20. 7.	Truppen der 1. Belorussischen Front und der 1. Polnischen Armee betreten polnisches Territorium
	Oberst Claus Graf Schenk von Stauffenberg verübt im Hauptquartier »Wolfsschanze« bei Rastenburg auf Hitler ein Sprengstoffattentat
21. 7.	Bildung des Polnischen Komitees der Nationalen Befreiung; Vereinigung der 1. Polnischen Armee mit der Volksarmee (Armia Ludowa) zur einheitlichen Polnischen Armee
21. bis 24. 7.	Landung amerikanischer Truppen auf den Marianeninseln Guam und Tinian
22. 7.	Truppen der 1. Belorussischen Front befreien Chełm
23. 7.	Truppen der 3. Baltischen Front befreien Pskow
	Aufruf des Nationalkomitees »Freies Deutschland« an das deutsche Volk und die Wehrmacht, in dem es sich mit der Aktion vom 20. Juli und mit allen kämpfenden deutschen Hitlergegnern solidarisiert
24. 7.	Truppen der 1. Belorussischen Front befreien Lublin
24./25., 25./26. und 28./29. 7.	Angriffe des britischen Bomber Command auf Stuttgart
25. 7.	Truppen der westlichen Alliierten haben die Linie südlich St.-Lô – Caumont – Caen erreicht; damit ist die Landungsoperation in der Normandie beendet
	Verkündung weiterer Maßnahmen zur totalen Mobilisierung in Deutschland
25. 7. bis 25. 8.	Offensive alliierter Truppen in Nordwestfrankreich
26. 7.	Abschluß eines Abkommens zwischen der Regie-

rung der UdSSR und dem Polnischen Komitee der Nationalen Befreiung über die Beziehungen zwischen dem sowjetischen Militärkommando und der polnischen Verwaltung

27. 7.	Truppen der 1. Baltischen Front befreien Šiauliai und Daugavpils; damit stehen die Angriffsspitzen der 1. Baltischen Front 90 bis 120 Kilometer vor der Rigaer Bucht
	Truppen der 1. Ukrainischen Front befreien Lwow, Stanislaw und Peremyschl
29. und 30. 7.	Vorausabteilungen sowjetischer Truppen erreichen die Weichsel (Wisła) zwischen Baranów und Sandomierz und bilden auf dem Westufer des Flusses einen Brückenkopf
30. 7.	Landung amerikanischer Truppen bei Kap Sansapor (Nordküste Neuguinea)
31. 7.	Befreiung von Jelgava durch Truppen der 1. Baltischen Front
	Verbände der amerikanischen 1. Armee besetzen Avranches

August

1. 8. bis 2. 10.	Heldenhafter Kampf polnischer Patrioten während des bewaffneten Aufstandes in Warschau
2. 8.	Die Türkei bricht die diplomatischen Beziehungen zum faschistischen Deutschland ab
6. 8.	Einschließung der faschistischen deutschen Truppen in der Bretagne nach der Einnahme von Laval und Mayenne durch alliierte Truppen
	Schwerer Luftangriff von 128 US-Bombern auf Berlin
6./7. 8.	Verhandlungen in Moskau zwischen Vertretern des Polnischen Komitees der Nationalen Befreiung und der polnischen Exilregierung
8. 8.	Aufruf von Generalfeldmarschall Friedrich Paulus »An die kriegsgefangenen deutschen Offiziere und Soldaten in der UdSSR«
8. bis 20. 8.	Offensive der US-Truppen zur Einschließung der deutschen Verbände im Raum Falaise
10. 8.	Beginn des Massenstreiks in Paris; Aufruf zum Generalstreik (18. 8.)
	Gründung des Antifaschistischen Komitees deut-

scher Soldaten »Freies Deutschland« in Griechenland (AKFD)

11. 8.	Auf Weisung des Komitees der Nationalen Befreiung wird in Florenz der bewaffnete Aufstand ausgelöst
12. bis 15. 8.	Verhandlungen zwischen dem Obersten Befehlshaber der Volksbefreiungsarmee Jugoslawiens und Präsidenten des Nationalkomitees der Befreiung Jugoslawiens, Josip Broz Tito, und dem Premierminister Großbritanniens, Winston S. Churchill, in Neapel
13. 8.	Alliierte Truppen rücken in das von italienischen Partisanen befreite Florenz ein
15. 8.	Truppen der 1. Ukrainischen Front befreien Sandomierz
	Landung alliierter Truppen an der südfranzösischen Küste zwischen Le Lavandou und Cannes (Operation »Dragon«, vorher »Anvil«)
17. 8.	Truppen der 3. Belorussischen Front erreichen in Ostpreußen die Grenze Deutschlands
	Alliierte Truppen nehmen die Städte Falaise und Orleáns ein
18. 8.	Im Konzentrationslager Buchenwald wird der Vorsitzende des ZK der KPD, Ernst Thälmann, ermordet
19. 8.	Französische, polnische und amerikanische Truppen schließen den Einschließungsring um die faschistischen deutschen Truppen bei Chambois
19. bis 25. 8.	Antifaschistischer bewaffneter Aufstand in Paris
20. bis 29. 8.	Angriffsoperation der sowjetischen Truppen von Iaşi – Kischinjow
21. 8. bis 28. 9.	Konferenz der UdSSR, der USA und Großbritanniens sowie Chinas in Dumbarton Oaks zur Vorbereitung der Gründung der Vereinten Nationen
22. 8.	Befreiung von Toulon durch die französische 1. Armee und Kräfte der französischen Widerstandsbewegung (FFI)
	Aufruf des Nationalkomitees »Freies Deutschland«: »Alle Waffen gegen Hitler!«
23. 8.	Beginn des bewaffneten Volksaufstandes in Rumänien; Sturz der Antonescu-Diktatur; Aus-

	scheiden Rumäniens aus dem Krieg an der Seite des faschistischen Deutschlands
24. 8.	Die bei Belgorod – Dnestrowski eingeschlossene rumänische 3. Armee stellt den Kampf ein
	Bukarest wird von Flugzeugen der faschistischen deutschen Luftwaffe bombardiert
	Der Sozialdemokrat Rudolf Breitscheid findet bei einem anglo-amerikanischen Luftangriff im Konzentrationslager Buchenwald den Tod
25. 8.	Einmarsch alliierter Truppen in das von französischen Patrioten befreite Paris
	Die rumänische Regierung erklärt dem faschistischen Deutschland den Krieg
25. bis 29. 8.	Einschließung und Vernichtung von 22 faschistischen Divisionen bei Iaşi – Kischinjow durch sowjetische Truppen
26. 8.	Beginn des Rückzugs der faschistischen Truppen aus Griechenland
28. 8.	Alliierte Truppen rücken in Toulon ein
	Befreiung von Marseille, wo bereits am 20. 8. ein allgemeiner Aufstand die Okkupanten aus der Innenstadt vertrieben hatte
29. 8.	Truppen der 3. Ukrainischen Front befreien im Zusammenwirken mit der Schwarzmeerflotte Constanţa
	Kräfte der französischen Widerstandsbewegung befreien Bordeaux
	Beginn des Slowakischen Nationalaufstandes (bis 27. 10.)
30. 8.	Kanadische Truppen rücken in Rouen ein, US-Truppen in Reims
	Britische Truppen erreichen Amiens und durchbrechen damit die Sommelinie
31. 8.	Truppen der 2. Ukrainischen Front rücken gemeinsam mit der rumänischen Freiwilligendivision »Tudor Vladimirescu« in das von rumänischen Patrioten befreite Bukarest ein
31. 8. bis 14. 9.	Schwere Angriffe von amerikanischen Luftstreitkräften gegen Iwo Jima, die Bonininseln, die West-Karolinen, Mindanao, die Palauinseln und die Zentral-Philippinen

471

1.9.	Britische Truppen rücken in das von der Widerstandsbewegung befreite und verwaltete Florenz ein
3.9.	Alliierte Truppen rücken in das von französischen Patrioten befreite Lyon ein
	Alliierte Truppen rücken in das von belgischen Patrioten befreite Brüssel ein
4.9.	Alliierte Truppen rücken in das von belgischen Patrioten befreite Antwerpen ein
	Erklärung der Regierung Finnlands über den Abbruch der Beziehungen zu Deutschland
5.9.	Kriegserklärung der UdSSR an die monarcho-faschistische Regierung Bulgariens
8.9.	Beginn der Operation von Truppen der 1. und der 4. Ukrainischen Front mit dem 1. Tschechoslowakischen Korps zur Überwindung des Duklapasses
	Truppen der 3. Ukrainischen Front befreien im Zusammenwirken mit der Schwarzmeerflotte Warna
	Abschuß der ersten ballistischen Raketen V 2 auf London
	Kriegserklärung Bulgariens an Deutschland
9.9.	Antifaschistischer bewaffneter Volksaufstand in Bulgarien; Bildung der Regierung der Vaterländischen Front
9. bis 14.9.	Angriffe von US-Fliegerkräften gegen die Philippinen
10.9.	Einnahme der Stadt Luxemburg durch amerikanische Truppen
	Bildung der Provisorischen Regierung der Nationalen Einheit in Frankreich unter General Charles de Gaulle
11./12.9.	Vereinigung der aus Nord- und Südfrankreich vorstoßenden alliierten Armeen
11. bis 16.9.	Auf der Zweiten Konferenz von Quebec zwischen Franklin D. Roosevelt und Winston S. Churchill wird der Morgenthauplan erörtert
12.9.	Einheiten des V. US-Korps überschreiten am Dreiländereck Belgien – Luxemburg – Deutsch-

land die Grenze bei Sevenig – Groß-Kampen-
berg – Heckhuschheid

Die Regierungen der UdSSR, Großbritanniens
und der USA unterzeichnen das Waffenstill-
standsabkommen mit Rumänien

Unterzeichnung des Protokolls eines Abkommens
über die Besatzungszonen in Deutschland zwischen der UdSSR, den USA und Großbritannien

14.9.	Beginn einer Offensive der Truppen der 1., 2. und 3. Baltischen Front in Richtung Riga
15.9.	Truppen der 3. Ukrainischen Front rücken mit Einverständnis der Regierung der Vaterländi- schen Front in Sofia ein
	Landung amerikanischer Truppen auf der Insel Morotai und auf den Palauinseln
17. bis 26.9.	Tallinner Angriffsoperation der Truppen der Le- ningrader Front
17. bis 27.9.	Alliierte Luftlandeoperation bei Arnhem
18.9.	Alliierte Truppen nehmen Brest (Frankreich) ein
19.9.	Unterzeichnung des Waffenstillstandsabkommens zwischen der UdSSR und Großbritannien mit Finnland in Moskau
20.9.	Truppen der 4. Ukrainischen Front betreten das Territorium der Tschechoslowakei
21.9.	Beginn sowjetisch-jugoslawischer Verhandlungen in Moskau
22.9.	Befreiung von Tallinn durch Truppen der Lenin- grader Front im Zusammenwirken mit der Bal- tischen Rotbannerflotte
	Truppen der 2. Ukrainischen Front überschreiten die rumänisch-jugoslawische Grenze im Raum Kladovo
	Kanadische Truppen rücken in Boulogne ein
23.9.	Sowjetische Truppen betreten das Territorium Ungarns im Raum Battonya
25.9.	Erlaß Hitlers über die Bildung des »Deutschen Volkssturms«
27.9.	Das Komitee »Freies Deutschland« für den We- sten konstituiert sich legal als Comité »Alle- magne Libre« Pour l'Quest (CALPO)
27. und 28.9.	Angriffe amerikanischer Bombenflugzeuge auf

	Köln, Ludwigshafen, Merseburg und Magdeburg
27.9. bis 24.11.	Landungsoperation der Truppen der Leningrader Front und der Baltischen Rotbannerflotte auf den Muhu-Sund-Inseln
28.9.	Truppen der 3. Ukrainischen Front betreten das Territorium Jugoslawiens
28.9. bis 20.10.	Belgrader Angriffsoperation sowjetischer, jugoslawischer und bulgarischer Truppen
30.9.	Alliierte Truppen nehmen Calais ein

Oktober

3.10.	Befehl des OKW zum Rückzug der deutschen Truppen aus Griechenland, Südalbanien und Südjugoslawien
3./4.10.	Landung britischer Truppen in Griechenland (bei Patras)
4.10.	Beginn der Angriffs der Truppen der 1. Baltischen Front in Richtung Memel
	Ansprache Wilhelm Piecks über den Sender »Freies Deutschland« an das deutsche Volk: »Die militärische Besetzung kommt – was wird aus Deutschland?«
5.10.	Unterzeichnung eines bulgarisch-jugoslawischen Abkommens über militärische Zusammenarbeit
6.10.	Truppen der 1. Ukrainischen Front und des 1. Tschechoslowakischen Armeekorps betreten das Territorium der Tschechoslowakei
6. bis 28.10.	Debrecener Angriffsoperation sowjetischer und rumänischer Truppen
7.10. bis 9.11.	Angriffsoperation der sowjetischen Truppen von Petsamo und Kirkenes
9.10.	Truppen der 1. Baltischen Front erreichen im Raum Palanga die Ostseeküste und schneiden damit die Hauptkräfte der deutschen Heeresgruppe Nord von Ostpreußen ab
9. bis 18.10.	Verhandlungen der Regierungschefs der UdSSR und Großbritanniens in Moskau
10. bis 13.10.	Schwere Angriffe von US-Trägerflugzeugen auf japanische Flugplätze auf Okinawa, den Riu-Kiu-Inseln und gegen Formosa
12.10.	Griechische Patrioten befreien Athen und Piräus

13. 10.	Befreiung von Riga durch Truppen der 3. und der 2. Baltischen Front
14. und 14./15. 10.	Schwere Angriffe des britischen Bomber Command auf Duisburg
15. 10.	Truppen der Karelischen Front befreien im Zusammenwirken mit der Nordflotte Petsamo
20. 10.	Sowjetische und jugoslawische Truppen befreien Belgrad
	Mit der Landung von amerikanischen Truppen auf Leyte beginnt der Angriff zur Einnahme der Philippinen
21. 10.	Einnahme von Aachen durch US-Truppen
	Fertigstellung des »Aktionsprogramms des Blocks der kämpferischen Demokratie«, mit dem die KPD eine Umwälzung der gesellschaftlichen Verhältnisse in Deutschland auf antifaschistisch-demokratischer Grundlage anstrebt
22. 10.	Truppen der Karelischen Front erreichen die norwegische Staatsgrenze
23. 10.	Anerkennung der Provisorischen Regierung Frankreichs durch die Regierungen der UdSSR, der USA und Großbritanniens
23./24. 10.	Schwerer Angriff des britischen Bomber Command auf Essen
23. bis 26. 10.	See- und Luftschlacht zwischen Flottenkräften Japans und der USA bei Leyte (Philippinen)
25. 10.	Befreiung von Kirkenes durch Truppen der Karelischen Front im Zusammenwirken mit der Nordflotte
	Beginn des systematischen Einsatzes von japanischen Todesfliegern (»Kamikaze«)
28. 10.	Die UdSSR, Großbritannien und die USA unterzeichnen in Moskau das Waffenstillstandsabkommen mit Bulgarien
29. 10.	Beginn der Budapester Operation von Truppen der 2. Ukrainischen Front

November

2. 11.	Abschluß des Rückzugs der faschistischen deutschen Truppen aus Griechenland
7. 11.	Franklin D. Roosevelt wird zum vierten Mal Präsident der USA

12.11.	Nach einem Angriff britischer Luftstreitkräfte kentert das im Tromsøfjord ankernde deutsche Schlachtschiff »Tirpitz«; Ende des Überwasserkrieges im Nordraum
12.11. bis 3.12.	Beseitigung der Brückenköpfe der faschistischen deutschen Truppen an der Maas zwischen Nijwegen und Roermond durch die britische 2. Armee
14.11.	Unterzeichnung eines Abkommens zwischen der UdSSR, den USA und Großbritannien über das Kontrollverfahren in Deutschland (Zweites Zonenprotokoll)
16.11.	Beginn der Offensive der 1. und 9. US-Armee im Raum Aachen mit dem Ziel, zum Rhein durchzubrechen
17.11.	Befreiung von Tirana durch die Nationale Befreiungsarmee Albaniens
22.11.	Einnahme von Metz durch Truppen der amerikanischen 3. Armee
24.11.	Befreiung der Insel Saaremaa durch Truppen der Leningrader Front im Zusammenwirken mit der Baltischen Rotbannerflotte
26.11.	Bombenangriffe amerikanischer Fernfliegerkräfte auf die Eisenbahnanlagen von Paderborn, Bielefeld, Hamm, Osnabrück, Hannover und Gütersloh
28.11.	Truppen der 7. US-Armee und der französischen 1. Armee besetzen Strasbourg
29.11.	Vollständige Befreiung Albaniens von den faschistischen deutschen Okkupanten

Dezember

2. und 3.12.	Erste Landeskonferenz deutscher sozialdemokratischer Gruppen in Schweden in Stockholm
3./4.12.	Britische Truppen und griechische Polizei feuern in Demonstrationen griechischer Patrioten in Athen und Piräus
5.12.	Einnahme von Ravenna durch Truppen des kanadischen 2. Korps
5. bis 9.12.	Erneute Offensive der Truppen der 2. Ukrainischen Front zur Einnahme von Budapest
8.12.	50 kriegsgefangene deutsche Generale, darunter

	Generalfeldmarschall Friedrich Paulus, wenden sich in einem Aufruf »An Volk und Wehrmacht« und erklären, daß der Krieg sofort beendet werden muß
10. 12.	Unterzeichnung eines Bündnis- und Beistandsvertrages zwischen der UdSSR und der Französischen Republik in Moskau
15. 12.	Landung amerikanischer Streitkräfte auf der Insel Mindoro
16. 12.	Beginn einer Gegenoffensive der faschistischen deutschen Truppen in den Ardennen
21. bis 22. 12.	Tagung der Provisorischen Nationalversammlung Ungarns in Debrecen
22. 12.	Aufstellung der ersten Abteilung der Vietnamesischen Befreiungsarmee
26. 12.	Truppen der 2. und 3. Ukrainischen Front vollenden die Einschließung der Budapester Gruppierung der faschistischen deutschen Truppen
28. 12.	Kriegserklärung der Provisorischen Nationalregierung Ungarns an Deutschland
31. 12.	Bildung der Provisorischen Regierung der Republik Polen in Lublin

1945

Januar

1. 1.	Beginn des Angriffs der faschistischen deutschen Truppen im Elsaß (Operation »Nordwind«)
3. 1.	Landung britischer Truppen auf der Insel Akyab (Burma)
4. 1.	Gegenschlag der faschistischen deutschen Truppen in den Ardennen
5. 1.	Anerkennung der Provisorischen Regierung der Polnischen Republik durch die UdSSR
6. 1.	Brief des britischen Premierministers, Winston S. Churchill, an das sowjetische Oberkommando mit der Bitte, eine Offensive zur Entlastung der alliierten Truppen zu beginnen
9. 1.	Anlandung von US-Truppen auf der Insel Luzon (Restgruppen japanischer Truppen halten sich bis Kriegsende)

478

30. 1. bis 2. 2.	Beratung des Vereinigten Komitees der Stabschefs der Streitkräfte der USA und Großbritanniens auf Malta

Februar

Anfang Februar	Die Führung der KPD beschließt »Richtlinien für die Propaganda in Deutschland«
1. 2.	Truppen der 2. Belorussischen Front befreien Toruń
2. 2.	Anglo-amerikanische Truppen schließen die Befreiung des Elsaß ab
3. 2.	Truppen der 1. Belorussischen Front beginnen mit der Forcierung der Oder
	Tagesluftangriff von 958 Bombenflugzeugen der 8. US-Luftflotte auf Berlin; der Angriff leitet auch von amerikanischer Seite den Übergang zum offenen terroristischen Flächenbombardement ein
4. 2.	Einnahme der philippinischen Hauptstadt Manila durch US-Truppen
4. bis 11. 2.	Konferenz von Jalta der Regierungschefs der UdSSR, der USA und Großbritanniens; Festlegungen über die Beseitigung des deutschen Militarismus und Faschismus, die Besetzung Deutschlands und Wiedergutmachungsleistungen durch Deutschland
6. bis 17. 2.	Die 1. Weltgewerkschaftskonferenz in London faßt den Beschluß zur Gründung eines Weltgewerkschaftsbundes
8. bis 24. 2.	Niederschlesische Operation der Truppen der 1. Ukrainischen Front
8. 2. bis 10. 3.	Offensive der anglo-amerikanischen Truppen an der Westfront und Vordringen bis zum Rhein
10. 2. bis 4. 4.	Ostpommern-Operation der Truppen der 2. und der 1. Belorussischen Front
13. 2.	Befreiung von Budapest durch Truppen der 2. und 3. Ukrainischen Front
13. und 14. 2.	Militärisch sinnlose Zerstörung Dresdens in drei Großangriffen britisch-amerikanischer Fliegerkräfte
15. 2.	Einschließung von Breslau durch sowjetische Truppen

April

23.4.	Beginn des Aufstands italienischer Patrioten in Genua (25.4. befreit)
	Treffen von Heinrich Himmler und dem Vorsitzenden des Schwedischen Roten Kreuzes, Folke Bernadotte, mit dem Ziel, Separatfriedensverhandlungen mit den westlichen Alliierten zu beginnen
24.4.	Einschließung Berlins durch sowjetische Truppen
25.4.	Sowjetische und amerikanische Truppen begegnen sich bei Torgau an der Elbe
25.4. bis 26.6.	Konferenz der Vereinten Nationen in San Francisco, auf der die Annahme der Charta der Organisation der Vereinten Nationen erfolgt
26.4.	Truppen der 2. Belorussischen Front befreien Stettin
	Truppen der 2. Ukrainischen Front befreien Brno
	Britische Truppen rücken in Bremen ein
	Italienische Aufständische befreien Mailand
27.4.	Truppen der 1. Belorussischen Front befreien Potsdam
	Erste Sitzung der Provisorischen Staatsregierung Österreichs unter dem Sozialdemokraten Karl Renner
28.4.	Amerikanische Truppen nehmen Augsburg ein
	Italienische Aufständische befreien Turin, Verona, Padua und Venedig
	Hinrichtung Benito Mussolinis durch italienische Partisanen der 183. Garibaldi-Brigade
29.4.	Scheitern des Versuchs der 12. Armee unter General Walther Wenck, den Ring um Berlin aufzubrechen
	Unterzeichnung der Kapitulation der deutschen Truppen in Norditalien in Caserta
	Befreiung des Konzentrationslagers Dachau durch amerikanische Truppen
29./30.4.	Der Kampfkommandant von Greifswald, Oberst Rudolf Petershagen, bewahrt durch die kampflose Übergabe an die sowjetischen Truppen die Stadt vor der Vernichtung
30.4.	Sowjetische Soldaten hissen das Siegesbanner auf dem Reichstag in Berlin
	Amerikanische Truppen rücken in München ein

Befreiung des Konzentrationslagers Ravensbrück durch die Rote Armee

Beauftragte des ZK der KPD treffen in Deutschland ein: eine Gruppe mit Walter Ulbricht für die Arbeit in Berlin; zwei weitere Gruppen mit Anton Ackermann und Gustav Sobottka für die Arbeit in Sachsen bzw. Mecklenburg und Pommern (1. und 6. 5.)

Selbstmord Adolf Hitlers; Großadmiral Karl Dönitz bildet in Schleswig-Holstein eine »Geschäftsführende Reichsregierung«

Mai

1. 5.	Anlandung australischer Truppen auf der Insel Tarakan (Indonesien)
	Befreiung der Marschkolonnen der Häftlinge des Konzentrationslagers Sachsenhausen durch sowjetische Truppen bei Zechlin
2. 5.	Nach der Zerschlagung der in Berlin eingeschlossenen deutschen Truppengruppierung Kapitulation der Besatzung von Berlin
	Einnahme von Lübeck durch britische Truppen
	Sowjetische Truppen befreien Rostock und Warnemünde
3. 5.	Zusammentreffen von Truppen des sowjetischen 3. Gardepanzerkorps südwestlich von Wismar mit Truppen der britischen 2. Armee
	Britische Truppen rücken in Hamburg ein
	Britische Truppen rücken in Rangun ein
4. 5.	Unterzeichnung der Kapitulation der deutschen Streitkräfte vor den anglo-amerikanischen Truppen in Nordwestdeutschland, den Niederlanden, Schleswig-Holstein und Dänemark
5. 5.	Unterzeichnung der Kapitulation der deutschen Streitkräfte vor den anglo-amerikanischen Truppen am Südabschnitt der Westfront, in Bayern und im westlichen Teil Österreichs
	Militärische Häftlingseinheiten des Konzentrationslagers Mauthausen befreien Mauthausen und andere Ortschaften (Einrücken amerikanischer Truppen in das KZ am 7. 5.)
5. bis 9. 5.	Bewaffneter antifaschistischer Aufstand in Prag

11.6.	Aufruf des ZK der KPD an das deutsche Volk mit dem Aktionsprogramm zur Schaffung eines antifaschistisch-demokratischen Deutschland
24.6.	Siegesparade auf dem Roten Platz in Moskau

Juli

4.7.	Amerikanische und britische Truppen rücken entsprechend dem Abkommen über die Aufteilung von Groß-Berlin in Besatzungszonen in Berlin ein
9.7.	Die Europäische Konsultativkommission bestätigt die Vereinbarung über die Besatzungszonen in Österreich und die Verwaltung der Stadt Wien
16.7.	In den USA wird die erste Testatombombe zur Explosion gebracht
17.7. bis 2.8.	Potsdamer Konferenz der Regierungschefs der UdSSR, der USA und Großbritanniens (Beitritt Frankreichs zu den Vereinbarungen am 7.8.); Potsdamer Abkommen: vollständige Ausrottung des deutschen Nazismus und Militarismus samt ihrer Wurzeln; Beseitigung der Konzentration der Wirtschaft; Auflösung der Hitlerwehrmacht und Vernichtung des Rüstungspotentials des deutschen Imperialismus; Auflösung aller nazistischen Organisationen und Verbot ihrer Wiedererrichtung sowie jeglicher nazistischer und militaristischer Propaganda
26.7.	Veröffentlichung einer Erklärung der USA, Großbritanniens und Chinas über die bedingungslose Kapitulation Japans (Potsdamer Deklaration)
	Rücktritt der Regierung Winston S. Churchills in Großbritannien
27.7.	Die letzten japanischen Truppen auf Okinawa stellen den Kampf ein
Juli bis August	Schaffung des Kontrollapparates der Alliierten in den Besatzungszonen Deutschlands

August

6.8.	Militärisch sinnloser Atombombenabwurf der USA auf Hiroshima
8.8.	Offizieller Beitritt der UdSSR zur Potsdamer Deklaration

486

	Kriegserklärung der UdSSR an Japan
	Einsetzung eines Internationalen Militärgerichtshofes zur Aburteilung der Hauptkriegsverbrecher (Nürnberger Prozeß vom 20. 11. 1945 bis 1. 10. 1946)
9. 8.	Beginn der Offensive der Sowjetstreitkräfte im Fernen Osten
	Militärisch sinnloser Atombombenabwurf der USA auf Nagasaki
10. 8.	Befehl zur Offensive an die unter der Führung der Kommunistischen Partei Chinas stehenden Streitkräfte
11. bis 25. 8.	Südsachaliner Angriffsoperation der Truppen der 2. Fernostfront gemeinsam mit der Nordpazifikflottille
14. 8.	Erklärung der japanischen Regierung über die Annahme der Bedingungen der Potsdamer Deklaration (Rücktritt der Regierung am 15. 8.)
17. 8.	Bildung einer japanischen Regierung unter Naruhiko Higashikuni
18. 8. bis 1. 9.	Kurilen-Landungsoperation der Truppen des Verteidigungsraumes Kamtschatka und der Pazifikflotte
19. 8.	Absetzen von Luftlandetruppen der Transbaikalfront in Shenyang (Mukden), Jilin (Kirin) und Changchun
	Der Oberbefehlshaber der Kwangtung-Armee unterzeichnet die Kapitulationsurkunde
24. 8.	Befreiung von Pjöngjang durch die Luftlandetruppe der 1. Fernostfront

September

2. 9.	Unterzeichnung der Urkunde über die bedingungslose Kapitulation Japans; Ende des zweiten Weltkrieges

Abkürzungsverzeichnis

Abt.	– **Abteilung**
Adj.	– **Adjutant**
Adm.	– **Admiral**
AK., A.K., AK	– Armeekorps
amerik.	– amerikanisch
angloamerik., anglo-amerik.	– anglo-amerikanisch
Anl.	– Anlage
AOK, A.O.K.	– Armeeoberkommando
Art., Artl.	– Artillerie
Ausl./Abw.	– Abteilung Ausland/Abwehr im Ober- kommando der Wehrmacht
ausschl.	– ausschließlich
Ausw. Amt	– Auswärtiges Amt
a.v.	– arbeitsverwendungsfähig
Batl., Btl.	– Bataillon
BdE	– Befehlshaber des Ersatzheeres
belg.	– belgisch
betr.	– betreffend
bezügl.	– bezüglich
Bfh.	– Befehlshaber
Blitz-FS	– Blitz-Fernschreiben
Brig.	– Brigade
brit.	– britisch
BRT	– Bruttoregistertonne
B-Stelle	– Beobachtungsstelle
BSW	– Befehlshaber der Sicherung West
Btls.-Adj.	– Bataillons-Adjutant
bzw., bezw.	– beziehungsweise
ca.	– cirka

Chef H. Rüst. u. BdE	– Chef der Heeresrüstung und Befehls- haber des Ersatzheeres
chem.	– chemisch
DAF	– Deutsche Arbeitsfront
d. h.	– das heißt
Div.	– Division
Div. Kdre.	– Divisionskommandeure
Divn., Diven., Divis.	– Divisionen
Div. Stab	– Divisionsstab
d. J.	– des Jahres
d. M.	– des Monats
einschl.	– einschließlich
engl.	– englisch
entspr.	– entsprechend
ev., evtl.	– eventuell
fdl., feindl.	– feindlich
F. d. Schn.-Streitkräfte	– Führer der Schnellboot-Streitkräfte
Feldj. Kdos.	– Feldjägerkommandos
finn.	– finnisch
Flak	– Fliegerabwehrkanone
Flakartl.	– Flakartillerie
Fl. Korps	– Fliegerkorps
franz.	– französisch
FS	– Fallschirm
Fsch. Div.	– Fallschirmjägerdivision
Fzg. 76	– Flakzielgerät 76 (Deckname für V 1)
Gde.	– Garde
Gde. Armee	– Gardearmee
Gde. Pz. Armee	– Gardepanzerarmee
Gde. Schtz. K.	– Gardeschützenkorps
Geb.	– Gebirgs-
Geb. Armee	– Gebirgsarmee
Geb. Div.	– Gebirgsdivision
Geb. Jahrg.	– Geburtsjahrgang
Geb. Korps	– Gebirgskorps
gem.	– gemäß
Gen.	– General
Gen. Bev.	– Generalbevollmächtigter

Gen. d. Art.	– General der Artillerie
General d. I.	– General der Infanterie
Gen. Kdo.	– Generalkommando
Gen.-Lt., Gen. Lt.	– Generalleutnant
GenStdH, Gen.St.d.H,	– Generalstab des Heeres
Genstab,	
Gen. Stb. d. Heeres,	
GenStH	
Gen.St.Offz.	– Generalstabsoffizier
Gen.Qu.	– Generalquartiermeister
Gestapa	– Geheimes Staatspolizeiamt
Gestapo	– Geheime Staatspolizei
G.F.M., GFM	– Generalfeldmarschall
ggf.	– gegebenenfalls
g. Kdos	– geheime Kommandosache
gp.	– gepanzert
GPU	– Gossudarstwennoje polititscheskoje uprawlenije (Staatliche politische Verwaltung)
Gren.Brig.	– Grenadierbrigade
Großadm.	– Großadmiral
g.v.H.	– garnisonsdienstverwendungsfähig – Heimat
He 111	– Heinkel 111
He.Gr., H.Gr., HGr.,	– Heeresgruppe
H. Gruppe, Heeresgr.,	
H. Gru.	
H. J.	– Hitlerjugend
HKB	– Hauptkampfbatterie
HKF	– Hauptkampffeld
HKL	– Hauptkampflinie
Höh.	– Höhere
holländ.	– holländisch
iber.	– iberisch
Ic	– Feindnachrichtenoffizier
I. D., ID, Inf. Div.,	– Infanteriedivision
Inf. Divn.	
Inf.	– Infanterie
Inf. Rgt.	– Infanterieregiment
Ing.	– Ingenieur

insbes.	– insbesondere
I.R.-Gr. D., I.R. (mot) GD	– Infanterieregiment »Großdeutschland«
ital., italien.	– italienisch
jap.	– japanisch
Jg. Div.	– Jägerdivision
jug.	– jugoslawisch
K	– Kanone
Kav.	– Kavallerie
Kav.-Korps	– Kavalleriekorps
K. D., Kav. Div.	– Kavalleriedivision
Kdo.-Behörden	– Kommmandobehörden
Kdre.	– Kommandeure
Kfz., Kfz	– Kraftfahrzeug
K. G.	– Kampfgeschwader
Kgf.	– Kriegsgefangene
Km., km	– Kilometer
Kom. Gen.	– Kommandierender General
Komintern	– Kommunistische Internationale
KP	– Kommunistische Partei
KW-Kanal	– Kaiser-Wilhelm-Kanal
le. Div.	– leichte Division
le. F. H. Bttrn.	– leichte Feldhaubitzenbatterien
lei.	– leicht
lei. F. H.	– leichte Feldhaubitze
lei. Gr. W.	– leichter Granatwerfer
lei. I. G.	– leichtes Infanteriegeschütz
lei. Inf. Div.	– leichte Infanteriedivision
Lfl.	– Luftflotte
Lfl. Kdo.	– Luftlandekommando
Lkw.	– Lastkraftwagen
LO	– Luftschutzort
LS-Raum	– Luftschutzraum
M	– Motor
Mar. Gruppe	– Marinegruppe
Masch. Gew.	– Maschinengewehr
m. E.	– meines Erachtens
mech.	– mechanisiert

MFP	– Marine-Fährprähme
MG	– Maschinengewehr
mil.	– militärisch
Mil. Bef., Mil. Befehls- haber	– Militärbefehlshaber
Mill.	– Million
mittl.	– mittlere
Mob.	– Mobilmachung
moral.	– moralisch
mot., Mot.	– motorisiert
mot. Div., Mot. Div.	– motorisierte Division
mot. I. D.	– motorisierte Infanteriedivision
Moto	– Monatstonne
MPi	– Maschinenpistole
Mun.-Lager	– Munitionslager
Nachr.-Mittel	– Nachrichtenmittel
NE	– Nichteisen
NKWD	– Narodny Komissariat wnutrennich del (Volkskommissariat des Innern)
nördl.	– nördlich
nordwestl.	– nordwestlich
NSDAP	– Nationalsozialistische Deutsche Arbeiterpartei
NSFO	– Nationalsozialistischer Führungsoffizier
NSV	– Nationalsozialistische Volkswohlfahrt
NW	– Nordwesten
Ob., O.B., O. Befehls- haber	– Oberbefehlshaber
ObdH., Ob. d. H.	– Oberbefehlshaber des Heeres
Ob. d. L.	– Oberbefehlshaber der Luftwaffe
Ob. d. M.	– Oberbefehlshaber der Marine
Oberst i. G.	– Oberst im Generalstab
ObGr. Fhr.	– (SS-) Obergruppenführer
öffentl.	– öffentlich
Offz.	– Offiziere
OKH, OKH.	– Oberkommando des Heeres
OKM	– Oberkommando der Kriegsmarine
OKW, O. K. W.	– Oberkommando der Wehrmacht
OKW/WFSt.	– Oberkommando der Wehrmacht, Wehrmachtführungsstab

ÖLSR.	– Öffentlicher Luftschutzraum
Op.	– Operation, operativ
Op. Abt.	– Operationsabteilung
O. Qu. IV, OQuIV	– Oberquartiermeister
OSS	– Office of Strategic Services
ostw.	– ostwärts
OT	– Organisation Todt
Pa., Pz.	– Panzer
Pak	– Panzerabwehrkanone
Pkw., PKW	– Personenkraftwagen
Pol.	– Polizei
Pol. Div.	– Polizeidivision
poln.	– polnisch
port.	– portugiesisch
Pz. Abt., Pz. Abtl.	– Panzerabteilung
Pz. Armee	– Panzerarmee
Pz. Brig.	– Panzerbrigade
Pz. Div.	– Panzerdivision
Pz. Gen. Kdo.	– Panzergeneralkommando
Pz. Gr.	– Panzergruppe
Pz. Gren. Div.	– Panzergrenadierdivision
Pz. K.	– Panzerkorps
Pz. Kpfw.	– Panzerkampfwagen
Pz. Rgt.	– Panzerregiment
Pz. Wagen	– Panzerwagen
qkm	– Quadratkilometer
Qu.	– Quartiermeister
RAD	– Reichsarbeitsdienst
rd.	– rund
Reichsmin.	– Reichsministerium
RFSS	– Reichsführer SS
R.-Gr. D.	– SS-Regiment »Großdeutschland«
Rgt.	– Regiment
Rgt. Kdr., Regt. Kdr.	– Regimentskommandeur
Rgts. Kdre.	– Regimentskommandeure
RKPA	– Reichskriminalpolizeiamt
röm., roem.	– römisch
RSO	– Raupenschlepper, Ost
rückw.	– rückwärtig

RüIn	– Rüstungsinspektion
rum., rumän.	– rumänisch
russ.	– russisch
S., s.	– Siehe, siehe
Schtz. Div.	– Schützendivision
schw.	– schwer
schw. F. H.	– schwere Feldhaubitze
schw. Gr. W.	– schwerer Granatwerfer
schw. I. G.	– schweres Infanteriegeschütz
SD	– Sicherheitsdienst
Seeko	– Seekommando
SFL	– Selbstfahrlafette
Sich. Div.	– Sicherungsdivision
skand.	– skandinavisch
slow.	– slowakisch
slow.	– slowenisch
s. o.	– siehe oben
SO	– Südosten
sowjetruss., sowj.-russ.	– sowjet-russisch
s. Pak, schw. Pak	– schwere Pak
span.	– spanisch
SS	– Schutzstaffel
SS-AH	– Leibstandarte-SS »Adolf Hitler«
SS-Div.	– SS-Division
SS-Pz. Gren. Div.	– SS-Panzergrenadierdivision
»H. J.«	»Hitlerjugend«
staatl.	– staatlich
Stabsoffz., Stabsoff.,	– Stabsoffizier
Stabs-Offz.	
Stellv. Kd. General	– Stellvertretender Kommandierender General
Stuka	– Sturzkampfflugzeug
Stu. Rgt.	– Sturmregiment
Sturmgesch.-Brigaden	– Sturmgeschützbrigaden
südfranz.	– südfranzösisch
südl.	– südlich
südöstl.	– südöstlich
südostw.	– südostwärts
SW	– Südwesten
s. Zt.	– seiner Zeit

t, to	– Tonne
u.	– und
u. a.	– unter anderem
u. a. m.	– und anderes mehr
Uffz.	– Unteroffizier
UK., Uk, uk	– unabkömmlich
ung.	– ungarisch
U-Raum	– Unterkunftsraum
usw.	– und so weiter
u. U.	– unter Umständen
Verb. Offz.	– Verbindungsoffizier
verst.	– verstärkt
vgl., vergl.	– vergleiche
WaA	– Waffenamt (Heereswaffenamt)
W. B., W. Bfh., Wehrm. Befh.	– Wehrmachtbefehlshaber
Wehrkrs.	– Wehrkreis
wehrwirtschaftl.	– wehrwirtschaftlich
west., westl.	– westlich
WFSt/Abt.L	– Wehrmachtführungs-Stab, Abteilung Landesverteidigung im Oberkommando der Wehrmacht
Wi. Rü. Amt	– Wehrwirtschafts- und Rüstungsamt im Oberkommando der Wehrmacht
WT	– Wehrmachtteile
z. B.	– zum Beispiel
z. b. V.	– zur besonderen Verwendung
z. T.	– zum Teil
z. V.	– zur Verfügung
z. Zt.	– zur Zeit

Nachweis der Dokumente

1 Der Prozeß gegen die Hauptkriegsverbrecher vor dem Internationalen Militärgerichtshof, Nürnberg 14. November 1945 bis 1. Oktober 1946, 42 Bände, Nürnberg 1947–1949, Bd. XXXIV, Nürnberg 1949, S. 734 ff.

2 Generalfeldmarschall Keitel. Verbrecher oder Offizier? Erinnerungen, Briefe, Dokumente des Chefs OKW, hrsg. von Walter Görlitz, Göttingen/Berlin (West)/Frankfurt a. M. 1961, S. 127 f.

3 Der Prozeß gegen die Hauptkriegsverbrecher vor dem Internationalen Militärgerichtshof, Nürnberg 14. November 1945 bis 1. Oktober 1946, 42 Bände, Nürnberg 1947–1949, Bd. XXXVIII, Nürnberg 1949, S. 379 ff.

4 Klaus-Jürgen Müller, General Ludwig Beck. Studien und Dokumente zur politisch-militärischen Vorstellungswelt und Tätigkeit des Generalstabschefs des deutschen Heeres 1933–1938, Boppard am Rhein 1980, S. 551 f.

5 Der Prozeß gegen die Hauptkriegsverbrecher vor dem Internationalen Militärgerichtshof, Nürnberg 14. November 1945 bis 1. Oktober 1946, 42 Bände, Nürnberg 1947–1949, Bd. XXXVII, Nürnberg 1949, S. 546 ff.

6 Der Prozeß gegen die Hauptkriegsverbrecher vor dem Internationalen Militärgerichtshof, Nürnberg 14. November 1945 bis 1. Oktober 1946, 42 Bände, Nürnberg 1947–1949, Bd. XXXVI, Nürnberg 1949, S. 114 f.

7 Bundesarchiv/Militärarchiv Freiburg, III H 269.

8 Der Prozeß gegen die Hauptkriegsverbrecher vor dem Internationalen Militärgerichtshof, Nürnberg 14. November 1945 bis 1. Oktober 1946, 42 Bände, Nürnberg 1947–1949, Bd. XXVI, Nürnberg 1947, S. 523 f.

9 Der Prozeß gegen die Hauptkriegsverbrecher vor dem Internationalen Militärgerichtshof, Nürnberg 14. November 1945 bis 1. Okto-

ber 1946, 42 Bände, Nürnberg 1947–1949, Bd. XXXIV, Nürnberg 1949, S. 456 ff.

10 Bundesarchiv/Militärarchiv Freiburg, RL 2 II/25, Bl. 96 ff.

11 Bundesarchiv Koblenz, R 58/265.

12 Bundesarchiv/Militärarchiv Freiburg, RL 2 II/51.

13 Militärarchiv der DDR, Potsdam, M 01.10./2, Bl. 221 ff.

14 Militärarchiv der DDR, Potsdam, H 10.10.04./19, Bl. 876 ff.

15 Bundesarchiv Koblenz, R 58/265.

16 Akten zur deutschen auswärtigen Politik, 1918–1945. Aus dem Archiv des Auswärtigen Amtes. Serie D (1937–1945), Bd. VIII, Frankfurt a. M. 1961, S. 474 ff.

17 Akten zur deutschen auswärtigen Politik, 1918–1945. Aus dem Archiv des Auswärtigen Amtes. Serie D (1937–1945), Bd. VIII, Frankfurt a. M. 1961, S. 510 f.

18 Die Geheimakten des französischen Generalstabes, Berlin 1941, S. 48 ff.

19 Expansionsrichtung Nordeuropa, Dokumente zur Nordeuropapolitik des faschistischen deutschen Imperialismus 1939–1945. Hrsg. u. eingel. von Manfred Menger, Fritz Petrick, Wolfgang Wilhelmus unter Mitarbeit von Reinhard Abraham, Berlin 1987, S. 63 f.

20 Der Prozeß gegen die Hauptkriegsverbrecher vor dem Internationalen Militärgerichtshof, Nürnberg 14. November 1945 bis 1. Oktober 1946, 42 Bände, Nürnberg 1947–1949, Bd. XXVIII, Nürnberg 1948, S. 301 ff.

21 Generaloberst Halder, Kriegstagebuch. Tägliche Aufzeichnungen des Chefs des Generalstabes des Heeres 1939–1942, hrsg. vom Arbeitskreis für Wehrforschung, Bd. II, Stuttgart 1963, S. 30 ff.

22 Zentrales Staatsarchiv der DDR, Potsdam, Auswärtiges Amt, Politische Abteilung, Akte 61 120, Bl. 1 ff.

23 Michael Salewski, Die deutsche Seekriegsleitung 1939–1945, Bd. III, Denkschriften und Lagebetrachtungen 1938–1945, Frankfurt a. M. 1973, S. 141 f.

24 Georg Thomas, Geschichte der deutschen Wehr- und Rüstungswirtschaft (1918–1943/45), hrsg. von Wolfgang Birkenfeld, Boppard am Rhein 1966, S. 232 ff.

25 Militärarchiv der DDR, Potsdam, W 62.40./47, Bl 202 f.

26 Generaloberst Halder, Kriegstagebuch. Tägliche Aufzeichnungen des Chefs des Generalstabes des Heeres 1939–1942, hrsg. vom Arbeitskreis für Wehrforschung, Bd. II, Stuttgart 1963, S. 136 ff.

27 Zentrales Staatsarchiv der DDR, Potsdam, Reichsministerium für Rüstung und Kriegsproduktion Nr. 47, Bl. 33 ff.

28 Militärarchiv der DDR, Potsdam, M 01.10./2, Bl. 423 ff.

29 Kriegstagebuch des Oberkommandos der Wehrmacht 1940–1945 (Wehrmachtführungsstab), Bd I: 1. August 1940 – 31. Dezember 1941, Zweiter Halbbd. I/2, zusammengest. u. erl. von Hans-Adolf Jacobsen, Herrsching 1982, S. 994 f.

30 Olaf Groehler, Zur Einschätzung der Roten Armee durch die faschistische Wehrmacht im ersten Halbjahr 1941, dargestellt am Beispiel des AOK 4. In: Zeitschrift für Militärgeschichte, Heft 6/1968, S. 729 ff.

31 Militärarchiv der DDR, Potsdam, W 31.00./5, Bl. 114 ff.

32 Der Prozeß gegen die Hauptkriegsverbrecher vor dem Internationalen Militärgerichtshof, Nürnberg 14. November 1945 bis 1. Oktober 1946, 42 Bände, Nürnberg 1947–1949. Bd. XXVIII, Nürnberg 1948, S. 21 ff.

33 Generaloberst Halder, Kriegstagebuch. Tägliche Aufzeichnungen des Chefs des Generalstabes des Heeres 1939–1942, hrsg. vom Arbeitskreis für Wehrforschung, Bd. II, Stuttgart 1963, S. 335 ff.

34 Der Prozeß gegen die Hauptkriegsverbrecher vor dem Internationalen Militärgerichtshof, Nürnberg 14. November 1945 bis 1. Oktober 1946, 42 Bände, Nürnberg 1947–1949, Bd. XXXI, Nürnberg 1948, S. 84.

35 Bundesarchiv/Militärarchiv Freiburg, LVI. Ak, 17956/7 a.

36 Militärarchiv der DDR, Potsdam, W 31.00./5, Bl. 340 ff.

37 Militärarchiv der DDR, Potsdam, M 01.10./3, Bl. 587 ff.

38 Olaf Groehler, Walter Schröder – ein deutscher Kommunist. In: Jahrbuch für Geschichte, Bd. 6, Berlin 1972, S. 613.

39 Bundesarchiv Koblenz, R 58/265.

40 Pograničnyje voiska SSSR 1939 – ijun 1941, Moskau 1970, S. 404.

41 Generaloberst Halder, Kriegstagebuch. Tägliche Aufzeichnungen des Chefs des Generalstabes des Heeres 1939–1942, hrsg. vom Arbeitskreis für Wehrforschung, Bd. III, Stuttgart 1964, S. 38 f.

42 Das Bündnis der Rivalen. Der Pakt Berlin – Tokio. Neue Dokumente zur Ost- und Südosteuropapolitik des faschistischen deutschen Imperialismus im zweiten Weltkrieg. Hrsg. u eingel. von Karl Drechsler, Berlin 1978, S. 104 f.

43 Militärarchiv der DDR, Potsdam, H 02.02.10./40, Bl. 344 ff.

44 Generaloberst Halder, Kriegstagebuch. Tägliche Aufzeichnungen des Chefs des Generalstabes des Heeres 1939–1942, hrsg. vom Arbeitskreis für Wehrforschung, Bd. III, Stuttgart 1964, S. 170.

45 Generaloberst Halder, Kriegstagebuch. Tägliche Aufzeichnungen des Chefs des Generalstabes des Heeres 1939–1942, hrsg. vom Arbeitskreis für Wehrforschung, Bd. III, Stuttgart 1964, S. 226 ff.

46 Kriegstagebuch des Oberkommandos der Wehrmacht 1940–1945

(Wehrmachtführungsstab), Bd. I: 1. August 1940 – 31. Dezember 1941, Zweiter Halbbd. I/2, zusammengest. u. erl. von Hans-Adolf Jacobsen, Herrsching 1982, S. 1068 f.

47 Militärarchiv der DDR, Potsdam, W 31.00./5, Bl. 456 ff.

48 Kriegstagebuch des Oberkommandos der Wehrmacht 1940–1945 (Wehrmachtführungsstab) Bd. I: 1. August 1940 – 31. Dezember 1941, Zweiter Halbbd. I/2, zusammengest. u. erl. von Hans-Adolf Jacobsen, Herrsching 1982, S. 1074 f.

49 Archiwum Głównej Komisji Badania Zbrodni Hitlerowskich w Polsce, Warschau, Dokument NOKW – 1535.

50 National Archives Washington, T 78, Rolle 359, Bl. 6 319 534 ff.

51 Militärarchiv der DDR, Potsdam, M 01.10./3, Bl. 735 ff.

52 V. V. Tarakov, Archivnye dokumenty o destvijach sovetskich voisk pod Moskoj. In: Vojenno-istoričeski Žurnal, Nr. 12/1986, S. 37.

53 Bundesarchiv/Militärarchiv Freiburg, N 22/9, Nachlaß Bock, Tagebuchnotizen Osten I (22. 6. 1941 – 5. 1. 1942).

54 National Archives Washington, T 78, Rolle 310, Bl. 6 261 878 ff.

55 Generaloberst Halder, Kriegstagebuch. Tägliche Aufzeichnungen des Chefs des Generalstabes des Heeres 1939–1942, hrsg. vom Arbeitskreis für Wehrforschung, Bd. III, Stuttgart 1964, S. 369 ff, 375 ff.

56 Kriegstagebuch des Oberkommandos der Wehrmacht 1940–1945 (Wehrmachtführungsstab), Bd. II: 1. Januar 1942 – 31. Dezember 1942, Zweiter Halbbd. II/4, zusammengest. u. erl. von Andreas Hillgruber, Herrsching 1982, S. 1265 ff.

57 Das Bündnis der Rivalen. Der Pakt Berlin – Tokio. Neue Dokumente zur Ost- und Südostasienpolitik des faschistischen deutschen Imperialismus im zweiten Weltkrieg. Hrsg. u. eingel. von Karl Drechsler, Berlin 1978, S. 116 ff.

58 Militärarchiv der DDR, Potsdam, M 01.10./4, Bl. 810 ff.

59 Hans-Adolf Jacobsen, 1939–1945. Der zweite Weltkrieg in Chronik und Dokumenten, Darmstadt 1961, S. 309 ff.

60 Bundesarchiv Koblenz, NS 6/vorl. 339, Bl. 12395 ff.

61 Militärarchiv der DDR, Potsdam, M 01.10./4, Bl. 873 ff.

62 Militärarchiv der DDR, Potsdam, M 01.10./4, Bl. 888–892 ff.

63 Das Bündnis der Rivalen. Der Pakt Berlin – Tokio. Neue Dokumente zur Ost- und Südostasienpolitik des faschistischen deutschen Imperialismus im zweiten Weltkrieg. Hrsg. u. eingel. von Karl Drechsler, Berlin 1978, S. 137 ff.

64 Bundesarchiv/Militärarchiv Freiburg, RH 2/V 551, Bl. 23 ff.

65 Kriegstagebuch des Oberkommandos der Wehrmacht 1940–1945 (Wehrmachtführungsstab), Bd II: 1. Januar 1942 – 31. Dezember

1942, Zweiter Halbbd. II/4, zusammengest. u. erl. von Andreas Hillgruber, Herrsching 1982, S. 1306 f.

66 Kriegstagebuch des Oberkommandos der Wehrmacht 1940–1945 (Wehrmachtführungsstab), Bd. II: 1. Januar 1942 – 31. Dezember 1942, Zweiter Halbbd. II/4, zusammengest. u. erl. von Andreas Hillgruber, Herrsching 1982, S. 1307.

67 Militärarchiv der DDR, Potsdam, W 23.02./1, Bl. 4189 ff.

68 Jürgen Förster, Strategische Überlegungen des Wehrmachtführungsstabes für das Jahr 1943. In: Militärgeschichtliche Mitteilungen, Folge 13/1973, S. 100 ff.

69 Dokumente zur deutschen Geschichte 1942–1945. Hrsg. von Wolfgang Ruge und Wolfgang Schumann. Bearbeitet von Olaf Groehler, Wolfgang Bleyer, Hans Dress, Klaus Drobisch, Vera Köller, Klaus Scheel unter Mitarbeit von Kristina Shabaviz, Berlin 1977, S. 22 f.

70 Zentrales Staatsarchiv der DDR, Potsdam, Generalinspektor für das deutsche Straßenwesen, Nr. 1608/1, Bl. 81 ff.

71 Friedrich Paulus, »Ich stehe hier auf Befehl!«, Lebensweg des Generalfeldmarschalls Friedrich Paulus. Mit den Aufzeichnungen aus dem Nachlaß, Briefen und Dokumenten, hrsg. von Walter Görlitz, Frankfurt a. M. 1960, S. 261 ff.

72 Militärarchiv der DDR, Potsdam, W 31.40./4, Bl. 220 ff.

73 Kriegstagebuch des Oberkommandos der Wehrmacht 1940–1945 (Wehrmachtführungsstab), Bd. III: 1. Januar 1943 – 31. Dezember 1943, Zweiter Halbbd. III/6, zusammengest. u. erl. von Walther Hubatsch, Herrsching 1982, S. 1420 ff.

74 Kriegstagebuch des Oberkommandos der Wehrmacht 1940–1945 (Wehrmachtführungsstab), Bd. III: 1. Januar 1943 – 31. Dezember 1943, Zweiter Halbbd. III/6, zusammengest. u. erl. von Walther Hubatsch, Herrsching 1982, S. 1425 ff.

75 Militärarchiv der DDR, Potsdam, H 02.04.11/3, Bl. 981 ff.

76 Bundesarchiv/Militärarchiv Freiburg, K 10-2/26, Bl. 1 ff.

77 Olaf Groehler, Die Güter der Generale. Dotationen im zweiten Weltkrieg. In: Zeitschrift für Geschichtswissenschaft, 1971/Heft 5, S. 660 f.

78 Hans-Adolf Jacobsen, 1939–1945. Der zweite Weltkrieg in Chronik und Dokumenten, Darmstadt 1961, S. 405 ff.

79 Noviye dokumenty Otečestvennoj vojny k 40-letljo rasgroma nemečko-fašistskich voijsk v kurskoj bitve. In: Kommunist, Heft 10/1983, S. 81.

80 V. Gurkin, Podgotovka k Kurskoj bitve. In: Vojenno-istoričeski Žurnal, Heft 7/1983, S. 56 ff.

81 Geschichte der deutschen Arbeiterbewegung, Bd. 5, von Januar bis Mai 1945, Berlin 1966, S. 575 ff.

82 National Archives Washington, RG 226, Office of Strategic Services, Entry 99, Box 39, Folder 195 a.

83 National Archives Washington, T 78, Rolle 310, Bl. 6262625 ff.

84 Dokumente zur deutschen Geschichte 1942–1945. Hrsg. von Wolfgang Ruge und Wolfgang Schumann. Bearbeitet von Olaf Groehler, Wolfgang Bleyer, Hans Dress, Klaus Drobisch, Vera Köller, Klaus Scheel unter Mitarbeit von Kristina Shabaviz, Berlin 1977, S. 46 f.

85 National Archives Washington, T 312, Rolle 79, Bl. 7565990.

86 I. Jarošenko/V. Kovalev, Bitva za Dnepr v dokumentach. In: Vojenno-istoričeski Žurnal, Heft 10/1983, S. 36.

87 Hans-Adolf Jacobsen, Der zweite Weltkrieg. Grundzüge der Politik und Strategie in Dokumenten, Frankfurt a. M. – Hamburg 1965, S. 274 ff.

88 Kievskaja nastupatelnaja operazija v dokumentach. In: Vojenno-istoričeski Žurnal, Heft 11/1983, S. 54 f.

89 Militärarchiv der DDR, Potsdam, M 01.10./4, Bl. 1029 ff.

90 Der Prozeß gegen die Hauptkriegsverbrecher vor dem Internationalen Militärgerichtshof, Nürnberg 14. November 1945 bis 1. Oktober 1946, 42 Bände, Nürnberg 1947–1949, Bd. XXXVII, Nürnberg 1949, S. 639 ff.

91 Zentrales Staatsarchiv der DDR, Potsdam, Film-Nr. 8650, Bl. 1 106 365 ff.

92 Vojenský historický archiv, Praha-Karlin. Stalag VIII, Karton 10.

93 Bundesarchiv/Militärarchiv Freiburg, RW 4/v 693, Bl. 0246924 ff.

94 Korsun-Ševčenkovskaja operacija v dokumentach. In: Vojenno-istoričeski Žurnal, Heft 2/1984, S. 44.

95 Militärarchiv der DDR, Potsdam, H 11.08.01./150, Bl. 676 ff.

96 Bundesarchiv/Militärarchiv Freiburg, RL 2/34, Bl. 626 ff.

97 Hitlers Weisungen für die Kriegführung 1939–1945. Dokumente des Oberkommandos der Wehrmacht, hrsg. von Walther Hubatsch, Frankfurt a. M. 1962, S. 250 ff.

98 Hitlers Weisungen für die Kriegführung 1939–1945. Dokumente des Oberkommandos der Wehrmacht, hrsg. von Walther Hubatsch, Frankfurt a. M. 1962, S. 252 f.

99 Foreign Relations of the United States, Diplomatic Papers 1944, Bd. I. General, Washington 1966, S. 510 ff.

100 Der Prozeß gegen die Hauptkriegsverbrecher vor dem Internationalen Militärgerichtshof, Nürnberg 14. November 1945 bis 1. Oktober 1946, 42 Bände, Nürnberg 1947–1949, Bd. XXXIII, S. 74 ff.

101 N. F. Lucev/V. I. Kovalev, Novye dokumenty Otečestvennoj vojny. In: Kommunist, Nr. 16/1984, S. 62 ff.

102 Public Record Office, London, Cab. 79/75.

103 Bundesarchiv/Militärarchiv Freiburg, RH 24-58/6, Bl. 10 f.

104 Bundesarchiv/Militärarchiv Freiburg, M 326/PG 27580-89, Bl. 6228 ff.

105 Militärarchiv der DDR, Potsdam, H 10.13.04./87, Bl. 706 ff.

106 Spiegelbild einer Verschwörung. Die Kaltenbrunner-Berichte an Bormann und Hitler über das Attentat vom 20. Juli 1944, Stuttgart 1961, S. 66 ff.

107 National Archives Washington, T 77, Rolle 530, Fr. 1702646 f.

108 Hermann Gackenholz, Zum Zusammenbruch der Heeresgruppe Mitte im Sommer 1944. In: Vierteljahreshefte für Zeitgeschichte, Heft 3/1955, S. 317 ff.

109 Vojenský historický archiv, Praha-Karlin. Organisation Todt, Mappe 4.

110 Bundesarchiv/Militärarchiv Freiburg, AOK 9/64802/14.

111 Militärarchiv der DDR, Potsdam, H 10.11.04./55, Bl. 163.

112 Public Record Office, London, AIR 2017/637.

113 Bundesarchiv/Militärarchiv Freiburg, AOK 9/64802/14.

114 Bundesarchiv/Militärarchiv Freiburg, RH 19 VI/48, Bl. 106.

115 Novye dokumenty velikoj Otečestvennoj vojny. In: Kommunist, Nr. 13/1979, S. 79.

116 Militärarchiv der DDR, Potsdam, H 10.25.04./101, Bl. 614 f.

117 Bundesarchiv/Militärarchiv Freiburg, AOK 9/64802/15.

118 Novye dokumenty velikoj Otečestvennoj vojny. In: Kommunist, Nr. 13/1979, S. 76 f.

119 Expansionsrichtung Nordeuropa. Dokumente zur Nordeuropa-politik des faschistischen deutschen Imperialismus 1939–1945. Hrsg. u. eingel. von Manfred Menger, Fritz Petrick, Wolfgang Wilhelmus unter Mitarbeit von Reinhard Abraham, Berlin 1987, S. 192.

120 Der Prozeß gegen die Hauptkriegsverbrecher vor dem Internationalen Militärgerichtshof, Nürnberg 14. November 1945 bis 1. Oktober 1946, 42 Bände, Nürnberg 1947–1949, Bd. XXXIX, Nürnberg 1949, S. 380.

121 Der Prozeß gegen die Hauptkriegsverbrecher vor dem Internationalen Militärgerichtshof, Nürnberg 14. November 1945 bis 1. Oktober 1946, 42 Bände, Nürnberg 1947–1949, Bd. XXVI, Nürnberg 1947, S. 287 f.

122 Elimination of German Resources for War. Hearings before a Subcommittee of the Committee on Military Affairs United States Senate, Seventy-Ninth Congress, First Session, Pursuant to S. Res.

107, part. II, Testimony of State Department, June 25, 1945, Washington 1945, S. 30 ff.

123 Militärarchiv der DDR, Potsdam, H 10.13.04/122, Bl. 270 ff.

124 Bundesarchiv/Militärarchiv Freiburg, RM 24-58/18, Bl. 65 f.

125 Militärarchiv der DDR, Potsdam, W 31.40./9, Bl. 21 f.

126 Zentrales Staatsarchiv der DDR, Potsdam, Film-Nr. 11233, Bl. 5 517 033.

127 Militärarchiv der DDR, Potsdam, W 31.00./8, Bl. 903 ff.

128 Bundesarchiv Koblenz, R 22/4089, Bl. 284 f.

129 Bundesarchiv/Militärarchiv Freiburg, H 12-19/198, Bl. 68.

130 Die letzten hundert Tage. Das Ende des zweiten Weltkrieges in Europa und Asien, hrsg. von Hans Dollinger, München/Wien/Basel 1965, S. 78.

131 Dieter Dreetz/Hans Höhn, Die Zerstörung Berlins war von der Wehrmachtführung einkalkuliert. In: Zeitschrift für Militärgeschichte, Heft 2/1965, S. 177 f.

132 Handgeschriebenes Original im Privatbesitz von Fritz Apelt.

133 Bundesarchiv/Militärarchiv Freiburg, RH 10/116, Bl. 162 ff.

134 Bundesarchiv/Militärarchiv Freiburg, H 12-19/202.

135 Bundesarchiv/Militärarchiv Freiburg, H 12-19/202.

136 Geheim! Dokumentarische Tatsachen aus dem Nürnberger Prozeß, hrsg. von Otto Pannenbecker, Düsseldorf 1947, S. 97.

137 Karl Stich, Dokumente über den Einsatz der 1. Belorussischen Front in der ersten Etappe der Berliner Operation. In: Zeitschrift für Militärgeschichte, Heft 1/1985, S. 58.

138 Joachim Mai, Dokumente über den Einsatz der 2. Belorussischen Front in der Berliner Operation 1945. In: Zeitschrift für Militärgeschichte, Heft 3/1980, S. 352 f.

139 Militärarchiv der DDR, Potsdam, H 10.28.04./7, Bl. 71 f.

140 Franklin D. Roosevelt, Library, Hopkins-Papers 337.

141 Militärarchiv der DDR, Potsdam, H 02.04.11./5, Bl. 189.

142 National Archives Washington, RG 407/427/ Box 15177, 4 th Arm. Div., 604 – 0.14 to 601 – 1.1.

143 Bundesarchiv/Militärarchiv Freiburg, AOK 21/75148.

144 Bundesarchiv/Militärarchiv Freiburg, RM 7/854, Bl. 36.

145 Bundesarchiv/Militärarchiv Freiburg, RM 7/854, Bl. 48.

146 Amtsblatt des Kontrollrates in Deutschland. Ergänzungsblatt Nr. 1, Berlin 1946, S. 6.

147 Bundesarchiv/Militärarchiv Freiburg, H 15-172/4.

148 Wesley Frank Craven/James Lea Cate, The Army Air Forces in World War II, Bd. V. Chicago 1953, S. 696 f.

149 H. A. Jacobsen, Der zweite Weltkrieg. Grundzüge der Politik und Strategie in Dokumenten, Frankfurt a. M. – Hamburg 1965, S. 415 f.

Personenverzeichnis

*Das Register erfaßt nur
in den Dokumenten genannte Personen*

Alpers, Friedrich (geboren 1901) 114

Antonescu, Ion (1882–1946) 97, 112

Antonow, A. I. (1896–1962) 268, 343

Aprile, Finochiare 256

Bach-Zelewski, Erich von dem (1899–1972) 340, 341, 348

Backe, Herbert (1896–1947) 114

Bagramjan, I. Ch. (1897–1982) 251, 252, 311

Barckhausen, Franz (1882–1956) 74

Beck, Ludwig (1880–1944) 24, 302

Beerwanger 351

Below, Nicolaus von (1907–1983) 210

Below, P. A. (1897–1962) 252

Blomberg, Werner von (1878 bis 1946) 18, 20, 24

Blücher, Wipert von (1883–1963) 61, 62

Blumentritt, Günther (1892 bis 1967) 100

Bock, Fedor von (1880–1945) 159, 161, 162

Bodenschatz, Karl Heinrich (1890 bis 1979) 107

Bogoljubow, A. N. (1900–1956) 378

Bor-Komorowski, Tadeusz (1895 bis 1966) 348

Bormann, Martin (1900–1945) 192, 218, 367

Bosse, Hans 351

Bradley, Omar N. (1893–1981) 381

Brauchitsch, Walther von (1881 bis 1948) 42, 66, 72, 74, 107, 161

Bulganin, N. A. (1895–1975) 157

Burgdorf, Wilhelm (1895–1945) 337

Canaris, Wilhelm (1887–1945) 302

Carol II., König von Rumänien (1893–1953) 73

Chamberlain, Neville (1869–1940) 74

Chiang-kei-shek (Tschiang Kai-schek, Jiang Jieshi), (1887 bis 1975) 128, 310

Ciano, Galeazzo Graf (1903–1944) 153

Clausewitz, Carl von (1780–1831) 38, 277, 285

Cvetkovič, Dragiša (geboren 1893) 107

Daladier, Edouard (1884–1970) 63

Ortsverzeichnis

Das Ortsregister erfaßt nur
die in den Dokumenten genannten Orte und Städte

Inhalt